· 2027

하수혜 편저

하수혜 거름이

누리과정

③ 사회관계

박문각

하수혜 거름이
누리과정

③ 사회관계

거름이

오름이

해냄이

희 망

성실하게 뚜벅뚜벅 자신의 길을 가는 사람들에게만
보이는 그 별의 이름은 희망입니다.

지금도 어디선가 자신의 자리에서
묵묵히 책장을 넘기고 있을 선생님들이

자신들의 별을 찾아
그 빛을 나누어 주는 시간이 오기를 간절히 바랍니다.

아무리 어려워도 희망을 다 써버린 때는 없습니다.

우리가 견뎌내야 하는 시간들에
혹 어둠이 오더라도
맘도 몸도 다치지 않고
어울려 다독여 가며
세상의 밤을 밝히고
서로의 마음을 따뜻하게 어루만져 줄 수 있는 우리이기를.

- by 하수혜

차 례

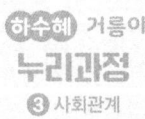

하수혜 거름이
누리과정
❸ 사회관계

SESSION 01

유아의 사회성 발달

I 유아의 사회화

MEMO

 참고

유아사회교육의 내용

• 유아사회교육의 내용은 학자마다 다르지만, 이은화 등(2008)은 이를 '사회화'와 '사회과학'으로 분류하였다.
  – '사회화'는 자아개념, 애착, 성역할, 사회인지 및 도덕성 등과 같은 유아의 사회적 발달 내용을 포함한다.
  – '사회과학'은 사회, 경제, 문화, 지리, 환경 등과 같은 사회과학 개념을 포함한다.

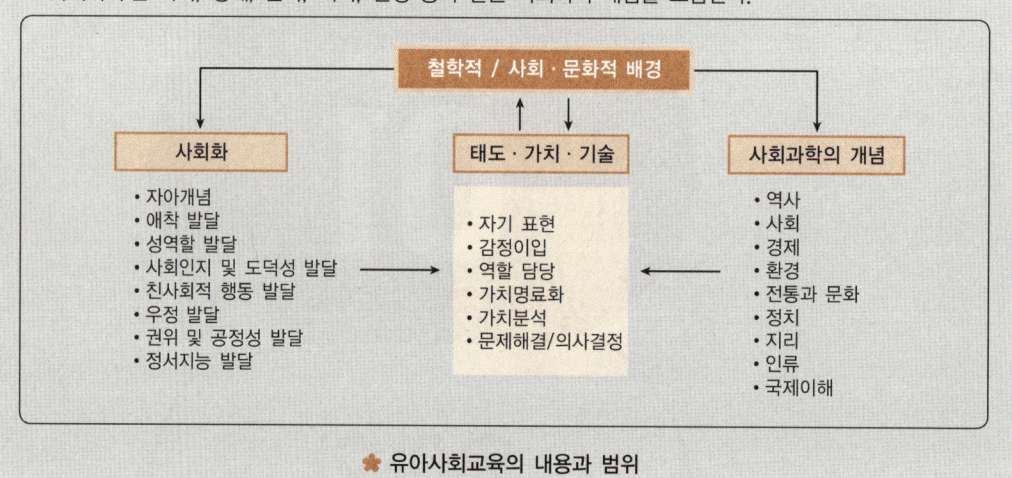

★ 유아사회교육의 내용과 범위

UNIT 01 사회성과 사회화

1 사회성(sociality)

사회성	• 사회성이란 사회적 성향을 의미하는 것으로 사회생활을 하는 인간의 성질, 즉 인격 혹은 성격에 나타나는 특성이다. – 사회성은 사회에서 다른 사람이나 환경 등과 상호작용하면서 학습 또는 획득되는 것이 일반적이다. 예를 들어 갓난아이는 엄마와의 상호작용을 통해 삶에 필요한 기본적인 것들을 충족하면서 태도나 습관 등을 형성하게 되고, 다양한 상호작용을 하면서 성격이나 행동 등이 만들어진다. 즉, 영유아의 사회성은 한순간에 이루어지는 것이 아니라 시간이 흐르면서 점차 형성된다.
유아의 사회성	• 유아의 사회성이란 유아가 사회의 한 구성원으로 성장·발달하는 동안 그 사회에서 공인된 언어, 사고, 감정, 행동 등을 포함하는 생활양식을 학습하여 타인과의 상호작용을 통한 건전한 사회생활을 할 수 있는 능력을 말한다(유아교육사전, 1997). – 일반적으로 유아교육에서 의미하는 사회성은 유아의 성장 발달과 함께 변화되고 발달해 가는 후천적인 사회적 특성이 강조된다.

	－ 즉, 유아의 사회성은 주로 사회적 기술을 습득하여 발휘하는 사회적 능력이나 사회적 상호작용 혹은 사회적 유능성으로 설명된다.
	
	지도방법
	• 유아교사는 유아가 성장하면서 사회성 관련 제반 내용을 학습하여 사회적 능력을 발휘하도록 지원해야 한다.
	  － 유아는 교사의 지도를 받아 적절한 사회적 경험과 학습을 통해 사회적 유능성 및 사회적 능력을 기를 수 있다.
	• **영향 요인**
	  － 부모의 양육 태도, 가족 구조, 형제자매 관련 특성, 유아교육기관 및 또래 집단의 특성, 지역사회 환경 등에 영향을 받는다.

유아의 사회성 발휘	• 유아의 사회성은 사회적 행동으로 나타나는데, 주로 친사회적 혹은 비사회적 행동으로 발휘된다. － 유아기에 나타나곤 하는 반감정적·폭력적 행동은 반사회적 행동이라기보다는 사회성 및 친사회적 기술의 부족으로 여겨진다.
친사회적 행동	협동, 경쟁, 관용, 동정, 공감, 이타심, 모방, 애착행동 등
비사회적 행동	반항심, 말다툼, 괴롭히기 및 난폭한 행동, 우월성, 이기주의, 편견, 성 적대 등

❷ 사회화(socialization)

사회화	• 한 개인이 자신이 속한 사회집단의 행동양식, 가치관, 규범, 태도, 문화 등을 학습하고 내면화하여 자신의 개성과 자아를 형성하는 과정이다. • 사람이 태어나서 자신이 자라고 속한 사회의 문화를 배우고 그 사회의 가치를 내면화시키는 과정이다. － 유아가 사회적 존재로 성장하는 가운데 필요한 언어와 행동양식을 배우고, 자신이 해야 할 일과 해서는 안 될 일들이 무엇인지 익히는 것이 사회화이다. 또한 유아는 주어진 환경과 문화에 익숙해지는 과정을 통해 그 사회에서 요구하는 사람으로 성장하게 된다. • 개인의 내적 성향을 의미하는 사회성이 외부로 표현되는 점진적인 과정이다.

유아의
사회화
	• 사회화 과정을 경험한 유아는 개인적 차원에서 자신의 개성과 자아를 형성하고, 사회적 행동양식을 습득하며, 사회적 소속감을 함양할 수 있다.
	• 사회적 차원에서는 사회 구성원 간의 문화적 가치와 신념을 학습하며 문화를 공유하고, 문화를 다음 세대에 전달할 수 있으며, 사회의 유지 및 통합에 기여할 수 있다.
	• 유아의 사회화 과정에 부모와 기관이 미치는 영향은 다음과 같다.
	  － 부모 : 부모를 모방하고 동일시하며 사회적 행동을 배우고 점차 성장한다.
	  － 기관 : 또래 친구들과 놀고 교사의 지도를 받으면서 사회성을 발달시키고 점차 폭넓은 사회화 경험을 하게 된다.
	    예 규칙을 배워 지키고, 다양한 사회적 경험을 통해 협동하며, 양보하는 행동을 배운다.
	    예 다투고 경쟁하며 이기고 지는 경험을 통해 다양한 감정을 조절하고 표현하는 방법을 배운다.

| 영향 | 규율 | 규율은 외부로부터 부과된 사회화 과정으로, 유아가 자신의 행동 기준을 발달시켜 나가는 데 영향을 준다.
• **부모가 가르쳐 주는 것**
① 부모는 유아에게 양심을 심어주어 부모가 눈앞에 없을 때도 내면적 금지가 일어나게 한다.
   - 양심의 출현은 금기시하던 행동을 유아가 하게 될 때 죄의식 또는 죄책감을 느끼도록 한다.
② 부모가 권장·격려하는 것은 이상적 자아상을 형성하게 하고, 어떤 식으로 행동해야 하는가에 대한 관념을 심어준다.
   ▶ 이런 과정을 통해서 유아는 행동의 방향이나 목표를 알게 되고, 그렇게 하지 못했을 경우에는 수치심을 느낀다.
• **유아에게 규율 또는 규칙을 부과하는 방법**
① 지나치게 엄격한 규율의 부과는 피해야 한다.
   - 유아를 억압적이고 지나치게 엄격한 성격의 소유자로 만들 우려가 있다.
   - 실수하는 것에 크게 불안을 느끼며 완벽주의적인 경향을 갖게 된다.
   - 격려보다 금지를 주로 받아 온 유아는 소심하고 억제적인 성격을 나타낸다.
② 규율은 가능한 한 일관성 있게 주어져야 한다.
   - 일관성 부재 시 내면화된 행동 기준을 얻지 못하고, 되는대로 행동하려는 경향을 띠게 된다.
③ 규율은 가급적 행동 자체에 대해서 주어져야 한다.
   - 평가는 인간 자체가 아니라 행동에 대해 가해져야 한다.
   - 비난이나 평가를 해석함에 있어서 자기가 송두리째 부정된다는 느낌을 줄일 수 있게 하고, 권장되는 행동과 금지되는 행동을 명확히 구분할 수 있도록 해 준다. |
| | 모방과 동일시 | 모방과 동일시는 유아 자신의 마음에서 생겨나는 사회화 과정을 말한다.
• **모방**
   - 비교적 단순한 것으로서 타인의 행동을 흉내 내는 것을 말한다.
• **동일시**
① 자기가 동일시하는 인물(예 아버지, 어머니)이 된 것처럼 느끼고, 그 사람의 행동·태도·감정 등을 흉내 내는 것을 말한다.
② 어느 정도의 지적 성숙이 필요하며, 약 3~4세경에 시작한다.
• **모방과 동일시 대상**
   - 부모, 가족이나 친척, 교사와 같이 유아에게 의미 있는 성인이다.
• **모방과 동일시를 통해서 유아에게 전달되는 행동 특성**
① 공격성(공격 행동), 선행 또는 애타주의적인 행동, 성(性)과 관련된 역할 등이 유아에게 전달될 수 있다.
   예 만약 아버지가 항상 폭행으로써 분노를 표현한다면 그의 아들도 화가 났을 때는 누군가에게 폭행을 가하는 경향이 나타난다.
② 선행 또는 애타주의적인 행동은 말을 통한 설교, 가르침보다는 타인(특히, 동일시 대상)의 선행, 관대함, 애타적 행동 등을 관찰했을 때 더욱 효과적으로 학습된다.
③ 성역할의 학습이란 자기가 남자 또는 여자임을 인식하고, 남자는 남성답게 여자는 여성답게 행동하는 방식을 배우는 것을 말한다. |

UNIT 02 유아의 사회화(사회성 발달)에 영향을 미치는 요인

1 가정환경

가정의 중요성	• 가정은 부모와 자녀 간의 일방적인 관계가 아니라 가족 구성원끼리 서로 영향을 미치는 통합적인 구조를 통해 유아에게 직접적인 영향을 주는 장소이다. 유아 또한 가정으로부터 직접 혹은 간접적 영향을 주고받으면서 사회에서 필요한 지식, 기술, 태도 등을 가정에서 배우게 된다. • 가족은 최초의 사회화 기제로서, 가정환경과 관련된 다양한 요인들이 유아의 사회성 발달에 영향을 미친다. 　－ 가족은 유아가 최초이자 거의 유일하게 접촉을 하는 사회집단이며, 생활의 터전으로서 유아의 성장과 발달에 절대적인 영향을 미친다. • 가정의 역할 : 어린이들이 미래 사회에 잘 적응하는 시민으로 성장하도록 돕는다. 　－ 가족들은 보호, 의사소통, 자기 존중감의 향상 등을 제공하게 되는데, 이에는 경제적ㆍ정서적 지원, 권위의 개념, 주거, 웃어른의 공경, 유아 보호, 양육, 교육, 지적 자극, 전통의 계승, 종교 교육, 정신적 문제의 훈련 등이 포함된다.
① 가족 구조	• 점점 더 다양화되고 있는 우리 사회의 가족 구조는 그 특성에 따라 유아들의 사회성 발달에 다양한 측면으로 영향을 미친다. 유사한 가족 구조를 가진 경우라도 각기 처한 상황이나 특성이 다르므로 일괄적으로 적용할 수는 없지만, 다양한 구조의 가족 중 부부와 미혼 자녀로 구성된 핵가족, 또는 부부와 자녀 부부를 포함하는 확대가족의 구조적 특성은 자녀의 사회성 발달에 영향을 미친다고 알려져 있다. • **핵가족과 유아의 사회성 발달** 　－ 핵가족에서는 다양한 가족 구성원들 간의 관계 형성을 경험할 기회가 적고, 협력이나 양보, 배려보다는 개인의 독자성을 강조하는 경향이 많다. 또한 가족이나 공동체에서의 책임과 의무보다는 개인의 취향과 독립성을 강조하는 경우가 대부분이다. 　**지도방법** ▶ 　핵가족에서 성장하는 유아를 위해서는 사회적 관계 형성과 타인에 대한 공감능력 형성을 지원할 필요가 있다. 독립심이나 자립심이 긍정적인 방향으로 형성되도록 지도하여 오만함과 고집스러움이 자리잡지 않도록 주의하는 것도 중요하다. • **확대가족과 유아의 사회성 발달** 　－ 확대가족에서 성장하는 유아들의 경우 제각기 다른 발달단계에 있는 다양한 성향의 가족들과 어울려 살아가면서 사람들과 함께 사는 데 필요한 사회적 역량을 배울 기회를 갖게 된다. 이를 통해 어려서부터 다른 사람들의 마음을 살피고 공감하며 협력하고 배려하는 등의 사회적 능력을 형성할 수 있다. 　－ 그러나 확대가족의 유아들은 자신의 의견을 주장하기보다는 어른들의 마음에 들기 위해서 원하지 않거나 동의하지 않는 것을 받아들이는 경향이 있고, 이는 유아의 독립심과 자아감 형성에 부정적인 영향을 미칠 수도 있다. 　－ 또한 조부모에게 떼를 부려 원하는 것을 얻어본 경험이 있는 유아는 이후 자라면서 자신이 원하는 것을 획득하기 위하여 바람직하지 않은 방법을 사용할 수 있다는 것을 학습하게 된다. 　**지도방법** ▶ 　여러 가족 구성원들과 사는 유아들에게는 건전한 자아감 형성과 독립심, 그리고 선택과 책임을 통해 자기규제능력과 참을성 등이 형성되도록 지원할 필요가 있다.

② 부모와 유아의 사회화 (부모의 양육태도)	• 부모 자녀 관계는 유아들이 경험하게 되는 사회적 관계 중 가장 기본적인 것으로 유아는 이 세상에 태어나는 순간부터 부모와의 관계를 경험하며 살아간다. 이는 한 번 시작되면 오랜 시간 동안 지속되는 독특한 관계이며 유아의 사회성 발달에도 많은 영향을 미친다. – 쉐퍼(Shaffer, 1959): 애정적–자율적 양육태도, 애정적–통제적 양육태도, 거부적–자율적 양육태도, 거부적–통제적 양육태도 – 바움린드(Baumrind, 1991): 권위 있는 부모, 권위주의적 부모, 허용적 부모, 무관여적 부모
③ 형제자매와의 관계	유아는 가정에서 형제자매와 상호작용하면서 사회 구성원으로서 갖추어야 할 사회성을 발달시키고, 사회생활을 하는 데 필요한 사회적 역량을 향상시킨다. 형제자매와의 상호작용을 통해 성취하게 되는 사회적 능력은 이후 학교생활이나 사회생활을 하면서 또래 및 동료들과 사회적 관계를 맺는 데 긍정적인 영향을 미친다. <div>🔔 **형제자매와의 상호작용과 유아의 사회성 발달과의 관련성** • 형제자매는 유아가 부모와 헤어지면서 겪는 분리불안을 견뎌내는 데 도움이 된다. 낯선 상황에서 부모와 헤어질 때 분리불안으로 인하여 심한 스트레스를 받는 유아는 주위에 형제자매가 있을 때 스트레스 증상이 감소하는 경향이 있다. 이는 형제자매와 형성된 안정적인 관계로 인해 두렵고 불편한 상황에서 위로가 되고 보호받고 있다는 느낌을 받기 때문이라고 볼 수 있다. • 유아는 주위의 다른 사람들, 특히 더 나이 많은 또래나 성인들의 행동을 보고 모방하면서 사회성을 발달시킨다. 많은 시간을 함께 보내는 형제자매는 유아들이 사회적 행동을 학습하고 모방하는 주요한 사회적 모델로서의 역할을 한다. 유아는 손위의 형제자매가 어떻게 다른 사람들과 사회적 관계를 맺고 사회적 상호작용을 하는지를 보고 모방하면서 사회적 역량을 발달시키는 데 도움을 받는다. • 유아는 손위의 형제들로부터 많은 것을 배우며 성장한다. 손위의 형제들은 어린 영아나 유아기 동생들과 함께 놀이하면서 많은 것을 가르치기도 하고 직접 학습을 도와주기도 한다. 동생을 가르쳐 본 경험은 손위 형제의 사회성 발달뿐만 아니라 학업성취에도 도움이 된다(Paulhus & Shaffer, 1981).</div>

2 또래

또래의 중요성	• 출생 후 주로 어머니와 대부분의 시간을 보내던 유아는 점차 가정에서 벗어나 가족 구성원 이외의 주변 인물과 접촉하며 또래를 만나게 된다. – 유아는 또래와 많은 시간을 보내게 되며, 그에 따라 영향을 크게 받으며 성장한다. • 또래는 연령, 발달정도, 흥미 등이 서로 비슷하여 함께 활동하면서 자신들만의 규칙과 기대를 형성하고 평등한 관계를 유지하며 '우리'라는 공동감정을 갖고 있기 때문에 영향을 미치게 된다. • 요즘 유아들은 유아교육기관에서 보내는 시간이 많아 또래가 유아의 사회화에 중요한 역할을 한다. – 또래는 유아의 사회화를 돕고 적합한 사회적 행동에 관한 피드백을 제공한다. – 유아는 또래와의 상호작용을 통해 자기중심적 사고에서 벗어나 타인을 존중하게 된다. – 유아는 또래와의 상호작용을 통해 자기활동을 스스로 창조하고 통제할 기회를 가진다. – 유아는 또래 관계를 통해 새로운 행동을 실행할 기회를 가진다.

– 유아는 또래와의 상호작용을 통해 경험을 넓혀 사회적 기술을 향상시킨다.
– 유아는 다양한 사회적 상황에서 또래가 타인과 상호작용하는 것을 관찰하고 모방한다.
– 유아는 또래와 동등한 위치에 있기 때문에 성인과의 상호작용에서는 시도할 수 없었던 다양한 역할을 또래 관계에서 시도해 볼 수 있다.

① 또래 수용도		• 또래 수용도란 유아가 또래로부터 수용되고 거부되는 정도를 말하며 인기도라고도 한다. – 또래 수용도가 낮은 유아는 친구가 없거나 또래와의 부적절한 상호작용으로 인해 사회적으로 고립되어 사회적 기술을 발달시킬 기회가 제한된다. 따라서 교사는 유아의 또래 관계를 잘 살펴보고 적절한 도움을 제공해야 한다.
	인기아	• 인기아는 사회적 영향력과 사회적 선호도가 모두 높으며, 또래로부터 긍정지명을 많이 받고 부정지명을 적게 받는 유아이다. – 이들은 협동적이고 반응적으로 또래와 의사소통을 하고 유머와 재치가 있으며 활동적이다. 또래의 놀이를 방해하지 않으면서 진행 중인 놀이에 자연스럽게 합류한다. – 또래는 인기아를 리더십 있고 도움을 주는 동반자로 평가한다.
	거부아	• 거부아는 사회적 영향력 점수는 높으나 사회적 선호점수는 낮고, 긍정지명보다 부정지명을 많이 받는 유아이다. – 이들은 또래들이 싫어하고 친구가 거의 없다. 이들은 또래와 활발하게 상호작용하나 사회적 의사소통이 적고, 상호작용하는 과정에서 부정적인 행동이나 산만한 행동을 자주 보이며, 사회인지적으로 미성숙한 놀이를 한다. 자신의 고집을 앞세우고 괴성을 지르기도 하며 폭력적이고 공격적인 행동을 많이 보인다. – 거부아는 또래와의 관계가 좋지 않아 다양한 사회적 기술과 조망수용 능력을 발달시킬 수 있는 기회가 부족하다.
	무시아	• 무시아는 긍정·부정지명을 모두 적게 받는 유아로 사회적 영향력이 낮고 사회적 선호점수가 중간 정도이다. – 이들은 또래가 좋아하지도 싫어하지도 않는 유아로 공격적이지 않고 주로 혼자 놀이를 한다. 이들은 또래와 상호작용이 적고 비활동적이며 위축되어 있다. – 또래는 무시아를 수줍어하고 자기 자신에게만 집중하는 유아로 평가한다.
	양면아	• 양면아는 긍정·부정지명을 모두 많이 받거나 적게 받는 유아로 사회적 선호 차원은 중간 정도이지만 사회적 영향력은 높다. – 이들은 산만하고 파괴적인 행동을 하거나 긍정적인 친사회적 행동을 하기도 한다. – 따라서 또래들에게 특이한 사람으로 인식되고 리더십이 있는 것으로 평가되기도 한다.
	보통아	보통아는 또래로부터 지지받는 수가 중간 정도로 사회적 참여나 상호작용의 정도가 평균인 유아이다.

		또래는 서로가 동등한 수평적인 관계에서 강화자, 모델, 비교준거로서의 역할을 하며 서로가 서로에게 사회화에 영향을 미친다.
② 또래와 유아의 사회화	강화자 역할	• 또래는 놀이나 다양한 활동 혹은 일상생활을 하면서 서로의 행동에 대해 강화 또는 처벌함으로써 유아들이 바람직한 사회적 행동을 학습하거나 부정적인 행동을 수정하도록 돕는다. 이러한 강화자로서의 역할은 유아 상호 간의 사회화에 영향을 미치게 된다. — 일반적으로 친절, 협동, 다정함 등은 또래로부터 보상을 받기 쉽기 때문에 반복되고 강화된다.
	모델 역할	• 또래는 다양한 상황에서 어떻게 행동하는 것이 바람직한지를 보여주는 사회적 모델로서의 역할을 하게 된다. 유아들은 어떻게 행동할지를 결정하거나, 선택하고 의사결정을 할 때, 그리고 갈등 상황에 대한 해결방안을 찾을 때 또래의 행동을 보고 따라 하는 경향이 있다. — 유아는 또래를 관찰하고 모방하며 협동, 도덕적 판단, 배려 등의 긍정적 행동을 배우거나, 싸움이나 공격적인 행동, 불복종 등의 부정적인 행동을 배우기도 한다. — 대체로 유아는 보상을 주는 또래나 힘이 있고 여러 행동과 활동의 통제원이 되는 또래, 다른 유아로부터 보상을 받거나 자신과 비슷한 또래를 모방하는 경향이 있으며, 또래 모델의 성공과 실패를 관찰하면서 자신이 해야 할 행동과 해서는 안 되는 행동을 구별해 나가게 된다.
	비교준거 역할	• 또래는 유아가 자신의 능력이나 행동, 성격 등을 객관적으로 평가할 수 있는 비교준거로서의 역할을 한다. 예 그림을 잘 그리는지 알고 싶으면 그림을 잘 그리는 또래를 비교 대상으로 삼게 된다. — 유아는 또래의 행동이나 성취를 자신의 행동이나 성취와 비교함으로써 자신의 유능함을 판단하는 자기평가의 수단으로 삼게 된다.
	사회적 규범 제공자 역할	또래는 유아들이 속한 집단(예 교실 공동체나 동네)에서 생활할 때 어떤 행동을 해야 할지에 관한 사회적 규범을 제공한다. 또래는 서로에게 한 집단의 구성원으로서 바람직한 행동에 대한 정보를 제공하고 공유하는 규범 제공자로서의 역할을 한다.

❸ 유아교육기관

유아교육 기관의 환경	학급 크기	• 유아교육기관의 학급 크기가 클수록 유아는 방관적이고, 공격적 행동과 갈등적 상호작용이 많게 된다(Weinstein, 1979). — 학급이 너무 크면 유아는 소극적이고 비참여적인 태도, 방관자적인 행동을 보이며, 다른 유아의 행동을 물끄러미 쳐다보거나 영역 사이에서 방황하는 경향을 나타낼 뿐만 아니라 교사와의 개별 접촉도 줄어든다. — 비교적 적은 규모의 교실에서는 대집단 학급에서보다 소외되는 유아들이 적고 그만큼 교사의 관심과 사랑을 받으며 성장할 수 있으므로 긍정적인 사회적 역량을 갖추게 될 가능성이 많다.

	교사 대
	유아 비율
		• 유아교육기관 학급의 유아 수는 적을수록 좋다.
		  – 학생 수가 적은 학급의 교사는 구속적인 규칙을 비교적 적게 만드는 경향이 있고, 유아와 자주 상호작용하면서 칭찬, 도움행동, 개별 대화행동을 많이 보이며, 자율성을 부여하고 스스로 선택하도록 격려함으로써 유아의 사회성 발달을 돕는다.
		  – 반면 학생 수가 많은 과밀학급의 교사는 자신의 교육방식을 형식화시키는 경향이 있으며, 규칙을 강조하고 통제적·구속적·직접적인 지도 방법을 사용하는 경향이 있다.
		• 따라서 교사 대 유아의 비율이 낮을수록 유아는 활동에 능동적이고 적극적으로 참여해 개인의 능력을 발달시키며 성취감을 느끼고, 다른 사람들과 잘 지낼 수 있는 도움을 받을 기회를 자주 갖게 된다.

	교실의
	공간배치
		• 교실의 공간은 유아의 사회적 행동에 적합하게 구성되어야 한다.
		  – 정리되지 않고 영역구분이 없는 교실은 유아에게 피로, 불만족, 공격성, 회피 등을 불러일으키지만, 정리되고 매력적인 교실은 유아에게 안정감, 즐거움, 만족감을 주고 활동을 계속하려는 욕구를 유발한다(이영자 외, 2009).
		• 학급의 흥미영역 수는 학급 크기를 고려하여 결정해야 한다.
		  – 학급 크기에 비해 너무 많은 흥미영역을 배치하면 영역의 크기가 좁아져 유아끼리 충돌이 빈번히 발생하고 공격적인 행동이 증가한다.
		  – 흥미영역별 면적을 충분히 확보하고 효율적으로 배치해 유아의 충돌을 최대한 줄이고 원활한 소통이 이루어질 수 있도록 해야 한다.

	놀잇감의 양	• 놀잇감의 양은 유아의 사회적 상호작용에 영향을 미친다.
		  – 놀잇감의 수가 적으면 갈등이나 공격적 행동이 늘어나지만, 사회적 상호작용이 증가하면서 놀잇감의 공유나 협동놀이를 유발시키기도 한다.
		  – 놀잇감의 수가 많으면 갈등이나 공격적 행동은 줄어들 수 있지만, 혼자 놀이 또는 병행놀이가 증가하고 협동놀이는 감소한다.

교사와 유아의 사회화		유아는 교사로부터 다양한 행동을 배우고 영향을 받는다. 유아교사가 유아의 사회화에 미치는 영향으로 교사의 성별, 교육 방침, 성격 특성 등이 있다.
	교사의 성별	• 교사는 유아의 성역할 모델이 된다. 유아는 동성의 교사를 역할 모델로 받아들이므로 유아교육기관에서도 남·여 교사의 성비가 적절한 것이 좋다. – 그러나 유아교육기관의 대다수 교사가 여성이어서 남성에게 적절한 역할 모델이 없으므로 유아들이 점점 더 여성화되는 경향이 나타나고 있다.
	교사의 교육방침	• 교사의 교육방침은 학습자 중심과 교사 중심의 교육방침으로 구분된다. – 학습자 중심의 교육방침을 갖고 있는 교사는 유아를 칭찬하거나 안심시키는 등의 지지적인 발언과 행동을 자주 한다. 이들은 수용과 명료화를 통해 유아가 자신의 아이디어를 수정하고 감정을 순화할 수 있게 돕고 자신이 이해받고 있음을 느끼게 해 준다. 또한 유아가 문제를 해결하는 과정에서 적절한 질문을 던지고 정보를 제공함으로써 유아의 문제해결을 촉진한다.

		• 교사가 따뜻하고 융통성이 있으면 유아는 자신의 감정을 자유롭게 표현하고 학급활동에 적극 참여하여 독립적으로 된다. • 교사의 성격은 유아의 사회화에 중요하므로 교사는 유아와의 관계에서 자신의 성격을 통제하거나 상황에 맞게 조절할 수 있어야 한다. 　－ 교사의 성격 특성은 독재형, 자유방임형, 민주형으로 구분할 수 있다.
교사의 성격 특성	독재형	• 교실의 규칙을 교사 자신이 결정하고, 유아의 역할을 정해 주며, 유아를 비판하거나 칭찬한다. 이들은 시범을 보이는 것 말고는 활동에 참여하지 않으며, 친절하지만 비인격적이다. • 이럴 경우 유아는 서로 경쟁적이며 적대감이 있고 교사에게 의존적이다.
	자유방임형	• 교사는 유아에게 원하는 대로 자유를 주며 지도자의 역할을 수행하지 않는다. 유아가 요청할 경우 자료를 제공하고 충고하지만, 유아의 활동에 참여하지 않고 유아가 목표를 달성하는 데 도움도 주지 않는다. • 이럴 경우 유아는 자발적이지만, 규칙과 질서가 없다.
	민주형	• 유아와 함께 토의하고 결정하며 활동에 참여하고, 유아가 목표를 달성하도록 격려한다. 유아가 제시한 문제를 해결하기 위한 대안을 제시하고, 유아가 책임을 완수할 최선의 방법을 스스로 결정하게 한다. • 이들은 유아를 공정하게 칭찬하고 격려하며, 유아는 교사와 의사소통을 많이 하고 자발성이 높으며 자기주장적이고 솔직하다.

④ 대중매체

• 대중매체는 컴퓨터, 텔레비전, 모바일 기기 등을 비롯한 기타 전달수단을 포함하는 것으로, 사람들의 상호작용을 직접적으로 조장하는 것은 아니지만 중요한 사회화 수단이다. 유아는 대중매체를 통해 직접 경험에서 얻지 못하는 것을 간접적으로 경험할 수 있을 뿐만 아니라 지식도 얻을 수 있다.
• 텔레비전과 컴퓨터를 통해 유아는 사회적 지식을 얻기도 하고, 다양한 모델상을 자연스럽게 접하기도 한다. 또한 이러한 모델의 특성을 관찰함으로써 성역할, 인물들의 사회적 관계 및 행동에 관한 지식을 학습하고 그것을 자기의 행동에 적용해 보기도 한다.

TV	**긍정적인 영향**
	• 간접경험을 제공한다. TV는 유아가 경험하지 못했거나 할 수 없는 다양하고 새로운 문화를 경험하게 하고 필요한 정보를 제공해 준다.
	• 긍정적인 모델 역할을 한다. 유아는 교육적인 프로그램을 시청함으로써 친사회적 행동을 모방하기도 하며, 사회에서 개인이 수행해야 할 역할을 학습하기도 한다.
	• 즐거움과 정서 순화를 제공한다. 유아는 TV 시청으로 흥미와 기쁨을 느끼고 일상에서 벗어나 편하게 쉴 수 있으며, TV를 보면서 즐거움을 가지고 정서를 정화할 수 있다.
	부정적인 영향
	• 공격성 및 관련 행동에 무감각해질 수 있다. 유아는 TV를 통해 공격 행동과 폭력으로 문제를 해결하는 것을 배우며 파괴적인 행동에 대해 무감각해질 수 있다.
	• 전통적 성역할과 부적절한 가족관계를 경험할 수 있다. 유아는 TV에서 고정적이고 전통적인 성역할을 배울 수 있고, 부적절한 가족관계를 간접적으로 경험할 수 있다.
	• 집중력 약화와 무절제한 생활태도를 형성한다. 특히 식사시간에 TV를 시청하거나 TV를 무분별하게 틀어 놓는 것은 유아의 집중력을 감소시키고 무절제한 생활태도를 형성시킬 수 있다.
	• 사회화의 경험 기회가 줄어든다. TV 시청으로 인해 가족 사이에 대화가 부족해져 서로 상호작용하면서 가질 수 있는 사회화의 경험 기회가 줄어들 수 있다.
	
	지도방법
	• TV의 부정적인 영향을 최소화하고 이를 올바로 활용하기 위해서는 부모나 교사의 지도가 필요하다.
	  – 유아와 함께 TV를 시청하고, 부득이하게 유아가 혼자 보게 될 때는 정해진 시간에만 시청하도록 지도한다.
	  – 유아의 발달에 적합하고 교육적으로 바람직한 프로그램을 선택해 준다.
	  – 유아와 함께 의논하여 시청 규칙을 정하고 유아가 잘 지킬 수 있도록 격려한다.
	  – TV 프로그램에 대해 대화를 나눈다. 유아는 실제와 허구를 구분하는 데 어려움이 있으므로 등장인물과 상황에 대해 이야기하면서 실제와 환상을 구분하도록 도와준다. 분쟁과 폭력 없이 문제를 해결하는 방법 및 친사회적 행동과 기술 등을 의논하도록 한다.
	  – TV 시청시간과 놀이시간, 독서시간 등의 균형을 유지하도록 한다.

컴퓨터	교실의 자유선택활동 중 컴퓨터 영역은 유아가 좋아하는 영역이다. **긍정적인 영향** • 유아는 컴퓨터를 사용할 때 사회적 참여가 늘고, 또래와 긍정적으로 상호작용하며, 협동적으로 활동에 참여한다. 모르는 것은 서로 알려주고, 컴퓨터 영역의 규칙을 지키며, 컴퓨터가 파손되지 않도록 주의하는 행동을 보이기도 한다. • 컴퓨터는 유아의 정서발달에 영향을 미친다. 컴퓨터를 잘 다루는 것에 만족감을 느끼고 학습에 대한 긍정적 태도, 동기, 독립성을 기르게 하여 정서발달에 긍정적인 영향을 준다. **부정적인 영향** • 컴퓨터는 사회적 기술을 발달시킬 결정적 시기에 있는 유아를 고립시킨다. • 컴퓨터 활동은 협동보다 경쟁심을 더 유발시킨다. • 어린 나이에 컴퓨터를 하면 자기 뜻대로 되지 않음을 경험하고 좌절감을 느낄 수 있다. • 컴퓨터를 통해 접하게 되는 유해한 정보로 인하여 사회성 발달에 부정적인 영향을 미친다. • 폭력적이고 선정적인 컴퓨터 게임은 유아들의 사회정서 발달을 저해하고 반사회적 성향을 증가시키는 경향이 있다. • 혼자 컴퓨터 게임을 하느라 실제 또래와의 사회적 관계 형성과 상호작용을 할 기회를 놓치는 경우도 증가하고 있어 사회문제가 되고 있다. • 게임의 강한 자극에 빠져 자극이 약한 학습은 싫어하게 된다.

- 현실과 가상 세계를 구분하지 못해 폭력적으로 변한다.
- 운동 부족으로 비만이 나타난다.

지도방법

- 컴퓨터를 잘 활용하면 유아에게 좋은 교육의 기회를 제공한다. 그러나 너무 오래 사용하게 하거나 방치하면 좋지 않은 영향을 미치므로 부모나 교사의 바람직한 지도가 필요하다.
  - 컴퓨터 활동으로 또래 상호작용이 단절되지 않도록 2~3대의 컴퓨터를 배치하고, 컴퓨터를 사용하는 유아끼리 서로 화면을 볼 수 있게 하여 유아 간 상호작용이 이루어지도록 한다.
  - 컴퓨터를 사용할 때 지켜야 할 규칙을 유아와 함께 의논하여 결정한다.
  - 유아의 흥미를 만족시키면서 교육과정의 주제와 통합될 수 있는 양질의 소프트웨어를 선택하여 교사가 충분히 탐색한 후 유아에게 제공한다.
  - 유아가 소프트웨어를 활용할 때는 내용을 프린트하여 다른 활동과 연계한 확장 활동이 일어날 수 있도록 지도한다.
  - 컴퓨터 각 부분의 명칭을 알려주고 그림이나 사진과 함께 이름이 있는 표식을 붙여 놓는다. 또한 컴퓨터 사용 순서를 유아가 알기 쉽게 번호를 붙여 제시한다.

모바일 기기

장점

모바일 기기는 크기가 작고 쉽게 이용할 수 있으며, 다양한 애플리케이션이 있어 호기심을 충족시킬 수 있고, 학습자원으로 활용할 수 있는 장점이 있다.

단점

- 모바일 기기는 중독성이 강하다. 유아가 모바일 기기를 과다 사용하게 되면 의존증, 불안, 금단증상 등을 포함하는 중독으로 이어질 우려가 있다.
- 유아의 뇌 발달에 부정적인 영향을 미칠 수 있다. 유아가 스마트폰을 오래 사용하면 스마트폰 증후군의 위험이 있다. 유아 스마트폰 증후군은 6세 미만의 유아들이 스마트폰 동영상, 게임 등의 자극에 장시간 노출되어 우뇌가 발달해야 하는 직관적 사고기에 좌뇌가 과도하게 발달하여 뇌의 균형이 깨지는 것을 말한다. 이로 인해 주의력 산만, 집착 행동, 말의 지체 증상이 나타날 수 있고, 더 진행이 될 경우 ADHD, 틱장애, 발달장애 등으로 이어질 수 있다.
- 유아의 정서발달에 부정적 영향을 미친다. 모바일 기기를 많이 사용할수록 자기조절 능력이 낮아지고, 감정조절과 충동억제를 잘하지 못하게 된다.
- 또래와 가족과의 사회적 상호작용이 줄어든다. 이는 모바일 기기를 사용할 때 함께 이용하면서 협동적인 활동을 진행하기보다는 사용 순서를 기다리거나 각자의 모바일 기기를 이용함으로써 병행놀이에 가까운 사용패턴을 보이기 때문이다.

지도방법

- 유아의 바람직한 모바일 기기 사용 습관을 위해 부모와 교사가 지켜야 할 것
  - 유아가 모바일 기기를 사용할 때는 반드시 교사나 부모가 함께 한다.
  - 최대한 모바일 기기를 접하는 시기를 늦춘다(미국 소아과 학회에서도 2세 이하의 영아에게는 모든 형태의 미디어를 제한할 것을 권장하고 있다).
  - 유아들이 모바일 게임에 몰두하는 습관이 들지 않도록 유아와 함께 모바일 기기를 사용하는 규칙을 정하고 잘 지킬 수 있도록 격려한다.
  - 모바일 기기가 허용되는 장소와 시간에 대해 규제할 필요가 있다.
  - 게임보다 재미있는 놀이가 있음을 알도록 대체활동을 제공할 필요가 있다. 모바일 기기를 끄고 나면 유아가 좋아하는 활동이나 재미있는 놀이를 함께 한다.

II 애착

UNIT 03 애착 개념

개념 및 특징

- 애착(attachment)이란 영아가 세상에 태어나 자신의 삶에 영향을 주는 주양육자와 맺는 강력한 정서적 유대관계를 의미한다.
  - 과거 애착은 주로 영아와 어머니 간의 관계에서 형성하는 것으로 인식되어 왔지만, 현대 사회에서 영아와 애착을 형성하는 주양육자의 대상은 어머니, 아버지, 조부모, 유아교육기관의 교사 등으로 그 범위가 다양해졌다.
- 애착은 주양육자의 존재뿐만 아니라 더 나아가 영아와 주양육자를 묶는 심리적 밧줄이 되기도 한다. 안정적인 애착 관계를 형성한 영아는 주양육자가 자신의 옆에 존재하지 않더라도 정서적 유대감을 통해 주양육자를 안전한 기지로 여기며 편안함 속에 자신의 주변을 탐색하게 된다.
- 영아의 애착은 근접성, 분리저항, 안전기지라는 요소를 지닌다.
  - 영아와 어머니 사이에 애착이 형성되면 영아는 어머니를 따라다니며 접근하려고 한다.
  - 분리저항은 애착이 위협받을 때 이를 회복하려고 하는 정상적인 반응으로, 어머니로부터 분리되면 저항을 보이는 분리저항이 나타난다.
  - 어머니는 영아의 호기심과 탐색을 위한 발판인 안전기지이다. 낯선 곳에서 영아는 정서적·심리적 안식처인 어머니를 찾아 낯선 상황으로부터 안전을 보장받으려고 한다.
- 애착은 사회·정서·인지 발달 등 전반적인 영역의 발달에 영향을 미친다.
  - 어머니가 영아의 요구에 민감하고 따뜻하게 일관적으로 반응하면 영아는 안정적인 애착을 형성한다. 안정적인 애착을 형성한 영아는 자신을 유능하고 사랑받는 존재로 인식하고 자신감과 신뢰감을 가진다. 어머니를 안전기지로 삼아 새로운 상황에 호기심을 보이며 능동적으로 주변을 탐색하기도 한다. 대인관계에서도 자신감을 갖고 능동적으로 상호작용하며, 협동적이고 자기조절에 능숙하게 된다.
  - 반면 어머니가 차갑고 비일관적인 양육태도를 보인다면 영아는 불안정한 애착을 형성하게 되어 자신과 세상을 부정적으로 바라보고 세상으로 나가는 것을 두려워한다. 또한 자신감이 낮고 대인관계에서도 위축되거나 공격적인 행동을 보이는 등 원만한 관계를 맺지 못한다.
- 보울비에 의해 개념화되고, 애인스워스 등에 의해 확장되었다.
  - 1930년대에 보울비에 의해 애착에 관한 연구가 시작되었고, 1950년 이후 부모와 아동의 관계에 관심을 가진 애인스워스가 공동으로 애착 연구를 수행하게 되면서 애착 이론이 확장되었다.

	보울비 (Bowlby)	동물행동학적 이론을 기초로 애착 현상을 설명하고, 영아의 1차적 애정 대상인 어머니와의 분리나 상실, 그리고 후속적 성격발달 간의 관계에 관심을 가지고 이론을 확립하였다.
	애인스워스 (Ainsworth)	보울비의 이론을 바탕으로 애착의 안정성에 관한 경험적 연구를 수행하면서 영아의 애착에는 개인차가 존재하고, 안정된 애착을 형성하기 위해 영아의 신호에 대한 어머니의 민감성과 반응성이 작용한다는 것을 밝혔다.
영아의 애착행동 유형		• 영아는 어머니와 상호작용하면서 어머니의 보살핌 행동을 유발하는 행동을 본능적으로 하게 된다. 이러한 행동에 어머니가 반응하게 되고 이것이 반복되면서 영아는 어머니에게 애착을 형성하게 된다. − 이처럼 영아가 애착을 유발하기 위해 본능적으로 취하는 다양한 행동을 애착행동이라고 한다(Bowlby, 1980).
	신호행동	신호행동(signaling behaviors)은 울기, 미소짓기, 소리내기 등의 행동을 말한다.
	지향행동	지향행동(orienting behaviors)은 쳐다보기, 따라가기, 접근하기 등의 행동을 말한다.
	신체접촉 행동	신체접촉행동(active physical contact behavior)은 기어오르기, 매달리기, 안기, 잡기 등의 적극적인 행동을 말한다.
애착 형성의 영향요인	영아 개인적 특성요인	• 안정적인 애착이 발달하는 데 영향을 미치는 영아의 개인적 특성 요인으로는 출생 당시의 건강상태와 사회적 반응성(Rosenfield, 1980) 등이 있다. − 출생 당시의 건강상태는 미숙아나 저체중아로 출생한 경우를 말한다 (Sroufe, 1985). − 사회적 반응성은 영아가 양육자와 눈을 마주치고 미소를 보이며 옹알이를 하고 반응하는 것을 말한다. • 양육자와의 애착 관계를 설명하는 하나의 요인으로 영아의 기질이 있다 (전우경, 2002). − 영아의 기질이 부모가 가진 기질과 조화롭지 못하거나, 부모가 자녀의 기질에 만족하지 못하고 사회적 지지 수준이 낮은 경우에도 애착 발달에 부정적인 영향을 미친다(Crockenberg, 1981). − 까다롭고 화를 잘 내는 기질의 영아는 양육자로 하여금 긍정적인 반응을 이끌어내는 데 어려움이 있으며, 양육자가 이처럼 자녀 양육의 어려움을 경험하게 되면 불안정 애착을 가져오는 원인이 된다(Lee & Bates, 1985).

📖 영아의 기질 유형

다루기 쉬운 영아	• 연구대상의 약 40%로 긍정적 기분을 보인다. • 일상생활은 규칙적이며 새로운 경험에 쉽게 적응한다. • 안정 애착을 획득하기 쉽다.
다루기 어려운 영아	• 연구대상의 약 10%로 부정적 반응을 보이는 경향이 있다. • 자주 울고 일상이 불규칙적이며 새로운 경험에 대한 적응이 느리다. • 안정 애착을 획득하기 어렵다.
느린 영아	• 연구대상의 약 15%로 활동 수준이 낮고 비교적 부정적이다. • 적응력이 낮으며 기분의 표현도 약하다.

MEMO

부모의 양육태도 (부모의 민감성과 비민감성)	영아가 형성하는 애착의 질은 양육자의 반응과 양육태도에 따라 영향을 받는다. 어머니가 영아의 요구에 민감하게 반응하면 영아는 신뢰감을 형성해 안정 애착을 형성할 것이고, 영아의 요구에 반응하지 않거나 부적절하게 반응하면 불안정 애착을 형성하게 된다. 🔔 **애인스워스(Ainsworth, 1979)의 양육가설** 애인스워스에 의하면 영아의 요구에 어머니가 민감하고 반응적이면 안정 애착을 형성하고, 영아의 요구에 어머니가 둔감하고 일관성이 없으며 기분에 따라 행동하면 저항 애착을 형성한다. 또한 영아의 요구에 어머니가 둔감하게 반응하고 참을성이 없으며 부정적인 감정을 표현하고 접촉을 잘 하지 않으면 회피 애착을, 영아를 인형처럼 다루거나 공격하는 척하는 등 공포 행동을 자주 보이면 혼란 애착을 형성한다. 즉, 어머니가 영아의 신호를 빨리 알아차리고, 민감하고 긍정적으로 반응하며 적절한 도움을 주고, 수용적이며 신체 접촉을 즐기고 애정 표현을 자주 하면 안정적인 애착 발달에 중요한 영향을 미친다(구미향, 1999).
애착의 지원방안	• **양육자는 영아가 보낸 신호를 적절하게 해석하고 민감하게 반응해야 한다.** 영아가 배고프다는 신호를 양육자에게 보내면 양육자가 수유를 하고, 배변을 했다는 신호를 보내면 기저귀를 갈아주는 등 양육자가 자신의 요구를 제대로 해석하고 해결해 줄 때 영아는 정서적 안정감을 느낀다. • **양육자는 영아에게 일관성 있게 반응해야 한다.** 비슷한 요구와 상황에서 양육자가 영아를 대할 때, 어떤 때는 웃으면서 다정하게 대했다가 또 어떤 때는 화내고, 무시하고, 거절하는 등 일관성이 결여된 모습을 보이면 영아는 불안정해질 우려가 있다. 따라서 양육자는 비슷한 상황에서 영아가 예측할 수 있는 반응을 일관성 있게 표현해야 한다. • **양육자는 영아의 요구에 신속하고 신뢰감 있게 반응해야 한다.** 자신의 요구를 울음으로 표현하면 언제나 양육자가 나타난다는 것을 믿는 영아는 낯선 상황에 처해도 그리 불안해하지 않는다. • **양육자는 영아를 신체적으로 잘 돌보아 주어야 한다.** 양육자의 정성스러운 돌봄은 영아에게 안정감과 평화로움을 느끼게 해 준다. 그러나 영아가 신호를 보내도 양육자가 장시간 나타나지 않거나, 오랫동안 기저귀를 갈아주지 않거나, 다쳐도 치료해 주지 않는 등 소홀하게 보살피면 영아는 불편함을 느끼게 되고, 그러한 불편함이 불안함마저 느끼게 하여 영아의 정서를 불안정하게 만든다. • **양육자는 영아에게 여러 가지 방법으로 애정을 표현해야 한다.** 양육자가 일정한 한두 가지 방법이 아닌 다양한 방법으로 영아와 상호작용하고 애정을 표현한다면 영아는 정서적 안정감을 느낄 뿐만 아니라 정서가 풍부해진다.

UNIT 04 애착 발달단계

Schaffer & Emerson (1964)	• 인지발달보다 지각발달이 선행된다. 　- 유아가 개인을 구별하고 인지하기 전에는 특별한 인물에 대해 애착을 발달시킬 수 없다고 보았다.
Bowlby (1969)	• 영아가 어머니와 어떻게 애착을 형성해 나가는가에 대해 영아의 발달단계와 관련하여 애착의 발달단계를 4단계로 분류하였다. 　- 부모-자녀 간에 형성되는 애착관계는 개인의 성격발달에 큰 영향을 미친다. 　- 발달단계에 따른 애착 형성에 초점이 맞춰져 있어 동일한 연령집단 내의 개인차는 간과되었다.
Ainsworth (1973)	• 개인차가 간과된 보울비의 이론에 착안하여 동일한 연령 집단을 대상으로 애착을 측정하기 위해 '낯선 상황 실험'을 고안하였다. 　- 보울비의 애착이론 자체를 확장시키고 애착연구의 방향을 선도하는 역할을 하였다.

애착 형성시기	쉐퍼와 에머슨 (Schaffer & Emerson)	보울비 (Bowlby)	애인스워스 (Ainsworth)
애착형성 이전시기 (출생~ 2·3개월)	1단계 : 비사회적 단계 (출생~6주)	1단계 : 무분별적 사회적 반응 단계 (출생~8-12주)	1단계 : 전애착단계 (출생~6주)
애착형성 과정시기 (2·3~ 8·9개월)	2단계 : 무분별적 애착단계 (6주~6·7개월)	2단계 : 분별적 사회적 반응 단계 (3개월~6-8개월)	2단계 : 애착형성 단계 (6주~8개월)
애착형성 및 그 후 발달시기 (6-9개월~)	3단계 : 특정인 애착단계 (7~9개월) 4단계 : 다인 애착단계 (9개월 이후)	3단계 : 특정한 애착대상에 대한 근접성 유지 단계 (6개월~1·2세) 4단계 : 목표수정적 동반자 관계 형성(유아기)	3단계 : 애착단계 (6-8개월~18개월) 4단계 : 상호관계의 형성 단계 (18개월 이후)

❶ 쉐퍼와 에머슨(Schaffer & Emerson, 1964)

비사회적 단계 (출생~6주)	• 아주 어린 영아는 사회적·비사회적 자극에 똑같이 호의적인 반응을 하며 거의 저항을 보이지 않는다. • 그러나 4~5주경(혹은 6주)이 되면, 영아는 미소 띤 얼굴과 같은 사회적 자극에 대해 선호를 보이기 시작한다.
무분별적 애착단계 (비변별적 단계, 6주~7개월)	• 이 시기의 영아는 비사회적 자극보다 사회적 자극을 더 선호하지만 다소 비변별적인 측면이 있다. • 특정인에 대한 선호는 없지만 자기를 안아주면 좋아하고, 내려놓으면 싫어한다. - 성인이 자신을 내려놓거나 혼자 남겨두려고 하면 저항할 가능성이 높다. • 3~6개월경에는 친숙한 사람에게 미소를 보이지만 낯선 사람이 상호작용을 시도 하면 응시만 한다. 아직까지는 특정한 사람에게 애착을 형성하지는 않는다.
특정인 애착단계 (특수 애착단계, 7~9개월)	• 이 시기의 영아는 낯선 사람을 경계하는 낯가림을 보이고 주양육자와 애착을 형성 한다. • 또한 애착 대상자인 어머니와 분리되었을 때 저항하며 ✦분리불안을 나타낸다. • 이 시기의 영아는 기어다닐 수 있기 때문에 어머니를 따라다니며 가까이 있으려고 한다. 영아는 어머니를 안전기지(secure base)로 삼아 이곳저곳을 탐색한다. • 점차 자극을 분별하고 음성을 구별하기 시작하며, 주양육자와 떨어졌을 때만 저항 하고 격리불안을 보이며 낯가림이 시작된다('진정한 애착'이 나타남). - 애착이 형성된 특정인이 영아의 미소에 대해 반응을 보이면 더 많이 미소짓고 헤어질 때 분리불안을 보이기 시작하는 것으로 양육자와의 애착이 발달한다.
다인 애착단계 (다인수 애착단계, 9개월 이후)	• 안정된 애착을 형성한 후 몇 주 내에 영아들은 자신을 돌보는 주양육자 외 다른 사람과도 애착을 형성한다. • 18개월이 되면 한 사람에게만 애착을 형성하는 경우가 거의 없으며, 영아가 좋아 하는 순서대로 애착을 형성한다.

✦ 분리불안
대상영속성이 발달하는 시기에 영아가 느끼는 불안으로, 양육자가 어딘가에 있지만 자신에게 다시 돌아온다는 것을 이해하지 못하기 때문에 생기는 불안이다.
• 이후 인지발달을 통해 대상영속성이 확고하게 획득되고 나면 영아의 분리불안이 사라지게 되는데, 이는 양육자와의 분리 경험의 반복으로 분리 상황에서 영아가 대처하는 인지능력이 생겼다는 것을 의미한다.
• 양육자가 눈앞에 없더라도 어딘가에 존재하여 자신에게 반드시 돌아올 것이라는 것을 경험을 통해 알게 되고, 이로써 영아는 양육자의 행동을 예측할 수 있는 능력이 형성되어 분리불안이 사라지게 된다.

2 보울비(Bowlby, 1969)

기본 관점	• 애착이란 영아와 어머니 사이에 형성되는 정서적인 유대관계로(Bowlby, 1969), 영아가 마음에 형성하는 내적 작동모델이다. 즉, 영아의 내부에 형성되는 세상에 대한 믿음인 내적 신념체계이다. ㅡ 보울비는 전 생애 동안 여러 사람과 애착을 형성할 수 있다고 보았다. 하지만 영아기에는 영아의 신호에 지속적으로 반응하는 주양육자 한 사람에게만 고정되어 나타나는 애착을 강조함으로써 다인 애착을 주장한 쉐퍼와 에머슨과는 구별된다.
무분별한 (비변별적) 사회적 반응단계 (출생~2·3개월)	• 이 시기의 영아는 여러 가지 행동으로 성인들을 가까이 오게 한다. 쳐다보기, 눈으로 따라가기 등의 지향행동과 웃음, 울음, 옹알이 같은 신호행동을 사용하지만, 이것이 구분되지 않는다는 점에서 전조행동으로 본다. 이 시기에 영아는 친숙한 사람이나 낯선 사람을 구별하지 않고 모든 사람에게 웃거나 옹알이를 한다. • 시각의 미발달로 청각이나 후각으로 사람을 구분하고, 사물보다는 움직이는 사람에게 응시, 미소, 옹알이 등 사회적 신호를 많이 보내지만, 아직은 모든 사람에게 무분별한 사회적 반응을 나타낸다.
분별적 (변별적) 사회적 반응단계 (2·3~6·7개월)	• 자기를 자극하는 모든 사람을 보고 웃지만, 시각적 변별력이 생기면서 친숙한 사람과 낯선 사람을 구분하며 친숙한 사람에게 더 집중적으로 애착행동을 보인다. 이 시기가 끝날 때쯤 특정 대상에게 애착을 형성하기 시작한다. • 이전 시기보다 친숙한 사람들에게 더 적극적인 사회적 행동을 보이나, 아직 주양육자에 대한 애착이 완전하게 형성되지 않아 낯가림과 같은 낯선 사람에 대한 경계심을 보이지 않는다.
특정한 애착 대상에 대한 근접성 유지단계 (적극적 접근과 접촉 추구의 단계) (6·7개월~2·3세)	• 애착행동을 적극적으로 시도하며, 기고 걸으면서 주양육자를 따라가거나 매달리는 등 접근행동을 한다. 특정 대상에게 애착을 형성하면서 다른 사람에게는 배타적이 되어 낯가림을 한다. 대상영속성 개념이 제대로 형성되지 않아 애착 대상이 보이지 않으면 심한 분리불안을 보인다. • 주양육자를 ✦ 정서적 안전기지로 삼아 환경을 탐색한다.
목표수정적 동반자 관계 형성 (목표 수정 동반자 관계) (유아기, 3세 전후)	• 언어와 대상영속성의 발달과 같은 인지발달로 인해 목표 지향적 체계의 형성, 애착 대상과 환경에 대한 예측 등이 가능하게 된다. 또한 독립적이고 자율적인 행동을 즐기고, 자기행동의 조절과 어머니와의 분리 및 긴밀한 관계가 가능해진다. • 대상영속성 개념의 획득으로 목표지향적 행동이 나타난다. 자기가 접근하고 접촉하기 위해 어머니의 계획을 변경시키려는 시도를 하며, 애착 대상자의 행동 의도나 목표, 그것을 충족시키기 위한 계획을 예측하고 이해할 수 있다. 따라서 애착 대상자와 협상하고 자신이 원하는 대로 애착 대상자의 행동을 수정하고자 한다.

✦ 정서적 안전기지 (secure base) 주양육자는 유아가 나타내는 접근·접촉 추구 행동들(예 빨기, 울기, 미소짓기, 매달리기, 향하거나 따라가기, 기어가기 등)에 대해 민감한 반응을 보이는 반응성의 역할이 요구되며, 주양육자 자체가 이러한 '정서적 안전기지'의 역할을 함으로써 유아에게 안전감을 제공하게 된다.

내적 작동모델

- 내적 작동모델이란 영아가 양육자와 상호작용하면서 구성하는 자기, 타인 및 관계에 대한 인지적 표상이다 (Shaffer, 2008).
  - 영아와 어머니가 상호작용하면서 영아는 애정과 신뢰감을 바탕으로 친밀감을 형성하고, 어머니를 사회적 상호작용의 안전기지로 삼아 주변과 상호작용을 한다. 이 과정에서 영아는 심리적으로 자신을 지켜주고 지지하는 존재가 뒤에 있다는 믿음을 통해 사회적으로 행동하며, 불안이나 두려움을 겪으면 자신을 보호하고 안전을 지켜주는 어머니에게 돌아온다. 이러한 믿음이 없다면 영아의 행동은 위축될 수밖에 없다. 따라서 애착은 자신을 보호하고 안전을 지켜주는 어머니에 대한 영아의 심리적 믿음이고, 어머니를 안전기지로 각인한 것이며 영아가 형성하는 내적 신념체계인 내적 작동모델(internal working model)이기도 하다.
- 영아기에 형성된 애착의 질은 안정적이며, 이후 사회적 관계 및 적응에 지속적으로 영향을 미친다. 애착이 안정적이고 지속적으로 영향을 미치는 이유는 내적 작동모델로 작용하기 때문이다.
  - 어머니가 자신을 정서적으로 지지하며 도와준다고 느낄 때, 어머니와의 누적된 경험으로 인해 영아는 어머니에 대한 긍정적인 표상을 가질 뿐만 아니라 자신을 유능하고 사랑받는 존재로 표상하여 내적 작동모델을 형성한다.
  - 반면, 어머니로부터 거절을 당한 경험이 있으면 어머니에 대한 부정적 표상을 갖고 자신을 가치 없는 존재로 표상하여 내적 작동모델을 형성한다.
- 애착의 지속성
  - 영아기에 부모와 형성된 애착은 자신과 타인, 세상에 대한 내적 표상으로 자리 잡아 내적 작동모델의 형태로 평생 지속된다. 즉, 영아기에 형성된 애착이 성장 후에도 사회적 관계 및 적응에 지속적으로 영향을 미친다.
  - 초기의 애착 경험을 통해 일단 형성된 내적 작동모델은 수정이 쉽지 않으며 지속적으로 영향을 미칠 수 있다. 자신의 내적 작동모델과 일치하는 정보에 대해서는 기존의 내적 작동모델을 수용 및 강화하는 반면, 그렇지 못한 정보에 대해서는 무의식적으로 왜곡·방어하기 때문이다(Bowlby, 1989).
    - ⓔⓧ 어린 시절부터 애착 대상인 주양육자에게 사랑을 충분히 받고 자라난 아이는 '나는 사랑받는 소중한 존재야'라는 자기개념을 형성하고, 학대 및 미움을 받으며 자라난 아이는 '나는 이 세상에 쓸모없는 인간이야'라는 자기개념을 형성하게 되는 경우를 예로 들 수 있다.
    - ⓔⓧ 즉, 부모에게 학대를 당하거나 사랑받지 못하며 자란 아이는 부정적인 내적 작동모델을 형성하게 되고, 성인이 되어서도 그 내적 작동모델을 사용하기 때문에 사람들과의 관계 속에서 불안해지고 주눅 든 모습을 보이며, 반대로 부모에게 충분히 인정받으면서 자라온 아이는 긍정적인 내적 작동모델을 형성하여, 성인이 되어서도 이러한 내적 작동모델을 사용해 자신감 넘치고 유능한 태도를 보이며 잠재능력을 발휘하게 된다.
- 불안정 애착도 개입을 통해 어느 정도 변화시킬 수 있다. 영아가 일차적으로 어머니와 불안정 애착을 형성했다고 하더라도, 아버지나 조부모 혹은 교사 등과 안정 애착을 형성할 수 있으며 이를 통해 불안정 애착이 개선될 수도 있다. 마찬가지로 어머니와 안정 애착을 형성한 영아라도 관심과 반응을 주지 않으면 불안정 애착으로 변할 수 있다.
- 결론적으로 유아의 내적 작동모델은 변할 수 있으며 불안정 애착이 꼭 불행한 삶과 관련되지는 않는다. 그러나 초기 애착이 영아의 사회적·정서적 적응에 미치는 영향력을 과소평가해서는 안 된다.

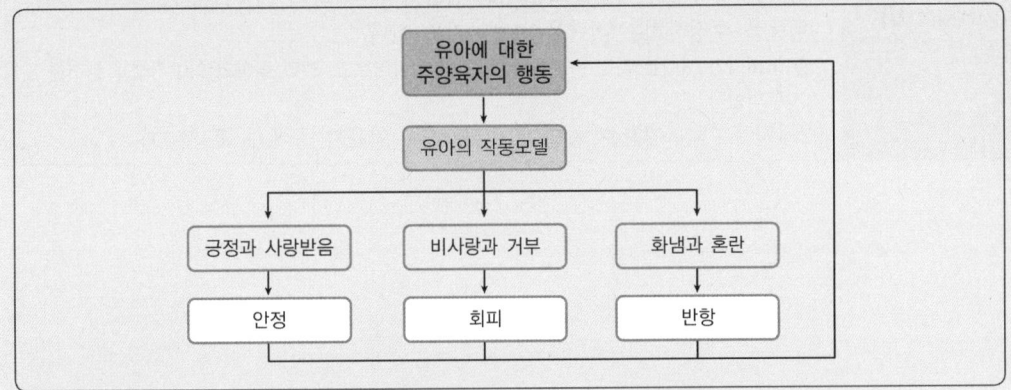

⭐ 내적 작동모델과 세상에 대한 이해 양식

3 애인스워스(Ainsworth, 1973)

특징	• '영아의 양육자에 대한 애착은 일련의 단계를 거쳐 발달한다'는 보울비의 애착이론을 애인스워스는 경험적 연구를 통하여 확인하고, 영아의 미소나 매달림, 울음 혹은 부름과 같은 애착 행동을 기초로 애착 발달단계를 4개로 구분하였다. • 보울비의 애착 발달단계 명칭을 단순하게 전 애착단계, 애착형성 단계, 애착단계, 상호관계의 형성단계 등으로 명명하며 아래의 4단계를 통해 발달된다고 주장하였다.
전 애착단계 (출생~6주)	• 애착이 형성되지 않은 단계로 모든 사람에게 호의적인 반응을 보이나, 성인의 얼굴, 사람의 목소리, 움직임, 명암의 대비 등에 주의를 집중한다. • 주위 사람들을 변별하여 지각하지 못하기 때문에 낯선 사람과 홀로 남겨져도 별다른 반응을 나타내지 않는다.
애착형성 단계 (6주~8개월)	• 시청각의 발달로 친숙한 사람과 낯선 사람을 구분하지만 아직 낯선 사람에게 불안 반응을 나타내지는 않는다. • 자신의 행동이 다른 사람에게 영향을 준다는 것을 알고 있으며, 어머니와 상호작용할 때 더 많이 웃고 옹알이를 하며 자신이 필요할 때 어머니가 반응할 것이라는 신뢰감을 발달시키기 시작한다. • 생후 3개월경에는 몇 사람의 친숙한 성인에게 다른 사람과 뚜렷하게 변별되는 신호를 보낸다.
애착단계 (8개월~18개월)	• 주양육자가 보이지 않으면 분리불안을 나타낸다. • 운동기술이 증가하면서 영아가 애착 대상에게 능동적인 형태로 적극적인 접근과 접촉추구를 나타내는 시기이다. • 생후 7~8개월 이후가 되면 더욱 강하고 분명하게 주양육자를 인식한다. • 점차 애착 대상이 주양육자 외 소수의 친숙한 다른 사람에게 확장되는 변화를 보인다.
상호관계(의) 형성 단계 (24개월 이후)	• 대상영속성 개념을 포함한 인지, 언어 등 전반적인 발달로 인해 어머니가 보이지 않아도 돌아올 것이라고 예측할 수 있어 분리불안이 점차 줄어든다. • 영아는 어머니의 감정과 동기를 이해할 수 있게 되고, 보다 효과적으로 자신의 욕구를 전할 수 있다. • 영아는 어머니와 의견을 교환하고 협상하며, 때로는 자신이 원하는 대로 어머니의 행동을 수정하려는 전략을 사용하기도 한다. 예 어머니가 어디로 가고 언제 돌아올 것인지 물어보고, 빨리 돌아와 이야기책을 읽어줄 것을 부탁한다. • 2세경 유아의 애착은 형제, 할머니, 다른 양육자 등에게 확장된다.

UNIT 05 애착 유형 - 애인스워스(Ainsworth, 1978)

개념	• 보울비의 제자인 애인스워스는 '낯선 상황 실험'을 통해 낯선 상황에서 엄마와 격리되었을 때 영아가 보이는 반응을 토대로 애착의 질을 안정된 애착, 불안정−회피 애착, 불안정−저항 애착의 세 유형으로 나누었다. • 이후 Main & Solomon(1990)이 그 세 가지 유형에 속하지 않는 애착 집단을 발견하게 되고, 이를 '혼란 애착' 유형이라 명명하게 되면서 애착의 유형은 아래와 같은 네 가지 유형으로 나뉘게 되었다.

안정 애착

영아의 65% 정도가 이 유형에 속한다. 영아는 낯선 상황에서도 어머니와 함께 있으면 어머니를 안전기지 삼아 주변을 적극적으로 탐색하고, 낯선 사람과도 잘 지낸다. 어머니가 보이지 않으면 혼란스러워하며 어머니를 찾다가 어머니가 돌아오면 반갑게 맞이하며 쉽게 편안해진다.

안정적으로 애착형성이 된 유아

• 이러한 아이는 이후 또래나 다른 어른들과 잘 사귀고, 자신의 감정도 잘 조절한다. 또래의 고통을 이해하고 달래주는 공감능력도 발달되어 또래로부터 인정·존경받는다.
• 어떤 친구가 자신을 험담하거나 싫어한다고 해서 지나치게 집착하거나 의존하지 않아 크게 상처받지 않는다. 이들은 친구들끼리도 생각이 서로 달라 그럴 수 있음을 인정하고 별로 중요한 것이 아니므로 자신의 생각에서 밀어내 버리며, 자신과 관계가 좋은 아이들과 더 잘 어울려 지낸다.
• 이렇듯 안정 애착은 긍정적인 대인관계와 삶의 태도를 형성하는 기초가 되는데, 이는 부모와의 관계에서 형성된 자신과 타인에 대한 긍정적인 믿음이 작용한 것이다.

어머니의 반응

• 안정 애착 영아의 어머니는 가정에서 영아의 울음을 비롯한 미소나 옹알이, 응시와 같은 영아의 신호에 대해 민감하게 반응한다. 즉, 영아에 대해 수용적이고, 정서적으로 친밀하고도 유연하게 대하며, 따뜻한 접촉을 나타내는 표현적인 면을 보이고, 영아의 활동에 대해 협력적이다.
  − 즉, 안정 애착의 어머니는 영아가 필요로 할 때 이를 수용하고 적절한 도움과 자극을 주는 민감한 사람이다.

불안정 애착	**불안정−회피 애착 (회피 애착)**	영아의 20% 정도가 이 유형에 속한다. 어머니와 함께 있어도 반응이 없고 놀이에 집중을 못 하며, 어머니와 친밀을 추구하지 않고 낯선 사람들에게도 이와 비슷하게 반응한다. 어머니가 없어져도 찾거나 울지 않고, 돌아와도 무시하거나 회피한다. 평상시 아이가 엄마를 필요로 하지만 엄마가 그런 자신의 필요를 충족 시켜주지 못했기 때문이다. **회피 애착이 형성된 유아** • 엄마를 비롯한 다른 사람들에 대해서도 실망을 느끼고 거부하려 하고, 낯선 상황에서는 사람보다 장난감이나 사물과 같은 무생물에 더 많은 관심을 보이게 된다. 이런 것들이 자신을 더 편하게 해주고 안정시켜준다고 느끼기 때문이다.

		어머니의 반응 • 회피 애착 영아의 어머니는 가정에서 영아와 거리를 두고 영아에 대해 거절하는 거부적 양육행동을 보인다. 영아와의 친밀한 신체적 접촉을 편안하게 받아들이지 못하고, 영아를 다루는 데 엄격하며, 자주 분노나 좌절을 나타내고, 불필요한 간섭으로 영아의 행동을 방해한다. 　－ 회피 애착의 유형을 보이는 아이의 대다수 양육자는 아이와 친밀하지 못하고 거리감이 있으며, 아이를 자주 거부하고 밀어내는 행동을 보인다. 　　📌 놀아달라고 하는 아이에게 짜증내면서 지겹다고 한숨 쉬거나 귀찮게 하지 말라고 소리 지르는 부모, 아이에 대한 기대가 높아 사사건건 잔소리하는 부모, '되는 것'보다는 '안 되는 것'이 훨씬 많은 등 제재를 가해서 피곤을 안겨주는 부모 등
불안정 애착	**불안－저항 애착 (저항 애착)**	영아의 10~15% 정도가 이 유형에 속한다. 어머니와 함께 있을 때도 탐색을 거의 하지 않고 어머니 곁에 머물려고 하며, 낯선 사람을 매우 경계한다. 어머니가 보이지 않으면 심한 분리불안 반응을 보이고, 어머니가 돌아오면 어머니에게 안기는 등의 접촉을 요구하면서도 동시에 밀거나 발로 차는 등의 공격적인 행동을 나타내는 등 양가적 감정을 보인다. **어머니의 반응** 저항 애착 영아의 어머니는 가정에서 영아의 요구에 무관심하며 비일관적으로 반응하는 것이 주된 특징이다. 영아의 신호에 민감하지 못하고, 영아와의 신체접촉을 서두르고, 자발적인 애정표현을 잘 하지 못한다.
	혼란 애착 (Main & Solomon, 1990)	• 메인과 솔로몬은 이상의 세 가지 유형에 속하지 않는 애착집단을 발견하여 이 집단을 혼란 애착 유형이라 명명했다. • 영아의 5~10% 정도가 이 유형에 속한다. 영아는 불안정하면서도 저항 애착과 회피 애착이 결합된 복합적인 반응을 보이며, 낯선 상황에서 가장 큰 스트레스를 받고 불안해하는 경향이 있다. 　－ 어머니와 재결합했을 때, 얼어붙은 표정으로 어머니에게 접근하거나 어머니가 안아도 먼 곳을 바라본다. 처음에는 다가와 안기지만 이내 밀어버리거나 피하는 등의 양극적인 반응을 보이기도 한다. 　－ 이들은 매우 강한 애착행동이나 분노를 표현한 후 갑자기 회피하거나, 두려워하거나, 얼어붙거나, 정지자세를 보이거나, 혹은 방향성이 없는 느린 움직임과 멍한 표정을 보인다. • 양육자가 안전한 기지이자 동시에 예측할 수 없는 대상이기에 이러지도 저러지도 못하는 혼란 상태이다.

III 자아

UNIT 06 자아개념

1 자아개념

정의	• 내가 '나'에 대하여 가지는 모든 지각이다. 　－ 타인의 객관적인 평가에 근거해 이루어지는 자신에 대한 지각과 평가로서, 자기 자신의 주관적인 이미지, 자신의 신체적·정서적 특성 또는 질에 대한 지각이다. 　－ 인간으로서 자신의 신체, 행동, 능력 등에 대해 가지는 느낌과 태도·신념, 상황에 대한 지각과 환경과의 상호작용을 통하여 형성되는 경험의 총체이다. 　－ 개인이 자기 자신에 대해 가지고 있는 관점의 총체이다(Felker, 1974). 　－ 각 개인이 자신에 대해 가지고 있는 관점은 고유한 것이며, 다른 사람이 그에 대해 가지고 있는 것과는 여러 측면에서 다르다. 　**종합** 자아개념이란 한 개인이 자신에 대하여 갖는 신념, 태도, 의견에 대한 주관적인 견해 또는 평가이며, 유아가 성장하는 과정에서 자신에 대해 인식하고 다른 사람과 구별하게 되는 능력을 의미한다. 다시 말해, 유아가 자신과 타인을 구분하여 독립적인 존재로 보는 것에서부터 자신의 기질, 생각, 태도, 가치, 신념 등에 대해 갖는 관점의 총합이다.

2 자아개념의 기능 및 중요성

• 인간은 태어나자마자 자아를 갖는 것은 아니며, 사회적 상호작용과 언어습득을 통하여 자아를 형성해 간다.
• 자아개념은 영유아기에 기초가 형성되어 전 생애에 걸쳐 개인의 인식과 행동, 적응에 지속적으로 영향을 미친다. 즉, 자아개념은 한 인간의 내적 지속성을 유지하고, 자신의 경험을 해석하는 기준이 되며, 기대감을 조성하는 역할을 한다.

자기 이미지를 결정하는 기초	• 어린 시기에 형성한 자아개념은 자기에 대한 이미지를 형성하는 기초가 되고, 개인의 내면에 강력한 힘으로 작용한다. 　－ 긍정적 자아개념 : 자신을 가치 있고 유능하다고 여기며, 그러한 신념에 부합되도록 행동하려고 노력한다. 　－ 부정적 자아개념 : 자신을 쓸데없고 무능하다고 여기며, 매사에 소극적·부정적으로 행동한다.

내적 지속성의 유지	• 인간은 조화롭지 않거나 엇갈리는 생각으로 인해 정신적으로 불안정해지면, 내적 지속성이 유지되도록 조화로운 행동을 하는 방향으로 이끈다. – 즉, 정신적으로 불안정한 상황이 되면 편안해지고 싶은 자극을 일으키고, 그렇게 되기 위해 자신에 대해 생각하고 있는 것과 일치하는 방향으로 행동하게 된다. 결국 내적 지속성은 조화로운 행동을 하도록 이끌어주므로 내적으로 지속성을 유지하는 것은 자아의 성장과 발전에 중요하다. 예 만일 유아가 자신에게 주어진 일을 잘하지 못하고 스스로 바보라고 생각한다면 그 유아는 정말 바보같이 보이도록 행동하게 된다.
경험의 해석	• 자아개념은 개인이 경험하는 현상을 어떻게 해석할지를 결정하고, 이에 따른 행동을 결정짓는 요인으로 작용한다. – 동일한 사건이 두 사람에게 일어나더라도 그 사건에 대한 해석은 서로 다를 수 있는 것처럼 인간의 경험은 인간에 의해 의미를 갖게 된다. – 인간은 자신에 대한 생각과 행동을 일치시키려는 경향이 있는 것처럼 자신의 생각과 일치되도록 경험을 해석하려는 경향도 있다. 예 친구에게 말을 걸었을 때 대답이 없으면 친구들이 자신을 싫어한다고 생각하는 유아는 '내가 싫어서 대답을 안 하네.'라며 부정적으로 생각할 것이며, 친구들이 자신을 좋아한다고 생각하는 유아는 '바빠서 못 들었나 봐. 다시 말해 봐야지.'라고 긍정적으로 생각할 것이다.
기대감의 조성	• 기대감은 앞으로 어떤 일이 이루어지기를 바라고 기다리는 것으로, 자아개념은 한 개인으로 하여금 기대감을 갖게 하는 역할을 한다. – 기대감에 따라 행동을 조정해 그 결과를 기대감과 일치하도록 한다. 예 어머니가 자신을 사랑하지 않는다고 생각하는 유아는 다른 사람도 어머니와 마찬가지로 자신을 사랑하지 않을 것이라고 예상해 사회적 관계를 잘 맺지 못할 수도 있다. – 좋은 경험을 기대한다면 그것이 이루어지도록 행동할 것이며, 나쁜 경험을 기대한다면 그 기대가 사실로 돌아오도록 행동하고 '봐, 내가 맞았지.'라고 할 것이다. 예 자신은 사랑받을 수 없는 사람이라고 생각하는 유아는 다른 사람들이 자신을 사랑하지 않을 것이라고 기대하고 그것에 걸맞는 행동을 하거나 그 기대에 맞도록 모든 것을 해석한다.

❸ 자아의 구분

(1) James(1890)

기본적 견해	• 미드(Mead, 1934)에 따르면 인간은 자신의 행동에 대한 타인의 반응을 경험하는 과정에서 자기 자신에 대해 의식화되며, 그 과정 속에서 자아는 타인의 반응에 적응해 가는 호혜적 과정을 통하여 구조화된다. 따라서 유아는 타인이 자기에 대해 어떤 생각을 갖고 있는지를 조직하면서 점차 안정된 특성으로 자신의 인격을 구성해 나간다. • 제임스는 자아가 의식 경험의 대상이고 삶의 의미를 고양 혹은 감소시키는 촉매 역할을 한다고 보고, '인식 주체로서의 자아(the self as knower : pure ego : I)'와 '인식 대상으로서의 자아(the self as known : empirical ego : Me)'로 구별하였다. – 자아는 '인식 주체로서의 자아'와 '인식 대상으로서의 자아'의 이중 구조를 발달시키면서 조화와 갈등의 분열 과정을 거쳐 통합된 전체적인 자아로 발달해 간다고 보았다.

- 자아개념은 한 개인이 자신에 대해 가지는 복합적이고 역동적인 신념체계로 주관적인 자아(I)와 객관적인 자아(Me)의 인식과 이에 대한 감정을 포함한다. 즉, 자아개념은 개인이 가지고 있는 자신에 대한 모든 것으로 자신에 대한 지각, 태도, 평가, 느낌 등을 포함한 개인의 고유한 경향성이다.
  - 자아인식은 자신이 타인과 다르다는 것을 이해하는 것이라면, 자아개념은 자신을 나타낼 때 타인과 자신을 구분지어 표현하는 것으로 자신의 신체특징, 개인기술, 가치관, 희망, 역할, 신분 등을 조합하여 자신을 정의하는 것이다. 따라서 자아개념이 형성되면 내가 누구이며 무엇인지와 함께, 자신인 '나'를 깨닫게 된다.

자아의 구분 (William James, Mead)	인식주체로서의 자아(I) (주관적 자아)	• '인식주체로서의 자아(I)'는 타자와 구별되는 독특한 존재이고, 스스로에 대해 생각하고 주관적인 경험을 조직·해석하는 자아이다. 또한 과거·현재·미래에 걸쳐 지속적이고 안정적으로 존재하는 자아로 형이상학적이자 철학적인 자아에 해당한다.
		  − **순수자아** 개인정체성의 순수원리를 지칭한다(William James).
		• 자신을 둘러싼 주변 세계로부터 분리되어 있는 개별적인 존재로서 시간이 흘러도 자신은 변함없이 나로서 존재하며, 다른 사람과는 다른 삶을 살아가게 되고, 스스로의 생각이나 행동을 조절할 수 있다고 깨닫는 자아이다.
		  − 환경을 변화시키는 주체이다.
		  − 인식하고 행위하는 자로서의 자기이해이다.
		  − 자기인식, 자기연속성, 자기일관성, 자기매개자 등의 특성을 포함한다.
		  − 자기 전개적 측면으로 타인의 관점에 대하여 반응한다.
		  − 불안정하고 동요하며 변화하지만, 창조적이고 자극적인 성격을 띤다.

	인식대상으로서의 자아(Me) (객관적 자아)	• '인식대상으로서의 자아(Me)'는 자신을 정의하는 데 필요한 모든 것으로 이루어져 있으며, 개인과 사회환경과의 상호작용을 통해 형성되는 자아이다.
		  − 경험적 자아로서 물질적 자아, 정신적 자아, 사회적 자아로 구성된다.
		  − 특히 사회적 자아는 개인이 주위 사람들과의 관계를 통해 형성되는 것으로 개인에 의해 인식된다. 이로 인해 '인식 대상으로서의 자아'는 심리적 영역의 자아이며 자아개념으로 해석된다(Bukatko & Daehler, 1992).
		  − 자신을 특별하게 만드는 특성들로 신체적 특성, 자신의 소유물, 바람이나 태도, 신념, 심리적 특성(인성, 기질 등), 사회적 특성(다른 사람과의 관계, 역할)으로 구성되어 있다(Berk, 2008).
		  − 자기 성찰적 측면에서 타인의 조직화된 태도나 일반화된 태도가 내면화된 것으로 사회 통제적인 힘을 가진다.
		  − 사회 집단의 가치관, 규범, 관습, 제도가 자아로 통합된 측면이며, 주관적 자아에 비해 안정적이고 확정적이며 강하고 전체적이다.

	㉠ **물질적 자아** 영역이나 물체처럼 파악되어 가장 중심부에 신체가 위치하고 그다음에 의복, 가족, 집, 소유물 등이 포함된다. 　- 물질적 자아를 통해 경험적 자아를 구성한다. 　- 가족이나 소유물을 잃었을 때 상실감을 느끼며, 소유물도 그것을 획득하느라 바친 정성이나 비용 때문에 자아의 일부로 간주된다. ㉡ **사회적 자아** 개인이 그의 동료들로부터 얻는 인정을 의미한다. 　- 연인, 친구, 직장 동료들로부터 얻는 사랑, 명성, 명예들이 사회적 자아를 구성한다. ㉢ **정신적 자아** 개인의 내적 혹은 주관적 존재, 즉 정신적 능력이나 성향들을 지칭한다. 　- 반성 과정의 결과로서 자아의 핵심적 부분이라고 말할 수 있다. • 미드(Mead)는 객관적 자아를 사회적 경험과의 상호작용 과정 속에 있는 사회적 구조로서 생성되는 것으로 보고, 인간은 기본적으로 그들을 배출한 사회적 구조의 반영이기 때문에 사회의 한 구성원으로 살 때만 진정한 자아를 확립할 수 있다고 보았다.

(2) Cooley(1902)

면경자아 (looking - glass self)	• 쿨리(Cooley, 1902)는 사회적 자아를 소개하면서 타인이 자신을 지각하는 방법으로 자신을 지각한다는 면경자아(looking‒glass self)를 소개했다. 　- 쿨리에 의하면 자아는 타인의 마음에 있다고 생각되는 자신의 상(像)에 대한 타인의 태도에 의해 결정된다. 즉, 사람들이 그 사람은 이런 사람이라는 개념을 가지고 있는 것을 자신이 인식하여 형성되는 자아가 곧 자아개념이라는 것이다. 　- 이는 자아개념이 다른 사람들과의 사회적 상호작용에 의해 형성되는 것임을 보여준다. 미드(Mead, 1934)도 이를 주장하여 자아개념은 다른 사람이 자신에 대해 어떻게 반응하는가에 따라 형성된다고 한다.

(3) Satir(1981)

자아의 8가지 영역	사티어(Satir)는 자아를 8가지 영역으로 구분하여 자아개념을 설명하고 있다. ① **신체적 자아**: 외모, 건강, 신체 능력을 말한다. ② **지적 자아**: 인지능력, 계획 및 문제해결력, 의사결정력을 말한다. ③ **정서적 자아**: 정서인식, 정서표현, 정서조절을 말한다. ④ **감각적 자아**: 감각을 사용하는 능력(시각, 청각, 촉각, 후각, 미각 등)을 의미한다. ⑤ **상호작용 자아**: 다른 사람과의 친밀한 관계 형성을 위한 사회적 상호작용 능력을 의미한다. ⑥ **상황적 자아**: 시간, 공간, 색, 빛 등과 같은 환경적 요소의 인식·사용과 자기 삶의 시간적·공간적 상황에 대한 견해를 의미한다. ⑦ **성장 자아**: 자신의 성장(음식, 물질 등)과 보호에 대한 관심을 의미한다. ⑧ **영적 자아**: 영혼 또는 정신적 힘에 관심이 있는 자아이다.

⑷ Shavelson, Hubner & Stanton(1976)

자아개념의 구조	• 자아개념은 자기 자신을 알고 정의하는 방법으로 인성을 구성하며, 사회·정서발달의 초석이 된다. • 자아개념은 조직적·다차원적이고, 위계적인 특성을 가지며, 경험에 의해서 조직되고 구조화된다. • 샤벨슨과 휴브너, 스탠턴(Shavelson, Hubner & Stanton)은 자아개념을 학문적 자아개념과 비학문적 자아개념으로 구분하고, 비학문적 자아개념은 사회적 자아개념, 정서적 자아개념, 신체적 자아개념으로 구성된다고 보았다. ① 학문적 자아개념 : 그와 상응하는 어떤 특정 과목들을 하위 영역으로 포함한다. ② 비학문적 자아개념 : 사회적·정서적·신체적 자아개념이 있다. 　－ 사회적 자아개념 : 다른 사람과 어떻게 관련되는지에 대한 인식을 의미하며, 동료들과 중요한 타인을 포함한다. 　－ 정서적 자아개념 : 정서적 상태를 의미하며, 특수한 정서상태를 포함한다. 　－ 신체적 자아개념 : 신체적 능력과 외모에 대한 개인의 판단을 의미하며, 신체 능력과 외모를 포함한다. 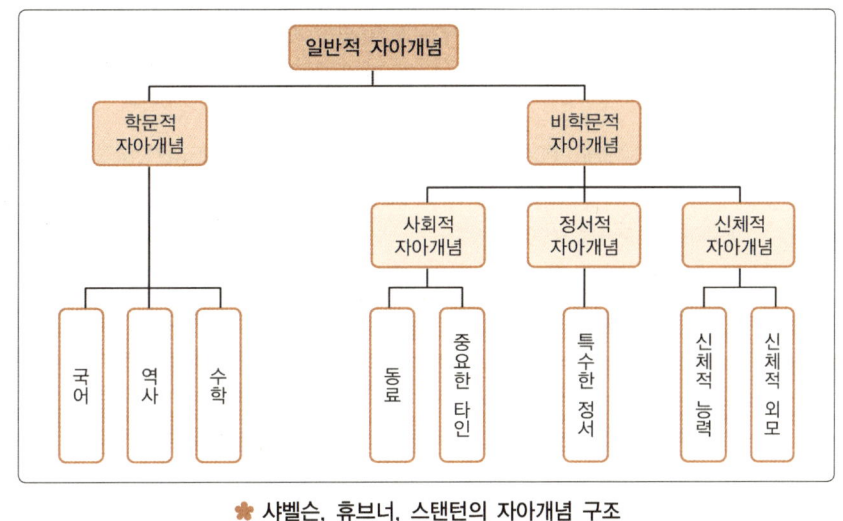 ✿ 샤벨슨, 휴브너, 스탠턴의 자아개념 구조

UNIT 07 자아개념의 발달

1 자아개념 발달의 특성

- 자아개념의 발달은 일생 동안 지속되고, 타인에 대한 이해를 포함한 사회인지 발달에 의해 영향을 받는다(Shaffer, 2000). 자아개념은 자신이 독특하고 타인과 구별되는 분리된 실체라고 인식하는 것에서부터 발달한다. 출생 후 주변과 상호작용하고 인지·사회적 발달이 이루어지면서 유아는 자신을 점점 더 복잡한 존재로 보게 된다(Hater, 2006). 이러한 자아개념은 외현적이고 구체적인 것으로부터 추상적이고 심리적인 측면으로 초점이 맞추어진다.

  ① 영아 시기
    - 자아개념은 영아기부터 나타나는데, 자신을 인지하는 것에서부터 시작하여 자신의 성, 외모, 소유물, 선호하는 것으로 발달하기 시작한다.
    - 영아기 말에 급속히 발달한다.
    - 언어 및 인지능력의 발달과 밀접한 관련을 가지고 있으며, 발달과 함께 더욱 정교해진다.
    - 자아개념 형성의 기초단계로 자신의 독립적인 존재에 대해 알아가는 존재적 자아형성기이다.
    - 영아는 타인과 자신을 구분하기 시작하며, 자신의 신체 탐색을 통해 자아개념을 형성한다.
    - 거울에 비친 자신의 모습이나 사진 속 자신을 인식하고 그 또한 자신이라는 것을 깨닫게 된다.

  ② 유아 시기
    - 자신이 타인에게 어떤 영향을 미칠 수 있다는 것을 알게 되기 시작하며, 독립적이고 자율적으로 기능하고자 한다(예) 유아는 부모의 이야기에 "싫어", "아니야" 등의 반응을 보이며 자신의 의지와 욕구대로 행동하려는 모습을 보인다).
    - 유아는 자라면서 자신의 신체적·정의적·심리적 특성을 파악한다. 자신과 타인의 차이에 대해 깨닫고 이러한 차이를 해석하는 인지적 활동을 통해 자신에 대한 다양한 개념을 형성해 나간다.
    - 자아개념이 발달함으로써 유아는 자신에 대해 구체적인 용어를 사용하여 설명하기 시작한다.
    - 자신의 신체적 조건과 특징, 기호 등의 특성에 관해 표현하던 유아는 자라면서 '행복해', '슬퍼', '노력해' 등과 같은 심리적 특성을 통해 자신을 표현하며 신체적 자아로부터 심리적 자아로 발달해 나간다.

- 유아가 자신에 대해 가지는 개념은 타인과 관계를 맺고 의사소통을 하는 데 기초가 되며, 사회 구성원으로서 자신의 역할을 수행함에 있어 기초적인 역할을 한다. 스스로에 대해 보다 긍정적인 자아개념을 가지고 있는 유아는 부정적인 자아개념을 가진 유아보다 자신이 속한 집단에 잘 적응하고 친사회성이 높았으며, 빈번한 좌절의 경험으로 인해 자아개념이 낮은 유아는 자신의 능력에 대한 불신이 높아져 새로운 것에 대한 도전의 동기가 낮은 것으로 나타났다(Purkey, 1970). 유아들이 자신에 대한 전반적인 느낌, 의미, 태도에 대해 긍정적인 개념(Seefeldt, Castle & Falconer, 2014)을 가지는 것은 유아가 세상을 대하는 기본적인 태도를 형성하고 자신이 당면한 문제를 해결해 나가는 과정에 영향을 미친다.

- 유아가 자신에 대한 긍정적인 자아개념을 형성하고 발달해 나감으로써 타인과 조화로운 관계를 이루며, 어려운 상황에서 직면한 문제에 대해 스스로의 능력에 관한 믿음과 확신, 기대를 가지고 도전하는 기반을 마련하게 된다.

- 총체적 자아를 구성하기 위해서는 자아인식과 자아존중감, 그리고 자아정체성 형성의 바탕이 되는 성역할의 발달이 필요하다.

📖 연령에 따른 자아개념의 발달

출생~1세	• 이 시기의 영아는 '나'를 인식하기 시작한다. 　－ 대체로 2~3개월경에 외부 세계와 내가 분리되어 있다는 것을 알게 되고, 5개월경부터 어머니와 분리된 존재로 여기기 시작한다. 　－ 생후 1년간 자아에 대한 일반적인 인식을 발달시킨다. 그리고 이 시기에는 '내가 울면 안아준다.'는 것처럼 자신에 대한 타인의 반응에 주목한다. • 타인과 비교하는 것은 아직 나타나지 않는다. 🔔 **유아는 보통 18개월 정도가 되어야 자신과 타인을 구분할 수 있게 된다.** • 자신이 타인과 다른 독립적인 존재라는 것을 알게 된 유아는 거울이나 사진 속의 자신을 보고 "나"라고 말하고, 자신이 좋아하는 물건을 갖기 위해 "내 거야"라고 말하게 된다. • 언어 능력의 발달로 자아개념을 더욱 확장시키게 되며, "나는 남자", "나는 두 살"과 같이 주로 성별, 나이 등과 같은 신체적 범주로 기술한다.
2~4세	• 이 시기의 유아는 "나는 머리가 길어요", "나는 세 살이에요."처럼 성별, 나이 등과 같은 범주에 따라 자신을 구분한다. 　－ 이 시기는 신체적 특징과 같이 관찰 가능한 외현적인 특성을 중심으로 자신을 기술 하는 '범주적 자아'의 특성을 보인다. 　－ 또한 언어능력이 발달하여 자신의 능력, 소유물, 사회적 관계 등을 포함한 자신의 특성을 표현할 수 있으며, "나는 사탕이 좋아요."와 같이 선호도와 관련지어 단순한 정서와 태도를 표현한다. • 전반적으로 자신에 대해 긍정적으로 생각하고, 공평성의 문제가 아니라면 타인과 비교하지 않는다. • 자신의 행동이 남에게 미치는 영향을 알게 되고, 자신에 대한 타인의 반응을 인식할 수 있어 다른 사람의 접시에 있는 음식을 쏟았을 때 머리를 숙이는 등의 행동을 한다.
5~7세	• 이 시기의 유아는 2~4세와 마찬가지로 신체적 특징, 능력, 소유물, 사회관계, 선호도 등과 관련지어 구체적이고 관찰 가능한 용어로 자신을 기술한다. • 또한 자아개념이 확장되어 과거와 관련지어 자신을 비교하기 시작한다(예 "네 살 때는 이거 못 들었는데 이제는 들 수 있어요."). 　－ 이러한 비교는 자랑하기 위함이 아니라 자신이 성장했음을 알게 되면서 나오는 것이다. • 이 시기 유아는 자신에 대해 긍정적으로 생각하며, 긍정적 관점을 유지하기 위해 부정적인 측면은 무시하는 경향이 있다. • 또한 자신에 대한 타인의 평가를 인식할 수 있어 자신을 조절하는 데 타인의 평가를 사용한다. • 이 시기에는 분노와 기쁨 같은 상반된 정서를 연결할 수 없어 이를 동시에 표현하지 못하지만, 행복과 기쁨처럼 비슷한 정서는 동시에 말할 수 있다(예 "엄마가 사탕을 줘서 기분 좋고 행복해요.").

8~11세	• 이 시기의 아동은 "나는 똑똑해요.", "나는 친구가 많고, 인기가 있어요." 등과 같이 성격 특성을 언급하기 시작하고, 추상적인 방식으로 자신을 기술하며, 자신의 능력을 여러 개의 구체적인 영역으로 범주화하여 말할 수 있다. 또한 자신의 정서 상태나 소속된 집단을 통해 자신을 표현한다(예 "나는 동요 동아리 회원이에요.").
	• 이 시기 대인관계는 유아의 자아개념 발달에 중요한 역할을 한다.
	– 또래와 비교를 통해 자신의 수준이나 능력을 표현하고, 자신의 긍정적인 측면과 부정적인 측면을 모두 인정하여 자신을 평가할 수 있으며(예 "나는 ○○보다 공부는 못하지만 달리기는 빨라요."), 어떤 행동을 할지 결정하기 위해 타인의 평가를 사용한다.
	– 인지능력이 발달하고 경험이 증가함에 따라 자아개념은 더욱 정교하고 추상적이 되며, 자신에 대해 그동안 해 왔고 앞으로도 지속될 것이라고 생각되는 행동방식으로 자신을 기술한다(예 "나는 조용하고, 열심히 공부하는 아이예요.").

② 자아개념 발달에 영향을 미치는 요인

| 부모 | • 유아의 부모는 유아의 행동을 위한 일차적 모델임과 동시에 유아로 하여금 자신의 행동이 타인에게 어떤 영향을 미치는가를 알게 하는 일차적인 피드백 제공자이자, 유아의 행동에 대한 일차적인 평가자의 역할을 한다.
• 부모의 자아개념과 심리적 행복감, 양육태도 등도 유아의 긍정적인 자아개념 발달에 중요한 요인이다.
• 부모와의 경험을 바탕으로 유아는 소속감, 능력감, 가치감을 배우기 시작하여 긍정적인 자아개념이 발달할 수 있게 된다. |
|---|---|
| 교사 | 교사의 자아개념은 함께 생활하는 유아와 어떠한 경험을 주고받는지에 영향을 미치게 되고, 이 과정에서 유아는 자신을 대하는 태도, 기대 등 자아개념을 발달시키게 된다. |
| 또래 | • 유아는 또래 관계를 형성하는 과정을 통해 자신에 대해 인식하고, 소속감과 능력감, 가치감을 경험하며, 긍정적인 자아개념을 발달해 나간다.
• 유아가 경험하는 또래와의 상호작용과 협동의 기회, 또래집단 안에서의 수용 정도 등은 유아 자신에 대한 개념을 발달시키는 데 영향을 준다. |

UNIT 08 자아개념 발달 – 코스텔닉, 버크, 미드

 **KEYWORD#** 범주자아

1 코스텔닉(Kostelnik)

출생~1세	• '나(자아)'를 인식하기 시작한다. – 양육자와 분리된 존재로서 자아에 대한 일반적 인식을 가진다. • 타인과 비교하지 않는다. • 자신에 대한 타인의 반응에 주목한다(자신이 울면 양육자가 안아줌).
유아기 (걸음마기 유아, 2~4세)	• 자신이 말한 것을 그 자리에서 보여주려 한다. • 이 시기의 자아개념은 즉각적이고 구체적이며, 내적 상태가 아니라 특정한 경험과 관련된다. **자신에 대한 기술** • 유아는 말을 하게 되면서 연령이나 성과 같은 속성에 기초하여 자신을 기술하기 시작한다. – 한 번에 한 가지씩 자신을 관찰 가능한 구체적인 용어로 정의내리기 시작한다(신체적 속성, 능력, 소유물, 관계, 선호와 관련하여 기술). 📌 "나는 여자야. 내 눈은 갈색이야." • 자신이 생각하는 자아의 여러 측면들이 서로 연결되어 있음을 알지 못한다. – 자신을 규정하는 각 속성들이 독립적이고 구분되는 것이라고 생각한다. • 무엇을 좋아하고 싫어하는지를 말하긴 하지만(📌 "나는 인형 갖고 노는 거 좋아해.", "나는 콩 싫어해."), 자신에 대해 심리적 속성으로 기술(📌 "나는 슬퍼요.", "나는 친절해요.")하는 일은 거의 없다. **자아인식** 전반적으로 자신에 대해 긍정적인 관점을 가지며, 자신을 부정적으로 보지 않는다. **타인과의 비교** 공평성의 문제가 아니라면 타인과 비교하지 않는다. 📌 "그 애가 나보다 더 많이 가졌어." **자신에 대한 평가** 자신에 대한 타인의 반응을 인식한다. 📌 우유를 쏟았을 때 머리를 숙인다.

아동기 초기 (5~7세)	**자신에 대한 기술** • 지금 여기에 집중하여 자신을 생각하던 것에서 과거, 현재, 미래와 관련하여 자신을 이야기한다. 　− 자신이 지금 할 수 있는 것과 예전에 할 수 있었던 것을 비교한다. 　　예 "나는 어렸을 때보다 훨씬 빨리 달릴 수 있어요." 　− 미래에 자신이 어떠할 것인지 예상하기 시작한다. 　　예 "난 커서 주방장이 될 거야." • 자기 정의를 내리기 위해 구체적인 사실들을 말한다. 　예 "나는 빨리 달리고, 높이 뛰고, …, 나는 운동을 잘해." • 관련된 속성을 엮어 완전한 자아개념을 갖게 된다. 즉, 이전에 자신을 기술하던 구체적인 속성들이 통합되기 시작한다. 　예 "나는 달리기, 점프, 오르기를 할 수 있어요.", "나는 글자를 읽을 수 있고 수학을 잘해요." **자아인식** 자신에 대해 전반적으로 긍정적인 관점을 가지며, 긍정적인 틀을 유지하기 위해 부정적인 측면을 무시하기도 한다. **타인과의 비교** 일시적인 비교를 한다. 공평함과 자신의 과거 수행에 관련해서 비교한다. 예 "네 살 때는 내 이름을 못 썼는데 지금은 쓸 수 있어."
아동기 중기 (8~11세)	• 능력에 대해 구체적인 영역으로 범주화시키고(예 학업, 사회적 능력, 신체 능력) 영역을 구분하여 말할 수 있다. 　− 자신이 수행한 것들 간의 차이를 자아개념의 구성 요소로 고려하게 된다. 　　예 "나는 수학은 잘해요. 그런데 운동은 잘 못해요." **자신에 대한 기술** • 자신의 특성을 여러 군집으로 기술한다. 　예 "나는 사교적이고(친구 많음, 인기 있음), 부끄러움이 많아(낯선 사람이 있을 때)." • 아동의 자아개념에서 대인 간 관계가 더 중요해진다. 　예 "나는 상희와 윤주의 친구예요.", "나는 민석이의 여자 친구예요." • 경험이 늘어나고 인지능력이 발달하며 더 추상적이 되고, 이전보다 더 확대된 자아인식과 통합된 자아개념을 가지고 청소년기를 맞이한다. • 눈에 보이는 속성뿐만 아니라 내적 특성과 정서적인 속성까지도 포함하여 기술한다. 　예 "너는 누구니?"라고 물었을 때, "나는 수줍음이 많고 행복해요."라고 대답하는 것 **자아인식** 자신의 긍정적인 측면과 부정적인 측면을 모두 인식하고 인정한다. **타인과의 비교** • 사회적 비교를 한다. 　− 외모, 능력, 성취와 관련하여 이전 시기의 자아 및 또래와 자신을 비교하기 시작한다. 　− 비교를 통해 자신의 특성을 더 주의 깊게 살펴보게 되고, 자신과 타인을 구분하게 된다. 　　예 "나는 ○○만큼 수학을 잘하지 못하지만 다른 아이들보다 더 빨리 단어 퍼즐을 맞출 수 있어." **자신에 대한 평가** 어떤 행동을 할지 결정하기 위해 타인의 평가를 사용한다.

2 버크(Berk, 2012)

연령	특징
2~3세	• 욕구, 정서와 같은 정신적 상태에 대하여 말한다. • 마음은 물리적 세계와 다르며 다른 사람들이 자신의 마음을 볼 수 없음을 알게 된다.
4~5세	• 마음속의 믿음은 정확하지 않을 수 있으며, 다른 사람과 다를 수도 있다는 것을 이해하기 시작한다. • 거짓말 등으로 자기에게 유리하게 지식을 사용할 수 있게 된다. 예 물건 감추기 놀이를 할 때 가짜 단서를 만들어 상대방이 숨긴 장소를 잘못 찾도록 유도할 수 있다.
3~5세	• 연령, 성별, 신체적 특징, 선과 악, 능력에 기초해 자신과 타인을 분류하여 + 범주자아를 형성한다. • 일상 이야기에 대한 내러티브의 형식 속에 기억된 자아를 구성한다. • 욕구-마음 이론이 틀린 믿음 과제의 습득에 의해 나타나는 믿음-욕구 이론으로 확대된다. • 관찰 가능한 특성과 특유의 정서 및 태도로 구성된 자아개념을 형성한다.
6~10세	• 자신의 신체적·행동적, 그리고 다른 외적 특성을 나열하다가 점차 그들의 지속적인 내적·추상적 특성인 기질, 가치, 신념, 이념과 같은 것으로 변화한다. • 자아개념에 있어 개인적 특성과 긍정적·부정적 속성 모두를 강조한다.
11세 이상	• 자아개념에 있어서 '영리한', '재능 있는' 등과 같은 독립적 특성을 '지적인' 등과 같은 보다 추상적 서술로 통합한다. • 자아개념을 형성하는 특성들이 조직적 체계로 결합한다.

+ 범주자아
자신과 타인을 성별, 나이 등의 범주에 따라 구분하고, 신체 특징과 같은 외현적 특성을 중심으로 자신을 진술하는 것을 말한다.

3 미드(Mead)의 역할 모방

• 사람은 현실적인 나와 이상적인 나를 상상하면서 자신을 지각한다. 유아기의 나와 타인에 대한 인식을 시작으로 청소년기가 되면 자신은 '어떤 사람'이라는 정체성을 확립하게 된다.
  - 이러한 과정을 통해 유아는 주변 사람들이 자신을 바라보듯이 자신을 관찰할 수 있게 되어 자아 정체성을 형성해 나가게 된다. 즉, 타인의 관점으로부터 자신의 행위를 객관적으로 볼 수 있는 능력을 유아기부터 점차적으로 발전시킴으로써 자아가 발달한다고 본다.

① 준비 단계	• 몸짓을 통해 자신의 의사를 표현하고 다른 사람의 동작을 모방하고 행동하는 단계이다. • 이 시기에는 자신이 행하고 있는 역할의 의미를 이해하지 못한 채 단지 무의미하게 어른들의 행동을 따라 한다. 예 아이들은 연필을 들고 벽에 줄을 긋는가 하면 그것을 입에 물고 담배 피는 흉내를 낸다. 그러나 이는 자신이 하는 행동의 의미를 이해하지 못하고 어른의 행동을 모방하는 것이다.
② 놀이 단계	• 말을 배우고 놀이를 통하여 다른 사람의 역할을 담당해 보는 단계이다. • 아이가 자신이 흉내 내고 있는 역할의 의미를 어느 정도 이해한다는 점에서 준비 단계의 모방과는 차이가 있지만, 그 행동은 일관되지 못하고 어떤 목적 없이 행하고 있는 경우가 많다. 예 여자아이가 인형을 가지고 혼잣말로 엄마 역할과 아기 역할을 모두 맡는 것, 병원 놀이를 하면서 의사와 환자의 흉내를 모두 내는 것 • 한계 : 동일시를 위한 역할 수행이 아닌 놀이형식으로서 주변 사람들(의미 있는 타인)의 행동을 모방하는 행위이며, 일관되지 않고 목적이 없다.
③ 게임 단계	• 단순한 흉내 내기가 아니라 실제의 역할을 취득하여 일관되고 적절한 행동을 할 수 있는 능력을 갖게 되는 단계로, '일반화된 타인'이 되어 그 사회의 가치와 문화에 따라 행동하게 된다. 예 야구 경기와 같은 게임을 하면서 자신의 역할을 내면화하고 수행할 뿐만 아니라 동시에 다른 사람들의 역할도 인식하는 것으로, 단순한 역할놀이 수준을 넘어서 복잡한 역할게임으로 발전한다. − 자기 팀 전체의 역할을 각자가 이해하고 수행할 뿐만 아니라, 상대 팀 선수들이 어떤 능력을 갖고 있으며 어떻게 행동할 것인가도 염두에 두고 있어야 한다. • 이 단계에 이르러 개인은 비로소 일반적인 사회적 자아의 관념을 갖게 된다.

UNIT 09 자아인식(자기인식)

1 자아인식(self-awareness)

개념	• 자아인식이란 '나는 누구인가?'를 이해하는 것으로, 이를 이해함으로써 자신에 대한 정체성을 확립하는 것이다. − 아주 어린 영아에게 거울을 보여주었을 때 거울 속 모습이 자신이라는 것을 알지 못하는 것은 자신에 대한 인식이 형성되지 않았기 때문이다. 영아가 거울에 비친 모습이 자신이라는 것을 알기 위해서는 인지발달이나 사회발달 등이 이루어져야 한다. • 자아인식이란 타인과 자신이 서로 다른 독립적인 존재라는 것과 자신의 신체, 행동, 사고가 다른 사람과는 다르다는 것을 깨닫는 것이다. − 따라서 유아의 자아인식은 자신을 지각하고, 자신과 타인이 다른 독립적인 존재임을 인식하는 것과 이를 이해하는 것을 포함한다.

② 자아인식의 발달

- 자아인식은 외적이고 구체적이며 현실적인 것으로부터, 내적이고 추상적이며 보다 심리적인 측면에 초점이 맞춰지는 방향으로 변화된다.
- 자아개념의 발달은 자아인식으로부터 시작되며, 자아인식은 자아개념 및 자아존중감 발달의 기초가 되고, 사회적 인식과 사회적 이해로 점차 확대되어 발달한다.

자아인식의 발달 방향

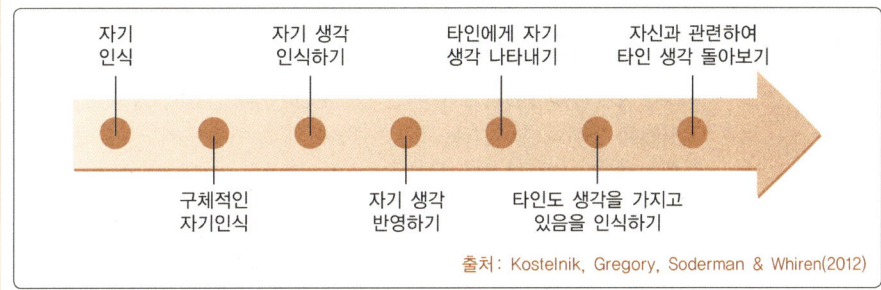

출처 : Kostelnik, Gregory, Soderman & Whiren(2012)

✿ **자기인식(self - awareness)의 발달적 변화**

📖 **영유아의 거울을 통한 자기인식의 발달 수준 − Rochat(2003)**

0수준 혼동 (confusion)	• 출생 직후 • 거울에 비친 자신을 인식하지 못하고, 환경과 혼동한다.
1수준 구별 (differentiation)	• ~2개월 • 거울에 보이는 자신과 환경이 다른 것임을 안다.
2수준 상황 (situation)	• ~18개월 • 거울에서 자신이 만든 움직임의 독특함을 인식한다. 자신의 동작이 거울에 비춰진 것이라는 관계성을 안다.
3수준 동일시 (identification)	• ~만 3세 • 거울에 비춰진 모습이 자신이라는 것을 분명히 인식한다. 거울을 보면서 자신에 대해 말한다.
4수준 영속성 (permanence)	• ~만 4 · 5세 • 현재의 자신을 인식할 뿐만 아니라, 다른 장소, 더 어린 시절, 다른 옷을 입었던 과거의 사진이나 동영상에서 자신을 찾아낸다.
5수준 초자아 인식 (meta self−awareness)	• ~만 5세 이후 • 자신뿐만 아니라 다른 사람을 통해서 자신을 인식한다. 자신이 누구인지, 그리고 다른 사람이 자신을 어떻게 생각하는지를 안다.

영아기
자아인식
	• 영아는 출생 직후 자신과 타인을 구분하지 못하지만, 주변과 상호작용하며 자신에 대한 인식을 발달시켜 나간다. 생후 1년간 영아는 주변의 환경 자극에 반응하고 자신의 신체를 움직이면서 물리적으로 분리되어 있음을 느낀다. 영아는 양육자와 상호작용하면서 자신과 사회를 구분하기 시작하며, 만 2세가 되면 자신과 타인이 독립된 존재라는 것을 알게 된다.
	  – 생후 4개월까지는 자신을 어머니의 한 부분으로 여긴다.
	  – 생후 5개월경부터 분리되기 시작하여 생후 1년 동안 자신에 대한 인식을 발달시켜 나간다.
	  – 생후 4개월에서 8개월이 되면 영아는 손 뻗기, 잡기 등을 통해 자신이 외부세계의 사건을 조절할 수 있다는 경험을 하게 되고, 이를 통해 자기 신체가 다른 세상과 분리되었다고 지각하는 자기일관성(self coherence)을 발달시킨다.
	  – 이러한 자기일관성은 부모와 까꿍놀이 같은 상호작용놀이를 하면서 발달된다.
	• '신체에 대한 개념–신체자아'는 아주 일찍부터 형성되기 시작한다.
	  – 6개월~24개월 사이 영아의 코에 립스틱을 칠한 후 반응을 연구한 결과(영아 대상의 거울실험), 생후 15개월 이하의 영아들은 코에 묻은 립스틱에 관심을 보이지 않으며 이에 대해 전혀 인식하지 못하고 있음을 확인했다.
	  – 자아인식 능력이 형성된 18개월에서 24개월 사이의 영아는 코에 묻은 립스틱을 더 자주 만지작거리는 것을 관찰할 수 있었고, 이를 통해 생후 1년 이후에 초보적인 자아인식이 나타나 점차적으로 발달해 간다는 것을 알게 되었다.

유아기
자아인식
	• 유아의 자기인식은 인지발달과 관련이 있다. 만 2세는 대상영속성 개념이 발달하고 감각운동 도식이 정신적 표상으로 내면화되어 거울 속의 사람이 자신이라는 것을 안다. 이것은 자신의 얼굴에 대한 도식이 발달되어 있다는 것을 의미하며, 또한 이 시기 영아는 사진 속의 자신을 지적하고 자신의 이름을 인지해 사용할 수 있다. 이처럼 유아의 자기인식은 자신에 대한 인지도식이 발달되어야 가능하다.
	  – 그러나 현재의 자기 표상만 인식할 뿐 시간의 변화에도 자신의 모습이 변하지 않고 안정적인 모습이라는 점은 잘 인식하지 못한다. 과거·현재·미래의 자기 표상을 연결해 시간이 흘러도 자신을 안정적으로 인식하는 것은 3~5세 사이에 발달한다.
	  – 자기인식은 사회적 발달에도 영향을 미치며, 특히 양육자와의 안정 애착은 자기인식의 발달에 중요하다.
	• 자신과 타인 사이의 경계에 대한 분명한 인식이 이루어지는 시기로, 자기 소유물에 대한 권리를 주장하는 행동을 통해 자아인식이 발달하였음을 쉽게 확인할 수 있다.
	• **3~5세 유아들의 자아인식**
	  – 외적으로 드러나는 신체 특징, 이름, 나이, 성별, 소유물, 능력과 같은 구체적인 특성들을 중심으로 한 범주자아적 특성을 보인다.
	  – 자신의 특성을 언어로 표현할 수 있으나 심리적 특성에 대한 진술은 거의 하지 못한다.
	• **6~8세 유아들의 자아인식**
	  – 자신의 내적 특성이나 또래들과의 비교를 통한 자기 표현이 나타나기 시작한다.

아동기 이후 자아인식	아동기 이후 자아개념의 통합 및 분화가 이루어짐에 따라 외적인 특성을 묘사하는 것에서 벗어나 가치, 신념, 사상과 같은 내재적이고 심리적인 특성을 중심으로 자신을 묘사하게 되는 변화를 보인다.

UNIT **10** **자아존중감**

KEYWORD# 자아존중감의 위계적 구조, 사회적 자아존중감

1 자아존중감의 이해

정의	
	• 자아존중감(self-esteem)이란 자신의 존재에 대한 긍정적 또는 부정적 견해로 자신의 가치를 평가하는 것이다. 즉, 자신의 가치나 특성에 대한 전반적인 감정을 의미하는 것으로, 자신의 외모, 신념, 정서, 행동 등의 가치나 특성을 긍정/부정적으로 평가하는 주관적인 판단의 정도이다. 　－ 자아개념이 자아에 대한 인지적 측면이라면 자아존중감은 자아에 대한 평가적 측면이다(자신의 능력, 특성, 가치에 대한 판단이나 평가). 　－ 정의적 측면을 강조한 것으로 유아가 자신의 이미지에 대한 사회의 일반적인 평가를 기초로 자신이 가지고 있는 가치에 대해 스스로 내리는 평가이다. 　－ 부모나 교사 등 주위의 중요한 사람들이 자신에 대해 내리는 평가를 통해 자아존중감을 형성해 간다. • 자아존중감은 가치, 능력, 통제의 세 가지 차원으로 구분되며, 이 세 가지를 긍정적으로 판단하는 사람은 자아존중감이 높고, 자신에 대해 대체로 부정적으로 평가하는 사람은 자아존중감이 낮다.

🖥 자아존중감의 구성 요소 – 배그웰과 슈미트(Bagwell & Schmidt, 2001)

가치	• 내가 나를 얼마나 좋아하고 가치 있게 여기는지, 혹은 타인이 얼마나 자신을 좋아하고 가치 있게 여기는지에 대한 정도를 의미한다. 　－ 자신이 맺고 있는 관계나 형성하지 못한 관계에 의해 가치를 판단한다. 　　예 "우리 엄마야.", "수연이는 나랑 친구하기 싫대." 　－ 유아가 "나 좋아해? 얼마나 좋아해? 왜 좋아해? 나쁜 일을 해도 좋아해?"와 같은 질문을 하는 것과 관련된다. 　－ 관계는 가치의 특정한 신호로서 "나에게 관심 있는 사람은 누가 있지?"와 같은 질문으로 측정된다.
능력	• 과제를 완수하고 목표를 성취할 수 있다는 신념을 의미한다. 　－ 목표를 설정할 때, 새로운 과제를 시도할 때, 자신의 잠재력을 탐구할 때, 또래나 성인과 상호작용할 때 "나는 무엇을 할 수 있지? 할 수 있을까? 내가 한 것을 다른 사람들이 인정해 줄까?"에 대한 답을 얻게 되는데, 이러한 답을 통해 자신의 능력에 대해 판단한다.
통제	• 자신이 세상에 영향을 미칠 수 있다고 느끼는 정도, 즉 개인이 세상에서 일어나는 일과 사건에 영향을 미칠 수 있다고 느끼는 정도를 의미한다. • 아동이 행동하고 자신의 행동이 미치는 영향을 관찰하면서 얼마나 많이, 언제, 어떤 종류의 통제를 자신이 행사할 수 있는지에 대한 믿음을 형성한다. 　예 영아가 미소 짓고 옹알이를 함으로써 양육자와 상호작용을 길게 유지하는 것 　예 유아가 코트를 여미려고 시도하는 것

구성 요소 (구성 요인)		

- 자아존중감의 구성 요소는 학자마다 차이가 있다.
  - 쿠퍼스미스(Coopersmith, 1967)는 자아존중감을 총체적, 사회적, 가정적, 학교 내 자아존중감으로 구분했다.
  - 포프 등(Pope et al., 1988)은 전반적 영역, 학업영역, 가족영역, 사회적 영역, 신체이미지 영역으로 구분했다.
  - 하터와 파이크(Harter & Pike, 1984)는 인지능력, 또래수용, 어머니수용, 신체능력으로 구분하였다.
- 이처럼 자아존중감의 구성 요인은 학자마다 다르지만, 이를 정리하면 학업적 자아존중감, 사회적 자아존중감, 신체적 자아존중감으로 구분할 수 있다.
  - 학업적 자아존중감은 학업 과제에 대한 자신의 능력, 통제 등을 보이는 것이다.
  - 사회적 자아존중감은 사회적 상호작용에서의 자신감으로 인해 가지는 가치감, 능력 등이다.
  - 신체적 자아존중감은 외모나 신체적 능력과 같이 신체에 대한 스스로의 평가로 인해 가지는 존중감이다.
- 자아존중감의 구성 요인은 연령이 높아질수록 다양화・구체화되지만, 총체적인 자신의 평가로 점차 통합된다.

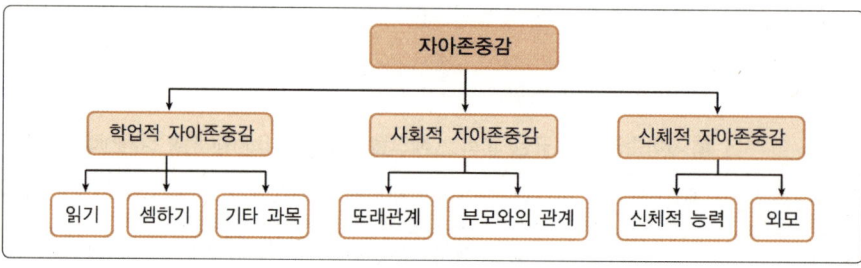

✿ **자아존중감의 구분**

자아존중감 형성에 영향을 미치는 요인	부모	

- 부모는 유아의 자아존중감 형성에 직접적이고 결정적인 영향을 미친다.
  - 유아와 안정적인 애착을 형성해 신뢰감을 제공하고, 유아에게 알맞은 기대를 통해 칭찬・격려하면서 자신감과 성취감을 느끼도록 하여 유아의 자아존중감에 긍정적인 영향을 미친다.
  - 민주적 양육방식은 유아의 높은 자아존중감 형성에 영향을 미치며, 합리적・반응적이고 친밀하며 애정적인 부모의 자녀가 자아존중감이 높게 나타난다.
  - 부모가 유아의 감정을 수용하고 부정적인 감정을 건설적으로 다루도록 돕는 것도 자아존중감 발달에 도움이 된다. 감정을 억압하는 것은 유아의 자아존중감을 파괴하기 쉽다.
- **자아존중감이 높은 유아를 둔 부모의 특징**(Coopersmith, 1967) : 자아존중감이 높은 자녀를 둔 부모들의 양육 특성
  - 자녀에게 자주 애정표현을 하며, 관심을 갖고 친구로 대한다.
  - 높은 기준을 설정하고 자녀가 이를 달성하도록 엄격히 통제한다.
  - 벌을 가급적 사용하지 않으며, 사용할 경우 유아의 특혜 제한 방법을 사용한다.
  - 행동의 좋고 나쁨을 토론하는 민주적 양육태도를 보인다.
  - 명확하고 확고한 규율로 단호하게 통제한다.

	교사 및 또래	• 유아교육기관에서 교사는 유아의 사회적 행동에 대한 안전기지로서 애착 대상자이자 정서적인 지지자이다. 　－ 교사가 유아를 사랑하고 존중하며 수용할 때 유아는 신뢰감을 형성하고 자신을 긍정적으로 판단하게 된다. 　－ 교사는 유아에게 적절한 기대를 갖고 격려하며 사회적 유능성을 발달시키는 데 필요한 기술을 습득하도록 도와주어 유아의 자아존중감을 높일 수 있다. 　－ 교사가 유아와 친밀한 관계를 형성하면 유아에게 기대감을 주게 되고 많은 선택 기회를 제공하여 유아의 자아존중감이 높아진다. • 4~5세경 유아는 사회적 비교를 하게 되면서 자신과 또래의 차이점을 인식하고 비교에 민감한 반응을 나타낸다. 　－ 또래로부터 좋은 반응을 얻고 인기 있는 유아는 그렇지 않은 유아에 비해 자아존중감이 높으며, 유아교육기관에 적응을 잘하게 된다. 　－ 자아존중감에 대한 또래의 영향력은 유아의 연령이 높아질수록 심화되는 경향을 보인다.
중요성		• 유아기는 긍정적인 자아개념의 한 양상으로서 자신이 가지고 있다고 지각되는 것에 대한 자기 평가 측면에서의 자아존중감을 형성하는 결정적인 시기이자, 자아존중감의 기초가 형성되는 시기이다. 만 2세부터 나타나는 자조 기술의 발달과 더불어 시작되며, 일상에서의 과업을 성공적으로 수행하는 경험을 통해 자신의 기본적인 능력에 대한 신뢰감을 갖게 된다. 이러한 신뢰감은 스스로의 가치에 대한 한 개인의 판단을 의미하는 자아존중감의 기초가 된다. • 자아존중감은 유아의 인식과 행동, 적응, 발달 등에 지속적으로 영향을 미치며 장기적으로 심리적 적응과 행동에도 영향을 준다. 따라서 유아가 행복하고 건강한 사회 구성원으로 성장하기 위해서는 긍정적인 자아존중감을 발달시키는 것이 중요하다. • 자아존중감 형성에 있어 타인으로부터 경험한 수용의 정도와 범위, 자신의 능력과 발달 단계에 적절한 다양한 문제해결 경험들은 아주 중요한 역할을 하게 된다.
	자아존중감 높은 유아	• 자신을 좋아하고 자신의 능력을 높게 평가하며 사회가 기대하는 방향으로 행동과 정서를 조절한다. • 대인관계에서도 자신감을 가지고 적극적이며 능동적으로 참여하고, 사교적이고 친사회적이어서 교사, 친구와 사이가 좋고 일상생활에도 적응을 잘한다. • 세상에 대한 호기심과 배우고자 하는 열의가 높고 자신의 학습 능력에 대한 믿음과 기대 수준이 높으며, 자신감을 바탕으로 이를 성취하고자 하는 의지도 강하기 때문에 과제의 목표에 집중해 높은 성취를 이룰 수 있으며, 문제 상황에서도 효과적으로 대처할 수 있다.
	자아존중감 낮은 유아	• 자신을 부정적으로 생각해 우울, 불안, 부적응, 공격성 등을 나타낼 수 있다. • 이들은 자신의 단점과 실패에 초점을 두어 대인관계에서도 자신이 없고 부담과 소외감을 느끼며 친구도 적어 결과적으로 사회적 부적응을 보인다. • 자신의 능력에 대해 불안해하며 문제 상황에서 충동적이고 신중하지 않게 대처해 문제해결력이 낮고, 학습에서도 부정적인 감정을 보이며 쉽게 포기하는 경향이 있다.

2 자아존중감의 발달

발달 요인	쿠퍼스미스 (Coopersmith, 1967)	• 자아존중감의 발달은 두 가지 요인이 중요하게 작용한다. － 유아의 성공과 실패의 역사, 즉 유아가 성취한 객관적 지위와 삶에서 중요한 타인으로부터 유아가 받은 존경심과 수용, 대우의 양이다. 즉, 유아가 얼마나 인간적인 대우를 받았는가에 따라 자아존중감이 다르게 형성된다. **📋 자아존중감의 주요 기준** | 중요도	자기가 중요하다고 생각하는 사람에 의해 사랑받으며 인정받고 있다고 느끼는 정도
능력	자신이 중요하다고 여기는 작업을 수행함에 있어서 성취의욕을 만족시킬 수 있는 실력의 정도
미덕	도덕과 윤리적인 규범을 달성한 정도
힘	다른 사람에게 영향을 미치고 통제할 수 있는 능력의 정도	
	비 (Bee, 1997)	• 자아존중감의 요인을 세 가지로 보았다. 즉, 높은 자아존중감을 가지기 위해서는 능력감이나 성취감, 유아가 중요하게 여기는 다른 사람의 긍정적인 평가 등이 중요한 역할을 한다. ① 유아 자신이 직접 경험한 다양한 장소에서 겪는 실패나 성공의 경험에 영향을 받는다. ② 유아가 중요하게 여기는 가치는 또래 혹은 부모의 가치나 태도에 의해 영향을 받는다. ③ 다른 사람으로부터의 낙인과 평가가 매우 중요한 역할을 한다.
발달 과정 (발달 특징) (Kostelnik et al., 2009)		• 자아존중감은 유의미한 타인과의 상호작용을 통해 발달한다. • 자아존중감은 전 생애에 걸쳐 발달하며, 다른 사람들과의 상호작용과 환경에 의해 끊임없이 영향을 받는다.
	영아기	• 자아존중감의 근원은 애착과 자조기술의 발달에서 찾아볼 수 있다. － 양육자와의 애착을 통해 긍정적인 내적 작동모델을 형성한 영아는 자신을 긍정적으로 평가하기 시작한다. 유아는 자신이 중요하다고 생각하는 사람과 친밀한 상호작용을 하며 신뢰감을 형성하고, 자신은 사랑받고 있으며 가치 있는 존재라고 여기게 된다. － 또한 유아는 2세경부터 독립적인 생활을 할 수 있는 자조기술을 습득하면서 스스로 밥을 먹고, 옷을 입고, 대소변을 가리고, 이를 닦으면서 성취감을 느끼고 자신의 능력에 대한 신뢰감을 형성한다. － 이러한 신뢰감은 스스로 일을 하려고 하는 자율성을 촉진하고, 자아존중감의 발달에도 기초가 된다.

유아기	• 유아기는 자아존중감이 가장 높게 나타나는 시기이다. 　– 유아기의 자아존중감은 자신을 긍정적으로 과대평가하는 특징이 있다. 이러한 특징은 자신의 바람과 실질적인 자기 능력을 구분하기 어려운 유아의 인지적인 한계를 보여주는 것으로, 인정받고 싶고 잘하고 싶은 소망이 반영되었기 때문이다. 　– 연령이 낮은 유아는 연령이 높은 아동에 비해 상대적으로 자기 자신을 긍정적으로 보는 경향이 더 강하고 과제의 난이도를 과소평가하는 경향이 있다. 　– 유아는 자신의 실제 능력보다 이상적으로 뛰어난 능력을 자신의 모습이라고 생각하고 행동한다. • 유아기의 자아개념은 '지금 여기'에 초점을 두기 때문에 자아존중감은 상황에 따라 변화한다. • 자아중심적이고 생활권이 한정되어 있어 사회적 기능에 대해 별로 신경을 쓰지 않기 때문에 사회적 비교는 자아평가에 사용되지 않는다. • 또한 자아의 다양한 측면을 고려하지 못하고 모든 영역에서 자신이 잘하거나 못한다고 생각한다. 즉, 칭찬을 받으면 자신은 뭐든지 잘하는 사람이 되고, 좌절을 경험하면 자신은 뭐든지 못하는 사람인 것이다. 이를 통해 유아는 자기 스스로 어떤 일을 꾸미고 계획하여 추진하는 주도성을 가지게 되면서 자신을 가치 있는 존재로 여기게 된다.
아동기	• 아동기로 접어들면서 유아기보다 자아존중감이 다소 낮아진다. 　– 이는 또래와 비교를 함으로써 자신의 능력을 객관적으로 평가하기 때문이다. 　– 8세경이 되면 아동은 자신의 능력을 구분해 다양하게 말할 수 있다. 이때 자신이 상대적으로 중요하다고 생각하는 영역이 자신의 가치판단에 영향을 미쳐 '나는 달리기는 못하지만 그림을 잘 그려.'라고 생각할 수 있다. • 경험이 쌓이면서 아동은 자신의 장점과 단점을 모두 인식하고 인정함으로써 자신을 객관적으로 보게 된다("나는 친구가 많지만 공부는 잘하지 못해요."). 　– 이때 지각된 자아는 "친구들이 나를 좋아하니까 저 사람도 금방 사귈 수 있을 거예요."라고 말하는 것처럼 미래의 자아를 투사하기 위한 기초가 된다(Bee, 1999).

연령	특징
발달단계 (Berk, 2003) 1~2세	• 과업 완수 시 기쁨을 표현한다. • 성인의 평가에 민감하다.
3~5세	• 자아존중감이 높은 편이다. • 여러 측면에서 자기평가를 구성한다. • 성취와 관련된 귀인이 나타나지만 분화하지 않는다.
6~10세	• 자아존중감이 위계적으로 조직된다. • 분리된 자아평가(학문적·사회적·신체적 능력, 신체적 외모)가 전체 자아상으로 통합된다. • 사회적 비교를 하게 된다. • 성취와 관련된 귀인이 능력, 노력, 외적 요인 등으로 분화된다.
11세~성인기	• 자아존중감의 새로운 측면이 추가된다(친밀한 우정, 낭만적 매력, 직업적 능력). • 성취와 관련된 귀인이 능력과 노력을 충분히 반영한다.

③ 자아존중감 형성을 위한 교사의 역할

자아존중감은 유아가 자신에게 중요하다고 생각하는 사람과 상호작용하면서 발달한다. 이러한 상호작용 과정에서 얼마나 사랑과 지지를 받았는가, 그리고 성공과 실패의 경험들이 어떠한가 등에 따라 자아존중감이 형성된다. 따라서 교사는 유아가 긍정적인 자아존중감을 발달시킬 수 있는 경험을 제공하고 지원해야 한다.

① 개별 유아에게 충분한 사랑과 관심 표현하기

• 유아의 이름을 부를 때는 긍정적인 표정과 목소리를 유지한다.
• 등원 시간에 교사의 모습에서 기쁨과 반가움이 가득 묻어나도록 진심을 담아 유아를 환영한다.
• 유아가 학급에 꼭 필요한 존재임을 충분히 느낄 수 있도록 교실 환경을 구성한다.
  − 유아의 이름과 사진을 활용한 출석판, 생일축하 코너의 게시물들, 유아의 경험이 담겨져 있는 활동사진, 유아의 작품과 그 밖의 성취 결과들을 충분히 반영하여 구성한다.
• 하루 일과 중 잠시라도 개별 유아와 함께 보내는 시간을 계획하여 유아 개인에 대한 관심과 사랑을 충분히 전달한다.

② 유아를 인정하고 격려해 주기

• 유아의 모습을 있는 그대로 수용하고 존중해 주며, 각 유아가 지닌 장점을 발견하고 드러내 준다.
• 과장되고 모호하며 평가중심적인 칭찬은 유아에게 혼란과 칭찬에 대한 불신감을 줄 수 있으므로 유의해야 한다.
• 피드백의 내용은 맥락에 적합하고 구체적이며, 결과뿐만 아니라 과정에서의 노력을 함께 인정하고 격려해 줄 수 있어야 한다.
• 유아의 존재 자체를 기뻐하고 유아에 대한 믿음을 전하는 칭찬을 한다.

③ 유아가 선택, 결정, 책임을 경험하도록 기회 제공하기

- 교실 환경을 유아가 쉽게 접근하고 다룰 수 있도록 구성하여, 하고 싶은 활동을 유아가 스스로 선택하고 독립적으로 수행할 수 있도록 한다.
  - 유아의 발달 수준에 적합한 교재 및 교구를 충분히 준비한다.
  - 유아들이 필요한 자료를 쉽게 찾고 이용하기에 용이한 구조로 환경을 구성한다.
- 일과 운영의 여러 상황에서 유아들에게 선택과 결정의 기회를 제공한다.
  - 듣고 싶은 동화 선택하기, 놀이 약속 정하기와 같이 유아들이 다양한 상황에서 주도적으로 의사결정을 하는 경험들을 제공한다.
- 유아들 간에 사회적 갈등이 발생했을 때, 선택과 의사결정의 힘을 기를 수 있는 최적의 기회로 그 상황을 활용한다.
  - 교사는 유아들이 문제에 관해 토의하고 의견을 모으며 대안을 찾고 최선의 해결방안을 결정해 가는 과정을 돕고 지지해 주는 역할을 한다.

④ 일과 안에서 유아가 성공을 경험하도록 지원하기

- 유아의 현재 수준을 정확히 파악하고 필요한 만큼의 지원을 제공함으로써 유아가 흥미를 가지고 성취하고자 하는 동기를 유지하며 성공에 이를 수 있도록 돕는다.

📖 **유아의 발달 수준에 따른 교사의 역할**

발달 수준	교사의 역할(🖐 퍼즐 맞추기)
유아의 현재 발달 수준에 비추어 수행하기 어려운 수준	과제의 일부를 해결하는 모델(가장자리 맞춰주기)을 보여주는 것과 같이 직접적인 도움을 준다.
약간의 도움으로 유아 스스로 수행할 수 있는 수준	교사가 제공해 준 단서에 기초하여 유아가 스스로 해결할 수 있도록 부분적인 도움(힌트, 질문 등)을 준다.
유아 혼자의 힘으로 충분히 수행할 수 있는 수준	유아가 과제에 대한 흥미를 유지할 수 있도록 옆에서 지켜봐 주고 격려해 준다.

UNIT 11 자기조절

1 자기통제능력

정의		• 유아가 장기적인 목표를 달성하기 위해 순간의 충동이나 욕구 및 행동을 억제할 수 있는 능력이다. • 현실 상황을 고려하여 자신의 흥미와 요구, 관심사를 조정하고 통합하는 것이다. • 자기통제력이 있는 유아는 자유의지를 가지고 자신의 요구와 흥미를 표현하되, 주변 상황 혹은 다른 사람과의 관계 속에서 자신의 요구를 조절할 수 있으며, 자신의 행동으로 인해 야기되는 결과까지 고려할 수 있다. • 유혹저항능력, 만족지연능력, 충동억제능력으로 구성되어 있다.
구성 요소	**유혹 저항 능력**	**정의** 아동이 성공적인 과업 완수를 위해 일시적인 즐거움을 가져다주는 대상의 유혹을 뿌리칠 수 있는 능력이다. **연구 사례** • **방법**: 연구자는 아동들에게 크레파스로 그림을 색칠하는 과제를 주면서 아이들이 몹시 갖고 싶어 하는 장난감이 든 바구니를 옆에 놓아둔다. "절대 만지지 말라"는 지시를 내리고 아동과 장난감을 방에 두고 나간 뒤 방에 설치되어 있는 일방경(밖에서는 안 보이고 안에서는 보이는 창)을 통해 아동행동을 관찰한다. • **결과**: 아동들은 3세경부터 장난감을 갖고 놀고 싶은 유혹을 억제하는 능력을 보였다.

	**만족
	지연
	능력**
		정의
		보다 큰 만족과 보상을 얻기 위해 순간의 즐거움을 가져다주는 욕구를 억제하거나, 자신이 이행하기를 원하는 행동을 통제하고 지연시키는 능력이다.
		연구 사례 - Mischel(1974)
		• **방법**: 아동에게 마시멜로나 크래커 중에서 좋아하는 것 하나만 선택하도록 한다. 아동이 선택한 후 연구자는 아동에게 잠시 나갔다가 오겠다고 하면서, 그때까지 기다리면 좋아하는 과자를 먹을 수 있지만 참을성 없이 벨을 누르면 덜 좋아하는 과자를 먹어야 한다고 알려준다. 이때 벨을 누르기까지 기다린 시간이 아동의 만족지연능력이다.
		• **결과**
		  − 3~5세: 유혹적인 대상에 대한 충동을 억제시킬 수 없다.
		  − 6~8세: 물리적 분산이 유혹에 저항할 수 있도록 도와주는 방법이라는 것을 깨닫는다.
		  − 11~12세: 추상적 관념이 좌절을 감소시키고, 먹고 싶은 충동을 잘 억제시켜 준다는 것을 알게 된다.

		정의
충동 억제 능력		• 성급한 감정, 정서, 행동, 판단, 선택 등을 자제하고 통제하는 능력이다. – 충동억제능력은 학령전기부터 발달하기 시작하여 아동기 동안에 크게 증가한다.
	행동 억제능력	• 하던 행동을 중단하거나 행동을 금지하라는 지시에 따르는 능력이다. – 유아는 새로운 행동을 시작하기는 쉽지만, 하고 있는 행동을 중단하기는 어려워한다.

	정서 억제능력	• 자신의 감정과 정서의 강도를 통제하는 능력으로, 전 생애에 걸쳐 발달한다.
		    – 4세경이 되면 낯선 환경이나 익숙하지 않은 사람 앞에서는 평소와 다르게 짜증을 덜 내거나 울음을 참는 등 자신의 정서를 통제하는 행동이 나타난다.
		    – 사춘기에 열정, 분노, 공격성 등 부적절한 정서의 과도한 표출로 일어나는 문제 행동을 예방하기 위해 아동기부터 정서억제능력을 꾸준히 발달시켜야 한다.

	결론 억제능력	• 충동적인 판단을 삼가고 신중하게 숙고하는 능력으로 과업수행과 밀접한 관련이 있다. – 인지적 사고와 판단을 요구하고 다른 충동억제능력에 비해 늦게 나타나므로 6세까지의 유아들에게서 높은 결론억제능력을 기대하기는 어렵다.

	선택 억제능력	• 단기간 내에 만족할 수 있지만 보상의 크기가 작은 단기보상을 포기하고, 기다려서 좀 더 큰 만족을 줄 장기보상을 선택하는 능력을 말하며, 만족지연능력과 밀접한 관계가 있다.
		    – 초보적인 만족지연능력은 매우 일찍부터 발달하는 특성임에 비해 선택억제능력은 더 늦게 발달한다.
		    예 당장 먹을 수 있는 젤리 하나와 내일 먹을 수 있는 젤리 10개의 선택 사항을 주었을 때, 취학 전 유아는 당장 먹을 수 있는 젤리 하나를 선택할 가능성이 높지만 12세경이 되면 좀 더 큰 만족을 위해 장기보상을 선택하게 된다.

2 **자기조절**

- 자기조절은 유아가 바람직한 사회구성원으로 성장하기 위해 필요한 사회적 능력으로서 유아가 유아교육기관이나 사회에 잘 적응하기 위해서는 부정적인 충동을 참고, 양보하며 협동하고 규칙을 지키는 등 상황에 적합하게 자신의 생각과 행동을 조절할 줄 알아야 한다.
  - 이러한 자기조절에는 유혹에 저항하는 것, 충동과 감정을 조절하는 것, 만족을 지연하는 것, 계획한 것을 실행하는 것, 적절한 사회적 행동을 하는 것 등이 포함된다. 자기조절의 개념은 학자들의 관점에 따라 다양하다.

양옥승 (2011)	목표 지향적으로 행동을 계획하고 수정하는 인지조절과 감정을 억제하고 조정하는 정서조절의 복합적인 실행기능이라고 하였다.
바우어와 바우마이스터 (Bauer & Baumeister, 2013)	장기적인 목표 달성을 위해 사회적으로 규정된 기준과 규칙을 따르며 단기적인 흥미를 억제하는 능력, 즉 자연적이고 자동적인 성향이나 욕구 또는 행동을 넘어서는 능력이라고 하였다.
아이젠버그와 동료들 (Eisenberg et al., 2013)	계획을 세우고, 실수를 발견하며, 선택한 행동과 관련된 정보를 통합하는 등 집행적 기능의 과제뿐만 아니라 행동과 흥미에 대해 조절하고 활성화시키며 계획하거나 억제하는 능력이라고 보았다.

  - 이러한 관점들을 종합하면, 자기조절이란 통제(control), 순응(compliance), 점검(monitor), 조절(regulation)의 개념이 포함된 인지적·정서적 심리과정으로, 고차원적인 실행기능(executive function)에 해당한다.

(1) 자기조절의 발달 과정

① 코스텔닉(Kostelnik)

무도덕 단계	• 외적 조절이나 조절 행동이 없다. • 영아기는 옳고 그른 것의 개념이 없어서 자신의 행동에 대해 윤리적인 판단을 할 수 없다. 예 안경이 반짝이기 때문에 엄마의 안경을 끌어당기는 1세 윤서는 엄마가 얼마나 아플지에 대해서 생각하지 않는다. 엄마가 인상을 찌푸리거나 야단을 친다고 해서 탐색 행동을 멈추지도 않는다. ▶ 영아는 아직 부모의 행동을 어떻게 해석해야 하는지, 부모의 반응에 따라 어떻게 행동을 조절해야 하는지 배우지 못했기 때문이다. • 영아가 다양한 경험을 하고 발달하게 되면서 조절 행동이 없었던 상태에서 나아가 외적 조절에 의한 행동의 조절을 배우게 된다.
따르기 단계 (상벌에 의한 고착단계, 집착단계)	• 외적 조절 • 세상에서 해야 하는 일과 해서는 안 되는 일을 상과 벌에 의해서 구분해 나가는 단계이다. ㉠ 걸음마기가 되면 유아는 자신의 행동을 점검해 주는 외부(타인)의 도움을 받으면서 자기조절을 점차적으로 할 수 있게 된다. - 이 단계의 유아는 적절하게 행동하는 방법을 배워야 하는데, 이 과정에서 타인의 물리적·언어적인 도움이 필요하다.

　　 🔵 친구의 놀잇감을 빼앗는 유아에게 교사가 친구에게 물어보고 허락을 받아야 한다고
　　 알려주면, 유아는 친구의 놀잇감을 빼앗지 않고 "나 이거 갖고 놀아도 돼?"라고 물어
　　 보게 된다.

　 ⓛ 언어적 단서에 반응한다.

　　 🔵 유아가 교실에서 뛰어갈 때 교사가 걷기로 한 약속을 상기시켰더니, 유아가 속도를
　　 줄이는 경우

　 ⓒ 단순히 보상을 얻거나 처벌을 피하기 위해 규칙을 따른다.

　　 − 이 단계의 유아는 자신이 왜 그래야 하는지를 모른 채 보상과 처벌에 의해
　　 자기를 조절하는 모습을 보인다.

　　 − 유아는 친구의 놀잇감을 뺏으면 혼나고, 친구에게 허락을 받고 함께 갖고
　　 놀면 칭찬을 받는 결과를 경험하면서 바람직한 행동과 바람직하지 않은
　　 행동을 서서히 구분하기 시작한다.

　　 − 그러나 자신이 왜 그래야 하는지에 대한 이유를 충분히 이해하고 공감하지
　　 못하므로 교사가 없으면 다시 친구의 놀잇감을 빼앗기도 한다.

　　 − 그러므로 이 단계에서는 유아가 적절하게 행동할 수 있도록 교사의 지속적인
　　 감독과 지지가 필요하다.

• 성숙한 과정으로 다가가는 중요한 시기이며, 이 자체가 바람직한 단계라고 할
　 수 없다.

　 − 적절하게 행동하기 위해 지속적인 지지와 감독이 필요하다.

　 − 통제가 없는 경우 아동은 어떻게 행동해야 할지 모르게 된다.

• 순종과 적응의 기제가 있으며, 적응의 기제는 살아가는 데 귀중한 재원이 된다.

순종	• 순종은 상을 받고 벌을 회피하려는 동기에서 나온 행동이다. 　− 보상에 대한 약속이나 처벌의 위협이 존재하는 동안만 지속한다. • 복종: 순종의 한 형태로 합당한 권위만이 복종을 높일 수 있다.
적응	• 적응이란 능동적으로 자진하여 사회에 반응하려는 행동을 말한다. • 아주 어릴 때는 언어가 발달되어 있지 않아 부득이 상벌에 의한 교육을 　한다. 　− 상이 교육에 필요한 요소인 만큼 벌도 똑같이 중요한 요소이다.

동일시 단계

• 공유된 조절

• 자신이 좋아하는 어떤 사람처럼 되고 싶어서 행동양식을 따를 때 일어난다. 동일시
과정을 통하여 아동은 자기 삶에서 중요한 사람의 행동, 태도, 가치를 모방한다.

　 − 아동이 어떤 기대에 순응하는 것은 특별한 사람들과 만족스러운 관계를 형성
　 하거나 유지하기 위한 것일 수 있다. 아동은 자신이 좋아하는 사람들과의 친
　 근감을 위해 특정 버릇이나 말투, 또는 행동 방식을 따라하기도 한다.

　 − 아동은 전형적으로 자신의 부모나 다른 가족 구성원과 동일시를 하며, 교사나
　 돌보미 또한 동일시의 대상이 된다. 이 단계의 유아는 단순한 보상과 처벌을
　 넘어서 자신이 좋아하는 어떤 사람처럼 되고 싶어 그 행동에 따라 자신을 조절
　 한다.

	• 이러한 동일시 과정을 거치면서 유아는 자신에게 중요한 사람의 행동, 태도, 가치를 모방하고, 그 사람과의 만족스러운 관계를 유지하기 위해 기대에 순응하려 한다.
	   − 놀잇감을 나누어 쓰는 유아는 자신이 나누기를 권하는 사람과 비슷하다고 생각하고, 그 사람을 기쁘게 해주고 싶다는 목적으로 친구와 놀잇감을 나누어 쓴다.
	   − 그러나 행동에 내재되어 있는 가치를 아직 깨닫지 못하며, 동일시 모델의 행동을 보지 못한 경우에는 어떻게 행동해야 하는지 스스로 생각해 내기 어렵다.
	• 동일시는 아동으로 하여금 단순한 보상과 처벌을 넘어서서 행동하게 하고, 성인기까지 유지되는 많은 생각과 기준을 제공하므로 아동 발달에서 중요하다. 하지만 동일시의 결과로 장난감을 나눠 쓰는 아동은 개인적인 목적을 달성하기 위해 다른 사람과 나눠 쓰기를 하는 것인데, 이때의 목적이란 나누기를 권했던 동일시 대상과 비슷해지고 싶거나 동일시 대상을 기쁘게 해주고 싶은 것을 의미한다. 따라서 이들은 나누기에 내재되어 있는 공정성이나 빌려준 사람의 진정한 욕구를 깨닫지 못하며, 그 상황에서 동일시 대상이 어떻게 할 것인지 추측하며 행동한다. 반면, 이와 비슷한 상황에서 모델이 어떻게 했는지를 전혀 보지 못하면, 아동은 어떻게 해야 할지를 모르고 스스로 생각해 내지도 못한다.

내면화 단계	• 자기 조절이 가장 발전된 형태로, 행동 통제의 근원은 '내부'이다.
	• 이 단계의 유아는 외적 규제가 아니라 내면화된 자신의 신념에 따라 스스로 생각해서 행동을 조절한다.
	   − 이들은 행동 뒤에 숨어 있는 가치를 이해할 수 있으며, 도덕적 의무감을 갖고 자기 비난을 피하기 위해 기준에 따라 행동하려 한다.
	• 어떤 특정 행동이 정직, 정의, 평등과 같은 더 큰 개념에 부합되는지를 인식하고 유아가 기대되는 행동을 내면화하면 모든 상황에서 어떻게 행동하는 것이 적절한지를 알게 된다. 규칙에 대한 이유를 이해하게 되면 어떤 행동을 해야 할지 장단점을 비교해 자신의 행동을 선택할 수 있게 된다.
	   − 정의, 정직, 공평의 신념을 내면화한 유아는 특정 성인이 없거나 규칙을 어길 기회가 있어도 자신의 신념을 지킬 수 있다. 유아는 놀잇감을 나누는 것이 공평하다고 생각하기 때문에 선생님이 보고 있지 않아도 이를 나누는 친사회적인 행동을 하게 된다.

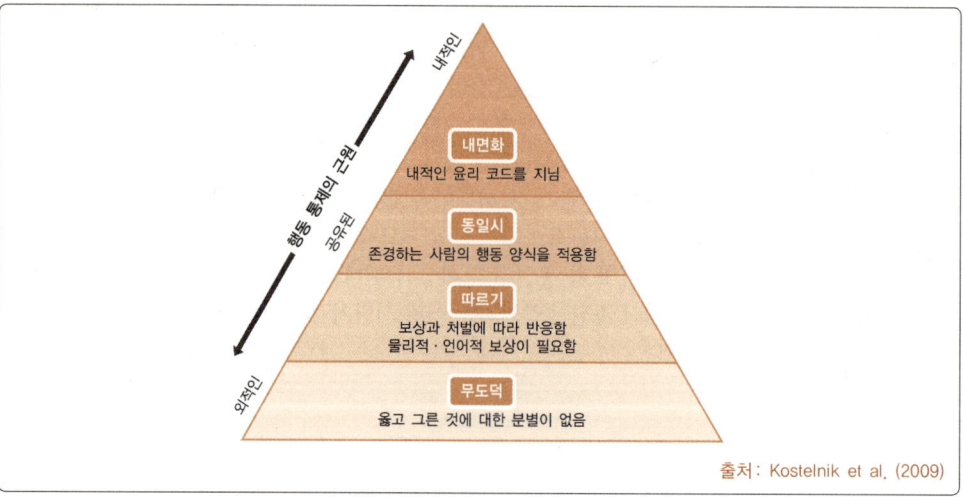

출처 : Kostelnik et al. (2009)

★ **자기조절의 발달**

② 콥(Kopp, 1982)

- 자기조절능력은 외적인 감시가 없을 때도 주변 상황의 요구를 고려하여 자신의 언어와 행동의 강도, 빈도, 지속기간을 조절하며 사회적으로 허용되는 행위를 스스로 실천할 수 있는 능력을 말한다.
  - 자기조절능력은 영아기부터 발달하고 연령의 증가에 따라 일련의 단계를 거친다.
  - 자기통제에서 자기조절로의 이동은 매우 미묘하고 점진적이기는 하지만, 3~5세에 점차 성장하는 인지적 기술과 병행하여 발달한다.
  - 양육자와 유아 간의 상호작용을 강조하고, 자기조절기술의 출현과 유아의 생물학적 성질 및 인지발달 간의 관계를 강조한다.
- 자기통제는 자기조절의 전조행동이며, 자기통제에서 자기조절로의 전이과정은 질적인 변화에 의한 연속적인 과정이다.
  - 자기조절의 선행 발달단계는 통제의 전이에 따라 다섯 단계로 구분한다.

신경생리학적 조절단계	• 출생 ~ 생후 2·3개월 • 개체의 환경에 대한 신경생리학적이고 반사적인 적응의 현상이 주로 나타난다.
감각운동기적 조절단계	• 3개월 ~ 9-12개월 • 지각적이고 동기적인 단서에 반응하기 위한 감각운동적 적응이 나타난다.
1단계 통제단계	• 감각운동기적 조절단계 이후 ~ 12-18개월 • 사회적 혹은 양육자의 요구를 이해하는 능력이 나타난다. 　－ 사람들이 자신에게 무엇인가를 요구하고 있으며, 이 요구에 적절하게 반응해야 한다는 것을 깨닫고 자신이 원하는 대로 행동할 수 없음을 알 수 있다. 　－ 통제의 대부분이 외부의 지시나 단서, 부모의 요구에 대한 순종으로 나타난다.
2단계 자기통제단계	• 통제단계 이후 ~ 24개월(약 2세) • 자기통제능력이 나타난다. 　－ 표상적 사고와 회상기억의 출현으로 외부적 감시 없이도 성공적으로 자신의 행동을 통제하게 된다. 　－ 부모가 자신에게 요구하는 규칙들을 내면화해서 부모가 없을지라도 자기통제를 할 수 있다.
3단계 자기조절단계	• 자기통제단계 이후의 발달단계(3세 이상) • 급격하게 변화하는 상황적 요구에 맞추어서 자신의 행동을 유연하고 적응적으로 조절하는 과정인 자기규제(self-regulation)능력이 나타난다. 　－ 상황적 요구에 대처하여 자신의 행동을 계획할 수 있는 능력을 생성할 수 있다. 　－ 단순히 다른 사람에 의해 주어진 규칙이나 지시의 기억에 의존하는 것이 아니라 스스로 상황에 적응할 수 있는 수단을 강구하여 자신의 행동을 조정할 수 있게 된다.

(2) 자기조절에 영향을 미치는 요인

유아의 발달	유아의 자기조절은 정서, 인지, 언어와 함께 발달한다(Kostelnik et al., 2009). • 정서발달은 유아에게 죄의식과 감정이입을 느끼게 하여 자기조절의 발달을 돕는다. 　－ 죄의식은 유아에게 잘못된 행동을 후회하게 만들고 양심과 연결되어 있으며, 감정이입은 타인의 정서를 느끼고 이해하여 긍정적인 행동을 하도록 한다. • 유아의 인지발달은 자기조절의 개념을 형성하는 데 중요한 역할을 한다. 　－ 자기중심적 인지 특성에서 타인의 관점을 이해하게 되는 조망수용능력이나 옳고 그른 것에 대한 이해 등과 같은 인지 요인이 유아의 자기조절에 영향을 미친다. 　－ 자기중심성은 자신과 다른 관점을 고려하지 못해 어떤 상황에서의 행동 변화 또는 주의의 전환을 어렵게 한다. 이러한 인지적 특성으로 인해 유아에게 "뛰지 마세요."라고 말해도 유아는 적절하게 자신의 행동을 조절하지 못할 수도 있다. 　－ 그러므로 옳고 그른 것에 대한 기준과 타인의 생각을 이해하는 조망수용능력을 길러주어 유아가 스스로 행동을 조절할 수 있도록 하는 것이 필요하다. • 언어는 유아의 자기조절에 결정적인 역할을 한다. 　－ 유아는 언어로 생각하기 때문에 규칙이 왜 만들어졌고 왜 지켜야 하는지 언어로 이해하고 기억한다. 언어적 의사소통을 통해 친사회적으로 문제를 해결할 수도 있으며, 특히 유아의 혼잣말은 자신을 조절하기 위한 수단으로 사용된다. 　－ 유아가 규칙을 생각하고 정서를 조절하기 위해 스스로에게 소리 내어 이야기하는 혼잣말은 결국 내면화되어 행동을 조절하는 데 사용된다. 유아의 혼잣말은 발달상 자연스럽게 나타나는 현상이지만, 혼잣말을 통해 자기조절을 하도록 가르칠 수 있다.
유아의 경험	• 유아는 주변과 상호작용하며 다양한 경험을 통해 자신의 가치와 신념을 내면화시킨다. 　－ 유아는 매일 자신의 일과 속에서 어떤 경험이 기분이 좋았는지, 어떤 행동이 죄의식을 느끼게 하였는지, 어떻게 했을 때 보상을 받았는지, 이런 느낌에서의 상황은 어떠했는지를 기억하며 자신만의 내면화된 지도를 만든다(Kostelnik et al., 2009). 　－ 유아의 경험이 축적되어 만들어진 내면화된 지도는 자기조절의 기준이 되는 것이다. • 유아에게 가장 큰 영향을 미치는 경험 요인은 부모와 교사, 또래이다. 　－ 특히 부모나 교사의 직접적인 지도와 모델링, 훈육 등은 발달적 요인과 함께 자기조절의 발달에 영향을 미치는 요인으로 작용한다. 　－ 유아는 부모나 교사와의 상호작용을 통해 복종, 책임감, 존경 등을 배우고, 또래와의 관계를 통해 협동과 정의에 대한 직접적인 경험을 하면서 자기조절을 더 잘하게 된다(Shaffer & Kipp, 2006).

(3) 자기조절의 지도방법 - Kostelnik et al.(2009)

유아의 자기조절 발달을 위해 교사는 유아의 수준에 적합하게 지도해야 한다. 유아는 교사의 언어 표현과 행동을 보며 동일시하고 가치를 내면화하므로 교사의 역할이 중요하다. 교사는 직접 지도와 모델링, 민주적 훈육을 통해 유아의 자기조절 발달을 도울 수 있다.

반영하기 (reflection)	• 교사가 유아를 존중하고 유아의 입장을 이해하려고 노력하고 있다는 것을 보여준다. • 특히 문제상황에서는 유아의 관점을 인식하고 인정해 줄 필요가 있으며, 이를 위해 유아를 주의 깊게 관찰하고 교사의 관점보다는 유아의 관점에서 이해하고 표현해야 한다.
반응하기 (reaction)	• 유아의 정서나 행동에 적합하게 반응하는 것으로, 교사는 자신의 정서를 명확하게 인식하고 자신의 감정을 구체적으로 말한다. – 서로의 정서를 언급함으로써 유아는 모든 사람이 감정을 갖고 있으며, 같은 상황이라도 서로의 감정이 다를 수 있다는 것을 이해하게 된다. • 유아의 행동을 명확하게 언어로 표현하도록 한다. 특히 바람직하지 못한 행동에 대해 말할 때는 객관적이고 구체적으로 알려주어야 하며, 유아 자체가 아닌 행동에 대해서만 말을 하도록 한다.
이유 (reason) 제시하기	• 유아로 하여금 어떤 행동이 옳고 그른지를 이해할 수 있게 교사는 왜 그렇게 말하고 행동하는지에 대한 이유를 유아에게 설명하도록 한다. – 유아의 수준에 맞게 이유를 설명하는 것은 유아가 자신의 행동에 대해 추론을 할 수 있는 능력을 길러주기 때문에 중요하다. • 유아의 행동이 변화될 때까지 반복해서 이유를 제시해 주도록 한다. 특히 규칙을 지켜야 하는 이유를 유아에게 제시하고 이를 지키도록 격려한다.

합리적인 규칙
(rule)
제시하기
	• 규칙은 유아가 지킬 수 있는 수준에서 합리적으로 제시해야 하며, 유아 수준에서 해야 할 것과 하지 말아야 할 것을 정하도록 한다.
	  – 규칙이 합리적이면 유아의 행동은 잘 제어되고 통제될 수 있다.
	  – 합리적이고 명확하며 구체적으로 정의된 규칙을 제시하여 유아가 교사의 의도와 기대를 명확하게 이해하도록 한다.
	  – 부정적인 언어보다는 긍정적인 언어로 규칙을 제시한다.

UNIT **12**　**자기효능감**

KEYWORD# 자기효능감

개념	• 자기효능감은 주어진 과제나 행동을 성공적으로 수행할 수 있는 개인적 능력과 관련된 신념을 의미한다. 　- 예측할 수 없거나 스트레스가 따르는 상황을 극복할 수 있다는 신념이나 기대를 의미한다(Bandura, 1986). 　- 주어진 상황에서 얼마나 유능할 것인가에 대한 개인의 판단이다(Peterson & Stunkard, 1992). 　- 특정 행동을 수행할 수 있는가에 대한 개인의 신념이다(Owen, 1988). 　- 과제 수행에 필요한 동기, 인지적·행동적·지적·감정적 원천을 움직이게 하는 개인의 능력에 대한 믿음이다(Eden, 1993). • 자기효능감 이론에 따르면 행동에 영향을 미치는 두 종류의 기대로 '효능기대'와 '결과기대'가 있다.		
	① 효능기대	• 결과를 얻기 위해서 필요한 행동을 성공적으로 수행할 수 있다는 신념을 의미한다. • 어떤 행동은 어떤 결과를 수반한다는 사실을 알더라도 개인이 그 행동을 수행할 수 있는 능력에 대하여 회의가 생긴다면 그러한 정보는 행동을 유발할 수 없다. ∴ 효능기대는 특정 상황에서 개인이 자신의 능력에 대해 가지는 신념이므로 결과기대에 비해 과제를 수행하려는 동기에 더 큰 영향을 미칠 것이라고 가정된다.	
	② 결과기대	행동의 결과에 대한 개인의 예측으로 어떤 행동은 어떤 결과를 수반할 것이라는 평가를 의미한다.	
높은 경우	자신에 대한 긍정적인 자아개념을 가지게 되고, 과제수행능력도 높다.		
낮은 경우	자신에 대해 부정적인 자아개념을 형성하여 자신감이 결여되고 성취의욕이 낮아진다.		
아동기	• 자기효능감이 본격적으로 발달되기 시작하는 시기로, 과제를 성공적으로 수행한 긍정적인 경험을 통해 자기효능감이 높아진다. • 과제에 대한 실패의 경험이 반복될 경우 자기효능감은 낮아진다. 　- 자기무력감에 빠져 학습의욕 등이 떨어진다. 　- 잘할 수 있는 능력을 찾아 계발하고, 성공적인 경험을 많이 할 수 있도록 배려해야 한다.		

IV 성역할

UNIT 13 성역할 관련 개념

KEYWORD # 심리적 양성성, 성역할 고정관념

1 성역할

개념		• 성역할은 개인이 속한 사회집단 안에서 성별에 따라 다르게 수용되고 기대되는 행동양식, 태도, 가치관, 신념 등을 의미한다(Hurlock, 1978). 　－ 이는 사회적으로 합의된 관념에 따라 한 개인이 남성과 여성의 특성이라고 이해하는 것들, 그리고 '남성다운' 또는 '여성다운'으로 구분되는 외모, 말, 감정을 표현하는 방식 및 이와 관련한 구체적인 경험들을 포함한다(Block, 1973; Broverman & Vogel, 1972). 　－ 유아들은 부모와 형제, 기관, 또래, 대중매체 등을 통해 사회문화적으로 수용되는 성별에 따른 행동과 태도, 능력의 차이를 자연스럽게 인식하고 인정하게 되면서 성역할 개념을 획득하게 된다(Eisenberg, 1982; Eccless Hoffman, 1984). 　－ 이러한 성역할 개념을 획득함으로써 그에 따른 유아의 성역할 행동이 나타나게 된다. • 남성 또는 여성에게 사회적으로 적절하다고 규정한 행동, 흥미, 태도, 가치, 인성적 특성 등을 의미한다. • 성역할은 한 개인이 속해 있는 사회에서 남자, 여자로 특징지어질 수 있는 행동, 태도, 가치, 특성의 기대치를 의미한다. 　－ 성역할은 개인의 성별에 따라 사회적으로 인정되고 수용되는 행동양식으로, 일차적으로는 생물학적 근거에 의해 정립되지만 사회문화적 관습이나 문화의 영향도 받는다. 따라서 이는 문화와 시대에 따라 변화한다. 　　**예** 뉴기니의 원주민인 챔불리족의 경우 남성이 정서적으로 의존적이고 아름다움을 추구하며, 여성은 지배적이고 객관적이며 통솔력이 있다(Mead, 2001).
성역할의 분류	생물적인 성역할 (sex－role)	생물학적 성차에 의해 구별되는 남·여의 성역할로 태생적으로 자연스럽게 형성되는 개념이다.
	사회적인 성역할 (gender－role)	• 사회·심리적인 근원에 의해 구별되는 성역할로 사회 구성원들의 합의된 관념에 따라 형성된 일종의 사회적 기대이다. 　－ 사회적 성별에 따른 적절한 행동과 태도로서 '남성다움'과 '여성다움'을 기대하는 것이다.

2 성유형화(성역할 학습/성역할 사회화)

개념	• 인간은 출생 후 그 사회의 기준에 맞는 성역할을 부여받고 배워가는데, 이러한 과정을 성역할 사회화 또는 성유형화(gender typing)라고 한다(Shaffer & Kipp, 2014). 　－ 성유형화는 부모가 자녀에게 성별에 적합한 옷과 장난감 등을 제공하는 영아기부터 형성된다. • 자신의 성을 인식하는 과정으로, 자신이 속한 사회나 문화적 풍토에 적합한 성역할 특성을 발달시켜가는 과정을 말한다. 　－ 인간은 출생 후 자신의 성별을 인식하게 되는 순간부터 적절한 성역할을 지속적으로 기대받는 과정을 통해 남성, 여성으로 길러지게 된다. 　－ 성역할 형성에 있어 생물학적 성차에 의한 영향보다 사회문화적 요인이 더 큰 영향을 미친다. • 성유형화를 통하여 각 개인이 사회적 기대를 내면화함으로써 남·여의 특성을 규정짓는 성역할 고정관념이 형성된다.

3 성역할 고정관념

개념	• 성역할을 지나치게 강조하거나 극단적인 성유형화가 이루어지는 것을 의미한다. • 과거에는 성역할에 따라 기대하는 행동이 엄격히 구분되어 있었다. 남성과 여성의 신체적·심리적 차이를 전제로 출생 후 사회적으로 기대하는 남성다움과 여성다움을 특정 짓고, 그것에 따르는 것이 심리적으로 건강하다고 간주하는 성역할 고정관념(sex role stereotype)이 강했다. 　－ 그러나 여성의 사회 진출이 급증하고 남·여 간의 협력이 중요해지면서 성역할 고정관념은 점차 퇴색하고 있다. 　－ 성역할이 고정된 사람은 유연성이 부족하여 다른 성에 적합한 행동을 수행할 경우 어려움을 느끼게 된다. 또한 성(性)이라는 잣대로 개인의 경험과 기회를 제한하게 됨으로써 잠재능력을 충분히 발휘할 수 없게 된다.
유아기와 성역할 고정관념	• 5~6세경에 부분적으로 자리 잡고, 7~8세경에 확고해진다. • 5~6세 유아는 자기가 영원히 여성이거나 남성이라는 것을 이해한 후에 남아와 여아가 어떻게 행동하느냐에 대한 규칙을 찾는다. 　－ 유아는 성인을 지켜보고, TV를 보고 들음으로써 정보를 얻는다. 　－ 처음에는 이러한 것들을 절대적인 도덕적 규칙처럼 다루다가 나중에는 사회적인 관습이라는 것을 깨닫게 되면서 성역할 개념은 더욱 유연해지고, 성역할 고정관념은 다소 줄어든다.
성역할 발달에 영향을 주는 요인	• 생물학적 요소 　－ X, Y 염색체는 생식구조에 기여하고, 성호르몬은 성기관 발달과 성차이를 형성한다. • 가정 　－ 부모의 역할: 성역할 발달에 대한 훈육자이자 모델로서의 역할을 수행한다. 취업모의 자녀들은 성역할 고정관념이 덜하며 더 동등한 성역할 개념을 가진다. 　－ 아버지의 역할: 최근에는 성역할 발달에서 아버지의 역할이 강조되고 있다. 　－ 형제자매의 역할: 남자형제 가정의 아동은 여자형제 가정의 아동보다 더 남성적이다.

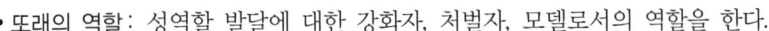

• **또래의 역할**: 성역할 발달에 대한 강화자, 처벌자, 모델로서의 역할을 한다.
• **교사의 역할**: 교사는 유아와 상호작용하는 과정 속에서 의도적·비의도적으로 많은 영향을 미치기 때문에 교사는 스스로 성역할 신념에 대해 반성적으로 재고해 보아야 한다.
• **환경적 요인**
 − 대중매체를 비롯한 다양한 사회문화적 환경은 총체적으로 유아의 성역할 형성에 영향을 미친다.
  ① 대중매체: 생활 속에서 매일 접하는 TV의 경우 프로그램 중 상당수가 성차별적인 요소를 암묵적으로 표현하고 있어서 전통적인 성역할 규범을 확대·재생산·강화시키는 결과를 낳고 있다.
  ② 남아선호사상 등의 사회적 관념이 영향을 준다.
  ③ 직업에 대한 성차별적 인식 등 사회문화적 환경도 영향을 미친다.

4 양성성(심리적 양성성)

**양성성
(심리적 양성성)
(Bem, 1974)**

• 성역할 고정관념은 현대사회에 더 이상 적합하지 않을 뿐만 아니라 불평등을 야기한다는 비판 아래 '양성성(androgyny)'이라는 개념이 대두되고 있다(Bem, 1974).
• 양성성은 어느 한 개인 내에 남성적 특징과 여성적 특징이 공존한다는 개념으로, 남성에게는 경쟁적, 공격적, 이성적, 강한 성취욕구 등의 남성성만을, 여성에게는 따뜻함, 사랑스러움, 자기희생, 보살핌 등의 여성성만을 강요하지 않고 남성성과 여성성의 특성을 모두 지닌 양성성을 지향하는 것이다.
 − 현대사회에서는 여성성이나 남성성의 어느 한 가지 특성을 지닌 것보다는 개인이 가지고 있는 남성성과 여성성 모두를 살려 심리적 양성성이 균형 있게 기능할 수 있도록 하는 것을 성역할에 대한 바람직한 관점으로 여기는 추세이다.
• 양성성에 대한 연구 결과
 − 양성성이 높은 아동들은 대부분 성유형화된 또래들에 비해 인기와 자아존중감이 높은 것으로 나타났다. 또한 양성적 남성과 양성적 여성들은 어느 한쪽으로 성유형화된 사람들보다 더 적응적이고 유연하게 상황에 대처한다고 보고되었다.

장점
• 양성적 성역할 정체감은 유아의 긍정적인 전인적 발달을 돕고, 삶의 질을 높이며, 빠르게 변화하는 일상의 환경에 효율적으로 적응하는 데도 도움이 된다.
• 또한 성역할 고정관념에서 벗어나 융통성 있는 성역할 태도를 가진 유아는 자신의 관심과 흥미, 적성에 맞는 다양한 활동에 적극적으로 참여하며, 유연하고 효율적인 대처능력으로 사회적인 유능감을 갖게 되고, 원만한 대인관계를 바탕으로 또래에게도 인기가 많은 것으로 나타났다.
• 성역할 고정관념에 구애받지 않아 더 자유로울 수 있으며, 미래 사회의 역동적인 변화에 잘 대처할 수 있는 바람직한 성역할의 표상으로 떠오르고 있다.

MEMO

✦ 도구성
독립적, 자기주장적 등의 남성적 특성을 의미한다.

✦ 표현성
민감성, 온정적, 수동적 등의 여성적 특성을 의미한다.

🔔 **Bem**

• 심리적 양성성
  – Bem(1975)은 성도식 이론과 관련하여 심리적 양성성의 개념을 제시하였다. 이는 전통적인 남성성과 여성성의 이분법적인 구분을 넘어서 이것이 서로 상반되거나 모순되는 것이 아니라, 사회적으로 인정된 남성적 특성과 여성적 특성이 결합되어 공존한다는 개념으로, 각 개인의 생물학적인 성별과 관계없이 긍정적인 남성성과 여성성이 한 개인 안에 공존한다고 가정하는 것이다.

• 남성성과 여성성의 척도를 개발하여 네 가지의 성역할 유형을 진단하였다.
  – ✦도구성, ✦표현성이라는 두 차원의 공유 정도에 따라 구분한다.
  – 도구성과 표현성의 양성적 특성을 동시에 가지면서 높게 공유할수록 자아존중감이 높고 또래 집단 내 인기도 증가한다.
  – 심리적 양성성을 지닌 사람은 성정체감이 고정된 사람과 비교하여 더 유연한 성도식을 지니고 있기 때문에 고정된 개념이 아닌 있는 그대로의 자신의 것으로 사회적 역할을 받아들이게 된다.

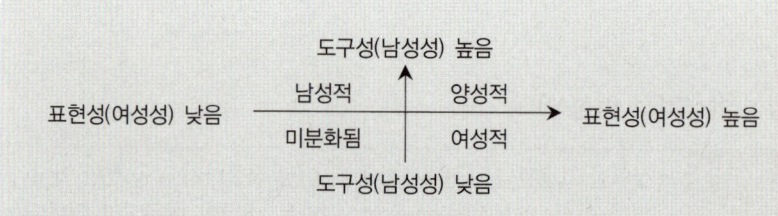

⑤ 성인지 감수성

개념	

• 성인지 감수성이란 성별 간의 차이로 인한 일상생활 속에서의 차별과 유·불리함을 이해하고 불평등을 인지하여 이를 해결하고자 하는 관점과 태도이다.

• 성인지 감수성은 성차별로 인해 일어나는 문제와 그 차이들이 미치는 영향 등을 인식하는 것으로, 성차별과 성불평등 상황을 인지하고 옳고 그름을 판단하며 적극적으로 행동하는 것을 의미한다.

• '성인지'의 사전적 의미는 성에 대한 관점을 통합하여 특정 성에 치우치지 않도록 균형 감각 있게 받아들이는 인지력을 일컫고, '감수성'의 사전적 의미는 자극을 받아들여 느끼는 성질이나 성향을 말한다.

  – 위의 두 사전적 의미를 조합해 보면 '성인지 감수성'은 성인지를 받아들여 느끼는 성질이나 성향이라고 할 수 있다. 예를 들어 '여자가 겁도 없이~', '남자가 창피하게~' 등의 언어를 구사한다면 성인지 감수성이 떨어지는 것이라고 볼 수 있다.

지도방법 ▶

유치원은 유아가 자신의 정체성과 사회성을 형성하는 시기에 가장 많은 시간을 보내는 곳이다. 교육 현장의 전문가에게 성인지 감수성이 부족하면 무의식적으로 아이에게 성별 고정관념을 심어줄 수 있다. 따라서 유아교육기관에서는 정형화된 성역할 개념을 강조할 것이 아니라, 유아가 가진 개별적인 특성과 가능성을 마음껏 발휘할 수 있는 개방적이고 수용적인 분위기를 조성하고, 양성성의 특성들을 경험할 수 있는 다양한 활동들을 전개하여 올바른 양성평등 의식을 가지도록 도움을 주어야 한다.

성인지
감수성의
필요성
	• '성인지 감수성'을 양성평등의 시각에서 일상생활의 성별 차이로 인한 차별과 불균형을 감지해 내는 민감성이라고 이해할 때, 성인지 감수성이 높은 사람일수록 성별 간의 차이 없이 정말로 동등한지를 더 잘 판단할 수 있으므로 양성평등을 이루어내기 위해서는 성인지 감수성이 필요하다.
	   – '양성평등'은 성별 차이와 관계없이 평등해야 한다는 것, '성인지 감수성'은 성 고정관념으로 인한 문제를 인식하는 능력, '성평등'은 남성과 여성의 차이와 다양성을 인정하고 그것으로 인한 차별이 일어나지 않도록 하는 것이므로 성평등을 이루기 위해서도 '성인지 감수성'이 필요하다.
	• 유아기에 성인지 감수성이 필요한 이유
	   – 유아기는 성역할 개념이 형성되고 그러한 고정관념이 강화되기 쉬운 시기이다. 또한 이 시기에 형성된 고정관념과 편견은 성인이 되어서도 변화되기 어렵고 평생 동안 지속된다는 것을 고려할 때, 유아가 올바른 성역할 개념을 형성하고 유아 모두가 자신의 성에 구애받지 않고 능력을 발휘할 수 있는 평등한 성역할 인식을 갖도록 하는 것이 매우 중요하다.
	   – 성별 고정관념을 갖게 된 유아는 성별로 자신의 가능성을 제한하고, 남을 재단하게 되며, 다양한 상상을 펼칠 기회를 잃을 수 있다. 이에 반해 양성평등의식은 성별과 관계없이 자신과 서로를 존중하고, 개성과 능력을 발휘하도록 하며, 유아의 자아존중감에도 긍정적인 영향을 미치게 되므로 성인지 감수성 교육이 필요한 것이다.

성인지 감수성 교육	• 성인지 감수성 교육이란 성별 간의 불평등에 대한 이해와 지식을 갖춰 일상생활 속의 성차별적 요소를 감지하는 민감성을 기르는 교육이다. – 넓게는 성평등 의식과 실천 의지, 그리고 성인지력까지의 관점을 모두 포함한다. • 성인지 감수성 교육은 유아들이 성별 고정관념에서 벗어나 자신이 원하는 것을 선택하고 꿈꿀 수 있는 사람으로 자라도록 돕는 교육이다. 따라서 교사는 아이들이 풍부한 성인지 감수성으로 '남자답게', '여자답게'가 아닌 '나답게' 자랄 수 있도록 도와야 한다.

양성평등, 성인지 훈련, 성인지 감수성

양성평등

① "양성평등"이란 성별에 따른 차별, 편견, 비하 및 폭력 없이 인권을 동등하게 보장받고, 모든 영역에 동등하게 참여하고 대우받는 것을 말한다(양성평등기본법 제3조 제1항).

② 기존 사회의 성역할 교육과정을 타파하고 타고난 성별과 관계없이 자신의 소질과 능력을 충분히 개발할 수 있도록 도와준다(예 교육의 기회 접근 & 학업의 성취 등).
  - 교육의 과정이나 결과에 있어서도 성별 간 격차가 없도록 하는 것을 말한다.

③ 성에 따른 차별을 받지 않고 자신의 능력에 따라 동등한 기회와 권리를 누리는 것을 말한다.

④ 사람이 살아가는 모든 영역에서 남자와 여자를 서로 차별하지 않고 동등하게 대우하여 똑같은 참여 기회를 주고, 동일한 권리와 이익을 누릴 수 있는 것을 말한다.

⑤ "양성평등 교육": 국가와 지방자치단체는 「교육기본법」에 따른 학교교육에서 양성평등 의식을 높이는 교육이 실시되도록 노력하여야 한다(양성평등기본법 제36조 제2항).

성인지 훈련

① 기본적으로 남·여가 동등한 인권을 가진 인간이라는 것을 인지하는 과정으로 남성과 여성과의 관계에서 여성이 더 이상 취약 집단이지 않도록 남성과 여성과의 관계를 변화시키려는 시도를 의미한다.

② "성인지 교육": 국가와 지방자치단체는 사회 모든 영역에서 법령, 정책, 관습 및 각종 제도 등이 여성과 남성에게 미치는 영향을 인식하는 능력을 증진시키는 교육(이하 "성인지 교육"이라 한다.)을 전체 소속 공무원 등에게 실시하여야 한다(양성평등기본법 제18조 제1항).

성인지 감수성

① 성인지 감수성이란 성별 간의 차이로 인한 일상생활 속에서의 차별과 유·불리함을 이해하고 불평등을 인지하여 이를 해결하고자 하는 관점과 태도를 의미한다.

② 성별 고정관념과 편견을 인식하는 시각이며, 양성평등의 관점에서 일상생활의 성별 차이로 인한 차별과 불균형을 감지해 내는 민감성이다.

③ "성인지 감수성 교육": 성별 간의 불평등에 대한 이해와 지식을 갖춰 일상생활 속의 성차별적 요소를 감지하는 민감성을 기르는 교육으로, 넓게는 성평등 의식과 실천 의지, 그리고 성인지력까지의 관점을 모두 포함한다.

교실 안의 성차별, 성별 고정관념 사례

교사가 유아들에게 그림책을 읽어줄 때 커다란 곰이 나오는 장면에서 굵은 남자 목소리를 흉내 내는 경우

문제	• 그림책에 성별이 드러나지 않는 동물이 등장해도 무의식적으로 동물에게 성별을 부여해서 남성 혹은 여성의 목소리로 읽게 된다. 문제는 많은 어른들이 성별 고정관념에 따라 작고 귀엽고 약한 동물은 여자로, 덩치가 크고 과격한 동물은 남자로 인식한다는 것이다. - 이렇게 고정관념에 따라 그림책을 읽어주면 아이들은 여자는 약하고 수동적인 존재, 남자는 씩씩하고 공격적인 존재로 인식하면서, 무의식중에 성별 고정관념을 학습할 수 있다. - 이러한 성별 고정관념은 아이들의 행동에 영향을 미쳐서 여자아이는 얌전하고, 남자아이는 씩씩하게 자라나게 한다. • 또한 소위 여성적, 남성적이라고 말하는 특성은 많은 미디어가 만들어낸 성별 고정관념이다. 다양한 미디어 속에서 여성은 항상 다른 사람에게 도움을 받거나 다른 사람을 보살피는 모습, 남성은 늘 씩씩하고 적극적으로 문제를 해결해 나가는 모습을 쉽게 볼 수 있다. - 하지만 실제로는 성별 고정관념에 부합하지 않은 사례(예 씩씩한 여자나 섬세한 남자 같은 사람들)를 우리 주변에서 종종 볼 수 있다. 사람마다 다른 특성을 가지고 있고, 그 특성의 정도도 모두가 다르기 때문에 사람의 성격은 성별에 따라 분류하기 어렵다.

해결	• 다양한 방법으로 성평등하게 그림책을 읽어준다. ① 등장인물의 성별을 바꿔서 읽어 본다. 주인공이나 등장인물이 남자면 머리 짧은 여자로, 긴 머리에 치마를 입은 여자면 머리 긴 남자로 바꾸어 이야기를 전개해 본다. ② 목소리를 다양하게 내 본다. 여자 목소리는 부드럽고 약하게, 남자 목소리는 크고 씩씩하게 표현해야 된다는 생각도 성별 고정관념일 수 있다. 다채로운 목소리를 통해 등장인물을 다양하게 표현해 준다. ③ 주인공에게 아이의 이름을 붙여서 읽어 본다. 그림책 주인공의 성별을 알 수 없거나 성별이 달라도 신경 쓰지 말고, 아이의 이름을 붙여서 읽어 준다. 주변 인물은 친구나 가족의 이름으로 대체하는 것도 좋다. ④ 그림책 속에서 성별 고정관념이 드러난 부분을 함께 찾으며 비판 의식을 길러 본다. 만약 그림책 속에서 엄마만 집안일을 한다면 그것은 불공평하며, 가족 모두가 함께 해야 한다는 것을 알려주어야 한다. 또한 소방관은 남자로만, 간호사는 여자로만 그려진다면 직업은 성별에 따라 나눠지지 않으며, 여자도 소방관이 될 수 있고 남자도 간호사가 될 수 있다는 것을 설명해 준다.

교사가 유아들을 위해 구매할 놀잇감을 살펴보며 남자아이들과 여자아이들이 좋아하는 것을 구분하는 경우

문제	• 많은 성인들이 남자아이들은 공구, 자동차, 공룡, 목공 놀이를 좋아하고, 여자아이들은 아기 돌보기, 주방 놀이, 화장품 등을 좋아한다고 생각해서 성별에 따라 다른 장난감을 준다. 이러한 경험을 통해 아이들은 자연스럽게 '여자 놀이', '남자 놀이'를 구별하고, 성별 고정관념을 학습하게 된다. 또한 어떤 성인들은 성별 고정관념과 맞지 않는 놀이를 하는 아이를 유별나다고 여기기도 한다. – 그러나 아이들이 좋아하는 놀이는 각자의 성향과 특성에 따라 다를 뿐, 성별에 따라 결정되지 않는다. – 놀이와 활동에 성별 고정관념을 부여한다면 아이들은 자신이 진짜 원하는 놀이가 아닌 사회의 고정관념에 맞는 놀이를 선택하면서 스스로를 억압하게 될 수 있다.
해결	① 성별 고정관념이 강하게 드러나는 놀잇감이 있다면 다양한 색깔을 준비하여, 아이가 놀잇감을 선택할 때 색깔의 영향을 덜 받도록 해 준다. 예 시중에서 판매되는 집안일 관련 놀잇감은 대부분 분홍색이다. 분홍색 세탁기, 분홍색 청소기, 분홍색 주방용품을 보면 남자아이들은 분홍색에 대한 고정관념 때문에 이것들을 '여자 놀잇감'이라고 인식하고 놀이를 거부한다. 또한 집안일은 당연히 여성의 일이라는 편견을 갖게 될 수 있다. 반면 색이 다양해지면 이러한 거부감이 줄어들고 놀잇감을 편견 없이 받아들일 수 있게 된다. ② 유치원에 성별 고정관념이 드러난 놀잇감이 이미 배치되어 있다면, 놀잇감에 새로운 의미를 부여해 본다. 놀잇감에 다른 방식으로 접근하면 아이가 평소 흥미를 보이지 않거나 편견을 가지고 있던 물건도 새로운 시각으로 볼 수 있게 된다. 예 헤어 드라이기는 원래 머리를 말리는 도구지만, 비행기 표를 읽는 바코드 스캐너가 될 수도 있다.

아이들이 어디론가 이동하려고 줄을 설 때 왼쪽 줄에는 여자아이들, 오른쪽 줄에는 남자아이들이 서는 경우

문제	• "여자 친구들 모이세요! 남자 친구들 한 줄로 서세요!" 등과 같이 많은 사람들은 아이들을 성별로 구분 지어 통솔하는 것을 빠르고 편리하다고 생각한다. 이렇게 생각하는 이유는 여자와 남자를 구분 짓는 것을 자연스럽게 생각하는 성별 고정관념 때문이다. – 하지만 성별에 따라 그룹을 나누고 범주화하면 아이들은 자신이 속한 그룹과 상대방 그룹의 특징을 사실보다 과장해서 생각하게 된다고 한다. 예 여자 그룹 중 한 명이 한 행동에 대해 "여자애들이 그랬어요!", "여자애들은 원래 다 저래!"라고 말하면서 한 사람의 행동을 그룹 전체 행동으로 판단하게 될 수 있다. 이러한 과정을 통해 아이는 자신과 다른 성별에 대한 강한 고정관념을 갖게 되며, 타인을 개별적인 존재로 인식하지 못하고 성별에 따라 타인을 판단하게 되기도 한다.

해결	• 화장실 가기, 옷 갈아입기 등 생물학적인 성별 특징의 영향을 받는 상황에서는 그룹을 나눌 필요가 있지만, 평소에는 성별이 아닌 새로운 기준으로 그룹을 만들어 볼 수 있다. 　－ 여러 가지 방법으로 다양한 친구들과 팀을 이루고, 서로 다른 성별의 아이들이 자연스럽게 함께 놀이할 수 있는 기회를 자주 제공해 준다. 　　예 옷에 줄무늬가 있는 친구들끼리 한 팀이 되거나 이름에 ㄷ이 들어가는 친구들끼리 한 팀이 되는 등 다양한 기준으로 나누어 볼 수 있다. • 또 아이들을 설명할 때는 성별이 아닌 상황이나 행동에 대한 표현을 사용하는 것이 좋다. 　예 남자아이들이 블록 놀이를 하고 있으면 "여기는 남자아이들이 많네."라고 하기보다는 "블록 놀이 좋아하는 친구들이 여기 다 모였네."라고 말할 수 있다. • 만약 아이가 성별 고정관념이 담긴 말을 한다면, 그 고정관념을 깨뜨릴 수 있는 구체적인 사례를 이야기해 줄 수 있다. 　예 어떤 아이가 "여자애들은 맨날 인형 놀이만 해."라고 말한다면 "모든 여자아이들이 인형 놀이만 하지는 않아. 다른 놀이를 좋아하는 여자아이들도 있지. 또 남자아이들 중에도 인형 놀이를 좋아하는 아이가 있어. 우리 반에서는 어떤 친구들이 인형 놀이를 좋아할까?" 같은 대화를 통해 고정관념을 바로잡도록 도와줄 수 있다.

한 유아가 하얀색 드레스를 입고 유치원에 온 것을 본 교사는, 유아의 모습을 보고 예쁘고 여성스럽다며 칭찬해 주었다. 칭찬을 들은 유아는 기뻐하고 다른 유아들은 칭찬받은 유아를 부러운 눈으로 바라보는 상황

문제	• 스스로를 긍정적으로 인식하고 건강한 자아상을 만들어 나가기 위해 유아들에게 칭찬이라는 동력은 중요하다. 다만 아이의 외적인 모습을 칭찬할 때는 주의할 필요가 있다. 　－ 외모 칭찬을 들은 아이가 계속 칭찬을 받고 싶어 외모에 집착하게 되는 경우도 있기 때문이다. 또한 칭찬을 받지 못한 아이는 다른 친구와 자신을 비교하며 자신의 외모를 비하하게 될 수도 있다. 　－ 외모 칭찬도 결국 외모에 대한 평가이다. 따라서 잘못된 외모 칭찬이 아이로 하여금 스스로를 타인의 시선으로 바라보며 끊임없이 점검하게 하고, 칭찬과 주목을 받기 위해서 외모에 연연하게 만들 수도 있다는 사실을 염두에 둘 필요가 있다. • 많은 사람들이 외모를 칭찬할 때, 여자아이에게는 "여성스럽다", 남자아이에게는 "씩씩해 보인다.", "남자답다." 같은 표현을 사용한다. 특정 성별에게만 사용하는 칭찬은 대부분 '여성성'과 '남성성'에 대한 고정관념이 담긴 표현이다. 　－ 이러한 칭찬 역시 아이의 성별 고정관념을 강화할 수 있으므로 지양할 필요가 있다.
해결	① 외모 칭찬 대신 "잘 어울린다."고 해 준다. 상황에 따라 "단정하다." 또는 "깔끔하다."는 칭찬을 해줄 수도 있다. ② 외모가 아닌 옷에 대한 묘사를 해 준다. "오늘은 구슬이 달린 드레스를 입었구나.", "리본이 달린 모자를 썼구나!" 등 모든 아이들에게 공평하게 할 수 있는 객관적인 묘사를 통해 관심을 표현한다. ③ 어떤 성별을 가진 아이에게 해도 어색하지 않고 자연스럽게 받아들여지는 표현을 사용한다.

교사와 유아의 어머니가 상담 시, 교사가 어머니에게 가정에서 아버지도 육아를 돕는지 물어보는 상황

문제	• 최근 양육에 적극적으로 참여하는 아빠가 증가하고 있지만 여전히 현장 교사들이 만나는 주양육자는 대부분 엄마이다. 유아의 주양육자는 당연히 엄마가 되어야 한다고 생각하는 성별 고정관념 때문이다. 이러한 고정관념 때문에 여성들은 과도한 양육 스트레스를 느끼고, 육아를 하며 생길 수 있는 작은 문제에도 쉽게 죄책감을 갖게 된다. • 또한 엄마가 전업주부라도 육아의 모든 책임이 오롯이 한 사람의 몫이 되는 것은 옳지 않다. 엄마와 아빠가 모두 주양육자가 되고, 돕는 것이 아닌 가족 모두가 함께하는 육아가 되어야 한다.
해결	① 양육자 상담을 할 때는 엄마뿐만 아니라 다른 가족들도 참여하도록 격려하며, 특히 아빠가 상담에 참여할 수 있도록 지지한다. ② '육아를 도와주다.'라는 표현 대신 '육아에 참여하다.'라는 표현을 사용한다. '아빠가 육아를 도와준다.'는 표현은 육아는 원래 엄마의 일이고, 아빠는 주양육자가 아닌 보조적인 역할을 하는 존재라는 뜻을 담고 있기 때문이다. '육아를 함께하다/같이 하다.', '육아에 참여하다.' 등의 표현으로 아빠 역시 육아의 주체가 되어야 한다는 인식을 심어줄 수 있다.

③ '부모님'보다는 '양육자'라는 표현을 사용한다. 흔히 아이의 양육자는 당연히 엄마, 아빠라고 생각하지만 조부모님이나 친척 등 다른 가족 구성원이 아이의 양육자가 될 수도 있다.

④ 다양한 가족 구성원이 아이와 놀이하는 내용의 그림책을 아이들에게 많이 보여주어야 한다. 한부모 가정, 조손 가정 등 다양한 형태의 가족이 늘어나는 추세이며, 이에 따라 육아 형태도 각 가정의 사정에 따라 달라질 수 있다. 아빠, 할머니, 할아버지, 삼촌 등 다양한 가족 구성원이 육아에 참여하는 모습을 그린 그림책을 통해 아이는 여러 가족 형태를 자연스럽게 받아들이며, 육아는 여성의 일이라는 고정관념에서도 벗어날 수 있다.

남자아이가 울고 있다. 교사는 아이에게 무슨 일인지 물어보기 위해 자세를 낮추고 눈을 맞춘다. 이 아이는 속상한 일이 있을 때마다 울음을 터뜨리기 때문에 교사는 남자아이인데도 눈물이 많다고 생각하는 경우

문제	• 옛날부터 우리 사회는 남자는 울면 안 된다고 가르쳤기 때문에 눈물이 많은 남자들에게 "남자답지 못하다", "여자애처럼 툭하면 운다" 같은 말을 한다. 그러나 이러한 고정관념으로 인해 남자아이들은 자신의 감정을 정확히 인식하고 표현하는 데 많은 어려움을 겪는다. • 자신의 감정을 올바르게 인지하지 못하면 아이는 문제 상황이 발생하였을 때 자신의 감정을 조절하는 데 많은 어려움을 느끼고, 더 나아가 슬픈 감정을 과격한 행동이나 폭력 등 잘못된 방향으로 표현하게 될 수도 있다.

해결	• 아이들이 감정 표현을 할 때 자신의 감정을 정확히 인지할 수 있도록 적절한 언어로 표현하고 충분히 공감해 주어야 한다.
	  – 아이가 슬픈 감정을 느낄 때 우는 것은 창피한 것이 아니며, 성인도 슬픈 상황이 생기면 눈물을 흘릴 수 있다고 이야기해 주어야 한다.
	  – 슬픈 감정이 들 때 어떻게 표현하면 좋을지, 다른 사람이 울 경우에는 어떻게 위로를 하면 좋을지 등 슬픔에 대해 이야기를 나누며 아이의 공감능력을 키워준다. 또한 눈물에 대해 긍정적인 인식을 가질 수 있도록 우는 성인이나 우는 아이가 등장하는 그림책을 보여주는 것도 좋다.

여자아이들이 모여 앉아서 공주 그림을 그리고 있다. 많은 여자아이들이 분홍색 옷을 입고 있는 모습을 본 교사는 여자아이들이 분홍과 공주를 좋아하는 것은 당연한 일이라고 생각하는 경우

문제	분홍과 공주가 주목받게 된 건 채 100년이 되지 않았다. 디즈니에서 공주를 다룬 애니메이션들이 만들어지고, 산업계에서 색깔에 성별을 부여한 상품들을 출시하기 시작하면서 여아들은 공주와 분홍을 접하게 되었다. 마케팅의 일환으로 여자아이들을 겨냥한 공주, 분홍 제품이 쏟아져 나온 이후로, 분홍은 여자아이들의 고유 색깔이 되고, 많은 여자아이들은 공주가 되는 꿈을 꾸게 되었다. "저는 아이에게 분홍색 물건을 사 주거나 공주 애니메이션을 보여준 적이 없어요."라고 말하는 양육자들도 있다. 그러나 아이들은 가정뿐만 아니라 어린이집이나 유치원, 학원 등 여러 곳에서 다양한 콘텐츠를 접하고, 또래 집단의 영향을 받는다. 이러한 사회적 맥락과 환경을 무시하고 분홍과 공주를 좋아하는 것이 모든 여자아이들의 '본능'이라고 말하기는 어렵다.

해결	• 분홍과 공주가 문제이기 때문에 무조건 아이들에게 보여주면 안 된다는 것이 아니라, 그림책, 애니메이션 등 각종 미디어에서 분홍과 공주를 왜곡된 방식으로 다룬다는 점을 인지해야 한다. 아이들은 그림책이나 애니메이션 속의 주인공을 본인과 동일시하고, 그 모습을 모방하며 성장하기 때문이다.
	  – 왕자의 도움을 기다리기만 하는 수동적인 공주, 비현실적인 몸매를 가진 공주, 항상 분홍색의 화려한 드레스를 입는 공주만 보며 자라는 아이들은 도전을 두려워하게 되고, 외모나 꾸밈에 대한 잘못된 인식을 가지게 될 수 있다.
	  – 대부분의 아이들은 특정 시기가 지나면 분홍과 공주에 대한 집착에서 벗어나 자신의 취향을 찾아가기 때문에 너무 걱정할 필요는 없지만, 분홍 외에 더 다양한 색의 놀잇감을 제공하고 전형적인 공주 외에 롤모델이 될 만한 다채로운 여성 캐릭터도 함께 보여준다면 아이들이 더 넓게 생각하는 데 도움이 될 수 있다.

역할놀이 영역에서 다양한 직업을 배울 때 의사는 남자, 간호사는 여자이고, 두 명의 과학자는 모두 남자, 미용사는 여자로 그려져 있는 경우

문제	• 우리 사회에는 오래전부터 직업에 관한 성별 고정관념이 존재했다(⑩ 돌봄 직종은 대부분 여자, 기술 직종은 대부분 남자). • 그러나 아직 고정관념을 갖지 않은 아이들은 다양한 직업에 관심을 보인다. ─ 병원 놀이를 할 때는 성별과 관계없이 의사도 되고, 간호사도 된다. 하지만 특정 직군을 담당하는 사람을 한 가지 성별로만 표현하는 책이나 텔레비전 등의 미디어에 지속적으로 노출되면 결국 아이도 직업에 대한 성별 고정관념을 갖게 될 것이다. 그리고 자신이 할 수 있는 일을 성별에 따라 분류하면서 스스로 가능성을 제한하는 사람으로 자라나게 될 수도 있다.
해결	① 직업에 대해 이야기할 때 "경찰 아저씨", "간호사 언니" 등 성별을 나타내는 호칭 사용을 지양한다. 또한 "여군", "남간호사"처럼 특정 직업 앞에 성별을 붙이면 "군인은 원래 남자", "간호사는 원래 여자"라는 고정관념을 가지게 될 수 있으니 주의할 필요가 있다. ② 만약 아이가 "간호사는 여자만 하는 거야." 같이 성별 고정관념을 드러내는 말을 한다면 그것은 잘못된 고정관념이며 남자도 간호사가 될 수 있다고 알려준다. 관련 사진이나 그림 등을 찾아서 보여주는 것도 좋은 방법이다. ③ 수업에서 그림이나 사진 등의 자료를 이용할 때, 성비를 고려해 여성과 남성 모델을 골고루 보여준다. ⑩ 직업으로 과학자를 소개한다면 남성 과학자와 여성 과학자의 모습을 모두 보여주어야 아이들이 성별과 직업을 연관 짓지 않고 직업을 그 자체로 받아들일 수 있다.

아이들의 신발장에 이름표가 있다. 남아들의 이름표는 파란색, 여아들의 이름표는 분홍색인 경우

문제	• 유치원에서는 이름표를 만들거나 아이들을 위한 물건을 구입할 때 종종 물건을 성별에 따라 구분하기도 한다. 이때 가장 흔하게 고려하는 것이 바로 색깔이다. ─ 여자아이의 것은 분홍, 남자아이의 것은 파랑으로 나누어 준비한다. 이를 통해 아이들은 '분홍은 여자 색, 파랑은 남자 색'이라고 받아들이며 각각의 성별에는 어울리는 것, 할 수 있는 것이 다르다는 생각, 즉 성별 고정관념을 가지게 된다. • 아이들이 분홍색 혹은 파란색을 좋아하는 것은 문제가 아니지만, 고정관념에 따라 여자아이가 파랑을 좋아하는 것, 남자아이가 분홍을 좋아하는 것은 이상하다고 여기는 분위기에 대해서는 생각해 볼 필요가 있다. 색깔에는 성별이 없기 때문에 모든 아이들에게는 자유롭게 자신이 좋아하는 색을 선택할 권리가 있다.
해결	이름표를 만들거나 어린이집(유치원) 환경을 구성할 때 다양한 색깔을 활용한다. 한 가지 색깔만 사용해야 한다면 분홍색이나 파란색보다는 성별 고정관념이 덜 반영된 색깔을 선택한다. 아이들이 일상에서 다양한 색을 자연스럽게 경험해야, 소위 '여자 색', '남자 색'이라고 인식되는 색에 대한 거부감이 사라진다. 또한 다채로운 색을 접하며 편견 없이 자신이 진짜 좋아하는 색이 무엇인지 알아보는 기회를 가질 수도 있다.

MEMO

UNIT 14 성역할 발달이론

KEYWORD# 성도식 이론

생물학적 이론	• 성역할에 대한 생물학적 관점에서는 신체의 선천적 특성, 유전적·해부학적 차이, 호르몬의 차이와 같은 생물학적인 특성이 성차를 만든다고 본다. **예** 남아는 출생 시부터 여아보다 키가 크고 근육량도 많기 때문에 유아기에 더 활동적이고 거친 놀이를 한다는 것이다. − 출생 후의 사회적 요인들도 생물학적 특성에 따라 달라지며, 부모와 주변 사람들도 아이의 성별에 기초하여 반응하게 된다고 본다.
진화론적 발달이론	• 남성과 여성이 서로 다른 성역할을 발달시키는 것은 성인이 되어 배우자를 찾고 자손을 낳기 위한 것으로 설명한다. − 남자는 종족 보존을 위해 더 공격적이고 경쟁적인 성향을 보이는 성역할 행동을 하는 것이며, 여자는 종족 보존을 위해 임신과 자녀양육에 더 많은 시간을 보내기 때문에 남자보다 더 반응적이고 순종적인 성역할 행동을 학습하게 되는 것이라고 본다.
정신분석 이론	• 프로이트는 여성과 남성의 근원적인 차이는 심리성적 발달의 다섯 단계 중에서 세 번째 단계에 해당하는 남근기 동안 서로 다른 경험을 하기 때문이라고 주장하였다. − 프로이트는 인간이 성적인 본능을 타고나며 본질적으로 양성의 생물학적인 속성을 갖고 있다고 보았다. 그러다가 남근기가 되면 성정체성과 성역할에 대한 선호도가 나타나며, 동성의 부모와 동일시를 통해 성역할 개념이 발달하는 것이다. 이처럼 정신분석 이론에서는 남아와 여아가 성적 애착으로 인한 콤플렉스를 해결하기 위하여 동성의 부모를 닮고 싶어 하는 동일시 과정을 통해 성역할을 획득한다고 보았다. − 유아가 자신을 부모와 동일시하는 과정을 통해 성역할을 학습한다고 본다. 즉, 성역할 습득을 동일시 과정으로 설명하고 있다. 성역할 동일시(sex−role identification)는 자신의 성에 적절하다고 생각되는 역할을 참고하여 자신의 태도와 행동을 결정하는 것이며, 이 과정이 무의식적으로 이루어진다는 점에서 모방과 차이가 난다. 보통 남아는 아버지를, 여아는 어머니를 동일시하게 된다. • 성역할 개념 및 행동을 습득하는 주요 수단은 동일시 과정이다. • **한계** − 성역할에 대한 동일시의 유래를 생물학적 차이(남근의 유무)로 파악함으로써 부모 이외의 또래집단이나 대중매체 등의 사회적 요인을 무시하였다는 한계점이 있다.
사회학습 이론	• 반두라(Bandura, 1977)는 유아가 부모, 교사, 또래, 이웃, 연예인 등을 관찰하고 자신의 성에 적합하다고 생각하는 행동을 선택적으로 모방함으로써 성역할 행동을 학습하고, 그에 대한 강화를 통해 남성성과 여성성이 내면화된다고 보았다. 부모와 가족들이 일차적인 영향을 주지만, 성장함에 따라 또래와 교사가 성역할 행동 강화에 중요한 역할을 하게 된다고 생각한 것이다. • 사회학습 이론에서는 유아가 환경 요인을 통해 성역할을 학습한다고 본다. 즉, 성역할은 강화와 벌, 관찰과 모방에 의한 직접적인 학습과 훈련에 의해 이루어진다고 하였다. − 모델이 보여주는 성역할 개념을 형성하고 실제 생활에서 적용해 봄으로써 성역할을 이해하게 된다.

- 또한 유아는 동성 부모나 교사, 또래와 같이 자신에게 중요한 사람을 모방하면서 주변 사람들이 성에 대해 기대하는 것과 가치 있는 행동이 무엇인지를 학습하고 적합한 성역할 행동을 배우게 된다(김경옥, 2004).
  - 예 남아가 자동차를 갖고 놀면 긍정적으로 반응하지만 인형을 갖고 놀면 부정적으로 반응한다.
- 이러한 경험들을 통해 유아는 자신의 성에 대한 사회의 기대를 학습하고 성역할 개념을 발달시키게 된다.
• 관찰학습을 통해 유아는 사회적 환경에서 성역할을 학습하고 발달시켜간다.
  - 부모는 유아가 성에 적합한 행동을 하도록 강화하고, 유아는 동성의 부모로부터 성에 적합한 행동을 관찰하여 성역할을 학습한다.
  - 남-남, 여-여에 적합한 행동은 관찰학습, 모방학습을 통해 강화, 보상을 받아 성역할을 학습해 나간다.
• **한계**
  - 사회학습 이론은 성역할 발달에 대한 외적 환경을 강조하였으나, 환경의 영향을 받아들이는 유아의 내적 사고과정에는 관심을 기울이지 않아 유아를 수동적 존재로 바라보았다는 한계를 갖고 있다(교육인적자원부, 2004).

인지발달 이론

• 행동이 자기 지각에 선행한다고 본 사회학습 이론과는 대조적으로 인지발달 이론은 자기 지각이 행동에 선행한다고 주장한다. 따라서 성역할 발달은 동일시나 모방의 과정이 아닌 인지발달의 결과라고 보았다.
• 성항상성의 이해는 보존개념의 획득과 관련되며, 대상의 외형적인 모습과 실제 속성을 구분하는 능력과도 연관된다. 인지발달론적 입장에서 보면 유아가 자신을 남자 또는 여자로서 자각하는 것은 인지발달에 따른 인식의 결과이며, 이에 따라 유아가 자신의 성과 관련된 적절한 행동을 능동적으로 찾아가면서 성역할 행동을 습득한다.
  - 이와 같은 인지발달 이론은 정신분석 이론의 한계를 어느 정도 보완하고 있지만, 성역할에 대한 고정된 형태를 이미 내포하고 있으며, 성역할의 고정화가 인지발달로 이해되는 한계를 안고 있다.
  - 보존개념이 형성되지 않으면 사람의 성(性)이 변할 수 없다는 것을 이해하지 못할 수 있다. 그러므로 성에 대한 도식이 있는가 혹은 없는가의 문제는 성항상성이 형성되었는가 혹은 아닌가의 문제로 연결된다.
• 인지발달 이론에서 성역할 개념의 발달은 성도식의 발달과 연결되어 있다.
  - 유아는 도식을 통해 성역할 개념을 이해하므로 도식은 성에 대한 유아의 인지를 구성하는 조직이자 사물이나 현상을 이해하는 동력이며 행동의 근원을 제공한다.
• 자신의 성을 인식한 후 그에 적합한 행동을 분류해 성역할에 맞는 행동을 한다.
  - 유아가 성 개념을 이해하여 자신이 영원히 여성 또는 남성이라는 것을 깨닫게 되면 인지적인 일치를 유지하기 위해 자신의 성에 합당하게 행동할 줄 알게 된다.
  - 유아는 완전한 성 일치를 보여준 후에야 동성을 체계적으로 모방할 수 있다.
• **한계**
  - 인지발달 이론은 성역할 발달에서 유아의 능동적 역할을 강조하였으나, 유아가 성정체성을 습득하기 이전에 이미 성유형화가 진행되고 있다는 점을 설명하지 못한다 (Shaffer, 2008). 실제로 2세 남아는 성정체성을 획득하기 이전부터 이미 남성적 장난감을 선호하고, 성역할 고정관념이 생겨 동성의 친구를 선호한다. 즉, 인지발달 이론은 유아의 성정체성 습득에 인지발달뿐만 아니라 사회적 경험이 큰 영향을 미친다는 점을 간과하고 있다.

MEMO

+ 성도식
성에 관한 인지 양식, 성에 따라 조직되는 행동 양식으로, 사람들로 하여금 일상생활에서 남성 혹은 여성적 특성을 구분하게 하며 성에 관련된 정보에 주의를 기울이고 조직화하며 기억하는 데 사용하는 일종의 신념과 기대 체제이다. 즉, 유아의 정보처리에 영향을 미치는 남성과 여성에 대한 조직화된 신념과 기대의 집합이다(Shaffer, 2008).

성도식 이론 (Bem)

- 성역할 발달에 대한 가장 적합한 모델로 지지되고 있는 **+** 성도식(gender schema) 이론은 사회학습 이론과 인지발달 이론의 요소를 결합한 것으로, 성역할 개념의 습득과정을 설명하는 일종의 정보처리 이론이다(Bem, 1985).
  - 유아는 외부의 환경적인 자극에 의해 성유형화에 관한 선호도와 성역할 행동을 학습하는 동시에, 이러한 경험을 성도식화하여 남성성 혹은 여성성으로 분류하고 이에 따라 자신의 성역할 행동을 구성해 나간다.
  - 즉, 자신을 남성적 또는 여성적으로 특징짓는 성정체감을 형성한 유아는, 자신의 성에 해당하는 적절한 경험과 사건에 관심을 가지게 되고, 다양한 정보들 중에서 자신에게 필요한 정보를 선택적으로 구분하여 받아들이며, 그것을 자신의 성도식에 통합하여 성유형화와 성역할 선호성을 갖게 되는 것이다.
  - 예를 들면 성정체감을 형성한 유아가 사물이나 행동 등을 보고 그것이 남성적인 것인지 여성적인 것인지를 결정하고, 그 후에 그것을 더 배워야 하는지 아닌지를 결정하여 활용한다. 이러한 과정을 거쳐 유아기의 성정체감과 성역할 행동은 더욱 뚜렷해진다. 이런 관점에서 보면, 성역할 고정관념이 확고해지기 이전인 유아기에 올바른 자기 성도식을 갖도록 하는 것이 중요함을 알 수 있다.
- 성도식 이론에 의하면 유아가 자신의 성별을 인식하면서 유아의 주의와 행동은 사회문화적으로 적합한 성의 표준을 따르려는 내적 동기에 의해 영향을 받는다고 본다(Santrock, 2006). 이로 인해 문화적 기준에 맞는 성도식을 형성하여 이에 근거해 자신의 성에 적합하다고 판단되는 행동은 저장하고 적합하지 않은 행동은 망각함으로써 성역할을 발달시킨다.
  - 유아는 2~3세경 자신의 성별을 인식하기 시작하면서 문화적으로 정의된 성에 대해 학습하고 이를 자신의 성도식에 통합하기 시작한다. 성도식은 일단 형성되면 사회적 정보를 처리하기 위한 틀을 제공함으로써 유아의 경험을 구조화시킨다. 유아는 새로운 정보를 접하면 '여자 것'과 '남자 것', 즉 내집단/외집단 도식에 따라 이를 분류한다. 이때 자신의 성에 적합하지 않은 것은 무시하고, 자신의 성에 적합한 것은 선택하여 정보를 수집하며 이를 자신의 성도식에 포함시킨다(Martin & Halverson, 1987).
  - 즉, 성도식이 형성되면 그것에 근거해서 자신에 관한 정보를 포함한 모든 정보를 부호화·조직화하여 성역할을 구체화시켜 나가게 되고, 성 관련 행동을 선택·통제하게 된다.
  - 성도식 이론은 환경에서 자신의 도식에 맞는 성 관련 정보에 주의를 기울이며, 이로 인해 주변에서 나타나는 성 관련 사태에 대한 추론을 가능하게 한다. 따라서 성역할 고정관념을 낮을 가능성이 높아진다.
  - 벰(Bem, 1985)에 의하면 성유형화는 유아의 인지발달 수준과 사회문화적 요인에 의해 영향을 받으며, 이는 성도식화(성도식에 근거해서 자신에 관한 정보를 모두 부호화하고 조직화하는 전반적인 성향) 과정을 통해 형성된다고 한다.

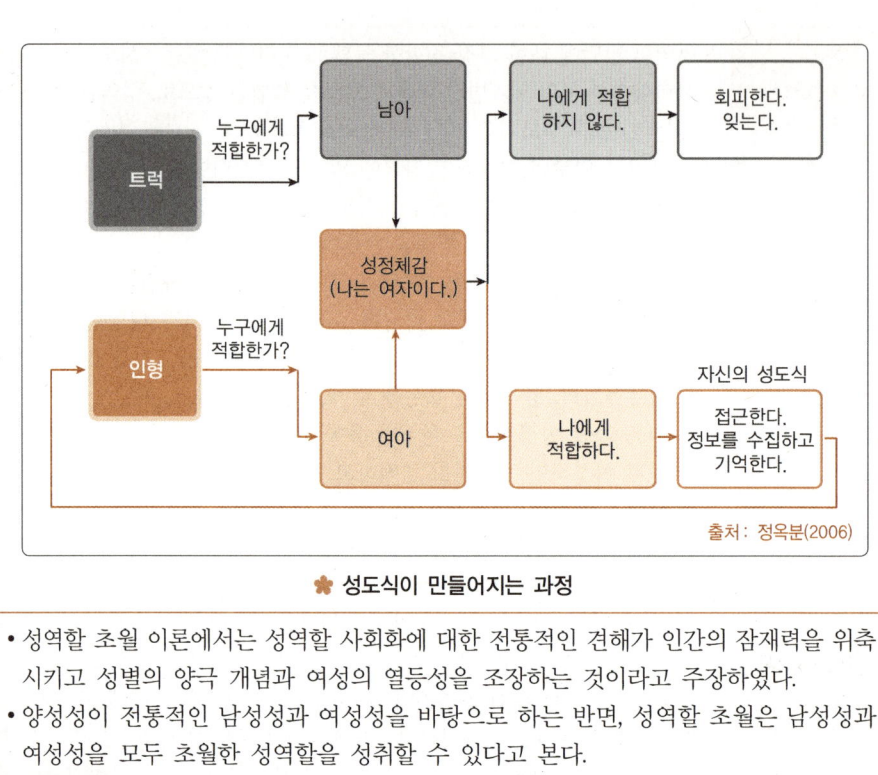

출처: 정옥분(2006)

✱ **성도식이 만들어지는 과정**

성역할 초월 이론		• 성역할 초월 이론에서는 성역할 사회화에 대한 전통적인 견해가 인간의 잠재력을 위축시키고 성별의 양극 개념과 여성의 열등성을 조장하는 것이라고 주장하였다. • 양성성이 전통적인 남성성과 여성성을 바탕으로 하는 반면, 성역할 초월은 남성성과 여성성을 모두 초월한 성역할을 성취할 수 있다고 본다.
	제1단계 성역할의 미분화 단계	• 성역할이나 성유형화 행동에 대해 분화된 개념을 갖지 못하고 생물학적인 성에 따라 분화된 행동 개념도 없다. • 남성과 여성에게 적절하다고 생각되는 행동을 분명하게 구분하지 못한다.
	제2단계 성역할의 양극화 단계	• 자신의 행동을 고정관념의 틀에 맞추는 것을 필연적인 것이라 생각한다. • 남성적 행동과 여성적 행동을 구별할 수 있으므로 남성성, 여성성을 구별할 수 있다.
	제3단계 성역할 초월 단계	• 성역할의 고정관념에서 벗어나 상황에 따른 적절한 행동적 표현이나 감정적 표현을 하게 되고 규범에 얽매이지 않는다. • 남성성과 여성성이 결합될 수 있으므로 초월적 성역할을 성취할 수 있다.

UNIT 15 성역할(성역할 정체성)의 발달단계 – 콜버그(Kohlberg)

KEYWORD# 성안정성, 성항상성

> 성역할 정체성은 자신이 남성이거나 여성임을 알고, 이러한 성이 시간과 상황의 변화에 상관없이 변하지 않는다는 것을 이해하는 것이다. 콜버그(Kohlberg, 1966)는 유아가 성정체성, 성안정성, 성항상성의 세 단계를 거치면서 성역할 정체성을 발달시킨다고 보았다(Shaffer, 2008).

성정체성 **(gender** **identity)** **단계** **(2~4세)**		• 성정체성은 유아가 자신의 성별을 인식해 여성 또는 남성으로 명명할 수 있는 능력을 말한다. 즉, 자기가 속해 있는 성의 특성을 알고 다른 사람들의 성을 구분할 수 있는 능력으로, 개인의 자아정체감을 구성하는 요인이 된다. − 자신과 타인을 남성과 여성으로 구분할 수 있고 유아가 자신의 성을 명명할 수 있으며, 외모나 옷을 보고 다른 사람을 남성과 여성으로 구분할 수 있게 된다. − 남자와 여자로 분류하는 간단한 자아유목화(self-categorization)로 시작하여, 자신의 성과 다른 사람의 성을 남자, 여자로 구분하여 부를 수 있다. − 유아는 자신이 여자인지 남자인지 구별하면서 성별에 따른 사람의 행동을 관찰하고, 이에 따라 사람들이 여자인지 남자인지를 인식하고 말할 수 있게 된다(Shaffer, 2008). − 머리 모양, 옷차림 등의 외양의 차이를 단서로 성별을 구분한다. 따라서 옷차림이나 머리 모양 등을 바꾸면 자신이 원하는 대로 성별이 바뀔 수 있다고 생각한다. 예 남아의 머리가 길어지면 여자가 될 것이라고 믿는다.
	2세경	• 2세경부터 자신과 타인의 존재를 구별하며 자아정체감을 갖기 시작한다. − 따라서 타인과의 유사점, 차이점에 대해 인식하며 이를 통해 성에 관심을 갖기 시작하지만, 아직 자신의 성별을 정확하게 인식하지 못한다.
	3세경	• 3세가 되면 대부분의 유아가 자신의 성을 뚜렷하게 인식하고 정확한 성 명칭을 사용한다. − 이 시기에는 성유형화(sex typing)를 통해 성에 따라 선호하는 놀잇감이 달라지고, 머리 모양, 옷차림 등으로 성별을 구분해 내며, 또한 남・여에 따라 적합한 일을 분류하는 경향을 나타낸다. − 특히 요리, 설거지, 다림질, 세탁 등을 성인 여자의 일로 분류하는 것을 볼 때, 성역할에 대한 사회적 기대에 어느 정도 영향을 받는다는 것을 알 수 있다.
	4세경	• 4세 유아는 성에 대한 사회적 규범에 따라 적절한 성역할 행동과 태도를 나타내며 사회적 기대에 보다 충실해지지만, 반면 여전히 자아중심적인 성향도 지니고 있어 성역할에 대한 전통적 기대를 별다른 갈등 없이 쉽게 무시하는 이중적인 성향을 보인다. − 이는 사회적 기대에 부응하지 않으면 부정적 결과가 초래될 수 있다는 사실을 뚜렷하게 인지하지 못하기 때문이다. • 이 시기의 유아는 외형이 바뀌더라도 성은 바뀌지 않는다는 사실을 아직 깨닫지 못한다.

성안정성 (gender stability) 단계 (5~6세)		• 성정체감이 보다 확고히 자리 잡아 안정적으로 자신의 성을 인식하는 것으로, 이러한 개념이 획득되면 유아는 자신의 성이 변하지 않으며 성인이 되어서도 지금의 성이 유지될 것이라는 사실을 깨닫는다. 　— 일생 동안 같은 성이라는 것을 이해하지만, 여전히 외형이 바뀌면 성도 바뀔 수 있다는 믿음이 혼재한다. • 시간의 변화와 관계없이 성이 변하지 않는다는 사실을 이해한다. 남아는 커서 아빠와 같은 어른이 되고, 여아는 커서 엄마와 같은 어른이 된다는 것을 인식한다. • 동일한 성을 선호하고, 사회의 성역할 관습 및 규범을 획득한다.
	5세경	• 5세경이 되면 유아는 성정체성이 더욱 분명해지며 성안정성을 인식하기 시작한다. 　— 이 시기의 가장 큰 특징은 성에 대한 선호도가 부각되어 자신과 동일한 성에 대해 적극적인 호감을 표시한다는 것이다. 즉, 긍정적인 것은 모두 자신의 성과 관련시키고 부정적인 것은 다른 성에 속한 것으로 분류하는 경향을 보인다.
	6~7세경	• 6~7세가 되면 5세경에 보이던 경향은 감소하는데, 이는 성에 따라 사회적으로 어떠한 성역할이 기대되는지 성역할 범주체제를 완전히 습득했기 때문이다. • 이 시기의 유아는 전통적인 성역할 기대를 위배했을 때 부정적 결과가 초래되어 자신이 비난이나 벌을 받게 된다고 생각하기 때문에 사회적 규범에 순응하는 성역할 행동 및 태도를 나타낸다.
성항상성 (gender constancy) 단계 (7~8세)		• 겉모습과 상관없이 타고난 자신의 성이 평생 불변으로 유지된다는 사실을 깨닫는 것이다. 　— 머리 모양, 옷 모양, 행동이 달라도 언제든지 같은 성을 유지한다고 인식한다. • 성은 생물학적으로 결정된 것이며, 겉모습(행동이나 옷, 머리 모양 등)이나 상황의 변화, 개인적인 소망에 상관없이 항상 동일하다는 것(변하지 않는다는 것)을 이해한다. 이러한 성항상성은 보존개념의 발달과 더불어 형성된다. 　— 피아제의 보존개념이 획득되는 6~7세가 되어야(인지적 성숙) 성항상성을 얻게 된다고 본다. • 성에 따라 정보를 분류하는 성유형화 지식이 성인 수준으로 증가하고, 이러한 지식은 이미 탄탄하게 유아의 내면에 자리 잡아 이 시기에는 오히려 성에 따른 정보 범주화의 경향이 급격히 감소한다. • 7세부터는 지금까지 형성된 성역할 개념들이 성역할 고정관념으로 확고해지기 시작하지만, 일부 연구자들은 성에 따른 범주화 행동 및 태도가 사라지면서 성역할에 대한 유연성이 증가한다고 설명하고 있다.

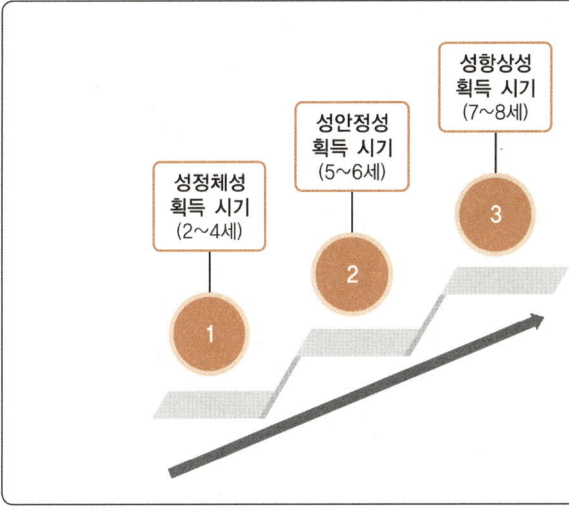

성항상성 획득 시기

7세: 성의 불변성 및 항상성 획득
성유형화 지식 및 성역할 체계의
완전한 이해

성안정성 획득 시기

5세: 성정체성과 성안정성 인식
동일한 성 선호
6세: 사회의 성역할 관습 및 규범 획득

성정체성 획득 시기

2세: 자신의 성에 대한 호기심 시작
3세: 자신의 성 인식
4세: 성에 따른 행동을 하게 됨

UNIT 16　양성평등교육

KEYWORD# 양성평등교육 개념 · 지도전략 · 실천방안

❶ 양성평등교육의 기본 관점

개념 및 정의	• 양성평등이란 남성과 여성 모두가 남성 혹은 여성이라는 이유로 차별받지 않고 평등하게 대우받는 것을 말한다. 따라서 양성평등교육이란 '남 · 여를 동등한 존재가 되게 하는 교육'이다. 　─ 여기서 말하는 양성평등이란 ✦생물학적 성(sex)이 아닌 ✦사회학적 성(gender)으로 남 · 여를 평등하고 동등하게 만든다는 의미이다. • 양성평등교육이란 기본적으로 남 · 여가 동등한 인권을 가진 인간이라는 것을 인지하는 과정으로 기존사회의 성역할 교육과정을 타파하고 타고난 성별과 관계없이 자신의 소질과 능력을 충분히 개발할 수 있도록 도와줌으로써, 교육에의 접근 기회뿐만 아니라 학업성취 등 교육의 과정이나 결과에 있어서 성 간에 격차가 없도록 하는 것이다. 　─ 결국 남성과 여성과의 관계에서 더 이상 여성이 취약집단이지 않도록 남성과 여성과의 관계를 변화시키려는 시도이며, 이를 '성인지 훈련(gender training)'이라고 칭하기도 한다. • 그동안 철학적 또는 여성학적으로 양성평등의 개념을 분명히 하고자 하는 시도가 지속적으로 이어져 왔다. 그러한 노력의 결과를 압축하면 '기회의 평등, 조건의 평등, 결과의 평등'으로 설명할 수 있다.

✦ 생물학적 성(sex)
태어나는 순간 결정되어 바뀌지 않는 성으로, 남성과 여성의 생물학적 차이를 말한다.

✦ 사회학적 성(gender)
사회적으로 부여된 남 · 여의 성역할 및 책임의 차이를 말한다.

기회의 평등	• 성별과 관계없이 남·여 모두에게 동등한 기회가 주어져야 함을 의미한다. 즉, 특정 성별에 대해 이익 또는 불이익이 주어져서는 안 된다는 것으로 기회에의 평등한 접근 가능성을 말한다. 예 남·여 모두에게 직업이나 교육, 정치 참여에 균등한 기회를 주는 것이다. • **제한점** 여성과 남성에게 균등하게 기회가 주어진다 해도 가부장제 사회에서는 여성이 불리한 조건에 처해 있기 때문에 열려 있는 기회에 다가가기 힘든 것이 현실이다. 　- 따라서 기회의 평등이 실질적으로 이루어지기 위해서는 '조건의 평등'이 전제되어야만 가능하다.
조건의 평등	• 남성과 여성이 처한 조건을 상대적 관점에서 접근하여 동등한 조건이 마련되도록 하는 것이다. 예 남·여 모두에게 학교에 갈 수 있는 기회의 평등을 주면서 동시에 학교에서 남·여가 동등한 교육을 받을 수 있도록 조건을 조성해 주는 것이다. • **한계** 조건의 평등이 보장되더라도 역사적으로 오랜 세월 동안 축적되어 온 가부장적 이데올로기가 사회 전반에 뿌리 깊게 자리 잡고 있는 한 여성은 지속적인 차별에 노출될 수밖에 없는 한계를 지닌다. 　- 이러한 현실은 결국 여성에게 남성과 동등한 기회와 조건이 주어진다 해도 불리한 결과를 낳을 수밖에 없다.
결과의 평등	• '결과의 평등'이 이루어지기 위해서는 기존의 차별적 관행을 개선하고 가부장적 이데올로기를 불식시키는 보다 강제적이고 적극적인 교육(처방)이 필요하다. 예 남·여 모두 학교 교육을 받고 그 결과 역시 평등할 수 있도록 조처하는 것을 말한다. • 지금까지 시도되어 온 양성평등교육은 단순히 '기회의 평등' 차원에 머물러서 양적인 기회균등에 그쳤다는 한계를 안고 있다. 진정한 의미의 양성평등교육이 이루어지기 위해서는 '기회의 평등'뿐만 아니라 '조건의 평등', '결과의 평등'이 모두 달성되어야 한다. 　- 즉, 교육의 기회가 남·여 모두에게 동일하게 주어지고, 또한 교육의 조건이 남·여 모두에게 동일하게 조성되며, 그리하여 교육의 결과가 평등해지는 것을 의미한다.
교육내용	(1) 남·여 신체특성 알기 및 다른 성에 대해 동등한 가치 인식 　① 바른 성교육을 통해 자신의 몸을 소중히 여기도록 도와준다. 　　- 유아기에는 남·여 신체 및 생식기에 대한 호기심이 많아지는데 이때 당황하여 대충 얼버무리거나 답변을 안 해주면 유아들은 왜곡된 성지식을 갖게 될 수 있다. 이때는 과학적인 내용을 자연스럽고 긍정적인 태도로 알려주어 유아가 자신의 몸을 소중히 여기도록 도와준다. 　② 남·여의 신체 특징 및 차이점에 대해 알려준다. 　　- 유아들은 눈에 보이는 남·여의 신체적 차이점에 관심이 많다. 이때는 남·여의 신체에 관한 책을 함께 보면서 각 신체 부위의 올바른 명칭에 대해 알려주고, 차이점에 대해 이야기를 나눈다. 중요한 점은 남·여의 몸의 모양은 다르지만 남·여 모두 몸이 똑같이 중요하다는 점을 알려주는 것이다.

③ 자신의 성뿐만 아니라 다른 성도 존중할 수 있도록 도와준다.

 – 초등학생들은 남·여 똑같이 자아존중감을 보이나, 고등학교에 이르면 남학생은
 자아존중감이 높아지는 반면 여학생은 낮아진다는 연구결과가 있다. 그 이유는
 사회에서의 여성의 역할이 능력보다는 전통적인 고정관념에 의해 제약받고
 평가되기 때문이다. 따라서 남·여 차이보다는 평등한 존재라는 것을 알게 하여
 건전한 성 의식과 태도를 갖도록 도와주어야 한다.

(2) 평등한 놀이 장려

① 자녀의 성격과 기질을 고려하여 활동을 선택한다.

② 성별과 관계없이 다양한 놀이를 경험시켜 본다.

 – 남·여 간에 선호하는 놀이 형태는 차이가 나지만, 이는 유아들의 성별보다는
 얼마나 놀이경험을 충분히 하였는가와 관련이 있다. 따라서 어렸을 때부터 남·여
 구별 없이 다양한 놀이 경험을 제공해 주어야 한다. 그 속에서 유아들은 자신에게
 맞는 놀이를 발견하고 몰입할 수 있다.

③ 다양한 놀이경험을 통해 양성성을 가질 수 있도록 도와준다.

 – 남성성과 여성성의 특징이 한 사람 안에 얼마든지 공존할 수 있으며, 양성성을
 가진 사람은 외부 자극에 대해 훨씬 더 다양한 반응을 보인다. 실제로 양성성을
 가진 유아들이 그렇지 않은 유아보다 더 높은 자아존중감과 지능, 성취동기,
 창의성을 갖고 있다는 연구결과가 있다. 따라서 유아가 양성성을 갖고 이를
 표현할 수 있도록 도와주어야 하며, 이를 통해 유아들은 다양한 환경에 더 유연
 하고 효과적으로 대처할 수 있게 된다.

 🅔 어떤 사람은 자기주장을 잘하면서 동시에 양보심이 많고, 또 어떤 사람은 논리적이면서
 동시에 감정이 풍부하다.

 🅔 여아에게는 적극적으로 운동과 놀이를 할 수 있는 기회를 제공하여 순발력과 지구력
 강화를 통해 체력을 갖도록 도와준다.

(3) 가정에서 평등한 성역할

① 동등하고 민주적인 분위기에서 가족회의를 한다.

 – 가족회의를 통해 가족 간의 일에 대해 서로 생각해 보고, 집안의 중요한 문제를
 함께 토의해서 민주적으로 결정할 수 있도록 도와야 한다. 부모-자녀가 서로
 평등한 관계에서 가족회의를 하는 것은 그들의 관계를 돈독하게 할 뿐만 아니라
 가족 구성원 모두가 가정의 일을 협력하고 의논하여 민주적으로 결정할 수 있다는
 것을 알게 한다.

② 집안일은 가족 모두가 함께 하는 것임을 인식시켜 준다.

③ 자녀를 양육하는 것은 부모 모두의 책임임을 알려준다.

(4) 직업에서의 평등

① 직업은 자신의 흥미와 적성에 맞는 것을 선택하도록 한다.

② 자녀가 미래에 원하는 직업에 대해서 이야기 나누어 본다.

③ 직업에 올바른 호칭을 붙임으로써 양성평등한 직업의식을 갖도록 도와준다.

 – 직업을 설명하면서 특정 직업에 아저씨, 아주머니, 여자 등의 호칭(🅔 경찰관 아저씨,
 군인 아저씨, 간호사 언니, 여의사)을 붙이지는 않는지 점검해 보아야 한다. 사소한
 것 같지만 특정 직업을 남자직업 혹은 여자직업으로 인식하도록 하여 직업에 대한
 성 편견을 갖게 할 수 있다.

⑸ 성차별에 대한 비판 및 대응 능력
　① 자녀에게 격려, 칭찬, 꾸지람을 할 때 성별과 관계없이 동등하게 한다.
　　- 남아에게는 '울면 안 된다', '씩씩하고 용감해서 좋다'는 말을 하고 여아에게는 '얌전해서 너무 이쁘다', '여자는 덤벙대지 말아야 한다'라는 말을 하는 것은 지양해야 한다.
　　- 유아가 하는 모든 행동을 성과 결부시켜 생각하지 말고 인간으로 바라봐 주어야 한다.
　② 성 고정관념이나 편견을 드러내기 쉬운 말은 사용하지 않는다.
　　- 남성은 용감하고 적극적이며 늠름하고 자유분방하게 그려지고, 여성은 아름답고 착하고 다소곳하고 수줍은 이미지로 묘사되는 것을 지양해야 한다.
　　- '여자다운' 또는 '남자다운'이라는 말 대신 '인간다운' 혹은 '사람다운'이라는 말을 사용하도록 한다.
　③ 친숙한 동화 속에 성차별에 대한 편견이 있는지 함께 찾아본다.
　　- 동화 속에서 남자는 바깥일을 여자는 집안일을 전형적으로 하고 있으며, 여자는 남자에 의해 구원을 받는 의존적인 존재로 묘사되는 것에 비판의식을 가져야 한다.
　　- 유아와 동화책 속의 남·여 주인공이 어떤 모습으로 그려지고 있는지, 동화를 다시 쓴다면 어떻게 바꾸고 싶은지 이야기 나누어 본다.

❷ 양성평등교육 지도전략

유아교육기관의 물리적 환경과 양성평등교육	성차별적 요소가 내재된 환경 구성	• 교사가 의도하지 않았을지라도 미처 깨닫지 못한 곳에 성차별적 요소가 내재해 있을 수 있다. 　- 역할놀이 영역에 부엌소품들이 자주 배치되고, 쌓기놀이 영역에는 공룡, 동물 등의 소품이 배치되는 경우가 있다. 이는 유아들이 사회적인 성역할 기대에 의해 다른 선호도를 나타낼 수 있는 소품이므로 그에 따라 남아와 여아의 놀이 선호도를 다르게 만드는 결과로 이어질 수 있다. 　- 또한 학급 유아들의 이름표를 제작하거나 작품을 전시하는 과정에서도 남아들의 경우에는 차가운 색, 여아들의 경우에는 따뜻한 색 계열을 사용한다면, 이러한 환경들이 무의식중에 영향을 미쳐 성별에 따라 유아의 색 선호도를 다르게 만드는 결과를 낳을 수 있다. • 성차별적 요소가 내재된 환경 구성은 성역할 개념 형성 시 무의식중에 간접적·지속적으로 영향을 미치게 된다.
	성유형화 예방전략	• 환경 구성 시 작은 요소 하나일지라도 양성평등한 교육 환경을 구성하기 위해 세심한 고려·적극적 노력·능동적 대처가 요구된다. 　- 자유선택활동 환경 구성 시 여아(역할놀이), 남아(쌓기놀이)로 배치하지 않는다. 　- 색 사용 시 여아(따뜻한 색), 남아(차가운 색)로 구분하지 않는다.

유아
교수·학습
매체와
양성평등교육
	성차별적
	요소가 내재된
	교수매체
		• 유아교육기관에서 행해지는 다양한 활동들 속에서 유아가 접하게 되는 교수·학습매체는 교육활동을 효과적으로 진행하기 위한 보조 도구로서의 매체이다. 이는 해당 활동에 대한 교육 목표만을 고려하여 제작된 경우가 많기 때문에 성불평등한 요소들이 내재되어 있다.
		  ─ 그림책의 경우 중요한 교육매체 중 하나로서 유아가 가장 친근하게 접하게 되지만, 대다수의 도서들이 등장인물의 성별에 따라 유형화된 성 고정관념을 지니고 있어 유아의 양성평등의식 형성에 부정적 영향을 끼치고 있다.
		  예 동화 속의 주인공들은 대부분 남자인 경우가 많으며, 등장인물의 경우 남자는 독립적이고, 문제해결력이 뛰어나며, 위기상황에서 도움을 주는 인물로 묘사된 경우가 많은 반면, 여자는 부드럽고, 상냥하며, 가사 일을 하는 소극적 인물로 묘사되는 경향을 나타냈다.

	성편견
	바로잡기
		• 그림책, 그 외 다양한 교수·학습매체 제작 활용 시 성편견을 바로잡기 위한 적극적인 교육적 개입이 절실히 요구된다.
		  ─ 성역할 고정관념을 감소시키고 양성평등한 의식을 길러줄 수 있는 내용의 그림책을 선정한다.
		  ─ 양성평등한 직업을 묘사한 남·여, 양성평등한 가사일의 역할 분담 모습을 담은 교수매체 및 그림자료를 제시한다.

유아 교육과정과 양성평등교육	성차별적 요소가 내재된 교육과정	유아교육과정의 수많은 교육활동의 목표, 내용, 방법에 전통적 성 고정관념에 의거한 불평등적 요소가 다수 포함되어 있다. 예 극놀이에서 남아는 왕자님, 사자, 호랑이 역할을 맡고 여아는 공주님, 토끼 역할을 맡는 것은 역할에 따라 그릇된 성 고정관념을 전수시키는 결과를 낳을 수 있다.
	성역할 평등 개념을 형성하기 위한 방안	• 성차별적 요소를 해결하기 위해서는 성역할 평등개념에 기초한 내용으로 극놀이, 노래, 이야기 나누기를 전개해야 한다. • 남·여 유아 모두 동일하게 정적·동적 놀이에 참가하도록 한다. • 남·여 유아 모두 감정 표현을 충분히 할 수 있도록 도와준다. • 집 밖에서 이루어지는 활동에 대해 남·여 모두 다양한 일을 할 수 있다는 내용을 전달한다.
유아교사와 양성평등교육 (교사 교육)	교사의 성역할 고정관념	• 교사는 의도된 교육과 의도되지 않은(잠재적) 교육과정의 두 가지 양식으로 유아의 성역할 형성에 지대한 영향을 미친다. 즉, 교사가 의식적으로 진행하는 교육활동 속에서 다양한 성역할 기대가 유아에게 전달되고, 또한 교사가 의식하지 못하는 순간에 자신의 행동 및 태도, 신념, 가치관 등이 잠재적 교육과정으로서 유아에게 영향을 미칠 수 있다. • 유아의 성역할 개념 형성에 교사가 미치는 영향에 관한 많은 연구들은 교사가 남아와 여아에게 서로 다른 접근을 한다는 결과를 보고하면서, 남아에 비해 여아가 차별을 받는다는 사실을 공통적으로 지적하고 있다.

		– 교사와 유아의 상호작용 과정에서 교사가 여아보다 남아와 더 많은 상호작용을 한다는 결과가 나타났고, 역시 여아보다 남아가 교사의 돌봄을 더 많이 받으며, 여아는 교사 옆에 근접해 있을 때를 제외하고는 주목을 받지 못한다는 결과를 보고하고 있다. – 따라서 유아의 성에 따른 교사의 차별적인 행동 및 태도는 학습 경험의 차이를 야기하고, 이는 곧 남·여 불평등한 성역할 개념 형성으로 이어진다.
	교사의 양성평등교육	• 교사는 자신이 지니고 있는 성역할에 관한 신념 및 가치관을 반성적인 태도로 겸허하게 돌이켜 보아야 한다. • 교육과정을 운영해 나가는 데 있어 양성평등한 교육을 실시하려는 적극적 의지가 요구된다. • 교사 자신이 스스로의 성역할 편견을 자각하고 이를 바로 잡기 위한 노력을 해야 한다.
유아의 부모와 양성평등교육 (부모 교육)	부모의 성역할 고정관념	• 유아교육기관에서 물리적 환경, 교수·학습 매체, 교육과정, 교사 등 다양한 요소들을 고려하여 양성평등교육을 실시하기 위해 노력한다 해도, 가정과의 연계가 이루어지지 않는다면 유아에게 양성평등의식을 길러주는 것은 어려울 것이다. • 실제로 유아의 성역할 형성에 가장 막대한 영향을 미치는 사람이 바로 부모이며, 따라서 부모의 성역할 의식이 바람직한 방향으로 변화되어야만 실질적으로 유아를 위한 양성평등교육이 이루어질 수 있다. 예 양성성을 지닌 어머니의 자녀교육을 받고 자란 유아는 양성적 성역할 개념을 소유한 사람으로 성장할 수 있다.
	부모의 양성평등교육	• 유아교육기관에서는 직·간접적인 다양한 통로를 통해 부모와의 의사 소통을 시도함으로써 부모의 성역할 개념이 양성평등한 방향으로 변화될 수 있도록 적극적으로 노력해야 한다. – 유아교육기관과 가정과의 연계 방안을 적극적으로 시도해야 한다.

3 양성평등교육 실현방안

성차를 무시하는 양성평등교육	• 성차를 무시하는 양성평등교육은 교육현장의 곳곳에 내재되어 있는 성별 간의 차이를 인식하지 않도록 하기 위해 남·여 모두에게 개방적 접근 가능성을 제공하는 것이다. 즉, 유아교육현장에서 이루어지는 다양한 활동, 또는 유아교육현장의 다채로운 환경 속에서 성별 간의 차이를 야기할 수 있는 요소를 무시함으로써 남아와 여아 모두가 동등하게 접근할 수 있도록 하는 것을 의미한다. 　예 자유선택활동 시 남아와 여아 모두가 자유롭게 자신이 원하는 놀이를 선택할 수 있도록 개방하는 것이다. • 한계점 　－ 유아교육계에서는 이미 오래 전부터 이러한 방안이 자연스럽게 시행되어 왔으나, 실질적으로 남아와 여아가 다양한 놀이에 동일하게 접근하는 결과로 이어지지 않고 있다. 따라서 성차를 무시하는 양성평등교육은 형식적인 기회를 보장하는 것 이상의 효과를 기대하기 힘든 한계를 지니고 있다. 　－ 교사가 모든 유아들에게 접근할 기회만 제공할 뿐 적극적인 개입을 하지 않음으로써, 분홍색 역할놀이 놀잇감을 여아들만이 가지고 놀이하는 결과가 나타날 수 있다.
성차를 제거하는 양성평등교육	• 기존의 교육현장에 실재하고 있는 성차를 적극적으로 제거함으로써 남·여 모두 평등한 교육을 받을 수 있도록 하기 위한 강력한 교육적 시도를 말한다. 즉, 유아교육현장에서 행해지는 다양한 활동 중 직·간접적으로 성차를 야기하는 활동을 사전에 제거하여 처음부터 교육이 이루어지는 과정에서 성불평등이 일어나지 않도록 차단하는 것이다. 　예 자유선택활동 시 남아와 여아 간에 불평등한 접근 실태가 나타나는 활동을 완전히 없애버리는 것이다. 즉, 역할놀이 영역에 여아들만 모여든다면 놀이에서 나타나는 성차를 제거하기 위해 분홍색 부엌소품들을 없애는 것을 말한다. • 한계점 　－ 현실적으로 유아교육현장에 존재하는 모든 불평등 요소를 제거한다는 것은 이루어지기 힘들다. 　－ 또한 지나치게 강압적인 방법을 사용함으로써 오히려 유아들이 다양한 환경을 접할 수 있는 가능성이 차단될 우려가 있다.
성차를 고려하는 양성평등교육	• 성차를 고려하는 양성평등교육은 성차를 무시하는 소극적인 방법, 성차를 제거하는 극단적인 방법이 현재의 불평등을 극복하기 힘들거나 오히려 불평등을 강화할 수 있다는 판단하에 성차에 민감하게 반응하여 교육이 이루어져야 한다는 입장이다. 　－ Martin(1994)은 성이 차이를 만들 때는 성을 고려하고, 차이를 만들지 않을 때는 무시함으로써 양성평등교육이 이루어져야 한다고 주장하였다. 　예 • 유아교육현장에서 자유선택활동 시 남·여가 동등하게 다양한 놀이에 접근할 수 있도록 교사가 적극적으로 유도하고, 또한 그렇게 될 수 있는 환경을 조성해야 함을 의미한다. 　　• 구체적으로는 여아가 많이 모이게 되는 역할놀이 영역에 엄마·아빠 역할 중심의 소꿉놀이 소품만 제시하는 것이 아니라 경찰서와 관련된 소품을 제공한다거나, 역할놀이 영역을 우체국으로 꾸며 우체국놀이를 위한 소품을 제공한다면 남·여 유아들이 보다 함께 어울려 놀이를 진행해 갈 수 있을 것이다. • 가부장적 이데올로기에 대항하기 위해서는 적극적 중재와 개입이 필요하므로, 양성평등교육의 실현 방법 중 '성차를 고려하는 방안'이 가장 현실적인 것으로 받아들여지고 있다. 　－ 따라서 성차에 민감하게 대처하고 이를 적극적으로 고려하여 진정한 의미의 양성평등교육이 이루어질 수 있도록 노력해야 한다.

V 사회적 관계의 발달

UNIT 17 **마음이론 – 웰만(Wellman)**

KEYWORD# 마음이론, 마음이론과 상위인지능력

개념 및 정의

- 마음이란 정신 상태를 산출하는 정신적 표상(mental representation)을 통칭하는 개념이다. 그리고 마음이론(theory of mind)이란 유아가 타인의 입장을 조망하고 공감하는 능력으로서 한마디로 표현하면 '마음에 대한 이해'를 의미한다.
  - 즉, 인간 행동의 기저에 보이지 않는 마음 상태가 있음을 이해하고 자신과 타인의 욕구나 신념, 생각들이 행동과 관련된다는 것을 이해하는 사고체계를 말한다.
  - 마음에 대한 이해를 '이론'이라고 부르는 것은 마음에 대한 이해가 이론적인 특징을 지니고 있기 때문이다.
- 마음이론은 사람의 신념, 욕구, 정서, 의도와 같은 정신적 현상의 총체이자 내재적인 상태를 표현하는 것으로서 유아가 관찰 가능한 일로부터 그 일에 대한 내면의 마음 상태를 추론할 수 있고, 추론된 마음 상태를 사용하여 나타날 수 있는 행동을 예측할 수 있을 때 습득된다.
- 유아가 타인의 입장을 조망하고 공감하는 능력으로, 다른 사람의 감정, 생각, 의도, 사회적 행동들을 이해하는 것이다.
  - 상위인지능력이 발달된 유아들에게서 더 잘 나타날 수 있다.
- 아동이 타인의 생각, 욕구, 감정 등을 정확하게 추론하는 능력과 이러한 추론을 바탕으로 특정 상황에서 타인의 행동을 정확하게 예언하는 능력의 발달 과정을 보여준다.
- **틀린 믿음(= 틀린 신념, 거짓 믿음, 거짓 신념)**
  - 현실과 일치하지 않는 믿음으로, 어떤 사건이 진실이 아님에도 불구하고 진실이라고 믿는 것을 말한다. 실제로 우리는 일상생활에서 틀린 믿음을 많이 갖게 되는데, 이는 사실에 대한 정확한 정보가 부족하기 때문이다.
  - 유아가 틀린 믿음을 이해한다는 것은 특정 사실에 대해 어떤 사람이 가지고 있는 믿음이란 그 사람 마음속에 있는 정신적 표상이며, 그것이 옳을 수도 틀릴 수도 있음을 이해하는 것이다. 그런 의미에서 틀린 믿음을 이해한다는 것은 마음의 표상적 특성을 궁극적으로 이해하는 것이므로 유아가 마음이론을 습득했다는 증거가 될 수도 있다.

㉠	㉡	㉢
철수는 찬장 X에 초콜릿을 넣어 두고 놀러 나간다.	철수가 나간 사이 어머니가 초콜릿을 찬장 Y로 옮겨 놓고 나간다.	철수가 돌아온다.

MEMO

유아 A와 유아 B에게 ㉠~㉢의 상황을 설명한 뒤 "철수는 초콜릿을 찾기 위해 어디로 갔을까?"라고 물었더니 유아 A는 "철수는 찬장 X로 가요."라고 답하고, 유아 B는 "철수는 찬장 Y로 가요."라고 대답했다.

> 유아 A는 (초콜릿은 Y에 있다는) 사실과 일치하지는 않지만, 나갔다 돌아와 사실을 알지 못하는 철수의 생각을 이해하여 X로 갈 것이라고 대답하였으므로, 틀린 믿음을 이해하고 마음이론을 습득했다는 것을 알 수 있다.

'공감능력'과의 비교	• 공감능력은 타인과 같은 감정을 공유하는 것이며, 마음이론은 유아가 타인의 생각이나 바람, 감정 등을 정확하게 추론하고 이러한 추론에 따라 타인의 행동을 예측하고 설명하는 능력이다. 　- 따라서 돌쟁이 아이가 엄마의 우는 표정을 보고 따라 울려고 하는 것은 공감능력이 발달하고 있는 것이지, 마음이론이 발달해서 하는 행동은 아니다.
마음이론의 요소	• Whiten & Perner(1991)은 마음이론의 요소들을 일반적인 마음 상태를 표현하고 있는 언어인 '안다, 생각한다, 바란다, 느낀다' 등으로 보았으며, 마음 현상은 '믿음, 지각, 바람, 의도'로 보았다. 　- 사람들이 마음이론을 의도적으로 사용하려고 하든지 혹은 그렇지 않든지 간에, 사람들은 다른 사람이 앞으로 어떻게 행동하게 될 것인지를 궁금해하며, 어떤 행동을 했을 경우에는 왜 그렇게 했는지 알고 싶어 한다. • 그림과 같이 마음이론에서는 믿음, 바람, 행동의 세 가지를 핵심개념으로 생각한다 (Astington, 1993). 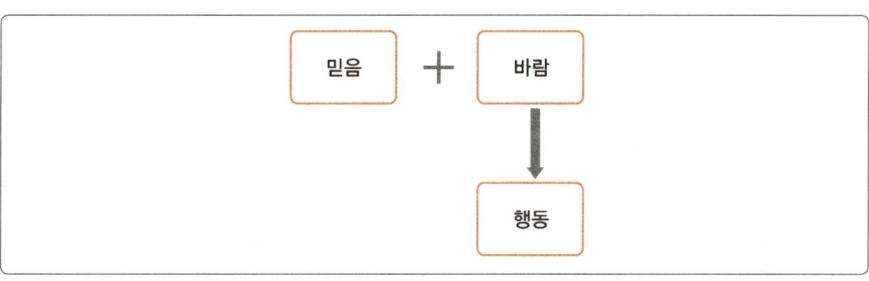 ✿ 마음이론의 핵심 개념
마음이론과 관련된 개념	• 마음이론은 타인의 감정을 이해하는 인지적 측면, 그리고 타인과 같은 감정을 공유하는 정의적 측면을 포함한다. 　- 마음이론의 인지적 측면은 '역할수용', '조망수용'이라는 용어로 표현되며, 정의적 측면은 '공감'이나 '감정이입', '감정조망수용', '정서식별'이라는 용어로 표현된다. 　① 조망수용(perspective taking) 능력[역할수용(role taking) 능력] 　　- 다른 사람의 입장에서 그의 인지, 사고, 정서 등 내적인 심리 상태를 추측하는 것으로 자기중심적인 사고에서 벗어나 타인의 입장을 이해하고 받아들이는 것이다. 타인의 입장이 되어 그 사람의 감정과 생각을 상상할 수 있는 능력이라는 점에서 역할수용(role taking)이란 용어와 같은 의미로 사용되기도 한다. 　　- 역할수용 능력은 타인의 시각적 관점을 추론하는 공간적 조망, 타인의 감정 상태나 느낌 등을 추론하여 평가하는 감정적 조망, 타인의 사고과정을 추론하여 이해하는 인지적 조망능력으로 구분된다.

② 감정이입(empathy)
- 다른 사람의 정서를 같이 느끼는 상태, 즉 다른 사람의 입장에서 느끼고 볼 수 있는 능력을 뜻하며, '공감'과 같은 의미로 쓰인다. 학자에 따라 이를 인지적 반응, 정의적인 반응으로 해석하기도 한다.
③ 대인지각(person perception)
- 사람에 대한 지각을 의미한다. 여기에는 사람의 생김새, 능력, 감정 등을 파악하는 인상 형성, 행동에 대한 이유와 의도 등을 추리하는 과정을 알아내는 귀인(attribution)이 포함된다. 즉, 다른 사람의 특성과 동기에 관한 판단 및 결론을 내릴 때 사용되는 정신적인 과정(mental processes)을 의미한다.

마음이론의 중요성	• 마음이론은 유아의 사회적 행동에 영향을 미친다. - 타인의 내적 심리 상태를 이해하고 추론하는 능력은 친사회적 행동의 기본 요소로서 유아의 사회적 상호작용 및 대인관계에서의 성공에 긍정적인 영향을 미친다. 상대방의 생각이나 감정을 이해하지 못하는 수준의 유아는 죄책감을 느끼지 않고 성인이나 또래에게 함부로 행동한다. 마음이론이 발달함에 따라 유아는 사람들마다 서로 다른 마음과 관점을 가지고 있다는 사실을 이해하고 이를 수용함으로써 도덕적인 행동을 하게 된다. 　예 다른 사람의 두려움, 실망, 슬픔 또는 외로움을 깊이 느낀 유아는 그렇지 못한 유아에 비해 다른 사람을 더 돕고자 한다. 또한 역할수용 능력이 뛰어난 유아는 친구의 욕구에 민감하고, 보다 효율적인 의사소통을 하게 된다. 결과적으로 상대방의 마음을 잘 읽는 유아는 집단 내에서 인기가 많고 높은 사회적 기술을 보인다. • 마음이론의 발달은 인지발달에 기여한다. - 타인의 아이디어, 감정 등을 지각하고 추론해 보는 경험을 통해 마음 현상을 이해하기 시작하면서 유아는 보다 복잡한 정신적 현상들을 이해할 수 있게 된다. 또한 타인의 마음에 주의를 기울이면서 자기중심적인 사고에서 벗어나 사회적 관계에서 발생하는 다양한 문제들도 성공적으로 해결할 수 있게 되는 것이다. 즉, 마음이론은 한 개인이 타인을 이해하고 받아들이는 가장 중요한 인지적 활동으로서 사회인지적 성취에 중요한 영향을 미친다.

마음이론 발달의 영향요인		마음이론의 발달 수준은 동일 연령 내에서도 두뇌의 성숙과 인지능력의 발달, 유전이나 환경적 영향에 따라 뚜렷한 개인차가 존재한다. 이러한 차이는 부모 및 형제, 가작놀이의 양과 질, 친구와의 상호작용, 도덕적 민감성 등과 관련된다.
	가족과의 대화	• 가족들과 함께 감정, 정서 및 의도 등 정신세계와 관련된 대화를 풍부하게 나누는 가정의 유아는 마음이론 과제 및 정서에 대한 이해 정도가 높다(Dunn & Huges, 1998). • 또한 외동인 유아보다 형제자매가 있고 가족 수가 많은 가정의 유아는 틀린 믿음 과제에서 수행 정도가 높은 경향이 있다. - 가정의 성인, 손위 형제의 수, 매일 상호작용하는 연상의 아동 수가 마음이론 발달의 예언 변인으로 밝혀졌다. - 따라서 부모가 자녀와 함께 다른 사람의 마음 상태에 대해서 이야기하는 기회를 많이 갖는 것은 유아의 사회적 이해를 돕는 데 효과적이라고 할 수 있다.

	친구와의 상호작용	• 마음을 이해하는 능력은 유아가 또래들과 원만한 관계를 유지하는 데 반드시 필요한 능력으로 또래 상호작용 경험 및 사회적 활동의 참여를 통해 발달된다. 같은 연령의 유아일지라도 인지적 발달 정도나 성인 혹은 또래와의 상호작용 경험 여부에 따라 마음이론의 발달 수준에 차이가 있다. － 또래의 바람, 정서 및 사고를 인식할 줄 아는 유아는 또래와 원만한 관계를 유지할 수 있으며, 활발한 또래 상호작용 경험을 바탕으로 마음의 기술을 더욱 발달시킬 수 있다. － 반면 또래와의 상호작용 경험이 부족하여 타인의 마음에 대한 이해를 발달시킬 기회를 충분히 갖지 못한 유아는 또래집단으로부터 거절될 가능성이 높다(Huge, Dunn & White, 1998). • 또래 간 상호작용은 유아에게 있어 인지적 갈등의 원천이자 타인 이해의 출발점이 될 수 있다. 갈등의 원만한 해결과 또래관계의 유지를 위해서 유아는 또래의 의견, 태도, 견해를 고려하여 대처해야 함을 알게 된다. － 이러한 과정을 통해 유아는 타인의 의도와 관심, 동기를 조망하는 것에 더 능숙해질 수 있고 자기중심성에서 점차 벗어날 수 있다.
	가작놀이 경험	• 가작놀이 경험은 마음이론의 발달을 돕는다. 즉, 가작놀이는 유아의 사회적 경험 내용을 반영하는 사회적 활동으로서 내면적이고 추상적인 사고의 발판이 된다. － 또래들과의 가작놀이를 통해서 유아는 정신 상태에 관한 대화를 빈번하게 나눌 수 있다. 또한 자신과 타인의 생각이나 의도, 신념과 같은 정신세계에 대해 반성해 볼 수 있는 기회가 된다.
마음이론의 능력		• 다른 사람의 마음 상태를 정확하게 이해하는 능력 － 타인의 신념을 자신의 신념과 구별하여 정확하게 표상하는 능력을 전제로 한다. － 타인이 실제와는 다른 틀린 믿음을 가지고 있음을 이해하는 능력이다. • 타인의 행동을 설명·예측하는 능력 － 아동이 형성하는 타인의 신념에 대한 표상을 근거로 한다. － 아동이 정확한 행동 예언능력을 갖기 위해서는, 신념이 실제와 다르더라도 자신이 옳다고 생각하는 것에 따라 사람이 행동한다는 사실을 이해할 수 있어야 한다. • 타인이 실제와는 다른 틀린 신념을 가지고 있음을 알면서도 잘못된 행동을 예언하게 되는 이유 － 타인의 행동을 타인의 신념이 아니라 자신의 신념으로 판단하는 데서 기인한다. － 실재하는 신념을 따르려는 아동 자신의 욕구가 강하여 자신의 욕구에 의한 행동추론이 타인의 신념에 의한 행동추론을 방해하기 때문이다.
마음이론의 발달단계	욕구 마음이론 (바람－심리학) (2세경)	• 유아는 바람(욕구)을 이해하게 되고, 마음에 대해 이야기하는 언어가 확장된다. － 유아 스스로 느끼는 것, 원하는 것, 좋아하는 것, 싫어하는 것, 지각하는 것 간의 관계를 인식하고 자주 이야기한다. ⓪ 인식과 욕구 간의 관계: "나는 펭귄을 보고 싶어." ⓪ 감정과 욕구 간의 관계: "나는 사과를 좋아해. 그래서 나는 사과를 원해."

		• 생각이 사실과 다를 수 있다는 표상적 특성을 이해하지 못한다. • 2세경 유아의 이해력은 극단적으로 단순히 욕구 마음이론에 제한되어 사람들이 항상 자신의 욕구와 일치된 방식으로 행동한다고 생각하는 경향이 있다.
	욕구-믿음 마음이론 (바람-믿음 심리학 단계) (3세경)	• 내재적 상태와 실재를 구분하는 능력을 갖게 된다. 　- 생각하고 있는 것이 물리적인 실제 물건과 서로 다를 수 있다는 것을 이해하기 시작한다. 　- 사람은 항상 실재와 일치하는 신념만 갖는 것이 아니라 실재와 다른 신념을 가질 수 있다는 사실을 안다. • 타인은 자신이 알고 있는 것과는 다른 틀린 믿음을 가질 수 있음을 이해하는 데 아직까지 어려움을 보인다. • 아직 믿음과 같은 내재적 상태가 타인의 행동에 영향을 줄 수 있음을 이해하지 못하고, 다른 사람들도 자신의 바람과 일치하게 행동한다고 생각한다. 　- 틀린 믿음 과제에 실패하는 경향이 높다.
	믿음-욕구 마음이론 (믿음-바람 심리학 단계) (4세경)	• 타인의 행동은 타인의 지각적 경험에 근거한 신념이나 지식에 의해 결정된다는 것을 이해하며, 이를 자신의 신념과 구분하는 탈중심화된 마음의 이해 능력을 갖게 된다. 　- 다른 사람의 믿음이 자신의 것과는 다름을 이해하고 예측할 수 있게 된다. 　- 타인의 잘못된 신념에 대하여 이해할 수 있게 된다. 　- 마음의 표상적 특성을 완전히 이해한다. 　- 믿음과 욕구가 행위를 결정하며, 실재가 아닌 신념이 행동을 주도한다는 사실을 이해한다.
마음이론 발달을 돕는 교사의 역할 (지도 방안)		• 교사는 마음에 대한 이해가 부족한 아동에게 연습과 훈련(예 가상놀이)을 통해 부족한 부분을 채워줌으로써 사회적 적응을 도울 수 있다. • 유아와 함께 마음에 대한 대화 나누기 : 유아와 일상적인 대화를 통해서 유아가 자신과 타인의 마음 상태에 주의를 기울이고, 그 마음이 어떠할 것인지 헤아려 보는 연습을 할 수 있도록 돕는다. 　- 집단을 대상으로 하는 이야기 나누기나 토의 활동은 유아가 자신의 마음속에 있는 감정과 생각, 신념들을 확인하고 표현하는 기회인 동시에 타인의 마음 상태를 엿보고 들여다볼 수 있는 기회가 된다. 　- 또한 개별 유아와 대화를 하는 과정에서 교사는 유아가 다른 사람과 자신의 관점이 다를 수 있음을 이해하고 수용하는 태도를 가질 수 있도록 안내해 줄 수 있다. 　　예 교실에 한 개뿐인 물건을 두 유아가 서로 소유하겠다고 다툼이 벌어진 상황에서 교사는 유아들이 서로의 마음에 대해서 알아보고 문제를 해결해야 모두 기분 좋게 놀이할 수 있다는 것을 이해할 수 있도록 이야기 나눠볼 수 있다. 아직까지 유아는 다른 사람의 마음을 정확히 이해하고 그것을 언어로 읽어내는 것에 어려움을 가지고 있으므로, 교사는 유아들의 이야기를 주의 깊게 듣고 서로의 마음이 어떠한지를 이해할 수 있도록 유아들 사이에서 의사소통을 매개하는 역할을 담당해 주어야 한다. • 또래와 마음에 관한 이야기를 나눌 수 있도록 돕기 : 또래와의 상호작용 경험은 타인의 의도와 믿음, 생각, 정서와 같은 다양한 마음의 상태를 통찰해 보는 기회가 되어 마음 이해 능력의 발달을 돕는다(Peterson & Siegal, 2002).

- 특히 친구 사이에서 발생하는 갈등과 논쟁 등을 효과적으로 조절해 보는 친구 관계의 경험은 마음 이해 능력에 영향을 줄 수 있다.
- 따라서 교사는 유아들끼리 서로의 의견을 이해하고 조율해 보는 기회를 충분히 가질 수 있도록 집단토의나 사회극놀이, 게임 등 또래 상호작용이 활발하게 일어날 수 있는 활동을 충분히 마련해 주어야 한다.
- 그리고 그 과정에서 유아들이 서로가 나타낸 정서에 관심을 가지며 감정을 공유하는 경험을 충분히 제공해 준다. 유아가 다른 사람의 마음에서 일어나고 있는 감정이나 생각에 관심을 기울이고 집중할 수 있도록 다음과 같은 질문(예 "저 친구가 왜 그랬을까?", "너의 생각과 친구 생각이 같니? 어떤 점이 다르니?", "네가 저 친구라면 어떻게 하겠니?")을 통해 유아 스스로 타인의 입장을 조망할 수 있도록 지도해 주어야 한다.

유의점 유아 간 갈등 상황에서 "미안해라고 말해야지.", "양보하는 아이가 착한 아이야."라는 식의 형식적인 화해와 사과를 강요하는 것은 오히려 마음이론에 대한 자연스러운 이해를 방해할 수 있다.

마음이론의 일반적 발달과정

대상	특징
생후 6개월 전후	• 사람의 행동이 특정 대상을 지향하는 것임을 이해할 수 있다. • 성인의 감정표현에 반응한다.
1세 전후	• 상대방의 눈길과 얼굴 표정을 보고 자신의 행동을 조절할 수 있다. • 대상영속성의 획득에 따라 자신과 타인의 구별이 가능해진다.
18개월~2세	• 욕구와 관련된 용어를 사용하기 시작한다(예 하고 싶다, 바라다). • 대화에서 감정표현 어휘를 언급하기 시작한다(예 기쁘다, 슬프다).
2세	• 사물이나 상황을 가상적으로 상징화하는 행동을 나타내기 시작한다. • 자신과 다른 사람의 욕구 사이에 명백한 구분이 가능하다. • 자신과 다른 사람의 느낌에 대해 말할 수 있다.
2~3세	• 사람의 행동이 바람, 생각 등에 의해 결정된다는 것을 이해한다. • 타인의 감정이 자신의 감정과 동일하지 않다는 감정조망을 하기 시작한다.
3세	• 사람의 욕구, 결과, 정서와 행동들 간의 단순한 인과적 관계를 파악할 수 있다. • 사람은 누구나 원하는 것을 얻게 되면 기분이 좋아지고 그렇지 못하면 기분이 나쁘다는 것을 인식한다. • 사람이 찾고 있던 대상을 발견하면 찾는 것을 멈출 것이고, 그렇지 않으면 계속 찾을 것이라는 것을 이해한다.
3~4세	• 친숙한 대상에게 감정이입을 할 수 있다. • 정신 상태와 관련된 용어의 사용빈도가 증가한다. • 틀린 믿음에 대한 이해능력이 생긴다.
4세	• 특정 사실을 직접 보거나 듣지 않았을 경우 사실과 다른 틀린 믿음을 가질 수 있다는 것을 이해한다. • 정신적 표상에 대한 지식이 계속 증가한다. • 틀린 믿음에 대한 이해가 가능하다.
4~5세	• 다른 사람과의 대화에서 정신 상태를 나타내는 동사가 포함된 문장 형태를 능숙하게 사용한다. • 욕구와 의도적 행동의 결과를 구분할 수 있다.
6세 이후	• 실재와 다른 믿음을 기초로 다른 사람의 행동을 정확히 예측하는 능력이 나타난다. • 정신 상태를 추론하여 가장 이해할 수 있는 능력이 생기게 된다.

UNIT 18 역할수용능력(조망수용능력) - 셀만(Selman)

KEYWORD# 셀만의 역할수용 이론, 자기중심적 역할수용 단계, 조망수용능력

개념	• 내가 다른 사람의 입장이 되어서 타인의 능력, 태도, 기대, 감정, 예측되는 반응 등을 추론하고 이해할 수 있는 능력으로 자기중심성과 대비되는 개념으로 정의된다(Flavell, 1968; Selman, 1971).
	• 타인의 생각, 태도, 의도 등을 추론하는 능력으로 인간이 자신만의 관점에서 탈피하여 다른 사람의 입장이 되어 타인의 사고나 느낌, 행동 또는 생각을 이해하고 수용하는 능력이다.
	  – 다른 사람의 감정뿐만 아니라 사고 및 동기까지 이해하는 것을 포함한다.
	  – 한 개인이 타인을 이해하고 받아들이는 중요한 인지적 활동이다.

0단계 자기중심적이고 미분화된 (자기중심적) 역할수용 단계 (3~6세)	특징	• 자신과 다른 사람이 별개의 존재라는 것은 인식한다. • 자신과 다른 사람의 생각과 감정이 다르다는 것은 알지 못한다. – 다른 사람도 생각과 감정이 있다는 것은 알지만, 자신과 같다고 믿는다. • 이 단계의 유아는 자기중심적 수준에서 타인을 바라보며, 자신이 상황을 보는 방법만이 유일하다고 생각한다.

	level A	다른 사람을 의식하기는 하지만 다른 사람의 생각과 자신의 생각 간에 구별이 없다.
	level B	자신과 남을 분명히 구별하지만 자신의 생각과 다른 사람의 생각 사이의 공통점을 보지 못한다.
	level C	다른 사람의 입장에 자신이 있게 되는 경우를 상정해 보며, 자신의 생각과 다른 사람의 생각이 아마도 같을 것임을 우선 전제한다.
	level D	다른 사람도 나름대로의 이유를 근거로 관점을 가지고 있으며, 그것이 자신과 같거나 다를 수 있음을 인지한다.

	대답 및 해석	"나는 고양이를 좋아하니까 고양이를 구해주면 기뻐요. 아빠도 고양이를 좋아할 거니까 철수가 고양이를 구해주면 아빠도 나처럼 기뻐할 거예요."
		  – 자기중심적 수준에서 타인을 바라보며, 자신이 상황을 보는 방법만이 유일한 방법이라고 생각한다.
		  – 자기가 옳다고 생각하는 것은 철수, 아버지 모두 그렇게 생각할 것이라고 본다.

1단계 사회적 · 정보적 (주관적) 역할수용 단계 (6~8세)	특징	• 이 단계의 아동은 타인이 자신과 다른 방법으로 상황을 해석할 수 있다는 사실을 깨닫게 되지만 그것은 단지 사회적 정보의 차이 때문이라고 생각하여, 사회적 정보가 같다면 누구든지 같은 생각을 할 것이라고 여긴다. • 사람들이 서로 다른 관점을 가질 수 있음을 이해한다. • 행동의 의도를 이해하기 시작하면서 행동을 평가할 때 의도를 고려해야 함을 깨닫는다. • 두 사람의 관점을 동시에 고려하는 것은 어려워해 한 사람의 관점에 집중한다. • 자신의 견해와 다른 사람의 견해가 영향을 주고받는다는 것을 이해하지 못한다.
	대답 및 해석	"아빠는 철수가 왜 올라갔는지 모르면 화를 낼 거예요. 하지만 철수가 고양이를 구하기 위해서 나무에 올랐다는 것을 안다면 화를 내지 않을 거예요." – 0단계와 달리 다른 사람들은 나와 다르게 생각(나와는 다른 조망을 가짐)하는 사실에 대해 인식은 한다. 하지만 서로 다른 조망을 갖는 이유가 단지 다른 정보를 받았기 때문이라고 생각한다. – 철수의 아버지가 같은 정보를 받으면 자신과 같은 반응을 보일 것이라고 생각한다.
2단계 자기 반영적 (자기 반성적) 역할수용 단계 (8~10세)	특징	• 타인의 입장에서 자신의 생각, 감정, 행동을 이해할 수 있다. • 아동은 나와 타인이 다르게 상황을 볼 수 있다는 사실을 깨닫고, 2인에 한정된 상호적인 인식을 한다. 그러나 두 입장을 동시에 고려하지는 못한다.
	대답 및 해석	• 아버지 입장 되어보기 : "아버지는 철수가 나무에 올라가길 원하지 않을 거예요." – 고양이를 구하기 위해 나무에 오를 사람이 철수밖에 없다는 상황을 고려하지 못한다. – 철수의 입장은 고려하지 못한 단계이다. • 철수 입장 되어보기 : "철수는 아버지가 나중에 자기가 한 일을 이해할 것이라고 생각해요. 그래서 나무에 올라갈 거예요." – 아버지가 철수의 상황을 모르고 있다는 것을 고려하지 못한다. – 아버지의 입장은 고려하지 못한 단계이다. – 1단계에서는 서로가 가진 정보가 다르기 때문에 다른 생각을 가졌을 거라고 생각하지만, 2단계에서는 각자의 입장에 따라 다르게 생각할 수 있다는 것을 알게 된다. – 2단계에 이르러서야 나와 상대방의 입장을 다르게 생각할 수 있게 되지만, 아직 철수와 아버지의 입장을 동시에 생각하는 것은 아니다. – 철수는 철수대로, 아버지는 아버지대로 생각하는 것으로 철수가 나무에 올라간다는 결론을 내리면서도 동시에 철수에 대한 상황을 모르는 아버지의 입장을 고려하는 단계까지는 생각하지 못한다. 이것은 내가 '철수의 입장'이 되었다가 '아버지의 입장'을 왔다갔다 하면서 생각할 수 있지만, '철수와 아버지의 입장'을 동시에 고려하는 것은 아니라는 의미이다.

	특징	• 두 가지 견해를 동시에 생각할 수 있게 되며, 한 가지 관점이 다른 관점에 영향을 미친다는 것을 안다. • 자신과 상대방이 제3자의 공평한 입장에서 어떻게 보이는지를 알 수 있다. • 다른 사람도 제3자 입장에서 상호작용할 수 있다는 관점을 갖게 된다.
3단계 제3자적 (상보적, 상호 호혜적) 역할수용 단계 (10~12세)	대답 및 해석	"철수는 고양이를 좋아해서 나무에 올라가 고양이를 구하고 싶겠지만, 아버지와의 약속이 있으니 나무에 올라가지 말아야 한다는 것도 알고 있어요. 아버지는 철수가 나무에 올라가지 않겠다는 약속을 했다는 것을 기억하고 있지만, 현재 철수가 위험에 처한 고양이를 구해야 하는 상황에 놓여있다는 것은 모르고 있어요." − 3단계에서 비로소 상황을 종합적으로 이해할 수 있게 되는데, 현 상황에서 철수와 아버지의 입장이 모두 다르고 이것이 단순한 문제가 아니라 꽤 복잡한 문제라는 것을 알게 된다. − 이 단계에서는 각자의 입장이 달라서 쉽게 문제를 결론 내릴 수 없는 상황이라는 것을 말할 수 있게 된다. − 3단계에서는 타인의 관점을 고려하는 것을 넘어서 완전한 제3자의 입장으로 바라볼 수 있기 때문에 예측이 가능하다. − 아동은 공평한 제3자의 조망을 수용하여 철수와 그의 아버지 모두 서로의 생각에 대해 조망할 수 있음을 보여준다.
4단계 사회 관습적 체계의 (사회구조적) 역할수용 단계 (12~15세 이상)	특징	• 제3자의 입장이 보다 넓은 사회적 가치 체계에 의해 영향을 받는다는 것을 이해한다. • 나의 반응을 상대에게 전달하고 상대의 관점을 이해하기 위해서는 일정한 사회적 관습을 알아야 한다는 사실을 깨닫는다.
	대답 및 해석	"철수는 나무에 올라가야 하고 그로 인한 벌을 받아선 안 된다고 생각해요. 철수는 아버지와의 약속 때문에 고민하겠지만 철수가 고양이를 구하지 않으면 생명을 경시한 것이 되는 거예요. 아버지와의 약속은 이번 상황을 고려하지 않은 약속이기 때문이기도 하고요." − 4단계에서는 나 자신, 철수, 아버지를 넘어서서 우리 사회가 일반적으로 어떻게 생각할지도 고려한다. − 일반화된 타인이 가진 입장을 생각하면서 자연스럽게 가치와 윤리에 대해서도 생각하게 되는 것이다.

참고

자기 관점의 통제 수준에 관한 이론 − 히긴스(Higgins)

상황별 판단	타인이 다른 상황에 있기 때문에 자기와 관점이 다를 수 있음을 인식하기 위해 자기 통제가 필요한 단계
대상지향적 판단	동일한 상황에서도 타인의 관점이 각자 서로 다를 수 있음을 인식하기 위해 자기 통제가 필요한 단계
비교 판단	단순히 타인의 관점만을 판단하는 것이 아니라, 타인의 관점과 자기의 관점을 비교하고 판단하기 위해 자기통제가 필요한 단계
객관적 자기 판단	타인의 입장에서 자기의 관점을 판단하는 단계

UNIT 19 대인 간 이해수준: 협상전략과 공유경험 – 셀만(Selman)

개념	• 셀만의 대인 간 이해수준: 협상전략과 공유경험 ① 협상전략: 대인관계에서 힘의 불균형 상황으로부터 야기될 수 있는 전략 ② 공유경험: 대인관계에서 긴장이 완화된 편안한 힘의 균형 상태
수준	**협상전략과 공유경험**

수준 0
자기중심적
충동적 수준
	• 타인을 일종의 사물로 간주한다.
	  – 협상전략: 반영적이지 않은 신체적 전략(싸움 등)을 통한 전략
	    예 때리거나, 힘에 밀려 물러서는 행동 등
	  – 공유경험: 반영적이지 않은 전염성의 단순한 모방을 통한 경험 단계
	    예 한 아동이 기침하면 옆의 아동들도 따라서 기침하는 공유 상태

수준 1
단독적 – 일방적
수준
	• 각 사람은 저마다 독특한 주관적 경험을 갖는다고 인식한다.
	  – 협상전략: 일방적인 명령 혹은 자동적인 복종 전략을 통한 전략
	    예 의지가 없는 굴복이나 복종, 또는 일방적 요구, 위협, 뇌물 등
	  – 공유경험: 호혜성과는 상관없는 자신만의 열정을 표현하는 경험 단계
	    예 쌓기놀이를 하면서 한 명은 아파트 주차 공간을, 다른 한 명은 공영 주차장을 생각하는
	      공유 상태

수준 2
호혜적 – 반영적
수준
	• 자타 호혜적인 사고를 한다.
	  – 협상전략: 자기 반영적이며, 호혜적인 협응 능력을 통한 전략
	    예 설득이나 제의, 변명을 하거나, 다른 사람의 설득, 제의, 변명을 수용
	  – 공유경험: 유사한 지각이나 경험에 대한 공통적 견해 반영을 통한 공유 단계
	    예 "아기는 잠을 자는 거야." 하면 다른 아동도 "그래, 여기 침대에서 코 자." 하며 공동적인
	      지각을 표상하는 공유 상태

수준 3
상호적 – 협력적
수준
	• 호혜적 조망을 상호적 조망으로 협응한다.
	  – 협상전략: 자신과 타인의 요구를 통합하는 협동적 전략을 통한 협상
	    예 블록 방에서 건물을 만드는데 서로 다른 의견이 나왔을 때 함께 만족스러운 대안을 찾거나,
	      관계 유지를 위해 타협
	  – 공유경험: 서로 감정이입을 반영하고, 협력적인 과정이 내포된 공유 단계
	    예 '눈에는 눈'이라는 호혜적 입장과는 다르게, 다른 사람들의 정서, 느낌, 생각을 상호 공통적
	      으로 고려하는 공유경험 상태

수준 4 관계의 친밀감을 통한 최상의 협상과 공유경험 수준	• 자신의 정체성과 타인과의 연계성을 이해한다. – 협상전략: 상대에 대한 완전한 이해에 기반하는 가장 진보된 협상전략 사용

UNIT 20 감정이입 발달단계 – 호프만(Hoffman)

- 감정이입은 자신의 정서를 타인의 상황과 연결하여 표현하는 정서반응이다(Hoffman, 1987).
  - 감정이입은 친구가 슬퍼하면 같이 슬픔을 느끼고, 즐거워하면 같이 즐거움을 느끼며 감정을 공유하는 것이다.
  - **비교** 역할수용은 타인의 느낌, 생각, 지각을 이해하는 것으로, 공감하는 것은 아니며 행동과 역할에 초점이 있고, 상대방이 슬퍼하는 것을 인지하지만 슬픔을 느끼지는 않는다.
- 다른 사람의 정서를 자신도 같이 느끼는 상태를 의미한다.
  - 다른 사람의 입장에서 느끼고 볼 수 있는 능력이다.
  - '공감'과 같은 의미로 사용된다.
- 호프만(Hoffman, 1987)은 감정이입이 유아의 인지능력에 따라 4단계를 거쳐 발달한다고 한다.

1단계 **총체적 감정이입의 단계** (전반적 공감, global empathy) (생후 1년)	• 이 시기의 영아는 자신과 타인을 명확하게 구별하지 못하므로 타인에 대해 감정이입을 하지 못한다. • 자신과 타인의 고통을 명확하게 구분하지 못하기 때문에 영아들은 타인의 고통을 자신의 것처럼 반응한다. 　- 자신과 다른 사람의 존재를 구분하지 못할 뿐만 아니라 다른 사람의 고통을 자신의 불쾌한 감정과 혼동한다. 　예 넘어져서 울고 있는 아이를 보며 자신이 다친 것처럼 금방 눈물을 흘린다.
2단계 **자아중심적 감정이입의 단계** (자기중심적인 공감, egocentric empathy) (1~2세)	• 영아는 자신이 아니라 다른 사람이 고통을 느낀다는 것을 이해하지만, 고통에 대해 자신과 다른 감정을 느끼는 것을 이해하지 못하여 타인의 고통에 부적절하게 반응한다. 　- 대상영속성 개념을 획득하여 자신과 타인을 분리한다. 　- 타인의 고통을 나와 분리하게 된다. 　- 타인의 마음도 자신과 같을 것이라고 본다. 　- 타인의 내적 상태까지 정확하게 인식하지 못한다. 　예 우는 아이에게 곰 인형을 주는 것과 같이 자신이 위로받았던 방법으로 타인을 위로하려고 한다.
3단계 **타인의 감정에 감정이입을 하는 단계** (타인의 감정에 대한 공감, empathy for another's feeling) (2·3~10세) (또는 2~3세)	• 유아는 타인이 자신과 다른 감정을 가지고 있음을 알고, 타인의 고통의 원인을 찾아 반응(해결)하려고 한다. 즉, 타인의 감정에 감정이입을 하기 시작한다. 　- 자신과 타인의 감정이 다르다는 것에 대한 이해가 말과 행동으로 나타난다. 　- 타인의 마음까지 공감하며 자신이 원하는 방법이 아닌 타인의 관점에서 적합한 해결 방안을 찾고자 노력한다. 　예 팔을 다친 친구의 아픔을 공감하며 어떻게 하면 친구를 도울 수 있을지 생각하고 친구의 가방을 들어주는 행동을 한다. • 그러나 고통받는 사람이 눈앞에 보일 때만 감정이입이 가능하며, 보이지 않는 사람의 고통을 상상해 감정이입을 하는 것은 불가능하다. • 언어사용의 발달을 통해서 복잡한 감정의 범위들을 공감할 수 있게 된다.

4단계 **타인의 삶에 감정이입을** **하는 단계** **(타인의 삶의** **조건에 대한 공감)** **(초등학교 고학년~** **성인기)** **(또는 유아 후기)**	• 유아 후기에 들어서면 타인이 고통받는 것을 직접 보지 않더라도 상상을 통해 감정이입을 할 수 있다. 　– 이때의 감정은 유아가 직접 관찰한 곤경에 처한 특정 사람에게만 국한되는 것이 아니라 장애인, 가난한 사람 등 사회적으로 버림받은 사람 전반에 걸쳐 나타나게 된다. 　– 즉, 타인에 대한 감정이입이 그들이 처한 일반적 상황에 대한 지적 표상과 함께 나타나게 된다. • 정서가 빈곤이나 차별과 같은 생활조건이나 상황에 기인할 수 있다는 것을 알기 시작한다. 　– 타인의 아픔을 공감하며, 특히 어려운 상황에 있는 사람들에게 더 강하게 공감한다. • 초등학교 고학년~성인기가 되면 타인의 독립된 정체성을 인정하고, 인생 전체의 큰 맥락에서 타인의 감정을 느낀다. 　<예> 난민을 보고 안타까워하고 동정심만을 갖는 것이 아니라, 그들이 처해 있는 지속적인 상황에 대해 공감적 고통을 느낀다.

VI 우정

UNIT 21 우정의 이해

또래 및 친구의 개념

- 일반적으로 친구와 또래는 비슷한 의미로 사용되지만 그 개념은 다소 차이가 있다.
  - 친구 관계는 자발적으로 형성된 1차 집단으로서 비교적 적은 수로 구성되며, 구성원들 간의 상호작용 빈도와 강도가 높은 것이 특징이다.
  - 이에 반해 또래 관계는 반드시 자발적으로 구성된 것은 아니며, 구성원들의 수가 많고 상호작용의 빈도가 낮은 특징을 보인다. 또래란 나이, 성, 학년의 수준에서 비슷한 특성을 가진 정신적·신체적 발달과 행동이 유사한 아동으로서 사회적으로 동일시 되어지는 대상이다.
  - 즉, 한 집단에서 함께 놀이를 한다고 모두 친구 관계라고 할 수 없으며, 또래 관계 중에서 자신들이 서로 만족할 만한 관계를 형성하는 한 명 또는 그 이상과의 특별한 관계이자 의미 있는 타인으로서의 역할을 하는 것이 친구 관계이다.
- '또래'가 공동의 활동을 위해 주기적으로 함께하는 관계라면, '친구'는 또래 활동 이외에도 서로가 특별히 선택한 놀이 친구를 의미한다(Kostelnik et al., 2009). 즉, 친구란 서로가 관심을 갖고, 친하게 지내고, 항상 같이 있으며, 함께 놀이하고 좋아하는, 비슷한 연령의 특정 대상을 의미하는 것이다.

우정의 개념

- 유아들에게 우정이란 같은 놀이를 하는 또래와의 관계로, 유아들이 생각하는 우정의 개념은 유아의 연령에 따라 구체적인 것에서 추상적인 것으로 변화한다(Selman, 1980).
  - 어린 유아들은 자신의 놀이를 위해서 함께 놀아 주는 또래를 친구로 여기지만, 유아들이 성장·발달하면서 친구는 사적인 감정을 함께 나누며 서로를 위로해 주는 존재로 변화한다.
  - 즉, 유아들은 연령에 따라 우정을 일시적인 상호관계에서 오랫동안 지속되는 친밀한 관계로 개념을 발달시킨다.
- 또한 우정은 우정 관계의 기본요소를 무엇으로 여기느냐에 따라 학자마다 그 개념을 다르게 본다.
  ① '선호'를 우정 관계의 기본요소로 간주할 수 있다.
    - Damon(1977)은 우정 관계를 '좋아함으로 특징지어지는 인간관계'로 보았다. 즉, 우정 관계란 도움을 요청할 때 도와주며, 서로 이해하고, 사적인 생각을 공유할 뿐만 아니라 감정·비밀을 이야기하는 등의 심리적 문제해결을 돕고 심리적 고통이나 불편함을 주지 않도록 하는 지속적이며 양방적인 관계라고 하였다.
  ② '상호성(reciprocity)'을 우정 관계의 기본요소로 본다.
    - 우정은 친구들 사이의 애정적 유대로서 서로의 생각과 감정을 이해하고 함께 공유하며, 서로 위로하고 돌보는 상호적 관계로서 항상 같이 있고, 같이 활동하며, 친하게 지내고, 서로 돕고 관심을 가지며 좋아하는 특성을 지니고 있다고 보았다.

③ '이원적(dyadic)인 관계'를 우정 관계의 기본요소로 본다.
 – Hartup(1993)은 우정을 애정·관심·흥미 및 정보를 공유할 뿐만 아니라 타인과의 접촉을 유지하는 이원적이며 독특한 애착 관계라고 하였다. 아이들의 우정은 이원적인 교제이며, 감정적인 친밀도가 덜한 친구 관계와는 분리되는 교제이다. 즉, 우정은 각자의 개인적 특성과 수준에서 두 사람이 자발적으로 형성하는 비공식적이며 친밀한 관계라고 볼 수 있다.
④ '상호작용'을 우정 관계의 기본요소로 본다.
 – Ladd(1990)는 두 구성원이 상호 간에 서로를 가장 친한 친구로 지명하고, 친구와 빈번히 상호작용하거나 지속적인 교제를 바라며, 자신의 행동이 친구와 적합해지도록 노력하면서 보다 복잡한 형태의 상호작용을 성취하는 관계를 우정의 기본요소로 간주한다. 우정은 유아와 친구 간에 자발적으로 상응하는 관계이며, 정서적 연계가 강조된다. 유아는 이미 상당한 인지능력과 언어능력을 가지고 있기 때문에 유아 스스로 우정에 대한 표현을 할 수 있으며, 유아가 형성한 우정은 일시적이지 않고 유아기 동안에 걸쳐 유지된다.
⑤ 애정, 물리적·심리적 지지, 공유 활동, 근접성, 신체적 특징 등 6가지가 유아기 우정 관계의 기본요소가 된다(Furman & Bierman, 1983).

상호적인 친구 관계가 지니는 특성 (김희태, 2004)	우정은 유아 간에 상호 지속적인 애정과 친밀감, 상대방의 생각과 기분에 대한 이해, 위로와 돌봄, 혜택의 공유, 오랜 시간 동안의 친밀하고 밀접한 상호작용 등의 요건이 갖추어졌을 때 성립될 수 있다.	
	친밀함	신체적·공간적으로 가깝게 지내고 친밀함을 형성하며 정서와 정보를 교류한다.
	역사성	시간의 흐름에 따라 축적된 둘만의 의사소통 및 독특한 행동 방식의 맥락을 형성하는 것이다.
	응집성과 배타성	상호 동질성을 전제로 한 둘만의 독특한 사회적 상호작용을 통해 결속력을 높이는 반면, 다른 유아가 그 속에 들어오지 못하게 하는 배타성도 보인다.
	긍정적인 방향으로의 사회적 상호작용	서로 도와주고 지지하고 협동하는 이타적 상호작용을 하는 것이다.
	경쟁	현재의 놀이를 더 재미있고 더 풍부하게 하기 위한 유희 차원에서 경쟁하는 것이다.
	감정조절의 연습	친구 관계를 통해 감정을 조절하며 사회적 유능감을 연습한다.

UNIT 22 우정의 중요성

- 유아기 우정은 관계성과 안정성을 기르고, 정서적인 지원을 제공하며, 자아존중감과 신뢰감을 형성하고, 유아교육기관에 잘 적응하는 데 도움이 된다. 또한 우정은 역할 모델을 제공하여 유아가 학습하고 배울 수 있는 중요한 기회를 부여하고, 이후에 원만한 이웃, 동료 관계를 형성하는 데 기초가 된다(American Academy of Pediatrics, 2010; Manaster & Jobe, 2012).
- 우정은 유아의 생활에서 아주 큰 부분으로 가장 중요한 관계 형성 중의 하나라고 할 수 있으며, 유아의 사회·정서적 성장을 지원하여 사회적 기술 발달과 건강한 심리적 발달을 유지해 주기 때문에 여러 가지 측면에서 유익하다.

우정의 중요성	유아기의 우정 경험은 이후의 사회성 발달에 중요한 영향을 미친다.
	
	 • 우정 관계는 유아의 자아개념 형성과 발달에 영향을 준다.
	    − 친한 친구가 신뢰감과 도움을 주고 인정해 주며 교제의 즐거움을 제공해 줄 때, 유아는 자신의 능력과 외모에 만족하면서 사회적 수용여부를 긍정적으로 지각하고 자신의 사회적 행동을 긍정적으로 인지한다.
	    − 우정은 유아로 하여금 자신을 타인과 의미 있는 관계로 형성하도록 도와주며, 자신과 유사한 친구와의 경험을 통해서 자신의 행동을 긍정적으로 자각하고 자아개념을 형성하며, 자아정체감을 발달시키게 한다.
	 • 유아는 친구와의 상호작용 속에서 소속감과 애정을 느끼며 칭찬이나 인정, 신뢰감과 같은 심리적 요인을 경험할 수 있다.
	    − 이러한 소속감은 유아에게 안정감과 친구로부터의 사회적 지원을 얻게 한다.
	    − 유아들의 안정적인 우정 관계는 기관과 사회생활 적응에 긍정적인 역할을 한다.
	 • 우정 관계는 유아들의 놀이 행동에 영향을 준다.
	    − 우정 관계를 지속적으로 유지한 유아의 경우 사회 상상놀이의 참여 빈도가 높았으며, 교사가 측정한 사회적 능력도 높게 나타난 반면, 우정 관계가 종결된 경우 사회 상상놀이의 참여 빈도가 감소하였으며 교사가 측정한 사회적 어려움 점수는 높게 나타났다(Howes, 1983).
	 • 유아의 사회적 발달의 기초를 형성한다(기본적인 사회적 기술을 익히게 된다).
	    − 친구와의 상호작용에서 유아는 서로에게 다양한 모델을 제공하고, 문제해결력과 인지적 능력, 사회적 대인관계 기술을 배우며, 사회적 행동의 기초를 제공받는다.
	    − 유아들의 우정 관계를 통해 유아는 타인과의 관계를 학습하게 되고, 사회관계를 어떻게 형성해야 하며 그 안에서 발생하는 문제를 어떻게 해결해야 하는지를 배우게 된다.
	    − 또한 유아는 점차 자기중심적 사고에서 벗어나 다른 사람의 행동을 이해하게 되며, 사회적 관계를 어떻게 형성하고 문제를 어떻게 해결해 나갈지를 배워 나간다.

유아기에 친구와 친밀한 관계를 형성하는 경험은 이후 사회정서 발달에 중요한 영향을 미친다.

친구 관계의 중요성 (Kostelnik)

• 친구 관계는 사회적·정서적 유능감을 발달시키는 기회를 제공한다.
  - 유아는 친구와 같이 있을 때 더 긍정적인 방식으로 행동하고(Simpkins & Parke, 2002), 친구와 상호작용하면서 어떻게 배려하고 협동하며 갈등을 해결해야 할 것인지를 배운다.
  - 친구 관계는 유아가 의사소통, 갈등 관리, 친밀감 형성 등의 사회적 문제해결기술을 연습할 기회를 제공하고, 협동 및 이타심과 같은 친사회적 기술이 발달할 수 있게 한다.
  - 또한 유아는 친구와 관계를 맺으면서 자신을 조절하는 연습을 하고, 타인의 마음을 더 잘 인식하며 이해할 수 있게 된다. 이러한 사회적·정서적 유능성은 성인이 되었을 때도 친밀한 관계를 맺을 수 있게 하는 기초가 된다(Erwin, 1998).
• 유아는 친구 관계를 통해 정서적·사회적 지원을 받는다(Shaffer, 2008).
  - 좋아하는 친구와 함께 있으면 즐거운 시간이 더 재미있어지고, 즐겁지 않은 시간도 견딜 수 있다. 친구 관계는 유아에게 안정감과 소속감을 주어 집단생활에 잘 적응할 수 있도록 돕는다.
  - 또한 친구끼리 서로에 대해 이야기를 나누고 비교를 함으로써 유아는 자신에 대해 더 잘 알게 되면서 사회적으로 유능하다고 느끼게 된다.
• 친구 관계는 유아가 생활하면서 겪는 스트레스에 대하여 정서적 완충작용을 한다(Wasserstein & La Greca, 1996).
  - 유아에게 있어 중요한 것은 친구의 수보다는 친구 관계의 질이다. 우정을 형성한 친구가 한 명이라도 있으면 외현화 문제를 일으킬 가능성이 줄어들며, 또래 공격성의 희생자가 될 가능성도 낮아진다(Rubin et al., 2006).

UNIT 23 우정 발달의 영향요인

또래와의 상호작용 경험

• 유아가 또래와 긍정적으로 접촉하는 기회를 자주 갖는 것은 우정 발달의 토대를 마련하는 일이다.
  - 또래들과의 기분 좋은 상호작용에서 유아가 갖는 만족감은 집단 속에 수용되고 인정받았다는 성취감을 느끼게 하여 또래와의 상호작용에 대한 긍정적인 기대와 믿음을 갖게 하며, 실질적으로 또래와의 원활한 교류를 지속하게 한다.
• 이때 유아가 지닌 의사소통능력은 또래관계에서의 성공 여부와 관련 있다.
  - 다른 유아의 말에 귀를 기울이고 충분한 설명과 반응적인 대답으로 상대방이 원하는 정보를 제공하며, 적절하게 질문하는 능력을 가진 유아는 또래에게 수용되는 정도가 높다.
  - 반면, 유아의 의사소통능력 부족은 또래 사이의 상호작용을 어렵게 하고, 그것은 다시 유아기 동안 문제 행동을 증가시킨다.

MEMO

사회적 조망수용 능력	• 유아가 다른 또래의 입장을 이해하고 수용하는 것은 또래관계의 질을 결정하는 요인이 된다. 이는 또래 간 상호작용에서 흔히 발생하는 사건들에 대한 다른 사람들의 반응을 정확하게 예측하고, 그들의 선호를 예견하며, 그들이 경험하는 감정을 이해하는 능력을 의미한다. – 사회적 지식을 갖춘 유아는 또래집단 속에서 다른 유아와 공통 분야를 만들고, 정보를 교환하며, 유사점과 차이점을 탐색함으로써 효과적인 상호작용을 할 수 있다. – 반면 사회적 조망능력이 부족한 유아는 다양한 상황에서 어떤 행동이 적합한 것인지에 대한 사회적 이해와 지식이 부족하여 상황에 적합하지 않게 행동함으로써 또래들로부터 환영받지 못할 가능성이 높다.
놀이를 시작하고 지속하는 기술	• 유아기 우정 발달과정에서 교사가 가장 눈여겨보아야 할 것은 유아가 또래놀이에 포함되는지의 여부이다. 또래놀이 장면에서 유아가 사용하는 사회적 접근 기술은 사회적 참여와 성공에 중요하다. – 즉, 또래에게 함께 놀자고 요청하는 방법, 장난감을 분배하고 교대하는 방법, 장난감을 달라고 요청하는 방법, 또래에게 정서적 지지를 제공하거나 필요할 때 도움을 주고받는 행동의 적절성 여부는 유아의 우정 형성 및 유지에 결정적인 영향 요인으로 작용한다.
또래와의 갈등에 대처하는 능력	• 발달수준이 비슷한 또래 유아들 사이에서는 수시로 사회적 갈등 상황이 일어나곤 하는데, 이때 상대방의 마음에 관심을 가지고 바람이 무엇인지 이해하는 것은 유아가 갈등에 효과적으로 대처할 수 있도록 한다. 또한 서로의 요구가 충족될 수 있도록 문제를 해결할 줄 아는 것은 원만한 우정 형성에 기여한다. – 또래와의 우정에서 성공적인 유아는 대체로 우호적이며 긍정적이고 타인 지향적이다. 또한 또래와의 갈등에 대해 친사회적 전략으로 문제를 해결하려는 경향이 강하고, 고립이나 공격행동을 하는 유아에 비해 더 많은 수의 효과적인 해결 방안을 제시한다. 요컨대 문제해결 기술을 가진 유아들이 또래관계의 불안을 덜 경험하게 된다.

UNIT 24 친구 관계의 형성 단계(유아기 우정과 관련된 사회적 지식과 기술) - 코스텔닉(Kostelnik)

• 또래와의 상호작용을 잘하는 유아는 또래집단에 들어갈 수 있는 기술, 또래 관계를 유지하는 기술, 또래와의 상호작용 가운데 문제가 생겼을 때 이를 해결하는 기술이 다른 유아에 비해 좋다.
• 아동이 숙달해야 할 친구 관계를 맺는 기술은 '사귀고 싶은 또래와 접촉하기, 긍정적 관계 유지하기, 친구와 갈등이 있을 때 협상하기'가 있다(Rubin et al., 2011).
• 또래와 친구가 되기 위해서는 관계를 형성하고, 유지하며, 갈등을 해결하는 등의 과정을 거쳐야 한다. 친구 관계는 다음과 같은 단계로 이루어진다(Kostelnik et al., 2009).

| 접촉하기
(또래 관계
시도기술) | • 유아는 성인과 마찬가지로 또래와 접촉해야만 하는 상황에 부딪히게 되며, 또래 관계에
참여하기 위해서 진행 중인 또래집단에 들어가야 한다.
　－ 이때 인기아는 비인기아에 비해 또래와의 상호작용을 쉽게 시작하고, 형성된 놀이집단
　에도 어려움 없이 참여할 수 있다. 인기아들은 친구를 사귀는 방법뿐만 아니라 다른
　놀이집단에 끼어드는 기술도 가지고 있다.
• 친구 관계를 형성하기 위해서는 누군가가 다가가 긍정적인 접촉을 시도해야 하고, 상대방은
그에 반응해야 한다. 놀이가 시작된 후 또래에게 접촉을 하기 위해서는 옆에서 함께
비슷한 놀이를 하며 말을 건넨다든가, 함께 놀아도 되냐고 물어보는 등의 시도를 해야
한다. 이러한 접촉은 친사회적으로 시도해야 하며, 아래와 같은 행동은 또래에게 좋은
인상을 줄 수 있다. |

미소 짓고, 즐겁게 인사하기	"안녕", "얘들아."
정보 물어보기	"네 이름은 뭐니?", "식당은 어디에 있어?"
다른 유아의 인사와 질문에 대답하기	"나도 여기 처음이야.", "나랑 같이 가자. 내가 보여줄게."
정보 제공하기	"내 이름은 정윤이야. 여기 오늘 처음 왔어."
참여하도록 초대하기	"잡기놀이 할래?", "우리 같이 하자."
한 가지 역할을 맡거나 간단한 일 하기	"내가 점수 적을게.", "내가 이거 치워줄게."

| 긍정적인 관계
유지하기
(또래 관계
유지기술) | • 유아가 또래와 어울려 상호작용하기 위해서는 또래 관계를 시도하는 기술이 요구될 뿐만
아니라 또래 관계를 유지하는 기술도 필요하다.
　－ 또래 관계를 잘 유지하기 위해서는 또래의 말 경청하기, 뛰어난 의사소통능력, 협동,
　자신의 욕구 조절, 나누기 행동 등 사회적 지식과 기술이 필요하다.
　－ 또래 사이에서 인기 있는 유아는 인기 없는 유아에 비해 또래 관계를 잘 유지하며,
　친사회적인 행동을 많이 나타낸다.
• 성공적인 시작을 위해 필요한 긍정적인 행동은 친구 관계가 발전해 가면서 계속해서
중요하다. 모든 연령에서 인기 있는 아동은 또래들에게 민감하고, 친절하며, 융통성 있고,
같이 있는 것이 재미있다고 평가된다(Rubbin et al., 2006). 특히 아동이 언어적·비언어적
의사소통을 얼마나 잘 하는 지가 아동의 친구 선호에 영향을 미치며(Hebert-Meyers,
2009), 인기 있는 아동은 또래와의 상호작용에서 아래와 같은 행동을 보인다. |

관심 표현하기	미소 짓기, 고개 끄덕이기, 눈 마주치기, 관련 있는 질문 하기
협력하기	차례 지키기, 나눠 쓰기, 함께 작업하기
수용 표현하기	다른 아동의 생각에 귀 기울이기, 놀이에서 다른 아동의 방법 채택하기
애정 표현하기	껴안기, 손잡기, "난 너 좋아해.", "우리 친구하자."
공감 표현하기	"그림 잘 그렸다.", "슬퍼 보여. 기다릴 동안 내가 네 옆에 앉아 있을까?"
도움주기와 제안하기	"네가 끈을 묶는 동안 내가 상자를 잡고 있을게. 상자 위에 끈을 달면 좋을 것 같아."
칭찬하기	"잘했어.", "좋은 생각이야. 그러면 잘 될 것 같아."

갈등 협상하기 (또래 간 갈등해결 기술)	• 유아는 놀잇감이나 물건을 양보하거나 나누어 가지지 않고 자기가 소유하려고 함으로써 갈등이 일어난다. 좀 더 성장하면 어떤 놀이를 할 것인지, 어떤 유아와 함께 놀이를 할 것인지 등의 문제로 다투게 된다. − 이때 사회적으로 유능한 유아는 또래집단에서 생기는 갈등을 효과적으로 해결할 줄 안다. 갈등을 효과적으로 해결하기 위해서 자기주장을 줄이고 또래의 의견을 수용하며, 놀잇감을 함께 나누어 가질 수 있다. • 친구 간에 의견이 일치하지 않을 때 친구 관계에 심각한 문제가 생길 수 있으며, 두 아동이 갈등을 어떻게 해결하는지에 따라 친구 관계의 지속 여부가 결정된다. 자신의 욕구를 만족시키면서도 의견 차이를 건설적으로 해결하는 아동은 관계를 지속시킬 수 있는데(Rubin et al., 2006), 이 아이들은 자신의 위엄을 지키면서 동시에 타인의 관점을 고려할 수 있기 때문이다. 서로 문제점을 공감하고 해결책에 대한 서로의 생각을 함께 의논해야 갈등을 해결할 수 있으며, 갈등 협상에 도움이 되는 전략은 아래와 같다.

개인적인 권리, 욕구, 감정 표현하기	"이번에는 내가 영화를 고르고 싶어."
타인의 권리와 감정에 귀 기울이고 인정하기	"그래, 네가 그 영화를 보기 위해 오래 기다렸지."
갈등에 대해 비폭력적인 해결책 제안하기	"그럼, 가위바위보로 정하자."
제안한 해결책의 이유 설명하기	"이렇게 하면 우리 둘 다 할 수 있어."
비현실적인 요구에 맞서기	"아니야, 네가 방금 전에 했잖아. 지금은 내 차례야."
합리적인 불일치 받아들이기	"그래, 난 그런 생각은 못했어."
해결책 절충하기	"둘 다 보거나, 아니면 수영하러 가자."

친구 관계 끝내기	• 모든 친구 관계가 지속되는 것은 아니며, 이사를 가거나 다른 기관으로 옮기게 되어 친구 관계가 끝나기도 한다. 처음에는 슬프고, 외로우며, 친구가 생각나지만 시간이 지나면 유아는 새로운 친구를 사귀게 된다. • 유아는 관계가 끝나는 것에 우아하게 대처하는 방법을 알아야 한다. 유아가 관계를 잘 끝내고 다른 관계로 가기 위해서는 아래의 세 가지 기술이 필요하다. ① 헤어짐 인정하기 ② 안녕을 고하거나 종결짓기 ③ 종결된 관계를 대신할 수 있는 다른 사람이나 활동 찾기

UNIT 25 우정 발달단계 - 비겔로우(Bigelow, 1977)

우정의 보상비용 단계 (보상비용의 단계)	• 아동에게 있어서 이상적인 친구는 유용하고 즐거움을 주는 사람이고, 자신과 친구가 함께 보상받을 수 있는 호혜적이며 상호 만족적인 우정을 형성한다. － 이 단계의 유아에게 이상적인 친구란 자신에게 유익하고 즐거움의 자원이 되는 유아, 즉 멋진 놀잇감을 갖고 있거나 놀이에 함께 참여할 수 있는 유아를 말한다. － 그러나 이들의 우정이 전적으로 이기적이거나, 자신이 취하기만 하고 주지 않는 그런 관계는 아니다. 취학 전 유아도 호혜적이며, 상대방이 보상을 주면 그에게 보상을 하는 관계가 된다.
우정의 규범적 단계 (규범의 단계)	• 초등 중기: 친구 간의 인정·칭찬·성실을 중요시하고, 친구들은 서로 도와야 하며, 자신이 도움을 필요로 할 때는 친구가 도와준다고 생각하게 된다. • 공유된 가치와 규칙이 우정의 중요한 요소가 된다. 이들은 서로에 대한 수용, 존경, 충성 등을 강조하며, 서로 도와주고 신뢰가 있어야 한다고 여긴다.
우정의 감정이입적 단계 (감정이입의 단계)	청소년기, 사춘기: 친구에게 무슨 일이 일어났는지에 대하여 진심으로 걱정하게 되며, 친구 간의 상호 이해, 자기 개방, 친밀감 등이 우정에 중요한 요소라고 생각한다.

UNIT 26 우정 발달단계 - 데이몬/데몬(Damon, 1977)

Damon(1977)은 가장 친한 친구가 누구이며 그 이유는 무엇인지, 그 친구가 자신을 좋아한다는 것을 어떻게 아는지, 친구나 적을 만드는 방법은 무엇인지, 부모와 형제가 친구가 될 수 있는지 등의 질문에 대한 답을 기초로 우정 개념을 3단계로 정리하였다.

1수준 5세에서 7세경의 유아	• 유아들은 가까이에 살면서 함께 놀이할 수 있는 놀이짝꿍을 친구라고 생각하며, 친구는 모두 같다고 여기기 때문에 다양한 친구들 가운데 특별한 우정 관계를 발달시키지는 못한다. 일반적으로 친구 관계는 일시적이며, 쉽게 형성되고 쉽게 깨진다. • 친구 간의 갈등은 개인적인 감정이나 애정에 의한 것이 아니라, 먹을 것이나 스티커, 놀잇감과 같은 물질적인 것을 분배하는 과정에서 발생한다.
2수준 8세에서 12세경의 아동	• 이 시기에는 구체적인 물건교환이나 또래와의 협력활동을 통해 우정을 나누며, 친구란 서로 돕거나 도움이 필요하다고 말할 때 도와주는 사람이라고 생각한다. 또래 간 우정 관계는 상호 신뢰감, 친절, 사려성 등과 같은 특징을 기초로 형성된다. － 친구를 좋아하는 이유는 그 사람의 성향이나 특징 때문으로 단순히 자주 놀기 때문만은 아니다.

MEMO

3수준 사춘기 이후 청소년기	• 이 시기에는 자신과 성격이나 관심사가 유사하여 서로 간의 감정, 생각, 비밀 등을 이해하고 공유할 수 있는 또래와 우정 관계를 형성할 수 있다. 우정 관계에 있는 친구는 서로 두려움이나 외로움 등의 심리적 문제를 공유하고 해결하기 위해 도와야 한다고 생각하며, 불편함을 주는 행동이나 문제되는 일은 자제해야 한다고 여긴다. － 우정은 관심과 성격이 잘 맞는 사람들 간에 오랜 기간 걸쳐 형성되는 관계이다. － 친구란 서로를 이해하고 가장 깊은 마음속의 생각과 느낌을 공유하는 사람이다.

UNIT 27 우정 발달단계 - 셀만(Selman, 1980) / 코스텔닉(Kostelnik)

KEYWORD# 셀만의 우정 발달단계 – 일시적인 신체놀이 친구 단계의 특징

• 3세경이 되면 유아는 '얘는 내 친구야'라는 생각, 즉 친구 관계에 대한 도식을 형성하기 시작한다. 친구 관계에 대한 개념은 유아의 연령이 증가하면서 공감능력, 타인의 관점에 대한 이해, 마음이론 등이 발달함에 따라 변화한다(Selman & Schultz, 1990).
• 대체로 유아의 친구 관계에 대한 개념은 지금 여기에서 같은 장난감을 갖고 함께 노는 일시적인 사이에서부터 멀리 떨어져 있어도 심리적·정서적 지원을 받으며 오랫동안 지속되는 사이로 발전한다.
• 셀만은 오랫동안 제일 친하게 지내온 친구와 약속이 되어 있었던 시간에 새 친구와 특별한 행사에 가게 되었을 경우 '새 친구와 행사를 같이 가야 하는가'라는 딜레마를 아동들과 청소년들에게 제시하였다.
　－ 친구 관계의 형성, 친밀감과 친근감, 갈등 해소, 질투와 배척심, 신뢰감과 상호성, 우정의 균열 등과 같은 6가지 결정요인에 대해서 그 반응을 조사하고 우정 발달단계를 정하였다.

0수준 일시적인 신체적 놀이 친구 단계 (일시적인 놀이 동료, 일시적·물리적 놀이상대, 일순간적인 물리적 놀이, momentary physical playmates) (3~6세)	• 일시적이고 신체적인 상호작용이 중심이 되며, 놀이 친구를 지향하는 단계로 우정 관계가 쉽게 변하고 순간적이다. • 아직까지 다른 사람의 내면적인 사고나 감정에 대한 이해가 없으며, 자주 함께 놀거나 주어진 시간에 유사한 신체 활동에 참여하는 유아와의 관계로 제한되는 경향을 보인다. • 우정은 물리적이고 지리적인 관계, 일시적인 행동과 자기의 소망에 기초한 주관적인 특성을 보이며, 놀이친구와의 신체적 상호작용만 이루어지는 단계이다. 　－ 지금 바로 여기서 나와 놀고 있는 사람이 친구라고 생각한다. 　－ 친구 관계를 일시적이고 신체적인 놀이 짝을 의미하는 것으로 생각하고, 바로 그 순간에 함께 노는 아동을 친구라고 생각한다. • 이 시기의 유아들은 근접성으로 친구를 정의하며(예 "얘는 내 친구인데, 우리 옆집에 살아."), 자주 놀거나 그 당시에 함께 비슷한 활동을 하는 또래(예 "얘는 지금 나랑 같이 인형놀이를 하고 있으니까 내 친구야.")를 친구라고 부른다. 또한 소유한 물건(예 "얘는 내 친구야. 바비 인형을 가지고 있어.")이나 눈에 띄는 신체적 기술(예 "얘는 빨리 달리기 때문에 내 친구야.") 때문에 친구가 된다.

• 이 시기에는 자기중심적이어서 친구가 나에게 무엇을 해주는지에만 관심을 갖고 친구를 위해 자신이 해야 할 것들에 대해서는 생각하지 못한다. 내가 친구라고 생각하면 상대방도 자신을 친구라고 생각할 것이라고 믿는다.

• 놀이에 침입한 아동을 개인적인 감정이나 애정이 개입된 갈등 요소로 보지 않고, 특정한 장난감에 대한 특정 싸움으로 생각한다.

1수준 **일방적인 도움 단계** (일방적인 원조, one - way assistance) (5~9세)	• 대개 일방적인 원조나 자기 목적을 달성하기 위한 대상으로서 친구를 이해하는 단계이다. 따라서 순간적으로 놀이친구가 형성될 수도 있으며 자신과 다른 사람의 관점 차이를 이해하지만, 아직도 좋은 우정이란 자기가 원하는 것을 하는 친구라고 생각하는 경향이 있다. • 일방적인 도움으로 이루어지며 친구를 자신의 목적을 달성하기 위한 활동의 대행자로 생각하는 단계이다. • 이 시기의 유아는 자신을 기쁘게 해주는 또래를 친구라고 생각한다. 자신이 원하는 것이 만족 되었는지에 관심이 있기 때문에 자신이 친구에게 즐거움을 주기 위해서 무엇을 해주어야 하는지 생각하지 못한다. – 자신에게 선물을 주고, 양보하며, 새로 산 인형을 빌려주었기 때문에 친구인 것이다. • 또한 이 시기에는 친구가 자주 바뀌고 지속성이 약하다. 친구를 갖고 싶어 하는 바람이 강해서 혼자 놀기보다 다소 마음에 들지 않는 또래라도 같이 놀려고 한다. • 한 번에 한 명 이상과 친밀한 관계를 유지하는 것을 어려워한다. • 남아는 남아끼리 여아는 여아끼리 놀이하는 등 외적으로 유사한 또래끼리 친구가 되는 경향이 있다. • 자신이 세운 친구라는 기준에 상대방이 부합해야 하는 단계로, 일방적인 도움으로 이루어지며 친구를 자신의 목적을 달성하기 위한 활동의 대행자로 생각하는 단계이다. • 자신의 소망 충족과 연관되고, 자신이 원할 때 도와주는 사람, 자신이 좋아하고 싫어하는 것을 잘 아는 사람을 친구로 생각한다. • 함께 놀고 함께 물건을 사용하는 아이가 친구이다.

2수준
상호협동의 단계
(공평한 협력,
쌍방적이고
공정한 협력,
fair - weather
cooperation)
(7~12세)
	• 양방향적인 상호관계를 갖는 시기로 협동이 나타나며, 서로 좋아하고 싫어하는 정도에 따라 행동을 결정한다.
	• 서로 비밀을 공유하고, 누구와 친구인지를 말할 수 있게 되며, 상대방의 생각을 고려하여 행동하게 된다.
	• 우정을 연속적인 관계로 보지 못하기 때문에 이 단계의 우정은 쉽게 해체될 수도 있고, 또 그만큼 다시 형성되기 쉬운 단계이다.
	• 친구 관계에서 서로의 관점을 모두 고려할 수 있으며 공정성의 개념을 가진다. 친구란 서로에게 잘해 주어야 하고, 서로 이익을 공평하게 주고받는 관계라고 생각한다.
	  ⑩ "어제 나에게 인형을 빌려줬으니까 오늘은 내가 이거 빌려줄게.", "내가 사탕도 줬는데 넌 왜 나한테 이거 안 줘? 불공평해."
	  – 친구가 서로에게 '잘해주기'를 기대하고, 개별적인 흥미를 만족시키는 방식으로 도움을 주고받는다.
	    ⑩ "네가 어제 날 도와주었으니까, 오늘은 내가 널 도와줄게.", "내가 좋아하는 게임부터 하고 다음에는 네가 좋아하는 게임을 하자."

- 이들은 각 개인이 관계에서 이익을 얻어야 하고, 그렇지 않다면 친구 관계가 깨질 수 있음을 안다.
  - 예 "내 별명을 한 번만 더 부르면 친구 안 할 거야.", "이건 불공평해! 난 어제 널 기다렸는데."
- 친구는 상대방이 자신을 어떻게 생각하는지에 관심을 가지며, 다른 사람이 그렇게 평가할 거라고 생각하는 대로 자신의 행동을 평가한다.
  - 예 "내가 공을 더 잘 잡으면 현식이가 날 좋아할 거야.", "머리 모양이 이렇게 이상하니까 아무도 날 좋아하지 않을 거야."
- 이 수준의 아동은 친구와 똑같은 옷, 언어, 행동을 따라 하는 것이 최고조에 이르며, 이에 대한 일치를 보이는 아동들끼리 집단을 만들고 그 집단에 동조하는 경향을 나타낸다.
- 친구끼리 유사성이 매우 중요시되어 친구의 말이나 행동, 외모 등을 따라 하려고 하고, 비슷한 친구끼리 집단을 형성해 비밀, 계획, 의견 등을 공유하며 동조한다. 이 시기의 친구는 단짝으로 발전하는 경향이 있으며, 친구를 소유하고자 하는 질투심이 강해 누가 누구의 친구인지, 어느 집단에 속하는지를 분명히 하려고 한다.
- 자주 만나기보다는 어떤 특성을 가졌기 때문에 좋아한다.
  - 아동들은 친구들과의 유사성을 강조하고 균등함과 상호성을 지적한다.
- 우정은 어떤 두 사람의 것이 아니고 여러 가지 성격이 얽혀 있는 사람들 간의 것이라는 점을 인정하며, 그들은 서로 생각, 느낌, 관심사 등을 나눈다.

3수준 **상호 분배관계의** **친밀한 단계** (공유의 단계, 친밀하게 상호 공유된 관계, 친밀하고 상호적으로 공유된 단계, intimate and mutually shared relationships) (8~15세)	• 친밀하고 상호적이며 공유 관계를 나타낸다. 애정관계가 두터워짐으로써 작은 갈등을 초월하여 서로 주고받는 우정을 지속적으로 유지하려는 노력을 보인다. • 우정의 관계를 시간이 지남에 따라 발달되는 관계로 인식하며, 상호적 관심을 표현하여 그 관계가 더욱 강해지고 안정된다고 생각하는 단계이다. • 이 시기의 친구란 서로의 비밀과 감정을 공유하고, 개인적인 갈등과 문제를 해결하기 위해 서로 도와주며, 모든 것에서 함께하는 단짝이다. • 친구끼리 주고받는 공평성에 관심을 갖기보다는 서로가 서로에게 관여하며 서로의 행복에 관심을 갖게 된다. - 특별히 친근한 유대관계를 형성하고 있으며, 서로의 이기주의를 만족시키기보다 공통적인 관심사를 위해 협력한다. • 단짝 친구 관계가 아주 중요해지면서 한 번에 한 명의 친구하고만 단짝을 맺고 서로에게 완전히 몰두한다. 이런 단짝 친구 관계는 배타적이면서 소유적인 특징을 가진다. - 단짝 친구는 나와만 친해야 하고 다른 단짝 친구를 가져서는 안 된다. 또한 서로 인정한 사람과는 관계를 맺어도 되지만, 자신이 싫어하는 사람과 관계를 맺어서는 안 된다. 예 "친구는 모든 것을 함께 하는 거야."

| 4수준
자율적인 상호 의존적
우정의 단계
(성숙한 친구 관계,
autonomous
interdependent
friendship)
(12세 이후) | • 친구란 독립적인 관계이며, 한 명 이상의 친구를 소유할 수 있고, 친구 간에는 서로 떨어져 있어도 서로를 지원해 주는 사람이라는 생각을 하게 된다. 상호 심리적인 원조에 의존하면서 서로 동일시하고 정체감을 형성해 가는 단계이다.
• 이상적인 우정이란 형성과 변형의 과정 내에 있는 것으로 보기 때문에 변화·성장할 수 있고 유연성 있는 개방적인 체계로서 우정을 구분하였다.
• 성숙한 친구 관계를 맺을 수 있는 단계로, 친구 관계를 신뢰하고 정서적·심리적 지원과 안정을 얻는 관계라고 생각한다. 이제는 친구를 소유하려 하지 않고 서로 다른 흥미를 가지는 등 각자의 자율성을 존중하고 독립적인 관계로 생각할 수 있다.
  ─ 여러 명의 친구와 우정을 형성할 수 있고, 친구가 다른 사람과 우정을 형성하는 것을 허용할 수 있으며, 서로에게 친구가 아닌 친구를 가질 수 있다. 또한 서로 오래 멀리 떨어져 있어도 친밀한 관계를 유지할 수 있다. |

 참고

유아의 우정 형성 – 박희숙(1985)

유아의 우정 형성 과정은 통상적으로 자신과 연령이나 성별, 성향이 비슷한 또래와 친구 관계를 맺기 시작해, 유아들 간의 애정과 신뢰가 있는 행동을 통해 우정 관계를 유지하고 발전시켜 나간다. 때로는 불신감이나 싸움, 무례함, 갈등으로 친구 사이의 우정 관계가 끝나기도 하고 새로운 우정 관계가 형성되기도 한다.

1단계 잠재적으로 친구 선택하기	대부분의 유아는 동일 연령이나 동성을 친구 선택의 기준으로 삼으며, 사교성·협동심·선도성, 사회적 지위 등의 다양한 요인이 친구 선택의 기준이 되고 있음을 안다.
2단계 아는 사이 되기	유아의 연령이 낮을수록 친구 관계에 적극적인 전략을 구사하고, 연령이 높은 유아의 경우 조심스럽게 관계를 진전시킨다.
3단계 아는 사이를 친구로 만들기	시간이 지날수록 친구 관계는 모든 부분에서 변화하고 증가하며, 유아의 관계는 시간이 지남에 따라 아는 관계에서 친구 관계로 발전해 나간다.
4단계 친구 사이를 유지하고 심층화하기	• 친구 관계인 유아들은 모르는 사이보다 아는 사이일 때 더 많은 이야기를 주고받으며, 더 애정적인 표현을 한다. • 아는 사이일 때 유아들은 친구 관계에서 덜 다투며 물건을 나누어 갖는 등의 긍정적인 관계를 보여준다.
5단계 친구 관계의 끝 또는 새로운 관계의 형성	친구 관계는 유아의 싸움이나 갈등, 무례함, 불신 등으로 관계가 끝나기도 하고, 새 친구와 다시 관계를 형성하는 등 변화와 성장을 보인다.

UNIT 28 우정 발달을 돕는 교사의 역할

1 친구 관계를 향상시키도록 도와주기 위한 성인의 역할(Kostelnik et al.)

- 유아를 담당하는 교사로서 아동의 친구 관계를 지원하는 첫걸음은 아동을 주의 깊게 관찰하고 이들의 놀이 패턴, 사회적 지위, 친구 관계 기회를 지지하거나 저해하는 전반적인 행동에 주의를 기울이는 것이다. 이렇게 수집된 아동에 관한 정보를 통해 더 강력한 친구 관계 기술을 발달시키기 위하여 아동이 이미 알고 있는 것과 도움이 필요한 부분에 대해 보다 잘 알게 된다.
- 아래의 다섯 가지 방법 또한 아동의 친구 관계 기술을 향상시키는 것과 관련되며(Epstein, 2009; Mize & Ladd, 1990), 부모나 교사는 친구 관계와 관련하여 도움이 필요한 아동을 도와주기 위해 이 방법들 중 하나 또는 여러 개의 방법을 조합해서 사용할 수 있다.

친구 관계를 지원하는 교실 환경 구성하기	• 모든 아동은 부모나 교사가 아동의 친구 관계를 존중하고 격려하는 환경을 구성해 줄 때 생산적인 또래 상호작용을 할 수 있으며, 친구로 선택되기에 매력적이 되도록 돕는 기술을 발달시킨다(Hamre, 2008). **부모나 교사가 아동이 필요로 하는 사회적 환경을 구성하는 방법** ① 또래와 비형식적으로 상호작용하는 많은 기회를 제공한다. 　- 아동은 교사 주도적인 활동 안에서 친구 관계 기술을 연습하는 것보다 서로를 알아 가고 대화하며 사회적 관계를 형성하는 방법을 스스로 탐색할 기회를 필요로 한다. 　- 교사가 놀이 안에서 아동들 간에 느슨하게 구조화된 경험을 하게 하고 서로 간에 상호작용을 배우도록 도와줄 때, 긍정적인 또래관계가 발달한다. 이를 위해 가장 유용한 매개체 중 하나가 가장놀이이다. ② 일상생활 속에서의 경험을 활용해 아동이 친구와 어울리고 친구 관계 전문가가 되는 방법을 학습할 기회로 다룬다. 　- 교사는 아동을 관찰하여 새로운 기술 발달을 촉진시키기 위해 가르칠 수 있는 순간을 찾아야 한다. 이는 아동이 또래의 사회적 단서와 감정을 해석하고 이에 맞춰서 자신의 행동을 수정하는 것을 도와줌으로써 가능하다. 　- 아동의 경험을 해석해 주고 사회적으로 유능하도록 지도하며, 아동에게 필요한 학습 준거를 강조하는 활동으로 현장에서의 가르침을 계획함으로써 부족한 부분을 보완해 줄 수 있다. 이러한 활동의 하나는 친구 관계 극 활동을 실시하는 것이다.
손인형과 소품을 사용하여 친구 관계 기술 시범보이기	• 필수적인 친구 관계 기술 및 또래 상호작용과 관련된 정서를 아동이 인식하고 이해할 수 있도록 친구 관계에 관한 짧은 극을 보여줄 때 손인형과 같은 소품을 사용할 수 있다. 　- 인형극을 교사가 먼저 시범보이고 나서 아동이 실행하는 것이 친구 간의 우호적인 행동을 시범보이고 토론을 촉진하는 효과적인 방법이다. **극본의 내용** ① 교사가 특정 기술을 보여주는 극 활동을 만드는 것이다. 　- 한 가지 기술을 다양한 상황 속에서 설명할 수도 있고, 놀이하고 싶은 게임에 관해 친구와 협상하는 것과 같은 또 다른 기술을 보여줄 수도 있다.

MEMO

② 교사가 관찰한 교실 내 아동 사례를 중심으로 극본을 구성할 수도 있다.
- 이러한 방법을 사용할 때 교사는 실제 교실에서 일어난 사건과 잠재적인 해결책을 아동이 생각해 보도록 극본을 만들 수 있다.

> 🔔 **극 활동의 문제해결 과정 6단계**
> 문제 확인하기 ➡ 감정에 대해 이야기 나누기 ➡ 해결방법 생각하기 ➡ 해결방법에 대해 이야기 나누기 ➡ 해결방법에 대해 동의하기 ➡ 실행하기

극 활동의 장점

- 극 활동은 공감이나 친절과 같은 추상적인 개념을 더 구체적으로 이해하도록 도와준다.
- 관련된 실제 아동에 초점을 맞추지 않고 손인형을 사용하는 것은 아동들이 그 사례를 학급의 문제(한 학급 전체가 문제해결에 책임이 있음을 의미)로 인식하도록 해 준다.
- 이렇게 함으로써 교실 내에서 또래 간에 의견이 불일치한 경우, 더 유능한 아동과 기술이 부족한 아동 간에 대화가 풍부해지고 해결책을 찾기 위해 서로가 도와줌으로써 함께 어울리도록 할 수 있다.

역할놀이를 통해 친구 관계 기술 가르치기

- 교사가 아동의 친구 관계 지식과 기술 발달을 도와주는 또 다른 방법은 역할놀이를 통해서 아동을 가르치는 것이다.
- 아동은 또래들이 보는 앞에서 차례대로 사회적 상황을 표현한다. 친구 관계와 관련된 시나리오로 역할놀이를 하는 아동은 문제해결과 관련된 말과 친구 사이에서 하는 행동을 연습하게 된다.
- 역할놀이를 한 후에 참여한 아동은 자신이 맡은 인물이 느낀 감정이나 다른 아이들의 말과 행동에 대한 반응에 관해 이야기를 나눈다. 관객 아동 역시 자신들이 본 것을 말한다.
- 아동 간의 사회적 문제와 그 해결방안을 공연함으로써 아동은 토론만으로 나올 수 있는 방안보다 인식하기 쉬운 친구 관계 관련 행동의 예를 접하게 된다.

또래 기술 훈련하기 (buddy skills training) 혹은 또래 짝짓기

① 가장 간단한 수준의 또래 기술 훈련하기는 친구 관계가 우수한 아동을 덜 유능한 아동과 짝 지우는 것이다. 이때 교사는 아동들이 함께 놀이하기 위한 기회를 갖기 전과, 놀이하는 동안, 그리고 그 후에 '코치'하는 역할을 해야 한다.
- 단순히 아동들이 함께 하는 것은 친구 관계 기술을 발달시키기에 충분하지 않다. 도움이 필요한 아동은 무엇이 기대되는지, 혹은 무슨 일이 일어나고 있는지를 알아야 하기 때문에 교사가 이 역할을 해주어야 한다.
- 이러한 짝짓기는 무시되는 아동의 사회적 기술과 지위를 향상시키는 데 특히 유용하다. 사회적으로 무시된 아동은 동년배들과 어울리는 방법을 알지 못하기 때문에 적절한 접촉과 관계 형성 행동을 사용하는 연습을 하도록, 때론 더 어린 아동과 짝 지우는 것이 유용하다(Rubbin, 2003).
② 교사는 아동들이 함께 할 수 있는 활동이나 소집단 과제를 제공함으로써 아동을 짝 지울 수도 있다.
- 두 아동에게 매일 10~15분 정도 블록쌓기 과제를 주거나 형이 동생에게 책을 읽어주게 하는 것과 같이 교사는 쌍으로 해야 할 특별한 과제를 제시한다.
- 상황이 어떠하건 간에 이러한 중재의 목표는 절친이 되게 하는 것이 아니라 친구 관계 기술을 향상시키는 데 있음을 명심해야 한다.

③ 가장 좋은 짝짓기는 사회적 기술이 서로 다르지만 유능한 아동이 그 관계에서 만족을 느끼지 못할 정도로 차이가 나지 않는 아동들 간에 이루어진다.
- 이러한 기술을 향상시키는 것은 모든 아동이 서로의 공통점을 확인하는 것을 돕고, 친구 관계를 발달시킬 기회를 증가시킨다.

일대일 코칭하기	• 아동의 상호작용에서 파괴적인 패턴을 보이거나 친구를 사귀는 데 있어 미숙함에 불행해할 때, 그리고 어떻게 해야 할지 확신이 없을 때, 집중적인 일대일 코치가 도움이 될 수 있다(Bagwell & Schmidt, 2011). - 이러한 코칭은 강력한 중재 방법 중 하나로, 또래관계 기술을 향상시키기 위해 교사와 한 명의 아동이 한 번에 한 가지 친구 관계 기술을 연습하는 단기간의 정규 시간들로 구성된다(Bierman & Powers, 2009). - 각 회기는 계획된 내용을 기반으로 일반적인 또래 상호작용 맥락 밖에서 이루어진다. 코칭 회기는 교사가 그날 배울 기술과 이 기술이 왜 중요한지 설명한 후 기술을 시범보이고, 아동이 연습하고 평가하는 과정으로 이루어진다. - 이러한 코칭 회기의 내용은 교실에서 자연스럽게 친구 관계 기술이 발생하는 순간에 강화될 수 있다.

• 다섯 가지 방법은 강도에서 차이가 나고 사회적 지원 피라미드의 각기 다른 부분에 있다.
- 가장 기본적인 방법은 친구 관계를 지원하는 환경을 만드는 것으로, 교사는 이를 통해 아동이 또래와 자유롭게 상호작용할 기회를 제공해 주고 일상적인 상호작용을 통해 친구 관계 발달을 조장할 수도 있다.
- 친구 관계 극 활동, 역할놀이, 또래 기술 훈련하기는 아동이 알아야 할 필수 기술들을 가르치는 데 사용될 수 있다.
- 더 강력한 중재가 필요한 아동에게는 일대일 코칭을 제공할 수 있다.

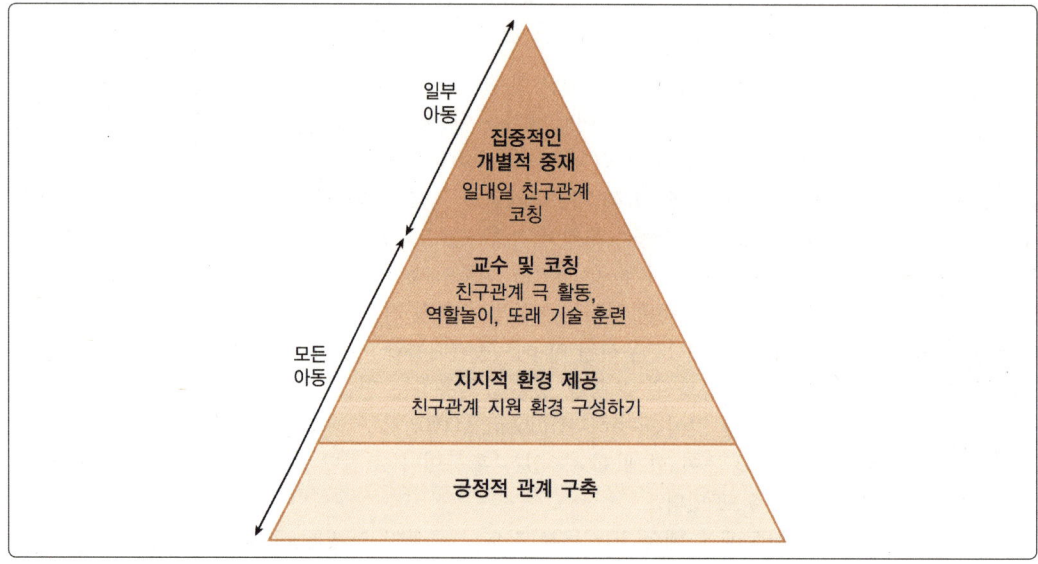

★ 사회적 지원 피라미드: 아동의 또래 및 친구 관계 지원하기

❷ 우정 발달을 돕는 교사의 역할(박찬옥·서동미·엄은나)

놀이 개입 및 유지 기술 가르쳐 주기	• 놀이에 대해 다양하고 풍부한 아이디어를 가지고 있으면서 놀이가 잘 유지되도록 이끌어 가는 유아는 또래들 사이에서 매력적이고 인기 있는 리더가 되는 경우가 많다. • 유아기의 우정은 주로 놀이를 중심으로 이루어지므로 교사는 유아가 다른 유아들과 다양한 놀이를 경험하면서 놀이에 대한 재미있는 아이디어를 키울 수 있도록 기회를 최대한 충분히 만들어 주어야 한다. • 유아들이 시작한 놀이를 관찰하면서 놀이가 지루해지거나 더 이상 발전하지 못하고 맥이 끊길 것 같은 상황, 그리고 변화와 확장이 필요한 상황에서는 적절히 개입하여 놀이가 유지될 수 있도록 도움을 줄 수 있다. • 유아들의 놀이에 지속적으로 관심을 가지고 필요한 순간에 개입하여 놀이가 활발하게 이루어지고 유지될 수 있도록 적절한 지원을 해주어야 한다. • 또한, 또래로부터 거절되거나 무시되는 유아가 있다면 놀이에서 비중이 크지는 않지만 꼭 필요한 역할을 맡아서 놀이에 기여할 수 있도록 자연스럽게 중재할 수도 있다.
친사회적 행동을 배우고 실천하도록 도움주기	• 우정이 시작되는 초기에는 신체적 조건 등의 외적 속성에 따른 매력이 주요인으로 작용하지만, 일단 우정관계가 시작되면 접촉하기, 긍정적인 관계 유지하기, 갈등 협상하기, 관계 종결짓기와 같은 사회적 과정에서 성공하는 일이 중요하다. • 친구 관계를 만족스럽게 오래 유지하기 위해서는 친밀한 상호작용의 기본 요건인 친사회성을 갖춰야 한다. – 우정 유지를 위한 친사회적 행동에는 민감성, 친절, 배려, 관심 표현, 협력, 수용, 애정 표현, 공감, 도움주기, 제안하기, 칭찬하기, 차례 지키기 등이 포함된다. – 아직까지 유아는 장난감이나 놀이 공간을 함께 공유하는 것에 어려움을 느끼는데, 이때 교사는 억지로 또래와 나누는 행동을 강요하기보다는 함께 나누었을 때의 기분(기쁨, 즐거움)이 어떠했는가에 중점을 두어 공유하기를 가르쳐 주어야 한다. 또한 나누기를 가르치기 전에 유아의 소유권을 인정해 주고, 안정감을 느끼는 가운데 자발적으로 나누기를 할 수 있도록 격려한다. – 특히, 차례 지키기(turn taking)는 또래집단과의 성공적인 상호작용에 필수능력이므로 어릴 때부터 잘 가르쳐 주어야 한다. 차례를 지키는 것은 모든 사람들이 기대하는 당연한 약속이므로 자기 차례가 올 때까지 잘 참고 기다림으로써 사람들에게 환영 받을 수 있다는 것에 대해 유아가 느낄 수 있도록 지도해 주는 것이 중요하다.
또래와 효과적으로 의사소통 하도록 격려하기	• 또래의 주의를 얻고 놀이에 대한 생각을 주고받기 위해서는 유아의 효과적인 언어를 사용할 수 있어야 한다. – 이는 메시지를 정확하게 전달하고 상대를 기분 좋게 하는 의사소통능력을 의미하며, 적절한 크기의 목소리, 억양, 어투 등이 포함된다. – 또한 상대방이 자신의 말에 집중하여 들을 수 있도록 말을 시작하기 전에 상대방에게 신호를 보내거나(눈맞춤, 이름 부르기), 적절한 순간에 말차례를 바꿔가며 대화하는 기술이 필요하다.

- 요구를 하거나 거절할 때는 특히 우호적인 방식의 표현을 통해 상대방으로부터 긍정적인 반응을 이끌어 낼 수 있도록 하는 구체적인 기술들을 가르쳐 주어야 한다.
  - 소리를 지르고 다른 사람을 공격하는 행동보다는 "내 거야. 가져가지 마.", "내 차례야, 잠깐 기다려.", "네가 ~하면 나는 싫어.", "나 ~해서 화났어."와 같이 적절한 수준으로 자신의 요구나 기분 상태를 표현하고 주장하는 것이 더 적합한 행동이라는 것을 가르쳐 주어야 한다.
  - 이때 교사가 사회적으로 적합한 언어를 직접 시범 보여주거나, 유아와 함께 마주 보고 앉아 구체적인 언어들을 연습하는 것이 효과적이다.

- 발달 수준이 비슷한 유아들끼리의 놀이에서 갈등은 하루에도 수차례씩 발생하며, 의도적으로 피할 수 있는 일도 아니다.
  - 갈등이 원만하게 해결되지 못하고 쌓이게 되면 우정의 발달에 걸림돌이 될 수 있다.
  - 그러나 협력적인 갈등해결 과정을 경험해 본 유아는 의사소통 기술과 건설적인 문제해결 방법을 익히게 되고, 친구와의 관계도 더욱 돈독해질 수 있다.
- 따라서 부모나 교사는 유아들이 친구와 놀이하는 과정에서 기본적인 규칙과 약속을 잘 지키면서 놀 수 있도록 지켜봐 주어야 하며, 갈등이 발생되었을 경우 이를 사회적 문제해결 능력을 키워주는 기회로 활용해야 한다.
- 갈등 상황에서 다른 사람과 협의하기 위해 유아는 먼저 자신과 다른 의견을 수용할 수 있어야 한다. 그러므로 교사는 유아가 다른 사람과 생각이 다를 수 있다는 것을 인정하고 협상의 장면으로 나아갈 수 있도록 안내한다.
  - 한쪽의 주장만을 만족시키기보다는 갈등에 관련된 모든 사람의 요구와 기대를 존중하는 태도를 가르치는 것이 중요하다.
  - 또한 다음에서와 같이 유아들끼리 협력하여 여러 가지 대안들을 생각해 보고 가장 적합한 대안을 선택할 수 있도록 지도해 주어야 한다.

유아들끼리 서로 협력하여 갈등을 해결해 보도록 안내하기	문제 확인하기	• 갈등과 관련된 유아들의 이야기를 충분히 들어준 후에 갈등의 원인이 무엇인지, 유아들의 생각은 어떠한지를 요약하여 들려준다.
		  - 이 과정에서 유아가 상대방이 원하는 것이 무엇인지에 관심을 가지되, 그것이 자신의 생각이나 기대와 어떻게 다른 지를 살펴보도록 돕는다.
		  ① "무슨 일 때문에 다투고 있는지 선생님에게 이야기해 주겠니?"
		  "두 사람 모두의 이야기를 들어줄 거야. 친구가 이야기할 때 끝까지 잘 들어주자."
		  ② "아! ~~ 문제 때문에 다투게 되었구나."
		  ③ "○○이는 ~한다고 생각했구나. △△, 네 생각은 어떠니? ○○이의 생각과 같니?"
		  "어떤 점이 다르니? 왜 그렇게 생각했니?"

	유아들과 함께 문제해결을 위한 대안 생각해 보기	④ "그럼 우리가 힘을 모아서 이 문제를 해결해야겠네." ⑤ "너희 둘이 모두 기분 좋게 놀이하는 방법이 있을까? 방법을 생각해 보자." ⑥ "~게 하는 것은 어떨까?"
	유아들이 모두 동의한 대안을 실행해 보고 평가하기	⑦ "~게 해보니 어땠니? 두 사람 모두 기분 좋게 놀이하는 것에 성공했구나."

유아가 또래로부터 거절당하는 원인이 개선될 수 있도록 돕기

- 또래집단에서 거절된 유아는 또래와의 상호작용 기술을 배울 수 있는 기회를 갖지 못하여 긍정적인 친구 관계를 유지하기 어렵다. 유아의 개인적 성향이나 특성 중 공격성과 위축은 친구 사이의 긍정적인 관계를 맺는 데 장애가 되며, 또래로부터의 거절을 일으키는 대표적인 원인이 된다.
  - 공격성은 또래와의 사이에서 갈등을 만들어내고, 친구들로부터 거절당하는 일차 원인이 되며, 거절당한 유아가 느끼는 사회적 소외감은 배타적인 친구 관계를 맺도록 하는 원인이 될 수 있다. 또한 유아들은 자신과 유사한 성향의 아동과 친구 관계를 맺는 경향이 있어 이는 공격성을 더욱 높이는 위험 요인으로 작용할 수 있다.
  - 위축 역시 갈등적인 친구 관계의 원인으로 작용한다. 위축된 유아는 또래로부터의 거절이나 인정받지 못할 가능성을 최소화하기 위해 또래집단의 주변을 배회하는데, 이로 인해 오히려 대인관계가 더욱 축소되고 원만한 친구 관계를 맺는 데 어려움을 가중시킬 수 있다.
  - 그러므로 교사는 학급에 또래로부터 거절당하거나 무시당하는 유아들이 있는지 세심하게 살펴보고, 유아가 가진 문제를 신속히 파악하여 그 문제를 개선하는 데 주력해야 한다.

UNIT 29 갈등중재 모델 – 코스텔닉(Kostelnik)

KEYWORD# 코스텔닉의 갈등중재 단계

- 갈등중재는 문제 인식의 시작 단계부터 서로가 만족할 수 있는 해결책의 마지막 단계까지 아동과 함께하는 것으로, 교사는 결론에 도달할 때까지 필요에 따라 지시를 한다.
- 이 과정의 목적은 교사가 아동에게 문제해결 방법을 가르치는 것이 아니라, 아동 자신이 해결책을 찾도록 돕는 것이다.
- **아동 측면에서 갈등중재 과정이 갖는 장점**
  - 유아교육기관의 환경을 더욱 평화롭게 한다.
  - 유아–유아, 유아–교사 간에 신뢰를 형성한다.
  - 유아에게 문제해결 전략을 가르친다.
  - 다툼 대신 긍정적 행동을 조장한다.
  - 유아–유아 간의 우정을 증진시킨다.

> 운동장 한쪽 끝에서 교사는 수진이가 "훌라후프 내놔. 나도 필요하단 말이야!"라고 소리 지르는 것을 들었다. 유미도 "다른 것 써! 나 아직 하고 있단 말이야."라고 소리 지른다. 교사는 두 유아가 말다툼을 계속하는 것을 먼발치에서 지켜본다. 말다툼이 가열되면서 두 유아는 훌라후프를 서로 잡고 끌어당겼다. 교사가 갈등을 중재할 때가 된 것이다.

1단계 **중재과정** **시작하기**	• 갈등 상황에 접근하는 첫 단계는 교사가 중재자의 역할을 맡아 사물·영역·권리를 중립화하는 것이다. • 공격적 행동을 그만두게 하고, 싸우는 두 아동을 떼어놓아 문제를 정의해 준다. 　㉮ "너희 둘 다 훌라후프를 가지고 놀고 싶구나. 어떻게 할지 너희 생각이 서로 다른 것 같은데." • 교사는 두 아동이 주장하는 사물이나 영역보다는 상호 문제에 중점을 두도록 하면서, 두 아동 사이에 위치한다. • 갈등이 해결될 때까지는 교사가 그 물건을 일시적으로 갖고 있을 것이라고 알린다. 　— 이렇게 하면 아동은 서로 때리거나 잡는 것을 멈추고, 교사나 다른 아동의 말에 귀 기울이며 정서적으로 흥분되었던 상황에 좀 더 객관적으로 접근할 수 있게 된다. 　㉮ "어떻게 할지 결정할 때까지 선생님이 이 훌라후프를 가지고 있을게."
2단계 **각 아동의** **관점을** **분명히 하기**	• 두 번째 단계는 각 아동의 관점에서 갈등을 명백히 하는 것이 초점이다. • 이는 아주 중요한 단계로, 교사는 각 아동에게 이 상황에서 무엇을 원하는지 차례로 물어보는데, 이때 각 아동이 방해받지 않고 원하는 것을 주장할 수 있는 충분한 기회를 준다. 　㉮ "너희 둘 모두 화가 났구나. 수진아, 네가 원하는 것을 말해 봐. 수진이가 말하고 나면, 유미가 원하는 것을 말해 봐." • **효율적인 중재자가 되기 위한 교사의 태도** 　— 교사가 한 아이를 편들어 결정하지 않을 것이라고 아동이 신뢰해야 한다. 　— 교사는 각 아동의 생각에 대해 평가하기를 자제하고 중립을 유지한다. • 이 단계에서 아동에게 다른 아동의 생각을 다시 말해주는 것도 중요하다. 　— 이것은 교사가 각 아이의 생각을 올바르게 이해했는지 확인할 수 있게 하고, 아동이 서로의 입장을 명확하게 알게 한다. 　— 아주 화가 났거나 너무 조용한 아동에게는 자신의 입장을 표명하도록 여러 번 기회를 주어야 한다. 아동이 흥분한 정도에 따라 이 단계는 몇 분간 지속될 수도 있다. 　— 아동은 자신의 요구를 정확히 표현하기 위해 도움을 필요로 한다. 따라서 아동의 말을 다시 이야기해 줄 때 교사는 가능한 각 아동에게 확인하고 정확하게 말한다.
3단계 **요약하기**	갈등에 대해 각 아동이 어떻게 생각하는지를 알고 나면 세 번째 단계를 시작한다. 교사는 각 아동이 모두 그 문제와 문제해결에 책임이 있다는 것을 지적하면서, 각 아동의 입장 (상호 입장)에서 문제를 정의해야 한다. 즉, 문제가 있음을 규정하고, 해결책을 찾아야 한다고 말해 준다. ㉮ "수진아, 유미야, 너희 둘 다 혼자 훌라후프를 갖고 놀고 싶어 해. 그래서 문제가 생겼지. 너희 둘 다 만족시킬 수 있는 해결책을 찾아야 해."
4단계 **대안 찾기**	• 중재의 네 번째 단계는 몇 가지 가능한 해결책을 찾는 것이다. 　— 해결책은 갈등을 일으킨 아동이 스스로 제시할 수도 있고, 주변에서 구경하던 아동이 제안할 수도 있다. 　— 해결책이 제시될 때마다 중재자는 그 해결책을 관련 아동에게 다시 말해 주고, 제시된 안에 대해 각 아동의 생각을 물어본다. 　㉮ "재우는 너희들이 나누어 쓰면 될 것 같대.", "수진아, 어떻게 생각하니? 유미는 어떻게 생각하니?" • 중재자는 가능한 한 다양한 대안을 찾도록 해주고, 해결책이 선택될 때 이해관계가 얽히지 않도록 유념해야 한다.

	• 교사는 각 아동이 그 과정에 기꺼이 참여하도록 하고, 아동에게 대안을 강요하지 않는다. 이 과정에서 아동은 나중에는 어떤 대안을 받아들이게 되더라도 처음에는 거절할 수도 있다.
	    – 아동이 대안을 제시할 수 없으면, 교사가 대안을 제시해 줄 수도 있다.
	       예 "사람들은 이런 문제가 있을 때, 같이 하거나, 차례대로 하거나, 장난감을 서로 교환하는 방법을 사용하더라. 너희들은 어떻게 생각하니?"
	    – 때로 이 단계에서 아동이 이 과정을 지루해하고, "이제 이것 안 할래요." 또는 "알았어요. 쟤 보고 가지고 놀라고 하세요."라고 하거나, 한 명이 가버릴 수도 있다. 이럴 때 중재자는 이 상태를 반영해 준다.
	       예 "힘들지?" 또는 "이 문제를 해결하느라고 힘이 들었구나. 문제를 해결하는 데는 시간이 걸리지."
	    – 아동이 그냥 포기하는 것으로 문제를 해결하려고 하면, 원하는 바를 존중해 준다.
	• 연습을 통해 아동은 그러한 기술을 발달시키고, 협상하기까지 걸리는 시간을 참을 수 있게 된다.
	• 아동이 중재가 진행되는 과정을 지켜보고, 다음에는 어떻게 해야 하는지에 대해 더 잘 알 수 있게 되었다는 점이 중요하다.

**5단계
해결책에
동의하기**
	• 서로가 만족할 수 있는 행동 계획을 수립하도록 돕는다.
	• 다섯 번째 단계의 궁극적 목적은 각 아동이 서로 만족하는 행동 계획에 동의하는 것이다.
	• **중재자로서 교사의 역할**
	① 각 아동이 가장 잘 받아들일 수 있는 가능성을 탐색하도록 돕는 것이다.
	    – 이때 한 아동이라도 강하게 반대하는 방안은 포함시키지 않는다.
	② 마지막 동의는 두 아동이 서로 얼마간 양보할 때, 그리고 아동이 다른 아동의 생각을 고려하였을 때 택하게 된다.
	    – 아동은 수용할 수 있는 한 가지나 여러 의견을 조합한 행동들을 하게 된다.
	③ 여러 대안 중에서 실행 가능한 하나의 해결책으로 좁혀지면, 교사는 아동에게 해결책을 찾았다는 것을 확인해 준다.
	    예 "너희는 훌라후프를 함께 쓸 수 있다고 생각했어. 문제를 해결한 것 같은데! 너희들의 생각대로 해보자."

6단계 문제해결과정 강화하기	• 서로 동의하는 해결책을 찾은 것과 그렇게 하기 위해 열심히 노력한 점을 칭찬한다. • 이 단계의 목적은 아동이 서로에게 유익한 해결책을 찾아낸 것을 칭찬해 주는 것으로 해결책에 도달하는 과정이 해결책 그 자체만큼 중요하다는 것을 알려준다. 중재자는 처음 갈등 상황에서 각 아동의 정서를 인정해 주고, 서로 동의할 수 있는 방법을 찾기 위해 노력한 점을 칭찬해 준다. 예 "너희 둘 다 훌라후프를 가지고 싶어 했지. 서로 다치지 않고 문제를 해결하는 방법을 찾느라 수고했어."

**7단계
실행하기**
	• 중재 과정의 마지막 단계는 두 아동이 동의한 대로 실행하도록 도와주는 것이다. 두 아동이 어떻게 하기로 했는지 다시 이야기해 주고, 필요하다면 직접적으로 도와주거나 어떻게 할 수 있는지 보여준다.
	    – 이때 교사는 아동이 동의한 대로 수행하는지 주변에서 보고 있어야 한다.
	    – 만약 계획대로 잘 되지 않으면, 아동을 다시 모이게 하여 어떻게 수정할지 이야기한다.

VII 사회적 개념의 발달

UNIT 30 권위 및 리더십 개념 – 데이몬(Damon), 셀만(Selman)

1 권위 개념 발달단계 – 데이몬(Damon, 1977)

- 권위 개념에 포함된 합법성과 복종의 두 요소는 개념적으로 서로 밀접한 관계를 가지고 있다. 유아는 일련의 사회적 위력을 가진 특성이 합법적인 것이라고 믿으며, 이것을 복종행동의 근거로 삼는다.
- 데이몬이 제시한 권위 개념의 발달단계(4~9세)는 다음과 같다.

수준	내용
level 0-A	• 가장 초보 단계로, 권위자의 지시와 유아 자신의 희망이 분리되어 있지 않은 상태이므로 권위자와 자신을 연결함으로써 정의적인 애착이나 동일시를 형성하면서 개념화된다. • 복종의 근거는 권위자의 요구와 자신의 욕구 간의 단순한 연상에서 주어진다. 권위자와 자신 간의 갈등은 거의 없으며, 애정, 욕구, 자아 동일시 등을 바탕으로 권위 개념이 형성된다. 예 "나는 엄마를 좋아해.", "나는 엄마 말을 잘 듣고 싶어."라든지 "나는 대장이 되고 싶어.", "그 아이는 나하고 비슷하니까." 등의 표현에서 이러한 것을 볼 수 있다. • 권위자의 기대에 맞추어서 자신의 소망을 갖거나, 자신의 소망에 맞추어서 권위자의 기대를 왜곡한다.
level 0-B	• 권위가 자신의 요구와는 다른 것임을 알게 되며, 자신과 반대되는 특성의 힘으로 인지한다. 이처럼 권위는 아직도 자신과의 관련 속에서 지각된다. – 이때의 권위 개념은 개인의 신체적·물리적 특성, 예를 들면 체격, 성별, 의복 등과 같은 외적인 특성에 의해 결정된다. – 유아는 권위자의 요구와 자신의 소망 사이의 잠재된 갈등을 인지하고, 실용적인 측면에서 복종을 생각한다. 권위가 자신의 소망을 방해하는 것 중 하나라고 생각한다.
level 1-A	• 권위는 권위자의 요구를 따르게 만드는 요인인 신체적 힘, 사회적·물리적 능력 등에 의해 결정된다. – 복종은 권위자의 사회적·신체적 위력에 대한 존경을 바탕으로 하며, 이러한 권위의 요소는 어디에서나 전능한 힘으로 간주된다.
level 1-B	• 유아가 보기에 권위자가 우수한 사람으로 보이는 요소들, 예를 들면 특수한 재능이나 능력 등에 의해 권위가 결정된다. – 복종은 상호 호혜적인 교환을 바탕으로 이루어진다. 즉, 권위자가 자신을 돌보기 때문이라거나, 과거에 자신을 도와주었기 때문이라는 등의 이유로 복종한다. • 이 시기에는 상호 호혜적인 관계를 이해하기 시작하나 동등한 관계 속에서는 아니다. 아직도 권위자는 위에 있고 자신은 종속적이며 열등한 관계이다.

level 2-A	• 이 시기에는 명령의 과정에 관련된 사전 경험이나 훈련의 요인이 고려된다. 따라서 권위자는 다른 사람보다 리더십을 가지고 있는 사람으로 간주된다. 　- 이와 관련하여 복종은 구체적인 리더십에 대한 인정을 바탕으로 이루어진다. 이러한 뛰어난 지도능력은 다른 사람의 권리와 복지에 대한 관심을 의미한다고 생각한다. 　- 모든 사람의 경험과 배경은 다르지만 기본적으로 똑같은 권리를 가진 동등한 관계로서 권위를 이해하고, 이때의 복종행동은 자발적인 행위로서 간주된다. 　- 이 단계의 아동은 벌을 피하기 위한 복종과, 자발적이고 협동적인 복종을 구별한다. 커다란 발달적 변화를 보여주는 시기이다.
level 2-B	• 권위에 대해서 아동은 구체적인 상황적 요소와 그에 포함된 다양한 특성을 조정하여 개념화한다. 한 개인이 어떠한 상황에서는 잘할 수 있지만 또 다른 상황에서는 그렇지 못함을 인식하며, 권위는 분담적이고 협의적인 관계로 간주된다. 　- 복종도 특정 사람에 대한 일반화된 반응이라기보다는 구체적인 상황에 따라서 다르게 반응하는 협조적인 노력으로 이해된다.

❷ 리더십 발달단계 – 셀만(Selman)

> 연령이 높아짐에 따라 사회적 활동에 참여하고 또래들과의 접촉을 통해 성인의 권위에 대한 절대적 존경심이 감소되어 가면서 또래에 대한 권위 개념이 점차 발달된다.

단계	내용
0단계	힘이 더 세고 다른 유아에게 무엇을 하라고 지시하는 사람을 리더로 생각하는 신체적·행동적 개념으로 이해한다.
1단계	지식이나 기능이 제일 뛰어난 사람을 리더로 인식한다.
2단계	쌍방적인 개념에서 리더를 독재자가 아니라 권위자로 인식한다.
3단계	자신의 이익보다는 집단의 이익을 반영하고 집단을 구조화하는 매개자를 리더로 인식한다.

UNIT 31 정의(공정성, 분배, 나누기) 개념 - 데이몬/데몬(Damon, 1977)

KEYWORD# 데이몬의 분배 발달단계 — 추론 원칙 및 특징

1 개념

- 분배로 인한 갈등을 해결하는 기본 논리는 공정성이다. 자기중심적인 사고를 하는 유아들이 친구에게 자신이 소중하다고 생각하는 것을 나누어 주거나, 공평성과 분배의 개념을 이해하는 것은 어려운 일이다. 따라서 유아교육기관에 있는 유아들이 누구나 공평하게 놀이에 참여할 수 있고 교사로부터 공정한 대우를 받을 수 있는 도덕적인 분위기는 영유아 도덕성 발달에 중요한 역할을 한다.
- 데이몬은 도덕성 발달의 기초 개념으로서 유아가 공정한 분배와 나눔이 요구되는 상황에서 어떻게 사고하고 행동하는지에 관해 집중적으로 연구하였다.
  - 데이몬은 분배의 공정성에 대한 아동의 이해를 알아보기 위해 다음과 같은 갈등 상황을 들려주었다.
  - '유아들이 교실에서 그림을 그렸다. 어떤 아이들은 그림을 많이 그렸고 어떤 아이들은 그림을 적게 그렸다. 잘 그려진 그림이 있고 못 그린 그림도 있었다. 어떤 아이들은 착실하게 앉아서 열심히 그렸지만 어떤 아이들은 그림을 그릴 때 장난을 치고 돌아다녔다. 그림을 그린 아이들 중에는 부자와 가난한 아이들도 있었으며, 여자아이와 남자아이도 있었다. 교사는 아이들이 그린 그림을 바자회에 팔기로 했다. 바자회에서 번 돈은 아이들에게 어떻게 나누어 주는 것이 공평할까?'
  - '어떻게 나누어 주는 것이 공평할까?'라는 질문에 대한 유아의 답변을 바탕으로 데이몬은 공정성 (분배)의 발달 수준을 구분하였는데, 분배의 개념도 자기중심성에서 객관성과 평등성의 수준으로, 더 나아가 호혜적이고 상호적인 수준으로 진보하는 것을 알 수 있었다.

2 공정성 판단 수준 발달단계

추론 원칙	내용
0−A수준 소망 원칙 (4세 이하)	• 주관적이며 이기적인 특성을 지닌다. • 추론의 특징: 자신의 개인적인 욕구와 소망을 반영한다. • 선택의 이유: 이유 없이 단순히 그 선택을 주장한다. ⑩ "내가 원하니까 많이 가져야 해요."
0−B수준 외적특성 원칙 (4~5세)	• 추론의 특징: 여전히 자신을 만족시키고자 하는 욕구의 반영은 남아있으나, 초보적인 상호성의 개념이 출현한다. • 선택의 이유: 외현적으로 관찰 가능한 사실(⑩ 키, 성별 등)을 근거로 선택을 정당화한다. ⑩ "우리가 남자니까 더 많이 가져야 해요." ⑩ "난 몸집이 크니까 더 먹어야 해요."
1−A수준 동등 원칙 (5~6세)	• 추론의 특징: 철저하게 공평성을 주장하고 융통성이 없다(모든 사람에게 동등하게 분배해야 한다고 판단한다). • 선택의 이유: 선택은 철저한 평등 개념과 공평성의 원리를 바탕으로 적용한다. ⑩ "열심히 하거나 열심히 하지 않은 아이 모두 똑같이 나누어 가져야 해요."

1–B수준 장점 원칙 (7~8세)	• **추론의 특징** : 행위에 대해 호혜적이고 상호적인 개념이 있고(행위의 상호성 원리에 기초하여 판단), 장점이나 기여 정도에 따라 분배해야 한다고 판단한다(일을 많이 한 사람이 보상을 받아야 한다는 행위의 개념이 생긴다). • **선택의 이유** : 각자 행위에 따라 좋은 것이나 나쁜 것으로 보상을 받아야 한다. ⑩ "쟤는 많이 일했으니깐 많이 주자." ⑩ "그림을 많이 그린 아이들이 많이 가져야 해." • **한계점** 단지 한 가지 종류의 주장만 보상받을 가치가 있는 것으로 생각하기 때문에 갈등 해결방법에 대한 정당화가 일방적이고 융통성이 없다.
2–A수준 필요 원칙 (8~10세)	• **추론의 특징** : 도덕적 상대주의 입장이다. – 자신의 입장에서 서로 다른 공정성의 주장을 한다. – 도덕적 상대성에 대한 개념이 생기므로 모든 사람의 요구를 고려하여 양적인 타협을 시도한다. • **선택의 이유** : 필요가 있는 사람들의 요구에 대해 가치와 합리적 이유를 든다(필요한 사람에게 많이 분배해야 한다고 판단한다). • 여러 가지 갈등이 포함된 주장을 인식하게 된다. – 갈등의 해결이라기보다는 갈등이 되는 주장 간에 타협을 시도하게 된다. ⑩ "가난한 아이가 더 가져야 해." ⑩ "그 사람이 많이 가져야 하지만, 다른 사람들도 조금은 가져야 해요."
2–B수준 형평 원칙 (10세 이상)	• **추론의 특징** : 공평과 상호성(동등과 상호성)을 고려하여 통합한다. • **선택의 이유** – 다양한 상황적 요구를 고려하여 모든 사람들은 그들의 몫이 주어져야 한다. – 다양한 사람들의 특수 상황과 특수 요건을 고려해 분배해야 한다고 판단한다. – 현 상황에서 가장 정당화될 수 있는 것이 어떤 주장인지 더 고차원적으로 판단하게 된다. ⑩ "가장 공평하게 나누려면 어떻게 하면 좋을지 이야기해 봐요."

UNIT 32 사회적 규칙 개념 – 콜버그(Kohlberg), 튜리엘(Turiel)

1 사회적 규칙의 초기 발달과정(Kohlberg)

stage 0	• 규칙은 구체적인 행동이나 요구와 구분되지 않는다. • 규칙이나 규약 또는 사회적 규범의 개념이 없는 상황이다.
stage 1	• 규칙은 권위자(예 부모, 교사, 경찰 등)로부터 나오며, 매우 구체적이다. • 규칙은 나쁜 행동을 금지(예 싸우지 않기 등)하거나 복종할 것을 제시한다. • 금지된 행동이 나쁘다고 하는 점은 권위의 규칙을 따르지 않는 것이 나쁘다고 생각하는 것과 혼돈되어 있다.
stage 2	• 규칙은 안내의 기준이며, 지키는 사람들에게 긍정적인 안내의 역할을 하는 것으로 간주된다. • 그 집단이 지향하는 관점과 결과의 측면에서 상황에 따라 융통성을 가진다.

2 사회적 규범에 대한 유아의 이해 수준(Turiel, 1983)

• 튜리엘은 유아의 사회적 규칙에 대한 이해 및 사회적 개념의 발달에 관한 연구를 통해 사회적 개념과 도덕적 판단의 발달을 구분하고, 구체적인 영역별로 유아의 발달과정을 제시하였다.
• 유아가 자주 다루는 사회적인 개념으로서 약속 또는 규범, 예절, 법, 성역할에 적합한 행동의 이해 등을 중심으로 유아의 생각과 판단의 근거 등을 조사하였다.

level 0	• 모든 형태의 사회적 규칙은 그러한 행동을 하려는 자신의 욕구에 의해서만 주어지는 등 상황적으로 매우 특수한 행동양식으로 지각된다. • 사회적인 규범이나 관습은 일관성 있게 행동을 규제하는 것으로 간주되지 않으며, 개인적 습관처럼 지킬 수도 있고 그렇지 않을 수도 있는 순간적인 규약으로 본다.
level 1	• 사회적 규칙과 내적 욕구 사이의 잠재적 갈등이 인식되기 시작한다. • 사회적인 관습이나 규칙을 개인적인 습관과는 다른 어떤 제약으로 느끼며, 권위자나 사회집단이 요구하는 통일된 행동양식으로 간주한다.
level 2	어떤 사회적인 제약들(예 도덕적인 규범)은 점차 분화되어 간다.
level 3	규칙이 적용되는 사회적인 제약의 기능에 대한 이해를 바탕으로 모든 사회적 규칙에 대한 준수 정도가 높아진다. 예 규칙이 무시되면 혼란이 올 것이기 때문에 규칙을 어기는 것은 나쁜 것으로 간주한다.

UNIT 33 규칙 인식 및 규칙 적용 – 피아제(Piaget)

1 개념

- 규칙에 대한 인식과 실천 측면에서 아동들의 규칙 적용 단계를 설명하였다.
  - 피아제는 모든 도덕의 본질에 대해 규칙을 대하는 태도의 관점에서 보고, 규칙에 대한 인식과 규칙의 실제 적용이라는 측면에서 접근한다.
- 놀이에서 유아가 규칙을 어떻게 이해하고 실행하는지를 검토하여 그 방식을 4단계로 설명한다.
- 규칙이란 최초의 성인으로부터 강화된 것으로 성인의 압박에 의해서는 규칙에 대한 타율적 존중단계에 머무르지만, 또래와의 협동적인 놀이를 통하여 규칙에 대한 자율적인 존중단계를 가져올 수 있다.

2 발달단계

감각 운동의
(순수한 운동적 및
개인적 특성,
purely motor and
individual character)
단계
(0~2세)
	• 이 시기의 유아는 규칙이라는 것 자체를 깨닫지 못하며, 자기가 하고 싶은 충동에 의해 제멋대로 행동하는 부도덕적 도덕 개념의 단계이다.
	  – 즉, 반복하거나 운동신경적인 규칙에 따라 동작할 뿐 어떤 규칙도 동작을 규제하지는 못한다.
	• **구슬치기**
	  – 이 단계의 아동들은 자기 욕구에 따라, 그리고 운동습관에 따라 구슬을 가지고 논다. 이 시기의 아동들은 다소 의례화된 스키마의 형성이 이루어지나, 여전히 놀이는 순전히 개인적인 것이기 때문에 올바른 규칙 전체를 이야기하지 않고 운동적 규칙만을 이야기한다.

자기중심적 (egocentric) 단계 (2~7세)	• 이 시기의 유아는 현상에 대해 주관적·직관적으로 이해하고 생각하는 반면, 사회집단의 의식을 흉내 내며 사회와 관련을 맺고 싶어 한다. • 놀이에 규칙이 있다는 것을 인식하기 시작하며, 그 규칙이 신성불가침과 불변이라는 것을 알지만, 자기중심적으로 적용하고 여러 친구와 함께 있어도 각자의 놀이를 따로 즐긴다. • 이 단계의 아동은 각자 나름대로 놀이를 하기 때문에 누가 이겼는지, 또 이긴다는 것이 무엇을 의미하는지에 대한 분별력이 없다. • **구슬치기** – 성문화된 규칙의 예를 외부에서 수용할 때 이 단계가 시작된다. 이 시기의 아동들은 다른 아동들의 놀이규칙을 관찰하고 모방하기도 하지만 여전히 혼자 논다. 함께 놀더라도 각자 자기 방식대로 놀이를 하고, 승부에 집착하지 않아 모두 승자가 될 수도 있으며, 규칙의 성문화에는 관심이 없다. 다른 아동에 대한 모방과 수용한 예들의 순전한 개인적 사용을 결합한 이러한 이중적 특성을 자기중심적이라 지칭할 수 있다.

초보적인 협동 (초기 협동, incipient cooperation) 단계 (7~10세)	• 놀이활동은 논다는 순수한 즐거움보다는 그들이 동의하는 규칙에 따라 타인과 경쟁하는 데서 즐거움을 얻는 시간이다. 　– 여전히 규칙에 대해 타율적으로 복종하지만, 자기중심적 단계와 다른 점은 규칙이 사회활동으로서 그 놀이를 통제하는 필수적인 것임을 안다는 것이다. 　– 그러나 규칙을 분명하게 이해하지 못하여 적용에 문제가 발생하였을 때 상반된 해석을 하는 등 규칙에 대한 이해에 있어서 상호이해의 불완전성을 보인다. • **구슬치기** 　– 놀이에 참가하는 모든 아동이 이기려고 애를 쓰므로 서로 통제하는 것과 규칙을 통일하는 것에 관심을 갖기 시작한다. 놀이를 하는 중에 어떤 합의에 도달하지만, 전반적인 규칙에 대한 생각은 아직 모호하다. 이 단계에 속한 아동은 같은 학교 같은 학급에 속해 있기에 서로 계속하여 같이 놀게 되므로 때때로 구슬치기 놀이 중에 지켜야 할 규칙의 해석에 관해 논쟁이 일어나기도 한다.
법전화 (규칙의 성문화, codification of rules) 단계 (11~12세)	• 이 시기가 되면 추상적인 추론 능력이 발달하므로 규칙의 인식과 실행 사이에 밀접한 관계가 형성되어 규칙을 조목별로 법전화하는 것에 관심이 높다. • 규칙을 새롭게 만들어 가는 것을 즐기며, 특히 규칙의 발명 및 정교화에 시간을 많이 사용한다. • **구슬치기** 　– 구슬치기 놀이의 세부사항까지 정해져 있을 뿐만 아니라 실제적인 규칙들이 집단 전체에 잘 알려져 있다. 구슬치기 놀이의 규칙이나 변형된 구슬치기 놀이에 대해 의문이 있을 경우, 같은 학급의 11~12세의 아동에게 물어보면 상당한 정도로 규칙이 일치한다.

놀이 규칙에 대한 의식의 발달단계 − 피아제(Piaget)

비강압적 (not coercive) 단계	• 이 단계의 아동들은 순수한 운동적 및 개인적 특성 단계 또는 자기중심적 단계의 초기에 속한다. • 그들은 규칙을 있는 그대로 무의식적으로 받아들이며, 그 규칙을 지켜야 하는 의무적인 것으로 생각하기보다는 흥미 있는 하나의 예로 생각하므로 규칙을 강압적인 것으로 생각하지 않는다.
신성불가침 (sacred and untouchable) 단계	• 자기중심적 단계가 끝나는 시기부터 초기 협동단계의 중간 시기까지가 이 단계에 해당한다. • 규칙은 어른들로부터 비롯된 것으로, 영원한 것이며 신성하고 고칠 수 없는 것으로 간주한다. • 이 시기의 아동들은 규칙을 변경하려는 모든 제안은 규칙을 어기는 것으로 간주한다.
상호 동의 (mutual consent) 단계	• 이 단계에 이르면 아동들은 더 이상 규칙이 외부에서 부가된 것으로서 예부터 변함없이 그대로 전해져 내려왔다고 생각하지 않는다. • 상호 동의에 의해 만들어진 법과 같은 것으로 규칙을 간주하고, 아동들에 의해 점점 바뀌어 온 것으로 생각한다. • 규칙은 존중되어야 하지만, 사람들이 허락한다면 자신이 변경할 수도 있다고 생각한다.

아동의 규칙에 대한 의식의 발달단계

단계 \ 연령	0	1	2	3	4	5	6	7	8	9	10	11	12
비강압적	----------												
신성불가침			-------------------------------										
상호 동의										---------------------			

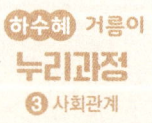

유아의
정서발달

I 인성

UNIT 34 인성교육의 기본 관점

1 인성교육의 개념 및 정의

인성의 정의	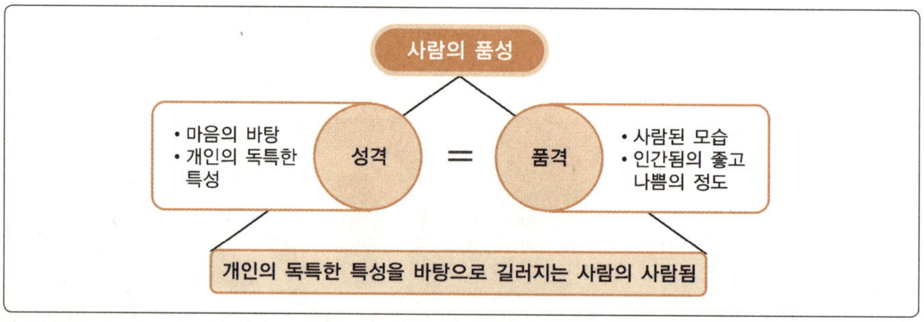 **사람의 품성** • 마음의 바탕 • 개인의 독특한 특성 → **성격** = **품격** ← • 사람된 모습 • 인간됨의 좋고 나쁨의 정도 **개인의 독특한 특성을 바탕으로 길러지는 사람의 사람됨**
인성교육의 정의	Lickona (1991) 유아들은 도덕적 앎, 도덕적 감정, 도덕적 행동이 어우러질 때 그 결과로 좋은 인성을 갖게 되는데, 이러한 좋은 인성을 발달시키기 위한 의도적이고 행동지향적인 노력을 말한다.
	한국교육개발원 (1994) 도덕성, 사회성, 정서를 포함한 바람직한 인간으로서의 성품을 기르는 교육이며, 덕성을 바탕으로 교양과 능력을 겸비한 인간으로 기르는 교육이다.
	한국교육학회 (2001) 기존의 인지적으로 편중된 교육 상황에서는 별로 다루지 않는 정의적 측면 및 인간의 본성과 관련한 것으로, 학습자로 하여금 건강한 전인적인 민주 시민으로 성장하고 생태적인 본성을 실현함으로써 보다 풍부하고 자유로운 삶을 살 수 있도록 하기 위한 교육적 경험을 제공해 주는 것이다.
	교육부 (2009) 21세기 글로벌 인재에게 필요한 인성을 길러주기 위하여 기존의 가치교육이나 가치전수가 아닌 창의성과 인성을 유기적으로 연결 또는 통합하는 교육으로서, 주로 인간관계와 관련된 덕목과 도덕적인 판단에 필요한 능력을 교육하는 것이다.
	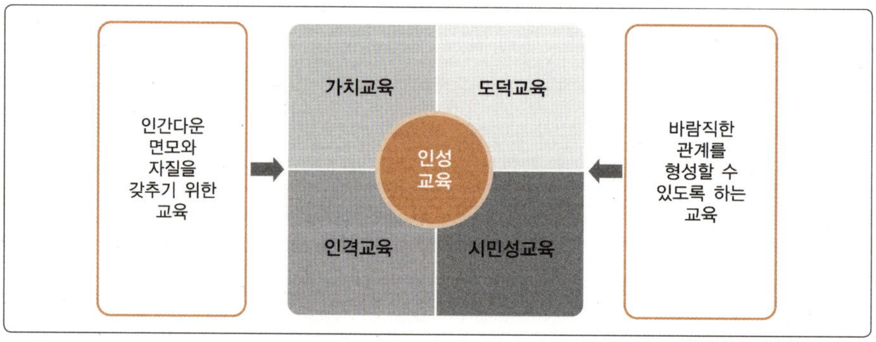 인간다운 면모와 자질을 갖추기 위한 교육 → [가치교육 / 도덕교육 / 인격교육 / 시민성교육] **인성교육** ← 바람직한 관계를 형성할 수 있도록 하는 교육

목적	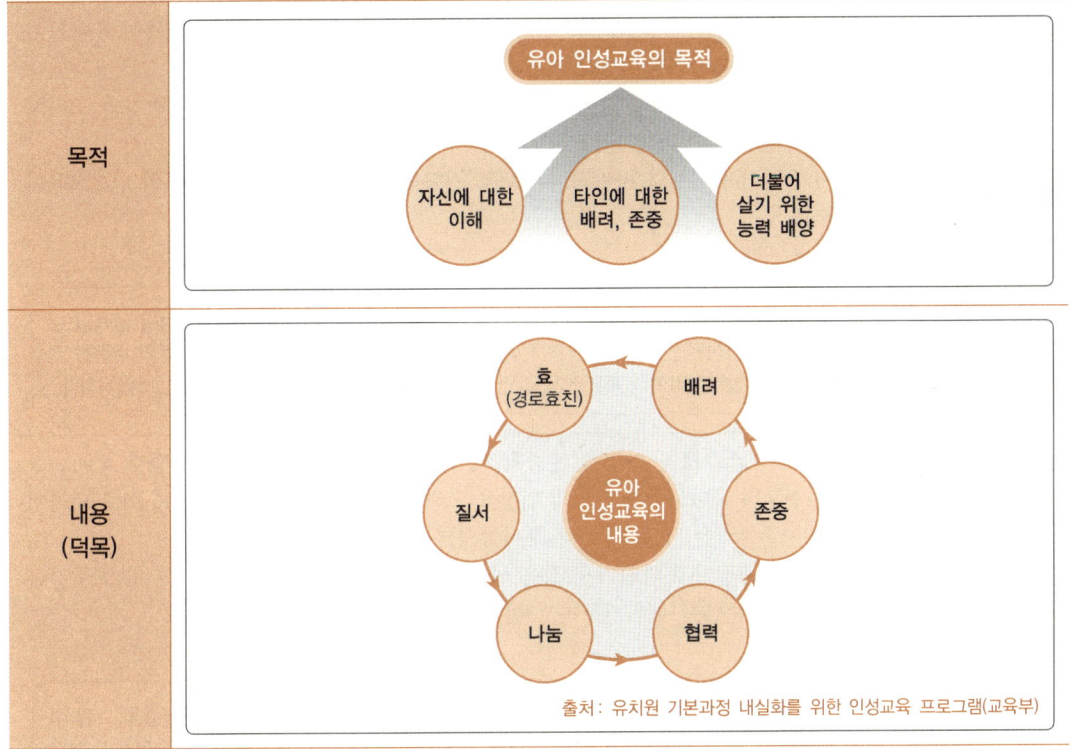
내용 (덕목)	출처: 유치원 기본과정 내실화를 위한 인성교육 프로그램(교육부)

2 인성교육의 중요성

인성교육의 중요성	• 미래의 지식정보화 사회에 능동적으로 대처하기 위해서는 사람과 사람의 관계를 가치 있게 여기는 인성적 덕목을 갖춘 사람이 필요하다. • 인성교육이 '더불어 살 줄 아는 인재'를 양성하는 미래교육의 본질이자 궁극적인 목표라는 시민적·국민적 공감대가 확산되고 있다. • 인성 형성에 결정적 시기인 유아기부터 타인을 배려하고 더불어 존중하며 협력적으로 살아가기 위한 인성교육이 중요하다. 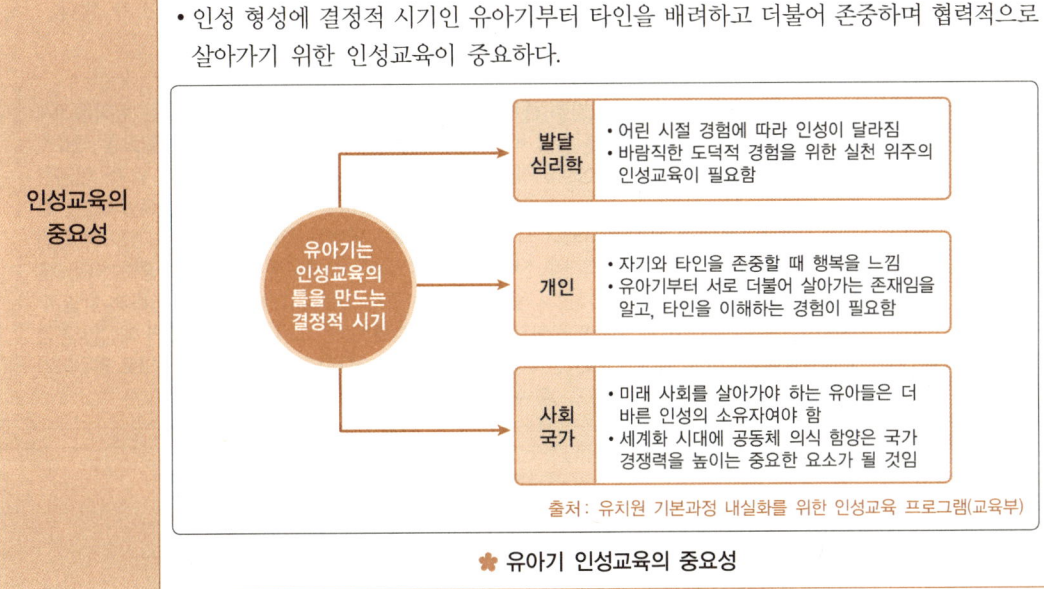

출처: 유치원 기본과정 내실화를 위한 인성교육 프로그램(교육부)

✿ 유아기 인성교육의 중요성

발달심리학적 측면	• 영유아기의 인성은 다양한 사회 환경과의 상호작용에 의해서 형성되며, 특히 유아들이 성장하는 과정에서 여러 가지 경험의 축적물이 쌓여 인성이 된다. • 인성은 어린 시절에 어떤 경험을 하느냐에 따라 달라지고 개인의 삶의 방향과 도덕적 행동의 수준을 결정하게 된다. • 따라서 유아기에는 보다 바람직한 도덕적 경험을 할 수 있도록 실천 위주의 인성교육이 필요하다. **거름이 Tip** 영유아기는 인성 형성의 결정적 시기로 이 시기에 어떤 경험을 하느냐에 따라 인성이 달라질 수 있으며, 이렇게 형성된 인성은 성인기까지 지속되어 개인의 삶의 방향과 도덕적 행동의 수준을 결정하게 되므로 발달심리학적 측면에서도 인성교육은 영유아기부터 시작하는 것이 바람직하다.
개인적 측면	• 인간은 자기 스스로와 타인을 존중할 때 행복감과 소속감을 느낄 수 있다. • 어린 시절부터 유아들에게 타인의 입장을 고려하고, 예절과 질서를 지키며, 서로 더불어 살아가는 존재라는 것을 가르쳐 주어야 한다. • 자기감정을 조절하고 타인의 감정을 이해하여 원만한 대인관계를 유지해 나가는 경험들을 유아 수준에서 배워가도록 해야 한다. **거름이 Tip** 개인적 측면에서 인간은 자기 스스로를 존중하고 타인을 존중할 때 행복감과 소속감을 느낄 수 있다고 보므로, 어린 시절부터 타인의 입장을 고려하고 예절과 질서를 지키며 서로 더불어 살아가는 존재라는 것을 가르칠 필요가 있다. 아울러, 자기감정을 조절하고 타인의 감정을 이해하며 유아 수준에서 원만한 대인관계를 유지해 나가는 경험들을 해나갈 수 있도록 영유아기부터 인성교육을 시작하여야 한다.
사회국가적 측면	• 지식의 폭발적 증가와 함께 국경 없는 시대에 살아가야 하는 유아들은 더욱 바른 인성의 소유자여야 한다. • 세계화와 개방화가 될수록 우리 고유의 전통인 어른에 대한 예절과 공경정신은 우리의 공동체 의식을 높여준다. • 따라서 유아기에 인성교육을 강화하는 것은 국가 경쟁력의 중요한 요소가 된다. **거름이 Tip** 사회국가적 측면에서 지식의 폭발적 증가와 함께 국경 없는 시대를 살아가야 하는 유아들에게 바른 인성은 필수적이다. 먼저 지식의 폭발적 증가 측면에서 유아기 인성교육이 필요한 대표적 이유는 정보 홍수의 환경에서 성장하게 되는 유아들에게 정보의 올바른 활용과 평가, 현명한 선택을 할 수 있는 능력을 길러주는 것이 그 무엇보다 중요하기 때문이며, 지식의 폭발적인 변화에도 자신의 가치관과 윤리를 지키며 적절하게 대처하는 방법을 익히도록 도울 수 있어야 하기 때문이다. 다음으로 국경 없는 시대를 살아가야 할 유아들은 다양성을 이해하고 존중하는 태도를 갖추고, 다양한 문화와 배경을 가진 사람들과 교류하면서 협력하고 적응하며 조화롭게 지낼 수 있어야 하므로 유아기부터 충분한 인성교육이 이루어져야 한다. 그리고 우리 고유의 예절인 공경정신은 공동체 의식을 높여줄 뿐만 아니라 국가 경쟁력의 중요한 요소가 될 수 있으므로 영유아기부터 인성교육을 시작해야 한다고 볼 수 있다.

UNIT 35 인성 덕목

KEYWORD # 배려, 협력, 존중

덕목	정의	하위 내용
배려	타인의 필요와 요구에 민감하게 반응하고 공감하는 것	친구, 가족, 이웃, 동식물에 대한 배려
존중	사람이나 사물은 기본적으로 그들의 존재만으로 존중할 가치가 있음을 인식하고, 그 가치에 대하여 소중히 여기는 것	자신과 전통문화에 대한 존중, 다른 사람들과 다른 문화에 대한 존중, 생명과 환경에 대한 존중
협력	두 명 이상의 구성원이 공동의 목표를 설정하고, 이를 달성하기 위하여 개인적 책임을 다하며 서로 조언 및 조력을 주고받는 것	긍정적인 상호 의존성, 개인적 책임감, 집단 협력
나눔	자기 스스로 우러난 마음에서 남을 돕기 위해서 하는 일로, 대가를 바라지 않고 지속적으로 도와주는 것	나눔의 의미 알기, 나눔을 실천하기, 나눔에 참여하기
질서	민주주의 사회에서 책임감 있는 민주시민으로 살아가기 위해 필요한 사회 규범을 지키는 것	기초질서, 법질서, 사회질서
효	자식으로서 인간된 도리를 충실히 하는 것	부모, 조부모, 지역사회 어른에 대한 효

범교과 공통 인성 덕목(교육부, 2014)

핵심 인성 덕목	정의
자아정체감	개인의 자아개념에 대한 통합적이고 안정되며 명확한 감정
정직	• 마음에 거짓이나 꾸밈이 없이 바르고 곧음 • 경제적인 또는 여타의 이익과 같은 타인의 권리에 대해 배려하고 존중할 줄 아는 행동특성
책임	• 맡아서 해야 할 임무나 의무, 어떤 일에 관련되어 그 결과에 대해 지는 의무나 부담, 또는 그 결과로 받는 제재 • 사회적 규약에 따라 행동해야 하며, 이러한 사회적 약속을 이행하지 않은 데 대한 불이익을 기꺼이 받아들여야 한다는 것에 대한 지각
존중	• 높이어 귀중하게 대하는 것 • 타인의 가치 또는 지적인 차이를 가져올 만한 사회적 체제, 철학, 프로그램, 생활양식 등에 대한 인정
배려	도와주거나 보살펴주려고 마음을 쓰는 것
공감	• 남의 감정, 의견, 주장 따위에 대하여 자기도 그렇다고 느끼는 것, 또는 그렇게 느끼는 기분 • 다른 사람의 고난에 대한 지각, 다른 사람의 고난을 보고 느끼는 불유쾌한 감정, 또는 그 고난을 덜어주기 위한 행동
소통	• 막히지 아니하고 잘 통함. 뜻이 서로 통하여 오해가 없는 것 • 환경과의 또는 개인과 개인 간 느낌의 주고받음
협동	• 힘을 합하여 서로 돕는 것 • 동일한 효과를 발휘하기 위해 둘 또는 그 이상의 객체 간에 함께 일함

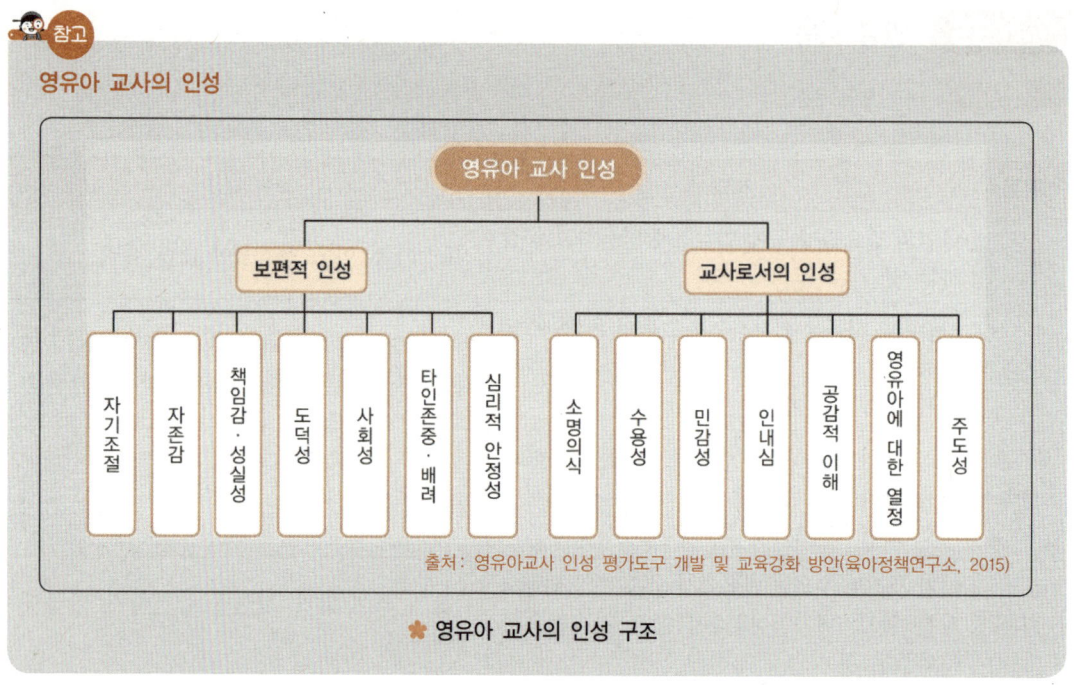

★ 영유아 교사의 인성 구조

UNIT 36 인성교육의 교수 · 학습방법

• 유아 인성교육은 유아가 활동의 주체가 되도록 하며, 활동이 구체적이고 다양하되 통합적이고, 유아 스스로 자발적인 동기를 가질 수 있도록 구성되어야 한다.
 − 이를 위한 유아 인성교육의 구체적인 방법으로는 토의, 협동학습, 현장학습, 역할놀이, 스토리텔링, 도서 및 세대 간 지혜나눔 전문가 활용 등이 있다.

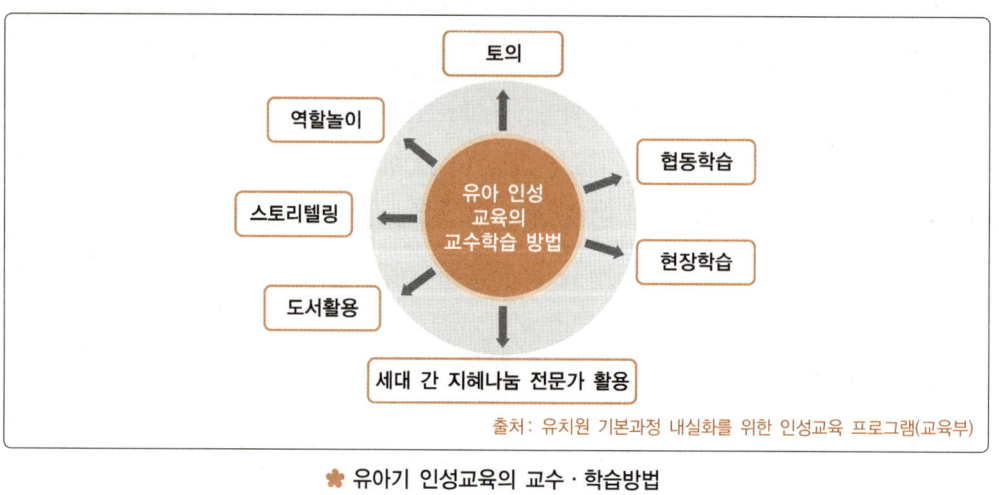

출처: 유치원 기본과정 내실화를 위한 인성교육 프로그램(교육부)

★ 유아기 인성교육의 교수 · 학습방법

토의	• 도덕적 문제에 대해 유아들이 서로 의견을 나누고 의견들 사이의 유사점과 차이점을 찾아보며, 궁극적으로 문제를 자율적으로 해결하는 것이다. 　－ 유아들의 인지발달 단계에 적합한 토론 주제를 제시하여 유아들끼리 토론을 해 나가도록 유도한다. • 가정이나 유치원에서 유아들이 경험하는 다양한 갈등 상황이 토론의 주제가 될 수 있다. • 유아들끼리의 토론이 잘 진행되지 않는 경우 교사가 중간에 개입하여 토론의 진행을 도울 수 있다.
협동학습	• 인성교육 내용들이 지식 전달에 그치지 않고 유아 수준에서 적절한 실천으로 이어질 수 있도록 협동학습을 최대한 활용한다. • 협동학습의 과정에서 유아들은 집단 구성원들과 공동의 목표를 달성하기 위하여 주어진 과제를 수행하고 지속하면서, 자기가 맡은 역할을 끝까지 책임감 있게 완성하려는 노력을 보임으로써 능력이 향상된다. • 집단 구성원들과 다양한 의견들을 절충하는 가운데 타인의 권리와 요구를 존중하면서 자기의 의견, 요구, 느낌 등을 적절히 표현하는 자기주장의 능력도 증진된다.
현장학습	• 유아들이 현장을 직접 방문하여 체험해 봄으로써 사회적 규범과 질서를 습득하여 실천에 옮길 수 있다. 　**예** 어린이 교통공원을 방문하여 실제로 교통놀이 체험을 함으로써 사회적 규범으로서의 교통법규 준수의 중요성을 습득할 수 있다. • 유아들은 자신들의 발달단계에 맞는 사회 참여적 봉사활동을 함으로써 인성을 더욱 발전시켜 나갈 수 있다. 　**예** 양로원을 방문하여 안마를 해 드리거나, 아름다운 가게 등을 방문하는 실천적인 경험을 통해 어려서부터 사회적·도덕적 인성을 함양시킬 수 있다.
역할놀이	• 유아들로 하여금 어떤 상황 또는 장면에 처해보게 하거나 특정 역할을 구체적으로 경험해 보게 함으로써, 바람직한 인간관계나 가치의 문제를 보다 깊이 이해시키고 도덕적 사고력과 판단능력을 향상시키며 도덕적 행동의 성향을 증진시키는 방법이다. • 도덕적 딜레마 상황이나 사회적 질서 또는 예절을 지키지 않음으로써 생긴 상황에서의 역할놀이는 유아들의 흥미를 끌고 주의를 집중시키면서 인성교육을 할 수 있는 좋은 방법이다.
도서 활용	교훈적이고 감명 깊은 도서를 활용하여 유아들의 간접 경험을 풍부하게 하며, 다른 사람의 생활과 경험, 느낌을 공감하고 도덕적 판단 기준을 갖게 한다. **예** 역사적으로 실존했거나 현존하는 인물 가운데 덕행으로 본이 될 만한 사람들에 대한 문학 작품을 제시할 수 있다.
스토리텔링 (storytelling)	• 교훈적이고 감명 깊은 이야기를 통해 인성 덕목에 관한 유아들의 이해나 사고력을 심화시키고, 감동을 바탕으로 유아들의 실천의욕을 증진시키는 방법이다. • 교사가 준비하기 용이하고 쉽게 접근할 수 있다는 장점이 있지만, 유아들의 입장에서 훈화나 교훈과 같이 지루하게 느껴질 수도 있다는 단점이 있다. • 교사는 유아들이 흥미로워 할 수 있는 좋은 이야기 자료를 준비하여 유아들에게 감동·감화를 주는 것은 물론, 모범적 인물이나 훌륭한 도덕적 삶의 본보기를 제시해 줌으로써 유아들이 여러 가지 인성 덕목에 대해 배우는 기회를 제공해 줄 수 있다.

세대 간 지혜 나눔 전문가 활용	• 세대 간 지혜나눔 전문가들을 교실에 초청하여 이야기를 듣거나 함께 활동을 해보는 것은 인성교육의 유용한 방법 중 하나이다. • 인성의 덕목에 대해 알아보고 실천할 수 있도록 다양한 분야에서 일하고 있는 세대 간 지혜나눔 전문가들을 초청하여 그들과 경험을 나누어 봄으로써 유아들의 경험과 흥미를 확산시킬 수 있다.

UNIT 37 인성교육의 교사 역할

교사가 의도적으로 계획한 활동을 중심으로 인성교육이 실시되는 것뿐만 아니라 비공식적인 잠재적 교육과정으로도 인성교육이 이루어진다는 점을 유념해야 한다.

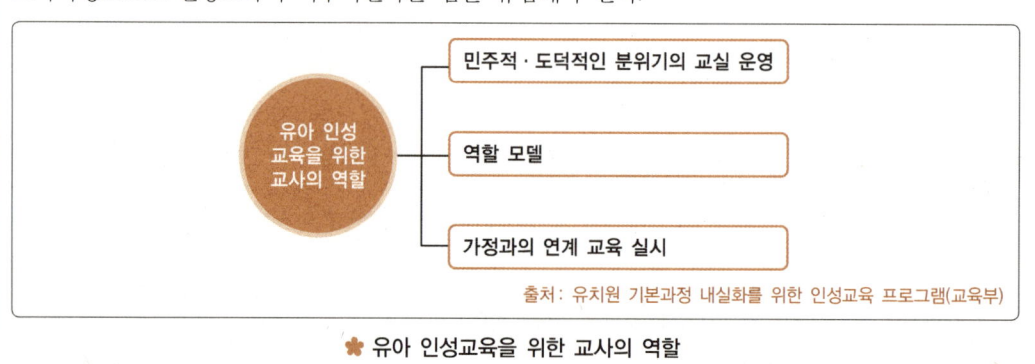

★ 유아 인성교육을 위한 교사의 역할

민주적이고 도덕적인 분위기의 교실 운영	• 교실 분위기 자체가 민주적이며 서로 배려하는 도덕적인 교실을 운영하는 것이 중요하다. 예 교실에서 필요한 규칙을 교사가 일방적으로 정하고 유아에게 지키도록 요구하는 것보다는 유아와 함께 필요한 규칙을 정해보는 것이 도덕적인 교실을 운영하는 한 가지 방법이 될 수 있다. • 이때 '○○하지 않기'보다는 '○○하기'라는 긍정적인 표현을 사용하여 규칙을 정하는 것이 긍정적 사고를 형성하는 데 도움이 된다.
역할 모델	• 교사의 역할 중에서 모델로서의 역할은 항상 강조되어 왔으나, 인성교육에서는 특히 중요하다. • 교사는 존중의 덕목을 가르치려고 하지 말고 교사 스스로가 유아를 존중하는 모습을 보여줌으로써 유아가 자연스럽게 보고 배울 수 있도록 해야 한다. • 유아는 이러한 민주적이며 도덕적인 분위기 속에서 생활하게 될 때 중요한 인성 덕목을 습관적으로 내면화할 수 있다.
가정과의 연계교육 실시	• 유아 인성교육이 삶을 통해 지속적으로 이루어지기 위해서는 유치원에서만 실천하는 것으로는 어려우므로 가정과의 연계가 반드시 필요하다. • 최초의 교사는 유아의 부모이며 인성교육을 실천하는 일차적인 장소가 가정임을 인식하여 유치원의 인성교육에 가정을 적극적으로 끌어들일 방안을 찾아야 한다. • 가정 내에서 인성교육을 실천할 수 있도록 안내하고, 부모교육을 통해 인성교육의 중요성과 구체적인 방법을 공유해야 한다.

UNIT 38 인성중심 가치교육

1 인성중심 가치교육의 개념

- 인성교육이란 자신의 내면을 바르고 건전하게 가꾸고 타인·공동체·자연과 더불어 살아가는 데 필요한 인간다운 성품과 역량을 기르는 것을 목적으로 하는 교육이다(교육부).
- 유아인성교육의 개념은 2019 개정 누리과정에서의 '추구하는 인간상', 즉 몸과 마음이 건강하고 자주적, 창의적이며 감성이 풍부하고 더불어 사는 사람과 연결되어 있다(교육부, 2020).
- 유아인성교육이란 유아가 긍정적인 자아감을 형성하여 자신을 소중히 여기고, 남을 배려하고 다름을 인정하며 사회문제에 관심을 가지고 협력하는 품성의 기초를 형성하는 교육이다.
- 유아인성교육의 기반인 가치는 놀이와 일상생활 속에서 내면화되어 바른 인성 형성을 돕는 기반이 된다.
- 가치교육은 인성교육과 목표는 동일하나, 가치판단 과정과 가치내면화 과정을 더 중요시하여 일상생활 속에서 자율적 적용이 수월하다.

2 인성중심 가치교육의 필요성

- 유아기에 형성된 가치와 태도는 성인기까지 지속되기 때문에 유아교육기관에서의 경험을 통해 가치를 탐색·선택하여 내면화하는 것이 중요하다.
- 미래사회는 수많은 가치가 공존하고 다양한 가치 갈등상황이 발생할 확률이 높으므로, 일상생활 속에 있는 가치를 탐색해 보고 내면화하여 합리적인 판단을 내릴 수 있도록 하는 유아가치교육이 반드시 필요하다.
- 기존의 가치교육은 계획된 활동 위주의 적용이 대다수로, 유아의 자율적 가치탐색과 내면화가 어려워 유아·놀이중심 교육과정에 부합하지 못한다.
- 기초 조사 결과, 교사들은 유아기 가치교육의 중요성은 인식하고 있었으나, 구체적인 실행방법에 대한 정보 부족, 가치교육과 놀이와의 연계방법 이해 부족, 가치교육에 대한 부모이해 자료 부족 등으로 어려움을 느끼고 있다.
- 교사들은 개정 누리과정과 가치교육의 연계 방안, 가치교육에 대한 교사의 전문성 확보 및 부모의 이해와 참여, 기관의 교육철학 확립, 구체적인 교수학습 방법 및 자료 제공 등을 요청하고 있어 이에 대한 지원 방안이 필요하다.
- 델파이 조사 결과, 가치교육 실현의 어려움으로는 가치교육에 대한 이해 부족, 유치원과 가정 간 교육 방향의 상이함에 따른 한계점 등이 나타났다. 이를 위해 부모가 가치교육의 비전을 이해하고 교육의 동반자로 인식할 수 있도록 소규모 부모동아리 운영 등 다양한 부모참여의 활성화가 요구된다.

3 인성중심 가치교육의 내용

- 인성교육진흥법(2015)에서는 핵심 가치·덕목으로 예, 효, 정직, 책임, 존중, 배려, 소통, 협동을, 그리고 이를 실천하기 위한 핵심 역량으로는 지식, 의사소통능력, 갈등해결능력이 통합된 능력을 제시하였다.
- 유아인성교육의 목적을 자신에 대한 이해, 타인에 대한 배려·존중, 더불어 살기 위한 능력 배양으로 설정하였다(교육과학기술부, 2012).
- 목적에 부합한 인성교육의 내용은 개인적 가치, 대인적 가치, 사회적 가치로 정리할 수 있다.
- 문헌조사, 델파이 조사를 근거로 하여 가치의 구성요인을 '나(개인적 가치)', '너(관계적 가치)', '우리(공동체적 가치)'로 나누었다.
- 가치교육의 내용은 놀이와 일상생활 속에서 융합되는 것으로 순차적이지 않다.

개인적 가치	• 인성의 기본 단위로 개인이 중심이 되어 발현된다. 특정 행동이나 결과를 더 바람직하다고 생각하는 개인적인 신념으로 개인의 태도, 판단, 선택, 행동양식 등에 중요한 영향을 미친다. • 유아의 개인적 정서와도 관련이 깊으며 용기, 정직, 자기조절, 주도, 자기존중, 도전, 인내심, 책임으로 내용이 구성된다.
관계적 가치	대인적 가치와 동일한 개념으로 다른 사람을 이해하고 배려하는 마음이며, 조화, 배려, 존중, 감사, 양보, 공유, 사랑, 도움, 공감, 예의의 내용으로 구성된다.
공동체적 가치	• 사회적 가치와 동일한 개념으로 공동체 의식을 가지고 유치원과 지역사회의 구성원을 배려하고, 공동선을 추구하는 민주시민의식을 지니는 것이다. • 인권, 평화, 소통, 협력, 자유, 봉사, 공정, 평등으로 내용이 구성된다.

④ 추구하는 인간상과 가치교육의 연계

건강한 사람
• 자신의 소중함을 알고 건강하고 안전한 생활습관을 기른다. • 자신을 소중히 여기는 사람으로 성장하도록 도와야 한다.

감성이 풍부한 사람
• 일상에서 아름다움을 느끼고 문화적 감수성을 기른다. • 예술을 사랑하고 존중하며 주변세계의 아름다움을 공감할 수 있도록 지원한다.

자주적인 사람
• 자신의 일을 스스로 해결하는 기초 능력을 기른다. • 자신의 일을 주도적이고 자율적으로 해결해 나가는 사람으로 성장하도록 도와야 한다.

더불어 사는 사람
• 사람과 자연을 존중하고 배려하며 소통하는 태도를 기른다. • 주변 사람과 환경을 소중히 여기며 협력할 수 있도록 도와야 한다.

창의적인 사람
• 호기심과 탐구심을 가지고 상상력과 창의력을 기른다. • 융통성 있는 발상의 전환을 지원한다.

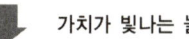

같이 만드는 놀이 　　 가치가 빛나는 놀이

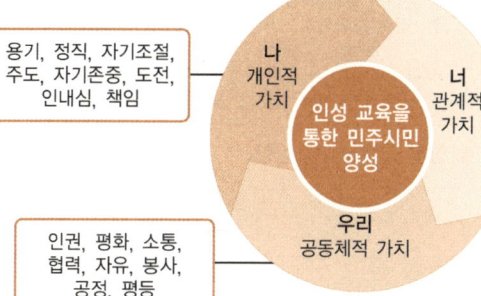

나
개인적 가치
용기, 정직, 자기조절, 주도, 자기존중, 도전, 인내심, 책임

너
관계적 가치
조화, 배려, 존중, 감사, 양보, 공유, 사랑, 도움, 공감, 예의

우리
공동체적 가치
인권, 평화, 소통, 협력, 자유, 봉사, 공정, 평등

인성 교육을 통한 민주시민 양성

UNIT 39 창의·인성교육

미래사회 글로벌 인재를 양성하기 위한 교육정책의 방향은 창의성과 인성을 길러줄 수 있는 창의·인성교육으로 전환하고, 이를 반영한 미래형 교육과정이 추진·활성화될 것이다.

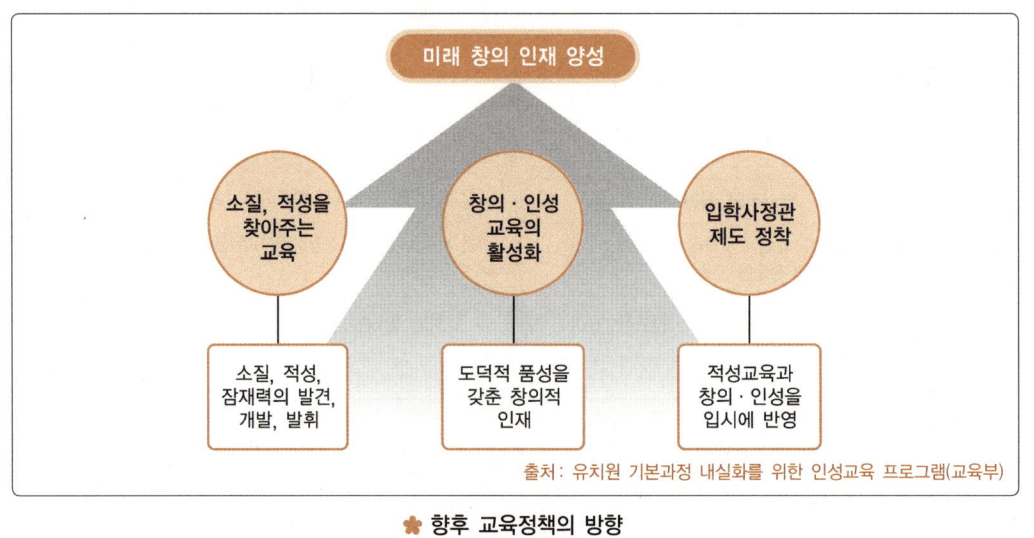

★ 향후 교육정책의 방향

MEMO

개념 및 정의	• 새로운 가치를 창출하고 동시에 더불어 살 줄 아는 인재를 양성하는 미래 교육의 본질이자 궁극적인 목표이다. 　– 유아기부터 시작해 단계적으로 이루어지는 종합적 교육 　– 모든 학생들에게 일상적으로 진행되는 포괄적 교육 　– '즐거움, 스스로, 중요함'과 같은 긍정적 이미지의 미래형 교육 　– 미래 인재의 핵심 역량인 '창의성'과 '인성'이 어우러진 융합형 교육 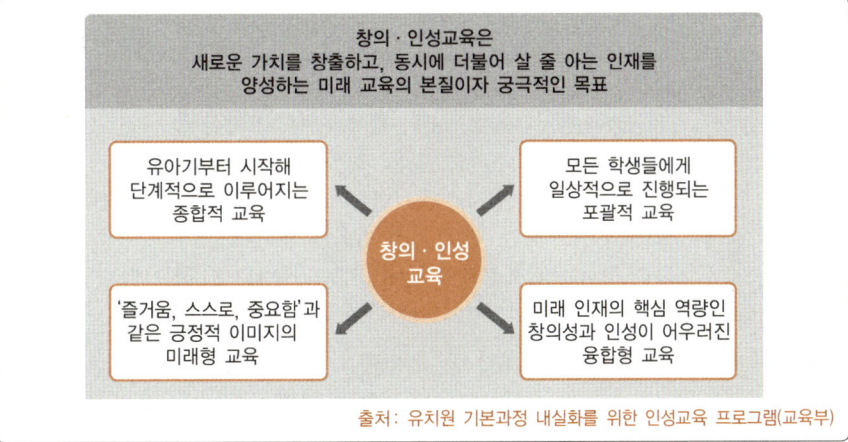 출처: 유치원 기본과정 내실화를 위한 인성교육 프로그램(교육부) ✿ 창의 · 인성교육의 정의

* 창의 · 인성교육의 정의

목적 및 내용	창의성 교육의 목적		인성교육의 목적
	미래를 개척하고 함께 발전할 수 있는 능력 함양		타인을 배려하고 존중하며 더불어 살기 위한 능력 배양
	교육내용		교육내용
	창의적 사고	창의적 성향	
	유창성 융통성 독창성 정교성 민감성	자발성 호기심 집착성 개방성	배려 존중 협력

II 정서

UNIT 40 정서의 개념

개념			• 정서: 모든 사람들이 가지고 있는 느낌으로, 크게 긍정적 정서와 부정적 정서로 나뉜다. 　- 긍정적 정서: 애정, 사랑, 행복, 기쁨, 호기심 등 　- 부정적 정서: 두려움, 분노, 질투, 슬픔, 혐오감 등 • 일반적으로 정서란 자극에 직면하여 발생하거나 자극에 수반되는 여러 가지 생리적 변화, 또는 눈에 보이는 행동 등의 반응을 말한다. • 또한 정서는 일차정서와 이차정서로 구분되기도 하는데, 다양한 정서들은 생애 첫 두해 동안 서로 다른 시기에 나타난다.
	일차정서 (기초정서)		• 2개월 반~7개월 　- 행복, 분노, 슬픔, 기쁨, 놀람과 공포와 같은 일차정서(기초정서)가 나타난다. • 모든 영아에게서 볼 수 있는 기본정서이다. • 발달순서: 기쁨 - 슬픔 - 놀람 - 분노의 순서로 발달한다.
	이차정서 (복합정서)		• 18개월 이후 　- 자부심, 당황, 수치심, 죄책감 등 이차정서(복합정서)를 표출한다. • 한 가지 이상의 정서를 통합할 줄 아는, 보다 복잡한 인지능력을 필요로 한다.
		자기- 의식적 정서	• 자아감을 해치거나 혹은 증진하는 것을 포함한다. • 이차정서들 중 가장 단순한 정서인 당혹감의 경우 유아가 거울이나 사진에서 자신을 인식하기 시작한 후에 나타난다.
		자기- 평가적 정서	• 수치심, 죄책감, 자부심 • 자기-평가적 정서는 자기-인식과 자기의 품행을 평가하는 규칙이나 규준을 이해하는 것이 먼저 필요하다. • 걸음마기 유아와 어린 학령 전 유아들은 자신의 행동을 관찰하는 성인이 있을 때만 자기-평가적 정서를 보일 가능성이 높은 것으로 나타난다. 　- 부모가 유아의 자기-평가적 정서 경험이나 표현에 영향을 미친다는 것이 드러난다.

정서의 종류	톰킨스 (Tomkins, 1962)	인간의 기본정서를 기쁨, 슬픔, 분노, 놀람, 공포, 혐오, 흥미, 수치심의 8가지로 구분한다.
	플럿칙 (Plutchik, 1980)	• 두려움, 놀라움, 슬픔, 메스꺼움, 분노, 예견, 기쁨, 수용의 8가지로 기본정서 를 구분한다. • 혼합정서 : 기본정서가 다른 정서와 합하여 또 다른 정서를 만들어 낸다고 본다.
	이자드 (Izard, 1977)	흥미, 즐김, 슬픔, 분노, 혐오, 경멸, 공포, 죄의식, 수치, 수줍음, 내형적 적대감 등 12개의 기본 정서를 제안하였다.
정서적 표출 양식 (정서적 표출 규칙)		• 유아의 정서적 반응 양식 　- 어떤 정서가 표현되거나 혹은 표현되지 말아야 하는 상황을 명세화하는 일련의 정서 　　표출 규칙을 의미한다. 　- 아동들은 다른 사람과 잘 지내고 그들의 안정을 유지하기 위해 표출 규칙들을 습득 　　하고 사용해야 한다. 　- 사회적으로 받아들일 수 있다고 생각되는 정서들이 문화마다 다르므로 정서표출 규칙 　　또한 문화적 차이를 가진다. • 정서를 조절하는 능력은 문화적 정서표출 규칙을 따르기 위해 습득해야 하는 첫 번째 기술이다. 　- 우리가 실제로 경험하는 '받아들일 수 없는' 정서들을 억제할 뿐만 아니라, 그 상황에서 　　표출 규칙이 요구하는 감정으로 대체한다.

UNIT 41 정서지능

KEYWORD# 살로베이와 메이어 & 카루소의 정서지능, 정서인지, 골만의 정서지능 구성 요소, 자기 동기화

1 「능력모델」 관점의 정서지능

(1) 배경 및 특징

> 「능력모델」의 정서지능은 초기모형과 수정모형으로 구분된다.

초기모형	• 정서지능 개념을 '자신과 타인의 정서를 인식하고 그 정서들을 구별하며 사고와 행동을 위해 이런 정보를 사용하는 능력'으로 정의했으며, 정서지능을 사회적 지능의 하부 유형 으로서 다중지능의 개인 내 지능으로 간주하였다(Salovey & Mayer, 1990). • 초기모형의 정서지능은 사회적 지능, 개인 내 지능, 정서적 창조성으로 명칭된다(Mayer & Geher, 1996). • 초기모형 정서지능의 문제점을 제기하였다(Mayer & Salovey, 1997). 　- 정서와 사고의 관계를 언급하지 못한다. 　- 정서지능이 사회적 지능과 비슷한 개념으로 인식된다. 　- 정서지능과 일반지능과의 변별의 문제를 해결하지 못한다.

| 수정모형 | • 정서지능은 정서적 사고를 하는 지능을 말한다.
  - 정서를 효과적으로 연합, 추론, 사고하는 능력을 의미한다.
• 정서지능은 정서와 지능 간의 상호적 영향관계를 가진다.
  - 정서가 사고에 영향을 미친다는 의미로서, 정서들은 인지적으로 관리되며 인지적
    능력들은 정서에 의해서 정보를 얻는다는 것을 의미한다(George, 2000).
• 정서지능은 다른 지능과 구별된 능력모형이다.
  - 정서지능은 사회적 지능 혹은 재능이나 정서적 기술과 다르며, 동기, 감정이입, 사회성,
    따스함, 낙관 같은 성격과도 구별된다는 것을 의미한다(Mayer, Salovey & Caruso,
    2000).
• 정서지능은 학습되는 능력이다.
  - 정서적 지식은 학습될 수 있으며, 학습에 따라 정서적 추론이 된다는 것을 의미한다
    (Greenberg, Kusche, Cook & Quamma, 1995). |

(2) 「능력모델」의 정서지능 초기모형(3영역 10요소 모형) — Salovey & Mayer(1990)

| 개념 | • Salovey & Mayer는 정서지능이라는 용어를 최초로 사용했으며, 이들은 능력모델의 관점에서 최초로 정서지능을 정서적 정보를 처리하는 능력과 관련된 지능으로 정의하였다.
  - 즉, 정서지능을 ① 자신과 타인의 정서를 평가하고 표현할 줄 아는 능력, ② 자신과 타인의 정서를 조절할 수 있는 능력, ③ 이를 자신의 삶을 계획하고 성취하기 위해서 사고나 행동에 대한 정보로 이용하고 활용할 수 있는 능력이라고 보고, 여기에서의 정서는 정보를 처리하는 것과 관련된 세 가지 과정을 포함하는 것으로 정의하였다.

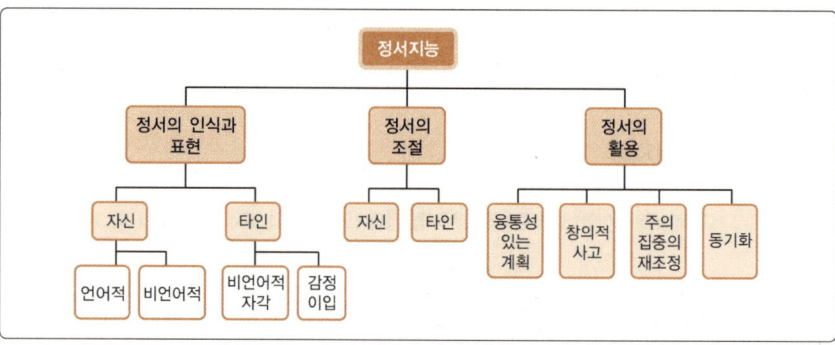
✿ 정서지능의 3영역 10요소 모형(Salovey & Mayer, 1990) |

	영역	10요소
정서지능	영역 I 정서의 인식과 표현	[요소 1] 자기 정서의 언어적 인식과 표현 [요소 2] 자기 정서의 비언어적 인식과 표현 [요소 3] 타인 정서의 비언어적 인식과 표현 [요소 4] 감정이입
	영역 II 정서의 조절	[요소 5] 자기의 정서 조절 [요소 6] 타인의 정서 조절
	영역 III 정서의 활용	[요소 7] 융통성 있는 계획 세우기 [요소 8] 창조적 사고 [요소 9] 주의집중의 전환 [요소 10] 동기화

⑶ 「능력모델」 관점의 정서지능 4영역 4수준 16요소 모형 — Salovey & Mayer(1997)

• 처음의 3영역 10요소 모형의 경우, 일부에서는 정서를 인식하고 조절하는 측면만을 강조하고 있다고 한계를 지적하였다. ➤ 이에 정서지능에서 사고와 지적능력의 중요성을 인식하고, 정서지능의 개념을 4영역 4수준 16요소 모형(1997)으로 재정의하였다.
　－ 정서지능의 구성 요소를 4영역으로 구분하고, 각 영역을 발달정도에 따라 4수준 총 16요소로 구성하였다.
　－ 정서지능은 ① 정서를 정확하게 지각하고 평가하며 표현하는 능력, ② 사고를 촉진시킬 수 있도록 정서를 생성할 수 있는 능력, ③ 정서와 정서적 지식을 이해할 수 있는 능력, ④ 정서적·지적 성장을 촉진시킬 수 있도록 정서를 조절할 수 있는 능력을 포함하는 것으로 재개념화하였다(Salovey & Mayer, 1997).
　－ 정서지능은 정서와 지능을 연합한 것으로서, '정서적인 신호들을 추론하는 능력', '사고를 고양시키는 정서적인 능력'으로 정의되었다(Salovey, Mayer & Caruso, 2000).

정서 인식과 표현 (정서의 지각, 평가, 표현)	가장 하위 범주인 정서의 지각(perception), 평가(appraisal)와 표현(expression)은 각 개인이 정서나 정서적 내용을 규명하는 데 있어서의 정확성에 관한 것이다.	
	1수준	• 자신의 정서를 정확하게 인식하기(자신의 정서를 규명할 수 있는 능력) 　－ 자신의 표정이나 신체감각에 근거하여 자신의 정서를 규명하고, 자신의 내적 감정을 정확하게 감지하며, 자신의 복합적 감정을 인식하고 평가하는 것을 말한다. 　－ 이처럼 자신의 내적 정서상태에 대한 성찰적인 인식을 의미하는 상위정서(meta emotion)는 정서지능의 초석이 되는 개념이다. 누구에게 화를 내고 있는 상태에서 자신이 화를 내고 있다는 사실에 대한 인식을 할 수 있는 경우와 그렇지 못한 경우는 정서반응에서 상당히 차이가 있다. 자신이 화를 내고 있다는 사실에 대한 인식을 가지고 있는 것만으로도 우리는 보다 자유롭게 정서반응을 표현할 수 있게 된다. 대부분의 심리요법도 바로 이러한 인식능력을 강화하는 것이 그 주목적이라고 볼 수 있으며, 이는 보다 상위단계의 정서지능을 갖기 위해 기본이 되는 것이다.
	2수준	• 다른 사람의 정서 이해하기(타인의 정서를 규명할 수 있는 능력) 　－ 타인의 얼굴 표정이나 몸짓, 행동, 언어나 상황적 맥락을 고려하여 타인의 정서를 정확하게 판단하고, 나아가 음악, 미술, 조각 등의 예술작품이나 문학작품 속에 내재되어 있는 정서를 파악해 표현할 수 있는 능력을 의미한다. 　⓵ 뭉크의 '절규(scream)'라는 그림 속에 내재된 정서적 의미가 무엇인지를 평가하는 것이 가능해진다.
	3수준	• 정서의 표현 및 그 관련 욕구 표현하기(정서 및 그 정서와 관련된 욕구를 정확하게 표현할 수 있는 능력) 　－ 정서나 이와 관련된 욕구를 정확하게 표현할 수 있는 능력을 말한다. 　－ 자신의 정서나 그 정서와 관련된 자신의 욕구를 언어로 표현하고, 자신의 정서표현에 대한 상대방의 반응을 기대할 수 있으며, 타인의 정서적 표현을 보고 상대방의 욕구를 인식할 수 있는 능력을 의미한다.

4수준	• 표현된 정서 구별하기(표현된 정서의 정확성을 구분할 수 있는 능력) 　－ 정확한 혹은 부정확한 감정표현, 솔직한 혹은 솔직하지 않은 감정표현을 구별하고, 복합적 감정표현을 인식할 수 있는 능력을 말한다. 즉, 정서가 거짓되거나 조작된 표현인지 아닌지를 구분할 수 있는 능력을 의미한다. 　－ 정서를 지각하고 평가하며 표현하는 것과 같은 기본적인 정서능력은 이들 상호 간에도 관련이 있을 뿐만 아니라 타인에 대한 반응에 영향을 미친다는 점에서 중요한 의미가 있다. 　－ 정서표현불능증과 같은 정서장애의 경우에는 자신의 정서를 지각하는 데 상당히 어려움이 있기 때문에 결과적으로 정서를 표현하는 데도 어려움이 발생하게 된다. 　－ 또한 자신과 타인의 정서를 지각하고 평가하며 표현하는 능력이 뛰어난 사람들은 우울함을 덜 경험하며 타인에 대한 감정이입도 잘 이루어지는 것으로 나타났다.
	정서지능의 두 번째 범주인 정서에 의한 사고 촉진은 정서가 사고에 영향을 미치는 것을 의미한다.
1수준	• 중요한 정서에 주의집중하여 사고의 우선순위 결정하기(중요한 정보에 우선적으로 주의집중하는 능력) 　－ 자신의 내적 갈등이나 대인 간 갈등을 해결하기 위하여 정서의 우선순위를 결정하는 것을 의미한다. 　　예 영아가 배가 고프거나 춥거나 다른 도움이 필요한 경우에 울음으로 표현하는 것과, 다른 사람의 미소나 즐거운 상황에 대해 웃음으로 반응하게 되는 것이다.
2수준	• 정서를 불러일으키기(정서생성 능력) 　－ 자신의 내부 혹은 과거에 경험했던 정서를 필요에 따라 생성함으로써 판단이나 이해를 돕는 것이다. 　－ 어떤 느낌과 관련된 판단이나 기억을 통해 정서를 불러일으켜 활동을 계획·지속하고 완성하게 한다. 　　예 이야기 속의 주인공이 어떻게 느끼는가에 대한 질문이나 다른 사람이 어떻게 느끼는가에 대해 판단해야 할 때 유아는 다른 사람의 입장에서 생각해 보기 위해 감정을 생성해 내며, 이를 통해 감정에 대한 실제적인 검토가 가능하면 어떤 일에 대한 계획이 가능해진다.
3수준	• 효율적 사고에 정서를 활용하기(정서의 가변성을 이해하는 능력) 　－ 정서의 전환이나 정서 내에 다양한 관점이 있음을 이해하는 것이다. 성장하면서 유아는 정서에 대한 여러 다양한 관점이나 기분의 변화에 따라 예상되는 보다 많은 가능성을 고려할 수 있다. 　－ 정서의 변환을 알고 자신의 기분을 변화시킴으로써 자신의 관점을 변화시킨다. 　－ 기분일치효과: 좋은 기분은 낙관적 사고로, 나쁜 기분은 비관적 사고로 연결된다는 것과 기분이 좋을 때는 기분 좋았던 일만 더 기억나고, 기분이 안 좋을 때는 기분 나빴던 일만 더 기억나는 것이다.

위 표의 왼쪽 셀(세로 병합): **정서를 통한 사고 촉진(정서에 의한 사고 촉진)**

	4수준	• 문제해결에 적절한 정서를 활용하기(문제해결을 위한 정서활용 능력)
		  – 문제해결을 위해 가장 적절한 정서를 생성하고 이를 활용하는 것을 의미한다.
		  – 또한 여러 다양한 형태의 일이나 사고(연역적 또는 귀납적 사고)가 기분에 따라 촉진될 수 있다는 것을 이해하는 것을 의미한다.
		  – 실제 문제해결 상황에서 개인의 정서상태에 따라 정보처리방식도 달라져서 행복한 상태에서는 보다 창조적인 과제에 도움이 되는 직관적·확산적 사고가 촉진되는 반면, 슬픈 상태에서는 세부적인 과제에 도움이 되는 신중한 수렴적 사고가 이루어지는데, 이러한 사고방식은 각각 귀납적·연역적 과제를 수행하는 데 효율적인 접근방법이라고 볼 수 있다(Palfai & Salovey, 1993).
		  – 아울러 개인의 정서상태에 따라 초래하는 결과도 상이한데, 긍정적인 기분 상태에서는 보다 긍정적인 결과를, 부정적인 상태에서는 보다 부정적인 결과를 초래하는 것으로 나타났다.

정서적 지식의 활용 (정서의 이해와 분석)		정서지능의 세 번째 범주는 정서를 이해하고 정서적 지식을 활용하는 능력에 대한 것이다.

	1수준	• 정서 간의 관계 이해하기(정서들 간의 관계에 대한 이해 능력)
		  – 여러 다양한 정서를 명명하고, 정서와 이들 명칭들 간의 관계를 인식하며, 정서의 강도에 따라 명칭이 달라지는 것을 이해하는 것이다.
		  – 유아들이 정서를 인식하게 되면 이들 정서를 명명하고, 이들 상호 간의 관계를 인식하기 시작한다.
		  – 정서적으로 지적인 사람들은 정서를 묘사하는 용어들이 일련의 군을 이루고 있음을 알게 된다.
		  🔴 격노, 짜증, 성가심은 분노와 관련된 정서로 뭉쳐질 수 있음을 알고, 짜증과 성가심은 이를 상쇄할 수 있는 자극이 주어지면 격노로 바뀔 수 있음을 알게 된다.

	2수준	• 정서가 전달하는 의미 이해하기(정서의 원인과 결과에 대한 인식 능력)
		  – 다양한 정서에 내포된 상황을 인식하고 그 관련성을 아는 것을 말한다.
		  – 분노의 정서는 자신에 대한 공격을 방어하기 위해서, 희망의 정서는 최악의 상황에서 보다 나아지기를 소망하는 것에서 비롯되는 것과 같이, 정서를 이해하기 위해서는 정서가 특정한 상황에서 전달하고자 하는 의미를 알아야 한다.

	3수준	• 복합적 정서 이해 및 활용하기(복합적인 정서의 해석 능력)
		  – 두 가지 이상의 정서가 혼합된 복합적인 정서나 상호 불일치하는 정서가 공존하는 것을 이해하고 활용하는 것을 의미한다.
		  – 아동이 성장하면서 어떤 상황에서는 복잡하고 상반되는 정서가 존재하며, 동일한 사람에게 사랑과 증오의 감정을 모두 경험하는 것이 가능함을 알게 된다. 또한 경외감처럼 두려움과 놀라움이 혼합된 것과 같은 복합적인 정서를 이해하게 된다.

	4수준	• 정서의 전환을 이해하기(정서들 간의 전환에 대한 이해와 예측 능력) 　- 정서가 일정한 연쇄로 일어난다는 것을 알게 되는 것이다. 　- 이처럼 인간상호관계에서 감정이 어떻게 발달해 나가는가에 대해 사고할 수 있는 능력은 정서지능의 핵심이 된다. 　　📕 '분노'에서 '격노'로, 혹은 분노 표출 후 '만족감'으로, 혹은 '수치심'이 '분노'로와 같은 정서들 간의 전환을 인식할 수 있는 능력을 말한다.
정서적 반영의 조절 (정서의 반영적 조절)		정서지능의 가장 상위 범주는 정서적·지적 성장을 위해 정서를 반영적으로 조절하는 능력이다.
	1수준	• 정서를 개방적으로 수용하기(정서를 개방적으로 수용하는 능력) 　- 긍정적·부정적 정서를 모두 수용하고 이에 대해 반응하고 조절할 수 있는 능력이다. 　- 정서가 유쾌하거나 불쾌한지와 무관하게 이를 수용·표현·억제할 수 있는 능력으로, 이는 감정에 대한 개방성에서 시작된다. 　- 이러한 정서조절 기술은 개인으로 하여금 불쾌한 활동은 회피하고 보상을 주는 활동을 추구하게 함으로써 기분 유지나 기분 회복 전략을 사용하는 것을 가능하게 한다.
	2수준	• 정서의 유익성과 실용성을 반영하여 정서를 지속하거나 중단하기(정서적 상황에 개입, 지속적으로 초연할 수 있는 능력) 　- 적절한 시기에 정서를 표현하거나 이를 차단하며, 그러한 정서가 자신에게 유익한지 또는 실용적인지를 숙고하여 정서를 표현 혹은 차단하는 능력을 말한다. 　- 성장하면서 아동은 점차 감정과 행위 간의 구분을 내면화하게 되고, 정서가 행위로부터 분리될 수 있음을 배우게 된다. 　- 그 결과 적절한 시기에 정서를 표현하거나 이를 차단하는 방법을 익힐 수 있게 된다.
	3수준	• 자신의 정서를 반영적으로 점검하기(정서를 반영적으로 평가하는 능력) 　- 자신이나 타인과 관련된 정서를 반영적으로 모니터할 수 있는 능력이다. 　- 즉, 자신의 정서를 사회문화적인 기준으로 평가하고 자신의 정서가 타인에게 미치는 영향을 평가하는 능력이다. 이를 통해 개인은 정서경험의 원인과 관계에 대해 보다 깊은 지식을 얻게 되며, 이러한 지식은 자신과 환경과의 관계에 대한 이해를 향상시키고 보다 만족스러운 결과를 얻게 해 준다.
	4수준	• 자신과 타인의 정서를 관리·조절하기(자신과 타인의 정서조절 능력) 　- 사회문화적으로 수용되는 방식으로 자신의 정서를 조절하고, 비효율적인 정서를 효율적인 정서로 변환시키며, 자신의 정서를 활용하여 타인의 정서를 조절하는 능력을 말한다. 이는 부정적 결과를 미연에 방지함으로써 자기효능감을 높여줄 뿐만 아니라 타인에게 도움을 줌으로써 사회적 관계형성에도 유리하다. 　- 부정적 정서는 완화시키고 긍정적 정서는 강화함으로써 자신과 타인의 정서를 관리할 수 있는 능력이다.

⑷「능력모델」관점의 정서지능 4요인 ─ Mayer, Salovey & Caruso(2000)

정서의 인지	• 가장 하위 수준의 능력으로, 자신과 타인의 정서를 정확히 파악하는 능력이다. • **구체적 능력** 　─ 자신과 타인의 정서를 정확히 인지하는 능력 　─ 인지한 정서를 정확하게 파악하는 능력 　─ 정확한 정서와 부정확한 정서를 구별하는 능력 • **하위 요인** 　─ 얼굴들 : 시각적인 얼굴 사진을 통해서 전달되는 정서를 정확하게 인지하는 능력 　─ 그림들 : 추상적인 그림, 경치, 디자인, 색깔, 직물, 즉 예술물 안에 있는 정서를 정확하게 인지하는 능력
정서적 사고의 촉진	• 정서를 인지과정 속에 활용하는 능력으로 정서가 지능에 영향을 미친다는 것에 기초한다. • **구체적 능력** 　─ 정서를 사용해서 사고를 재조정하고 우선순위를 매기는 능력 　　예 행복한 기분은 창조적인 과제를 촉진시키고 슬픈 정서는 집중적이고 사려 깊은 과제를 촉진시킴으로써, 정서가 인지체계 속으로 들어가 인지적 과정에 우선적으로 초점을 두게 한다는 것 　─ 정서를 사용해서 판단을 촉진시키는 능력 및 정서가 주는 다양한 관점을 사용하는 능력 　　예 시험공부를 하기 위해서 낙제라는 부정적인 결과를 의도적으로 생각함으로써 공포나 두려움을 유도하여 인지적인 작용을 촉진시키는 것 　─ 정서를 사용해서 문제해결과 창조성을 얻는 능력 　　예 부정적인 정서에서 긍정적인 정서로 변화할 때, 고정적인 관점이 깨지고 다양한 관점을 얻을 수 있다는 것 　　예 정서적 교체를 통해 얻게 되는 사고의 교체는 다양한 시각과 창조적인 사고를 이끌어 줄 수 있다는 것 • **하위 요인** 　─ 촉진 : 어떠한 상황에서 어떤 정서가 발생될 때, 그 정서가 그 상황에 얼마나 도움이 되는지를 판단해 내는 능력 　─ 감각 : 정서를 색깔, 온도, 맛, 소리에 관련된 형용사와 관련시킴으로써 정서들을 빛, 온도, 색깔과 같은 다른 감각 양식과 비유하는 능력
정서의 이해	• 정서의 원인과 결과의 관련성을 파악하여 정서적 추론을 이끌어 주는 능력을 말한다. • **구체적 능력** 　─ 다양한 정서들 간의 상호 관계성을 파악하는 능력 　　예 귀찮음, 화, 격분은 분노와 관련된 정서라는 것을 파악하는 것 　─ 어떤 정서가 있다면 그 원인이 되는 정서와 그 결과로 이끌어지는 정서를 파악하는 능력 　　예 행복이라는 정서는 결국 만족이라는 정서를 이끈다는 것 　─ 여러 정서를 혼합했을 때 나타나는 대표적인 정서를 파악하는 능력 　　예 인정받음, 기쁨, 따스함은 사랑이라는 정서와 관련이 있다는 것 　─ 정서들 사이의 전이 관계를 이해하는 능력 　　예 어떤 사람이 분노한 뒤에 죄의식을 느꼈다면 중간에 어떤 일이 발생했을까를 유추하면서 잘못된 어떤 행위를 했을 것이라고 파악하는 것

	• **하위 요인**
	   − 변경들: 어떤 상황에서 다른 상황을 접하게 되었을 때 초기의 정서가 어떻게 변경되는지를 정확하게 파악하는 능력
	   − 혼합들: 한 정서를 여러 정서로 분리해 내는 능력과 반대로 여러 정서들을 한 정서로 함축시키는 능력

정서의 관리	• 최고로 높은 수준의 능력으로 정서의 반성적 메타 능력에 해당한다.
	• 자신의 정서를 즉각적으로 표현하거나 단순히 억압하는 것이 아니라, 자신의 정서를 객관적으로 반성하고 숙고한 후에 그 정서의 원인과 결과를 파악하고 적당한 시기에 그 정서를 사용하여 좋은 의사결정을 이끄는 능력을 말한다.
	• 정서를 읽고 쓰는 능력(Steiner & Perry, 1997)이다.
	• **구체적 능력**
	   − 즐거운 정서와 불쾌한 정서에 개방적인 능력
	   − 정서를 판단하고 반성할 수 있는 능력
	   − 정서를 분리해 내는 능력
	   − 타인의 정서를 관리하는 능력
	• **하위 요인**
	   − 정서관리: 어떤 주어진 상황에서 대안적인 행동을 취했을 때, 그 행동의 효과성을 평가해 내는 능력
	   − 정서적 관계: 주어진 상황 속에서 제3자가 어떤 행동을 결정했을 때, 그 행동의 효과성을 평가해 내는 능력

② 「혼합모델」 관점의 정서지능 − Goleman(1995, 1998)

개념	• 정서지능은 살로베이(Salovey, P.)와 메이어(Mayer, J. D.)에 의해 제안되었다가 1990년대 중반 다니엘 골만(Goleman, D.)에 의해 광범위한 대중적인 관심을 불러일으켰다.
	• 혼합모델은 정서지능을 다른 재능이나 성격특성까지 포함하는 보다 포괄적인 의미로 개념화하고 있다. 즉, 정서와 관련된 능력으로 간주되던 정서지능의 개념을 동기부여나 인간관계와 같은 성격특성과 혼합해 버린 것으로 대중화된 정서지능의 개념이 이 모델에 속한다고 볼 수 있다.
	   − 혼합모델의 관점에서 골만은 정서지능을 '정서를 지각(self awareness)'하고, '정서를 조절(self management)'하며, '스스로에게 동기를 부여(motivation)'하고, '타인의 정서를 인식(social awareness)'하여, '인간관계를 다루는 능력(relationship management)'까지를 포함하는 것으로 보고 있다.
	   − 이 가운데 자기인식, 자기조절은 개인적 유능성(personal competence)과 관련된 요인이며, 사회적 인식(감정이입), 사회적 기술(대인관계 기술)은 사회적 유능성(social competence)과 관련되어 있다.
	   − 이후 골만은 정서지능의 특성에 해당하는 항목을 25가지로 확대하였는데, 이에는 분명히 IQ라고는 할 수 없는 거의 모든 특성들이 포함되었다.

- 혼합모델은 성격의 여러 측면을 포함한다는 점에서 가정이나 직장에서의 성공을 예측하는, 보다 설명력 있는 변수로 인정할 수 있다.
  - 그러나 정서에 대한 추론능력이나 정서에 의한 사고촉진과 같은 능력모델의 핵심적인 부분은 제외되어 있다는 점에서 오히려 성격척도와 유사하다고 볼 수 있다.

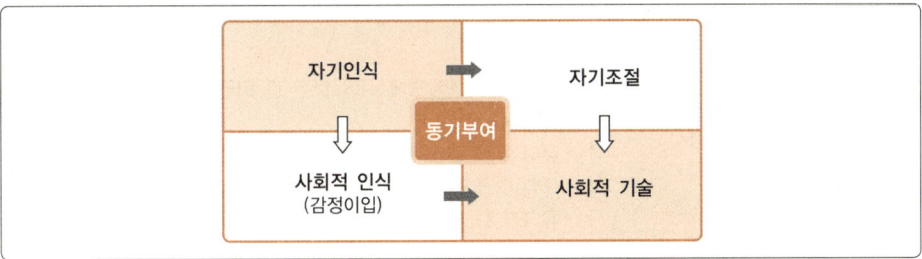

✿ **정서지능의 구성 요소**

- "정서지능은 자기 자신에게 동기를 부여하고, 좌절 상황에 직면하여 인내하고, 충동을 통제하고, 만족을 지연시킬 수 있고, 기분을 조절하고, 그리고 타인의 정서에 공감하고, 희망을 가질 수 있는 능력"(1995), "자신의 감정과 타인의 감정을 인식하고 스스로에게 동기를 부여하고, 자기 내부에서나 타인과의 관계 속에서 정서를 잘 다루는 능력"으로 정의한다(1998).

구성
요소
	개인적
	유능성
		정서인식
		(자기인식,
		자기정서인식)
			• 자신의 감정을 있는 그대로 정확하게 인식하고, 그것이 행동에 미치는 영향을 깨닫는 것과 자신감을 기반으로 자신의 감정과 한계를 정확하게 평가하는 능력을 의미한다. 정서적 인식, 정확한 자기평가, 자신감의 능력을 포함한다.
			• 자신이 느끼는 감정을 빨리 인식하고 알아차리는 능력으로 정서지능의 초석이라고 할 수 있다.
			  - 정서가 유발되는 내적 상태나 외적 상황을 알고 이러한 정서가 신체에 미치는 영향이나 표현방법을 아는 것을 의미한다.
			• 유아는 특정 상황에서 점차 사회적으로 수용되는 정서표현을 학습하게 된다.
			  - 이를 통해 유아는 자신의 정서를 이해하고 해석하며, 이전의 유사한 사건으로부터 반응을 예측하고 적절한 정서를 표현할 수 있으며 정서표현도 통제할 수 있게 된다.
			
			지도방법▶
			• 유아들에게 자신의 감정을 이해할 수 있는 능력을 길러주기 위해서는 다양한 감정을 경험·관찰·표현할 수 있는 기회를 제공해 주어야 한다.
			• 유아들은 친구가 아닌 유아와 있을 때보다 친구인 유아와 놀 때 긍정적 감정과 부정적 감정 모두를 더 많이 표현하므로 친한 친구를 많이 사귀도록 격려해 주어야 한다.
			• 유아들은 자유선택활동 시간에 다양한 상황을 접함으로써 자신의 감정을 경험할 수 있는 적절한 기회를 많이 가질 수 있다. 특히 역할영역과 쌓기영역 등은 유아들이 감정을 표현하고 배울 수 있는 상황들이 활발하게 이루어지는 곳이므로 교사는 그 영역에서 놀이하는 유아들의 감정에 민감하게 반응해 줄 필요가 있다.
			• 갈등상황이 벌어졌을 때는 자신의 감정에 대해 생각해 보도록 격려함으로써 유아들의 자기감정 인식능력을 발달시켜 줄 수 있다.

구성 요소	정서조절 (자기조절, 감정조절, 자기정서조절)	• 자신의 목적을 달성하기 위해 자신의 정서를 적절하게 조절할 수 있는 능력을 의미한다. 　－ 모든 정서는 나름의 가치가 있으므로 정서조절의 목표는 정서의 억압이 아니라 여러 정서들 간의 균형을 이루는 데 있다. • 분노, 우울, 스트레스 등의 감정을 스스로 관리하고 조절하는 능력을 의미한다. 예 "숨을 한번 크게 쉬어 보는 건 어떨까?" **지도방법** • 유아교육기관의 환경을 안정감 있게 구성하고 유아교육기관이 즐거운 장소라는 느낌이 들도록 분위기를 조성해야 한다. • 유아가 자신의 감정을 조절하고 다른 친구의 감정에 적합하게 반응할 수 있도록 따뜻하고 긍정적인 분위기를 마련한다. • 다양한 놀잇감을 제공하여 유아들이 놀이를 통해 자신의 억눌린 감정을 표출하며 감정을 순화할 수 있도록 돕는다. • 유아와의 긴밀한 상호작용을 통해 감정조절의 중요성을 인식시킨다. • 유아가 부정적인 감정을 가졌을 때는 그러한 감정의 원인, 결과, 바람직한 표현 방법 등에 대하여 유아들과 함께 이야기함으로써 점진적으로 자신의 부정적인 정서를 다룰 수 있도록 돕는다. • 교사는 자신의 부정적인 감정을 조절하여 유아들에게 모범을 보여줌으로써 유아들이 이를 학습할 수 있도록 돕는다.
	자기 동기화 (동기 부여)	• 주의집중이나 인내심, 만족지연 등의 방법을 통해 생산적인 결과를 얻기 위하여 정서를 활용하는 능력을 말한다. 　－ 충동적인 행동을 하기에 앞서 '내가 이렇게 한다면 어떤 일이 일어날까?'와 같은 결과 예측 사고활동을 많이 해본다면 좀 더 만족지연적인 행동을 하게 된다. **지도방법** • 교사는 유아들이 자신감을 가지고 과제에 임할 수 있도록 수용적인 태도와 반응적인 분위기를 제공해야 한다. • 긍정적인 자아존중감은 한 인간이 자신의 잠재능력을 충분히 발휘하며 살아가는 데 초석이 되므로, 교사는 유아 개개인을 있는 그대로 받아들이고 유아들이 자신의 흥미나 관심에 따라 원하는 것을 할 수 있는 선택의 기회를 주어 유아기부터 내적 동기에 의해 스스로 무엇인가를 자신 있게 할 수 있도록 하는 것이 무엇보다 중요하다. • 결과 예측 사고활동을 많이 해보도록 한다.

사회적
유능성
	감정이입
	(사회적 인식,
	타인
	정서인식)
			• 다른 사람의 감정을 읽고 적절하게 반응하는 공감능력에 해당한다.
			  – 정서인식(자기인식)에 기초하여 형성되며, 타인의 아픔이 곧 자신의
			    아픔이라고 느끼는 능력이다.
			  – 셀만이 제시한 조망수용 능력, 즉 타인의 생각, 감정, 느낌, 의도,
			    동기 등 타인의 행동에 영향을 미치는 내부적인 요인을 이해할 수
			    있는 능력과 유사한 개념이다.
			
			지도방법
			• 유아들이 공동으로 협력할 수 있는 경험을 많이 갖도록 기회를 제공한다.
			• 유아들이 서로 협력하여 해결해야 하는 과제를 수행해 나가는 과정을 통해 자신과
			  친구들의 생각과 느낌을 나누고, 친구의 감정을 읽으며, 서로 다른 생각들을
			  조정할 수 있는 방안을 생각해 보는 일 등은 감정이입을 위한 좋은 경험이 된다.
			• 유아들에게 타인의 입장이 되어보는 기회를 제공함으로써 감정이입 능력을 발달
			  시킬 수 있다.
			• 갈등상황이 발생했을 때 혹은 관련된 도서를 읽고 유아들과 함께 그 상황 속에서
			  일어나는 여러 가지 감정의 원인과 결과에 대해 이야기해 봄으로써 감정이입
			  능력을 향상시킬 수 있다.

	대인관계
	기술
	(사회적 기술)
			• 타인의 감정을 효과적으로 관리하고 타인과의 상호작용을 시작하는
			  능력으로, 인기, 리더십과 관련이 있다.
			  – 좋은 대인관계를 형성하기 위해서는 상호작용을 먼저 시작하는
			    능력과 자신의 요구를 정확히 전달하는 의사소통능력, 친사회적
			    행동을 할 수 있는 능력 등이 있어야 한다.
			• 사회적 상호작용이 긍정적인 대인관계의 바탕이 되므로, 대인관계
			  능력은 정서지능을 기초로 한다.
			
			지도방법
			• 유아들이 친사회적인 행동을 했을 때 강화를 해주고 부적절한 행동은 무시하며
			  바람직한 사회적 기술의 모델을 보여줌으로써 유아들이 생활 속에서 자연스럽게
			  사회적 기술을 습득할 수 있도록 돕는다.
			• 미소 짓기, 나누어 주기, 칭찬해 주기, 도와주기, 상황에 적절한 인사말 하기 등은
			  교사가 일상생활 중에 자연스럽게 보여줄 수 있는 사회적 기술들로 유아들이
			  이를 학습할 수 있도록 돕는 것이 필요하다.
			• 또한 유아의 생활 주변에서 흔히 일어날 수 있는 대인 간 갈등거리를 소재로
			  문제 상황 이야기를 제시하고 토의함으로써 유아들이 대인문제해결 사고경험의
			  기회를 갖도록 한다.

UNIT 42 감성지능

개념	• 공통의 목표달성을 위해 감정들을 효과적으로 활용하는 능력이다. – 자신과 사람들의 감정을 정확하게 읽고, 감정이 생각과 업무에 어떤 영향을 미치는지를 아는 것으로 감정을 전략적으로 활용하는 능력이다. • 살로베이와 메이어, 카루소는 감성지능의 측정을 위한 진단툴인 '메스킷'을 개발하였다. – 메스킷 : MSCEIT(Mayer Salovey Caruso Emotional Intelligence Test)	
감성지능의 4가지 영역	감정인식능력	• 자신의 내면의 감정들을 잘 식별해 내고, 타인의 얼굴 표정 등을 통해 감정을 읽는 능력이다. – 자기 자신의 감정을 무시할 뿐만 아니라 팀원들의 감정이나 기분을 전혀 파악하지 못하는 리더는 조직을 이끌 수 없다.
	감정이해와 업무능력	• 특정 감정 상태일 때 어떤 업무를 해야 효율적인지를 아는 능력이다. – 사람이 긍정적인 기분에 있을 때는 안목이 매우 넓어지고 장기적인 시야를 갖게 되므로 조직의 큰 그림이 되는 비전 혹은 전략을 짜거나 신사업에 대한 브레인스토밍을 하면 능률이 오를 수 있다. 하지만 들떠있는 기분으로 인해 재무보고서에서 숫자 오류들을 찾아내는 일 등에는 서투를 수 있다. – 부정적인 기분일 때 잘 할 수 있는 일은 위의 경우와 반대가 된다.
	감정이해와 분석능력	• 특정 감정이 왜 생겼는지 정확한 이유를 알고, 감정이 변해가는 추이를 분석하는 것이다. – 자신을 화나게 만든 원인을 모를 때, 엉뚱한 사람에게 화풀이를 하게 되는 경우가 생길 수 있다.
	감정관리능력	나와 다른 사람의 감정을 효과적으로 관리하여 성공적으로 목표를 달성하도록 한다.
감성의 리더십	예일대학 교수들인 데이비드 R. 카루소(David R. Caruso)와 피터 살로베이(Peter Salovey) 박사가 지은 『하트 스토밍』이라는 책에서 소개한다.	
	감정 인식	감정을 인식하고 표현한다.
	감정 활용	감정이 사고와 업무에 영향을 미치도록 한다.
	감정 이해	감정이 의미하는 바를 찾아내고, what−if 분석('만약…'이라는 '가정')을 한다.
	감정 관리	자신의 감정 상태에 솔직해지며 감정을 사고와 통합시킨다.

MEMO

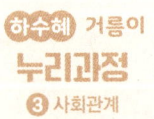

유아의
도덕성 발달

I 도덕성

MEMO

 참고

도덕성의 개념

- 교육학 사전 : 도덕 현상을 인식하고 도덕 규범을 준수하려는 것으로서 자신과 타인의 행위에 대해 선과 악, 정과 사를 구별하고, 선행과 정의를 실천하려는 심성이라고 정의하고 있다.
- 도덕이란 사회마다 정해진 규칙들 가운데 바람직한 사회생활을 위해 지켜야 할 규범이며, 도덕성은 자신이 속한 사회집단의 행동 규범에 부합되는 방향으로 사고하고 행동하는 체계이다. 이러한 도덕성은 정의적, 행동적, 인지적 요인으로 구성된다.
  - 구성원이 속한 사회에서 기대하는 바람직한 행동 규범에 부합되는 사고와 행동 체계로서 실천적인 행동만을 의미하는 것이 아니라, 사회적 규범에 대한 판단과 사고, 태도와 성향을 모두 포함하는 것이다.
  - 인지적 요인 : 도덕적 사고를 의미하는 것으로 옳고 그른 것을 이해하며 판단하는 능력을 의미한다(도덕적인 개념, 의식, 판단).
  - 행동적 요인 : 도덕적 행동을 의미하는 것으로 일탈행동 또는 유혹에 대처하는 행동을 의미한다(도덕적 실천력).
  - 정의적 요인 : 도덕적 감정을 의미하는 것으로 거짓말을 한 후에 느끼는 죄책감 등의 정서를 의미한다(도덕적 감성, 태도).

UNIT 43 도덕성 발달 - 피아제(Piaget)

KEYWORD# 타율적 도덕성

1 기본 관점

- Piaget의 도덕성 실험
  - 에피소드 1 : 존(John)은 어머니가 저녁을 먹으라고 부르셔서 식당으로 갔다. 식당 문 뒤에 있는 의자 위에는 접시 15개가 있었는데 존은 그것을 모르고 문을 열고 들어가다가 실수로 접시 15개를 모두 깨뜨렸다.
  - 에피소드 2 : 헨리(Henry)는 어머니가 외출하셨을 때 찬장 위에 있는 잼을 몰래 꺼내 먹으려고 하다가 1개의 컵을 깨뜨렸다.
  - 누가 더 나쁜 아이인가? : 유아의 나이가 어릴수록 존이 더 나쁘다고 반응한다. 피아제는 이를 통해 유아의 도덕성은 전도덕성, 타율적 도덕성, 자율적 도덕성으로 발달한다고 하였다.

2 단계

1단계 전도덕성 (pre-morality) 단계 (2~4세)		= 도덕 이전 단계 • 사회적으로 정의된 규칙이나 질서를 의식하지 않거나 관심이 없으며, 아직 규칙을 이해하지 못한다. 그래서 규칙 위반에 대해 판단하지 못하므로 도덕성 발달 이전의 단계라 할 수 있다. • 아무런 규칙 없이 가상적 놀이나 게임에 몰두한다.
2단계 타율적 도덕성 (heteronomous morality) 단계 (5~10세 혹은 4~7세)		= 도덕적 실재론의 단계, 절대적 도덕성의 단계 • 유아는 자신이 따라야 하는 규칙이 있다는 것을 알고 이를 존중하며 준수하기 시작한다. 또한 규칙은 신이나 부모와 같은 절대자가 만든 것으로 절대적이고 불변의 것이라고 생각하며, 누구든지 지켜야 하고 어기면 반드시 벌을 받는다고 여기는 내재적 정의 (immanent justice)에 지배된다. – 예를 들어 교실에서 뛰면 안 되는 이유에 대해 "선생님이 뛰면 안 된다고 했어."와 같이 말하거나, 자신이 거짓말을 한 후 넘어지면 거짓말을 했기 때문에 벌을 받아서 넘어진 것이라고 생각한다. 이는 도덕적 실재론(moral realism)으로, 행동의 옳고 그름을 판단할 때 행위자의 의도가 아닌 행동의 결과에 따라 판단하는 타율적 도덕성을 보여준다.

	도덕적 실재론	• 규칙에 대한 일방적 존중을 나타내며, 규칙은 절대적이고 고정된 것이므로 변경 불가능한 것으로 생각하는 입장이다.
		  – 성인의 권위로부터 나오는 요구나 규칙을 정의로 받아들이며, 규칙은 힘이 있고 권위 있는 사람이 만든 것이므로 절대 변경될 수 없는 것으로 생각한다.
		  – 옳고 그름의 판단 기준을 성인에 의존하며, 권위의 힘에 동조하고 복종한다.

	객관적 책임의 특성	동기보다는 결과에 근거해 도덕성을 판단하는 객관적 책임의 특성을 나타낸다.
	내재적 정의	• 내재적 정의란 나쁜 일 그 자체에 벌이 내재되어 있으므로 잘못을 저지르면 반드시 벌을 받게 되어 있다고 믿는 것이다. • 규칙을 위반하면 어른, 부모, 교사 또는 신으로부터 벌을 받는다는 내재적 정의 관념을 지니고 있다. – 내재적 정의란 규율을 어기면 당연히 벌이 따르는 응보적인 것으로 생각하고, 세상에는 정의가 있다고 보는 것을 의미한다.

	속죄적 처벌	• 속죄적 처벌을 공정한 것으로 생각한다. 잘못한 일에 대해 설명을 들은 아이보다 처벌을 받은 아이가 더 행동을 고칠 것이라고 생각한다.
		  – 속죄적 처벌이란 금지된 행동의 본질과 관계없는 처벌을 의미한다.
		  📷 문을 깨면 보상해야 하는 것이 아니라 매를 맞아야 한다.

	거짓말에 대한 생각	어른에 대해 거짓말을 하는 것을 나쁘다고 생각하나, 아동 상호 간의 거짓말은 그리 나쁘지 않다고 생각한다.
	평등성	처음에는 공정에 대한 개념이 없고 권위의 명령에 복종하는 것이 공정한 것이라고 생각하다가 평등을 권위의 명령보다 우선시하는 단계로 발달한다.

= 상대적 도덕성의 단계, 도덕적 상대론
- 규칙은 사회적 승인에 의해 만들어진 임의적 약속이므로 동의와 합의(상호 협의)로 변경될 수 있다고 생각한다. 또한 인간의 안녕이나 복지를 위해 규칙을 어길 수도 있다는 것을 알게 되는데, 이를 도덕적 상대론(moral relativism)이라고 한다.
  - 옳고 그름에 대한 절대적인 기준보다 공평성에 기초한 정의의 개념을 발달시키며, 어떤 행동을 판단할 때 행동의 결과가 아니라 행위자의 동기나 의도를 도덕적 판단의 기준으로 삼는다. 따라서 이 시기의 도덕성을 자율적 도덕성이라고 한다.
- 유아가 타율적 도덕성에서 자율적 도덕성으로 발달하기 위해서는 인지발달과 사회적 경험이 중요하다.
  - 유아는 자기중심성을 벗어나 조망수용능력과 역할수행 기술이 발달하고, 또래와 상호작용을 하면서 도덕 문제에 대해 다각도로 생각하며 공정과 정의 개념을 발달시킨다.
  - 피아제는 도덕적 추론 능력이 유아의 인지발달 수준과 연관되어 낮은 수준에서 높은 수준으로 일정한 순서를 거치며 발달한다는 것을 밝혔다. 그러나 유아의 도덕적 판단에 있어 행위의 동기나 의도를 추론하는 능력은 피아제가 생각한 것보다 더 일찍 나타나기도 하는데, 이로 인해 유아의 도덕적 추론 능력을 과소평가했다는 비판을 받는다.

3단계 자율적 도덕성 (autonomous morality) 단계 (8~11세 혹은 7~10세)	주관적 책임의 특성	결과보다는 동기를 고려하여 도덕 판단을 하는 주관적 책임의 특성을 나타낸다.
	처벌에 대한 객관적 관점	내재적 정의 개념에서 벗어나고 처벌에 대해 객관적 관점을 지니게 된다.
	상응적 처벌 (상응하는 처벌)	• 속죄적 처벌보다는 상응하는 처벌을 택한다. 벌의 교정효과에 관해서는 잘못을 처벌하는 것보다 잘못한 행동에 대해 설명을 하는 것이 행동교정이 잘 이루어진다고 믿는다. ① 일시적 또는 영원히 사회집단에서 배제하는 것 ② 잘못된 행동에 대한 즉각적인, 그리고 물질적인 결과에 호소하는 처벌 ⑩ 유리창을 깼을 때 고쳐주지 않아 추위를 겪게 하는 것 ③ 규칙을 위반한 사람에게서 그가 잘못 다룬 사물을 빼앗는 처벌 ⑩ 책을 얼룩지게 한 아이에게 책을 빌려주지 않는 것 ④ 단순한 상호성으로 잘못된 행위를 그대로 갚아주는 처벌 ⑤ 순수한 배상 처벌로서 망가뜨리거나 훔친 것을 갚아주거나 대체해 주는 것 ⑥ 처벌 없이, 그리고 권위에 의한 강제 없이 규칙 위반자가 자신이 어떻게 사회적 유대를 훼손했는지를 이해하도록 하는 것
	거짓말에 대한 생각	거짓말은 어른에 대한 것이든 아동에 대한 것이든 나쁘다고 생각한다.
	공평성	평등을 가장 우선으로 생각하는 단계에서 각 개인이 처한 상황을 고려하여 권위의 명령에 따를지 여부를 결정하는 단계로 발달한다.

UNIT 44 도덕성 발달 – 콜버그(Kohlberg, 1984)

KEYWORD # 도덕성 발달 수준 – 1, 2, 3단계

- 콜버그는 도덕성을 '사회적 행동에 대한 양심'이라고 정의하고, 유아는 문화적인 규칙을 내면화하는 과정에서 도덕성 발달이 이루어진다고 하였다. 그는 도덕적 갈등 상황을 제시하고 질문한 후 그에 대한 반응을 분석해 도덕적 사고를 연구하였다. 콜버그는 도덕적 갈등 상황에 대한 사람들의 대답 내용보다 왜 그렇게 생각했는지에 대한 도덕적 추론에 관심을 두었다. 이러한 대답을 토대로 콜버그는 도덕적 가치의 내면화 정도에 따라 도덕성 발달 수준을 전인습적 수준, 인습적 수준, 후인습적 수준으로 구분하였다.

- 콜버그의 도덕성 발달 이론은 피아제의 이론에 기초해 발달단계를 전 생애로 확장시켜 도덕교육의 방향과 내용 설정의 근거를 마련하였다. 또한 도덕적 사고의 발달단계를 촉진하는 방안으로 소집단 토론법을 제시하여 도덕교육 방법을 바꾸는 계기를 마련하였다. 그러나 후인습적 수준에 도달하는 성인 비율이 극히 적어 보편적 원리 지향 단계의 설정이 타당한가에 대한 논란이 있다. 또한 남성이 여성보다 도덕 수준이 높다는 것도 한계점으로 지적된다.

- 콜버그는 하인츠의 딜레마와 같은 도덕적 갈등 상황을 제시하고 이 상황에서 주인공의 행동에 대해 어떻게, 왜 그렇게 생각하는지를 물어 도덕 발달단계를 3수준 6단계 이론으로 제시하였다.

전인습적 수준 (pre-conventional level) (4~10세)		• 도덕성 발달의 최하위 단계로 사회 규범이나 기대를 이해하지 못하며, 외적 보상이나 벌에 의해 도덕적 판단을 한다. 　– 행위의 결과가 가져다주는 보상이나 처벌에 의해 옳고 그름을 판단한다. 　– 규칙을 정하는 사람들의 물리적인 권위에 따라 도덕성을 고려하여 판단한다. 　– 외적인 기준(대개 부모의 판단 기준)에 의한 도덕적 판단을 한다. • 9세 이전의 아동이나 일부 청소년 및 성인 범죄자가 여기에 해당한다.
	1단계 **처벌과 복종** **지향** (처벌 및 복종 지향, punishment and obedience orientation)	• 어른의 말에 절대 복종하며, 진정한 의미의 규칙에 대한 개념은 없다. 보상받는 행동은 좋은 것, 벌을 받는 행동은 나쁜 것으로 판단한다. • 행위의 물리적 결과로써 그 행위의 옳고 그름을 결정하며, 행위 결과의 인간적 의미나 가치에 대해서는 전혀 고려하지 못한다. 처벌 회피와 힘에 대한 맹목적 존경이 그 나름으로 가치화된다. 　– 처벌을 피하기 위해서 권위의 명령에 복종하거나 힘이 있는 사람에게 무조건 복종하는 것 자체가 도덕적 가치를 가진다. • 진정한 의미의 규칙에 대한 개념은 없으며 위반 행위의 중대성은 그 결과의 크기, 즉 처벌이나 객관적인 손상의 양 등에 의해 결정한다.

	2단계 도구적 상대주의 지향	= 개인주의, 도구적 목적 및 거래 지향, 도구적 지향, 쾌락주의 단계 • 개인의 욕구와 쾌락에 따라 옳고 그름을 판단한다. 보상과 이익에 바탕을 둔 도덕적 사고를 보이며, 규칙은 절대적인 것이 아니라 상대적으로 변할 수 있다고 생각한다. 옳은 것은 기분이 좋고 보상을 주는 것이며 즐거운 결과를 가져오는 행동이므로, 보상받을 일을 하고 처벌받을 일은 피한다. • 옳은 행위란 자신의 욕구와 드물긴 하지만 다른 사람의 욕구를 도구적으로 만족시켜 주는 것이다. 인간관계는 시장 사람들의 관계로 조명하는데, 공정성, 상호성, 평등한 나눔 등의 요소가 나타나지만 이 요소들은 언제나 물리적·실용적 방식으로 해석된다. 　– 상호성은 '네가 내 등을 긁어주면 나도 네 등을 긁어주기'의 문제로 표현된다. 　– 자신에게 당장 이익이 있을 때 규칙을 따른다. 즉, 보상받을 일들은 하고 처벌받을 일들은 피한다. 　– 모든 것이 상대적이기 때문에 각자의 욕구에 따라 옳고 그름을 판단한다. 　– 즐거운 결과를 가져오는 것이 선이고, 평등한 교환, 거래, 협약 등 공정한 것이 정의라고 본다. • 위반 행위의 중대성은 이제 부분적으로 행위자의 의도에 의해 판단한다.
인습적 수준 (conventional level) (10~13세)		• 행위의 결과와 상관없이 가족, 사회, 국가의 기대를 유지하는 것이 중요하며, 다른 사람을 기쁘게 하고 사회적 질서를 지키기 위해 도덕적인 행동을 한다. 도덕 기준을 내면화했지만 여전히 윗사람이 정한 기준이나 사회 규칙 등의 외적 기준을 적용한다. 개인적 기대나 사회질서에 동조하며, 적극적으로 질서를 유지하고 지지하며 충성한다. 　– 선한 행동 또는 사회적인 질서를 유지한 것에 대한 칭찬과 인정을 받기 위해 부모, 또래, 사회 집단의 규칙을 따르려고 애를 쓴다. 　– 단순히 개인적 기대나 사회적 질서에 동조하는 것뿐만 아니라, 적극적으로 질서를 유지하고 지지하며, 집단이나 그 구성원들에게 동일시하고 충성하는 것을 포함한다. • 인습적 수준은 10세 이후에 가능하며 대부분의 청소년과 다수의 성인이 이 수준에 있다.
	3단계 착한 소년·소녀 지향	= 대인 간 조화, 착한 소년·소녀 지향, 착한 아이 지향 도덕성, 개인 상호 간의 기대, 관계 및 개인 동조 • 개인 간의 관계에 관심을 두고 타인에 대한 믿음, 배려, 충성심을 도덕적 판단의 기준으로 삼는다. 도덕적 판단을 할 때 결과가 아니라 의도를 고려한다. • 관계지향적 관점으로서 타인을 기쁘게 해주거나 돕는 행위는 누군가에게 인정을 받는 행동이므로 착한 행동으로 판단된다. • 아들, 형제, 친구 등 자기에게 가까운 사람들의 역할기대에 따라 행동하는 것이 도덕적인 행위라고 본다.

	4단계 법과 질서 지향	= 사회 체제와 양심 • 개인과 집단 간의 관계로 관심이 옮겨지며, 사회 기준이 가치판단의 기준이 된다. 사회질서가 유지되도록 법, 정의, 의무를 준수하는 것이 도덕적 행동이라고 생각한다. 　ー 확고한 사회적 의무와 갈등을 일으키는 극단적인 경우를 제외하고는 　　법을 준수해야 한다고 생각한다. 　ー 스스로 동의한 현실적 의무를 준수하는 것을 선으로 여긴다. 　ー 사회, 집단, 제도에 공헌하는 것 역시 선으로 여긴다.
후인습적 수준 (post- conventional level)		• 도덕성 발달의 최상위 수준으로 도덕적 가치의 내면화가 완성되는 단계이다. • 도덕성이 내면화되며 규범이나 법, 관습보다 개인의 가치 기준에 근거하여 판단한다. 도덕적인 기준은 서로 상충될 수 있다는 것을 인식하게 되며, 권리나 정의에 근거하여 나름대로 판단을 하게 된다. 　ー 집단의 권위나 권리를 행사하는 사람들과는 무관하게 도덕적 가치와 원리를 규정하 　　려는 노력을 보인다. • 후인습적 수준의 도덕판단은 형식적 조작이 가능한 청소년기에 이르러서야 어느 정도 가능하며, 성인 중 소수만 이 수준에 도달할 수 있다.
	5단계 사회적 계약과 합법성 지향	= 사회계약, 공리성과 개인 권리(social contract and legalistic orientation) • 계약, 개인적 권리, 민주적으로 인정된 법률의 도덕성 등에 근거하여 옳고 그름을 판단한다. • 생명, 자유와 같은 인간의 기본적 권리와 가치가 법을 능가하는 중요한 가치라고 생각한다. 법과 질서는 사회질서 유지를 위해 준수되어야 하지만, 상대적이며 바뀔 수도 있다고 생각한다. 　ー 사람들은 다양한 가치와 의견을 가지고 있고, 대부분의 가치와 규칙 　　들은 집단에 따라 상대적이라는 것을 인식한다. 　ー 생명과 자유와 같은 비상대적인 가치는 어떤 사회나 다수의 의견과 　　상관없이 지켜져야 한다고 본다.
	6단계 보편적 원리 지향	= 보편적인 윤리적 원리 지향, 보편적 윤리적 원칙 • 법을 초월하는 양심, 생명의 존엄성, 평등성과 같은 보편적인 원리에 근거하여 옳고 그름을 판단한다. 법과 양심 사이에서 갈등을 느낄 때 자신의 결정이 개인에게 위험을 가져오더라도 양심을 따른다. 　ー 개인적 양심의 원칙에 의한 도덕성으로, 스스로 선택한 윤리적 원칙을 　　따르고 그 원칙에 의해서 정의를 판단한다. 　ー 대개 법이 그 원리와 일치하기 때문에 따르지만, 만약 이 원리와 　　충돌할 때는 자신의 원리에 따라 행동한다. 　ー 보편적인 원리, 즉 인권 평등과 인격체로서의 인간의 존엄성을 존중 　　한다.

UNIT 45 친사회적 도덕성 발달 – 아이젠버그(Isenberg, 1987)

개념		• 콜버그가 벌이나 규칙, 권위자의 지시, 형식적 규정 등과 같이 금지 중심의 도덕적 판단의 발달에 초점을 맞춘 것과는 달리, 아이젠버그(1987)는 긍정적인 도덕 추론의 영역과 친사회적이고 이타적인 주제를 다루고자 하였다. 　– 친사회적 행동을 중심으로 도덕성 발달을 설명하고 평가하는 것에 초점을 두기 때문에 '친사회적 도덕 추론 모델'이라고도 한다. 　– 그는 외부로부터의 압력이 최소화된 상태에서 자기 자신의 요구와 다른 사람의 요구나 가치 중 어느 한쪽을 선택해야 하는 상황에서 도덕적 판단의 형태가 다르게 나타날 수 있다고 가정하였다. 　– 개인이 자신의 이익을 희생해야 하는 갈등 상황에서 행동을 선택하도록 하는 실험을 통해 친사회적 추론의 발달과정을 여섯 수준으로 분류하였다. 　– 자신의 이익을 지향하는 단계에서 다른 사람의 필요를 지향하는 단계로 도덕성 발달이 이루어진다고 보았다.
발달단계	1수준 권위와 벌에 대한 강박적, 신비적 관점	• 행동 선택 기준 : 벌, 권위자에 대한 복종 • 벌을 피하고자 하며 권위자에게 무조건 복종한다. 　예 '내가 도와주지 않으면 누가 나에게 벌을 줄 거야.'
	2수준 쾌락, 자기 중심	• 행동 선택 기준 : 직접적인 이익, 좋아하는 사람 • 도덕보다는 자신에게 직접적인 이익이 따르는 것인지, 자신이 좋아하는 사람인지 등이 행동을 선택하는 기준이 된다.
	3수준 타인의 필요 중심	• 행동 선택 기준 : 타인의 신체적 · 물질적 · 심리적 요구 고려 • 동정심이나 죄책감과 같은 내적 정서에 대한 초보 수준의 표현이 나타난다. 　예 '그 사람이 슬퍼하니까'
	4수준 타인의 인정, 고정관념 중심	행동 선택 기준 : 타인의 인정, 선한(악한) 행동에 대한 고정관념에 기초하여 행동한다. 　예 '나누어 주는 것은 착한 것이니까', '대부분의 사람들이 그렇게 하니까'
	5수준 동정 중심	• 행동 선택 기준 : 타인의 권리 존중, 존엄성을 보호하는 것에 관심을 둔다. • 동정적 반응, 자기반성, 타인의 인격에 대한 배려, 죄책감, 자기 행동의 결과와 관련된 정적인 정서를 나타낸다. 　예 동정적 반응 : '그가 매우 슬프게 느낄 거야.' 　예 자기반성 : '내가 그 사람의 입장이 된다면' 　예 타인의 인격에 대한 배려 : '그들도 사람이기 때문에 우리가 나누어 가져야 해.'
	6수준 강한 내면화	행동 선택 기준 : 내면화된 가치 기준, 책임감, 개인과 사회적 규정을 지속하려는 열망, 존엄성과 권리에 대한 믿음, 개인의 평등에 기초하여 도덕적 판단을 한다.

UNIT 46 친사회적 도덕적 추론 능력 – 쉐퍼(Shaffer, 2008)

1 개념

- 친사회적 행동이 나타나는 데는 도덕적 추론 능력의 발달도 필요하다. 더 성숙한 단계의 도덕적 추론을 하는 유아는 덜 성숙한 단계의 추론을 하는 유아보다 친사회적인 행동을 더 많이 하게 된다 (Kostelnik et al., 2009). 아이젠버그와 핸드(Eisenberg‒Berg & Hand, 1979)는 친사회적 문제에 대한 유아의 추론 발달을 연구하였는데, 이들은 유아에게 아래와 같은 친사회적 딜레마를 제시하고, 친사회적 행동 때문에 자신이 대가를 치러야 할 때 어떻게 할 것인지 결정하게 하였다.
  - 어느 날 훈이가 친구의 생일잔치에 초대되어 급히 가고 있던 중 한 아이가 넘어져서 다리를 다친 것을 보았다. 그 아이는 훈이에게 자기 집에 가서 부모님께 이 사실을 알려줄 것을 부탁하였다. 만약 그 아이의 부탁을 들어준다면 훈이는 생일잔치에 늦어 맛있는 생일 케이크와 아이스크림을 못 먹게 되고, 재미있는 게임도 다 놓치게 될 것이다. 훈이는 이때 어떻게 해야 할까? 왜?(정옥분, 2006)

2 발달단계

수준	추정 연령	특성
쾌락주의	학령전기, 초등학교 초기	• 자신의 욕구가 중요하며, 만일 자신에게 이익이 된다면 도움을 줄 가능성이 높다. 예 "나는 생일잔치를 놓치게 되기 때문에 도와줄 수 없어."
욕구 지향	초등학생과 소수의 학령전기 유아	• 타인의 욕구가 도움을 위한 정당한 기초로서 인식된다. 그러나 동정심과 타인을 돕지 못한 것에 대한 죄책감에 대한 증거는 없다. 예 "나는 친구가 도움을 필요로 하기 때문에 도울 거야."
전형적 승인 지향	초등학생과 몇몇 고등학생	• 승인에 대한 관심과 옳고 그름에 대한 전형화된 이미지가 생각에 많은 영향을 미친다. 예 "내가 도움을 주면 어머니는 나를 안아 줄 거야."
감정이입 지향	초등학교 고학년과 고등학생	• 동정심에 근거하여 판단하며, 때로는 애매한 언급이 의무와 가치를 만들어 낸다. • 친구가 고통을 당하기 때문에 도와주는 것에 대해 기분 좋게 느낀다.
내면화된 가치 지향	대부분의 고등학생	• 도움을 주거나 주지 않은 것에 대한 정당화는 내면화된 가치, 규준, 신념, 책임감에 기초하고 있다. 이러한 원리를 위반하는 것은 자존감을 해칠 수 있다. • 타인을 돕지 않는 것은 자신의 가치관에 어긋나므로 마음이 불편하다.

▶ 연령이 어릴수록 이기적이고 쾌락주의적인 추론을 하는 경향이 있고, 연령이 증가함에 따라 점점 수혜자의 욕구를 이해하는 경향이 있다.

UNIT 47 배려 지향적 도덕성 발달이론(보살핌의 윤리학) – 길리건(Gilligan, 1982)

KEYWORD# 배려 지향적 도덕성 발달이론의 개념

- 길리건(Guilligan)은 서양의 기존 윤리관이 남성 중심적이고 성차별적인 윤리관이라고 비판하고, 특히 소년들만을 대상으로 한 콜버그의 도덕성 발달단계를 강력하게 비판하였다.
  - 길리건(Guilligan)은 남성의 도덕성은 정의적 원리(정의와 공평성에 초점)를 따르는 반면, 여성의 도덕성은 돌봄의 원리(보살핌과 관계 중심에 초점)를 따르는 관계지향적 특성을 가지고 있어 도덕적 딜레마 인식에 차이가 있다고 주장했다.
  - 여성은 대인관계, 보호, 친밀감 등에 관심이 있어 보호와 책임에 관한 도덕성을 발달시킨다고 주장하고, 자연적 배려에 근거한 윤리로서 '배려윤리' 단계, 또는 '보살핌의 윤리학'을 제안하였다. 도덕적 원리에 일치시키려는 의무감이 아니라 사랑과 자연적 성향에서 나온 행위이며, 배려를 실천할 때 느끼는 기쁨이 배려를 유지하고 이에 헌신하게 해 준다고 주장한다.
  - 7세에서 10세 중반까지의 소녀들을 대상으로 한 길리건과 동료들의 연구에 따르면 이 시기의 소녀들은 자신의 의견, 신념, 감정을 비교적 솔직하게 표현하지만, 여성의 행동을 가로막는 인습적 벽에 부딪히게 되면서 이에 저항하려 하면서도 자신들이 갖고 있는 감정이나 신념을 솔직히 표현하는 것을 억제하는 것으로 나타났다. 즉, 사회적 인습으로 인해 여아들은 인습에서 기대하는 착한 아이가 되기 위해서 자신을 돌보기보다는 타인을 위해 헌신적으로 봉사하고 배려해야만 하는 것이다. 이에 길리건과 그의 동료들은 아래와 같이 배려지향적 도덕성 발달단계를 제시하게 되었다.

1수준 **자기중심적 단계**	• 개인적 생존 : 자기이익 지향 • 도덕적 추론의 초보적인 단계로 생존을 위해 자기만을 돌보는 수준이다. 타인에 대한 관심이나 배려가 없으며 자신에게 좋은 쪽으로 결정한다.
1.5수준 **(제1과도기)** **이기심에서** **책임감으로의 변화**	• 자신의 생존에서 **책임감을 중시하는 과도기적 수준** : 첫 단계를 비판적으로 반성하는 과도기로 자신의 생존 위주의 판단을 이기적이라고 비판 • 타인에 대한 애착이 서서히 나타남에 따라 이기심과 책임감이 공존한다. • 자신이 하고 싶은 개인적 욕구와 자신이 해야 하는 책임이 구별되기 시작한다.
2수준 **책임감과 자기희생** **단계**	• **자기희생과 사회적 동조** : 타인에 대한 책임으로부터 선의 선별 • 타인을 위해 자신을 희생하는 수준으로 타인에 대한 책임감을 강조한다. 타인을 기쁘게 하려는 욕구와 자신의 욕구를 희생해서라도 타인이 원하는 것을 해 주려는 욕구가 등장한다. 자기희생을 도덕적 이상으로 간주한다. 　- 자신의 욕구를 억제하고 타인의 요구에 응하려는 시도를 한다(대인관계 지향적 반응, 모성적 도덕 선택). 　- 무조건적인 보살핌과 순응을 행위의 원리로 채택한다. • 자신은 보살핌의 대상에서 제외되어, 다른 사람들과의 관계에서 불평형을 야기한다.

2.5수준
(제2과도기)
선행에서 인간관계에
대한 진실성으로의
변화
	• 선함에서 진리로의 변화
	• 타인을 위한 선행에서 인간관계에 대한 진실성으로 변하는 과도기적 수준이다. 배려와 책임의 개념이 자기 자신의 필요와 욕구 및 이해관계까지 포함하는 수준으로 확대된다.
	  — 새로운 내적 판단으로 개인적 욕구, 타인에 대한 배려와 책임감의 균형을 갖출 필요성을 깨닫기 시작한다.
	  — 선함의 본질에 대한 새로운 인식이 시작된다.

3수준
자신과 타인을
배려하는 단계
	• 비폭력의 도덕성 : 자신과 타인과의 역동성
	• 자기 자신과 타인에 대한 상호 연계성을 통해 이기심과 책임감 사이의 역동적 관계에 초점을 둔다. 자신을 무력하고 복종하는 존재로 여기지 않고 의사결정에 적극적으로 동등하게 참여한다. 따뜻한 배려는 보편적 의무이다.
	  — 자기 자신도 보살핌의 대상이 되어야 함을 깨닫게 된다.
	  — 비폭력, 평화, 박애 등은 이 시기 개인적 권리와 타인에 대한 배려가 조화를 이루는 도덕성의 주요 지표가 된다.

 참고

유아교육기관과 「돌봄의 도덕교육(길리건)」과의 연계를 위한 네 가지 연속성

❶ **목적의 연속성**
- 유아교육기관이 돌봄의 중심이 되어야 하며, 유아교육기관의 첫 번째 목적은 서로에 대한 돌봄이어야 한다는 것이다.
- 유아들이 인간적인 돌봄의 본질적인 문제에 주의를 기울이고 특정 영역에서 자신의 능력을 개발시킬 수 있도록 도움을 주는 것을 포함한다.

❷ **유치원 생활의 연속성**
유아들은 공동체 생활 등 유아교육기관에서의 소속감을 획득할 만큼의 충분한 시간을 유치원에서 다른 원아들과 함께 생활하며 지내야 한다는 것이다.

❸ **교사와 학생의 연속성**
교사는 유아들과 충분한 관계를 형성하기 위해서 수년 동안 함께 생활해야 한다.

❹ **교육과정의 연속성**
공동체 생활과 사회도덕 교육을 위하여 이와 관련된 다양한 프로그램을 제공함으로써, 인간의 돌봄과 존중이 사회생활에서 필수적인 요소임을 수업과정을 통해서 체득할 수 있게 한다.

UNIT 48 영역구분 모형(영역구분 이론) – 튜리엘(Turiel, 1983)

- 콜버그의 '도덕성 발달단계론'에 대한 비판 이론으로 등장하였다.
  - 콜버그의 이론은 각 문화권의 전통적인 인습이나 사회적 규범이 갖는 도덕적 가치를 고려하지 않았다는 한계가 있는데, 이를 보완한 것이 튜리엘의 영역구분 이론이다.
  - 그는 도덕성의 정의가 다양할 수 있으며, 어떤 행동이 수용되고 수용되지 않는 문제는 문화권의 사회적 지식과 가치에 따라 다를 수 있다고 하였다.

도덕적 영역	• 생명의 가치, 정의, 공정성 등과 같이 시대와 사회를 막론하고 보편적으로 준수되어야 하는 보다 근원적인 가치규범이다. – 절대적이고 보편적인 원리들과 그에 따른 행동으로, 세계 공통의 윤리에 해당한다. • 개인은 타인의 권리나 복지에 본질적으로 영향을 미치는 사회적 행동의 경험으로부터 도덕적 판단을 구성한다. 예 타인에게 신체적이거나 정신적인 해를 입히는 것을 금지하는 것, 사람을 수단으로 삼지 않으며 모두에게 공평하게 대하는 것, 어려움에 처한 사람을 돕는 것, 분배의 공정성 등이 이에 속한다.
사회인습적 영역	• 사회적 체계에 함께 참여하는 집단 내 개인의 행동을 통합하며 사회적 상호작용을 조화시켜 주기 위한 구성원들간 일종의 상호합의에 의해 규정된 행동규범을 의미한다. – 특정 사회에서의 관습, 규칙, 사회 제도들과 이에 따른 행동들을 포괄한다. – 도덕적 영역에 비해 보다 임의적이고 상대적이며 가변적이다. 예 음식, 의복, 인사, 관혼상제 등의 예법, 학교의 규칙, 성역할의 관습 등은 이 영역에 속하는 대표적인 사회적 규범이다.
개인적 영역	• 보편적인 도덕원리나 인습적 규범과는 비교적 무관하게 개인이 선택할 수 있는 개인 특유의 행동이나 사태를 포함한다. • 의무나 관습보다는 개인의 선호가 행위의 기준이 되며, 행위의 결과는 행위자에게만 영향을 미친다. • 도덕적 관심과 사회적 규율 이외의 문제로 간주되는 행동을 말한다. 예 일요일에 하는 일 또는 친구에게 줄 선물을 선택하거나 결정하는 일, 개인의 옷 입는 취향, 수면 방법 등과 같은 사생활을 말한다.
영역혼재와 이차적 현상	**영역혼재 현상** 하나의 도덕적 사태에 세 영역의 성격이 동시에 나타나는 다면적 현상을 의미한다. 예 낙태 : 인간의 생명과 관련된 도덕적 영역과 합법적으로 인정하는 사회적인 영역, 그리고 선택의 문제로 인식되는 개인적 영역의 성격 등이 동시에 나타난다. **이차적 현상** 하나의 도덕적 사안이 처음에는 사회질서를 유지하기 위한 인습적 성격의 사태에서 시작해, 일탈행동이 타인의 권리를 침해하는 문제를 갖는 도덕적 영역으로 변하는 현상이다. 예 차례 지키기 : 사회구성원들 간의 질서를 유지하기 위하여 서로 차례를 지키면서 차를 탄다든지, 혹은 수돗가에서 물을 먹는다든지 하는 것은 사회 인습적인 영역으로 볼 수 있으나, 타인에게 손해를 끼치거나 인권을 침해한다면 이는 도덕적인 문제를 갖는 도덕적인 영역으로 변하게 된다.

UNIT 49 도덕적 행위의 구성 요소 – 레스트(Rest)

1 개념

- 도덕성은 평등, 공정, 책임, 협력, 질서, 규칙, 선과 악, 공정과 불공정, 정의와 부정 등의 도덕적 가치와 민주적 가치로 나눌 수 있다. 그동안 도덕성 교육에서는 이러한 덕목을 기르기 위해 다양한 연구가 이루어져 왔지만, 도덕성의 덕목에 대해 배우는 것과 도덕적 실천에는 큰 차이가 있음이 드러났다.
- 이러한 사실을 토대로 레스트(Rest, 1984)는 도덕성의 4가지 구성 모델(도덕적 민감성, 도덕적 판단, 도덕적 동기화, 도덕적 품성)을 제시하여 도덕적 행동이 일어나는 사람의 심리과정을 연구하였다 (김국현, 2019; 안희정, 2015).
  - 인간이 도덕적 행동을 하기까지의 과정에 필요한 4가지 심리 과정은 각각의 과정에 대한 수행과 전체 과정의 실행을 모두 필요로 한다.
  - 4가지의 요소들은 성격 특성 혹은 덕목을 나타내는 것이 아니라, 도덕 행위를 산출하는 데 요구되는 내적인 심리적 과정들을 의미한다.
  - 4가지 구성 요소는 기능적 개인차를 가진다. 즉, 개인에 따라 잘하는 요소와 그렇지 않은 요소가 존재한다.
    - 예 도덕적 민감성은 높지만 도덕적 판단은 낮은 경우가 있다.
  - 4가지 구성 요소의 심리 과정들은 다른 종류의 인지·정서적 상호작용들로 이루어진다는 점을 강조하였다.
    - ① 정서가 완전히 없는 인지란 없으며, 인지적 측면이 전적으로 결여된 도덕적 정서도 없다.
    - ② 도덕행동을 촉진시켜주는 '정서와 인지로부터 분리된' 도덕행동이란 없다는 관점이다.
    - ③ 도덕성은 인지, 정서, 행동 중 어느 하나만으로 설명되거나 실천될 수 있는 것이 아니라 통합적으로 접근되어야 함을 강조하였다.
- 레스트(Rest, 1984)는 도덕성 교육의 4가지 구성 요소가 각자의 특성을 가지고 있지만, 모두 균형 있게 발달될 수 있는 통합적인 교육이 되어야 함을 강조했다. 또한 유아 개개인이 도덕적 행동을 하지 못하는 원인을 파악하여, 유아 개인의 특성에 맞게 개별화된 도덕성 교육이 이루어져야 한다고 보았다 (김국현, 2019).

✦ 공감
- 공감의 정의적 측면
- 타인이 아파서 눈물을 흘리는 것을 보고 자신도 마음이 아픈 것을 말한다.

✦ 관점채택
- 공감의 인지적 측면
- 타인이 왜 아픈지 머릿속으로 이해할 수 있는 것을 말한다.

❷ 과정

도덕적 민감성 (moral sensitivity)	• 사회·도덕적 상황의 해석 • 도덕적 민감성의 핵심은 ✦공감과 ✦관점채택으로, 개인이 처한 상황에서 자신의 행동이 타인이나 집단에 어떤 영향과 결과를 미치게 할 것인가를 고려하는 것이다. 　– 다른 사람의 느낌이나 의도를 이해할 수 있다면, 자신의 행동을 선택할 때 좀 더 민감하게 타인의 입장을 고려하여 판단할 수 있다는 것이다. • 이러한 도덕적 민감성은 타인이나 집단과 관계를 맺을 때, 서로의 차이를 인정하고 갈등을 해결하며 긍정적인 판단을 하는 데 도움을 준다. 도덕적 민감성을 향상시키는 중요한 원리는 나의 결정으로 인해 타인과 동식물, 환경 등이 고통받을 수 있다는 것을 알게 하는 것이다. 　– 이를 위하여 도덕적 딜레마에서 타인의 입장 공감하기, 협동을 통해 타인의 행동이나 바람, 느낌, 수용, 상호교환 경험하기 등 도덕적 정서 발달을 위한 교육내용을 구성할 수 있다. 　예 그림책 속 등장인물의 입장이 되어 타인의 마음 공감해 보기 　예 도덕적 갈등 상황에서 나와 다른 타인의 입장에서 생각해 보고, 타인의 마음을 공감해 보기 　예 협동학습을 통해 타인의 마음을 이해하고 도움을 주기
주요 요인	• 정보처리 및 추론능력 • 역할이행 • 도덕적 민감성 • 감정이입
특징	• 마더테레사 　– 행동이 사람들의 권익에 어떻게 영향을 미치는지를 고려하면서 주어진 상황을 해석하는 일이다. 　① 어떤 상황을 도덕적 상황으로 파악하는가? 　② 그 상황에서 어떤 행위들이 가능한가? 　③ 그 행동이 어떤 사람들에게 어떠한 영향을 미치는지를 파악하는가?
도덕적 판단 (moral judgement)	• 도덕적으로 이상적인 행동의 규명 • 도덕적 판단력은 도덕적으로 옳고 그른 것에 대해 추론하고 내가 어떤 행동을 해야 할지 결정하는 능력이다. 이러한 능력은 유아들의 경험을 통해 형성된다. 　– 도덕적 갈등의 경험은 상대방을 설득하기 위해 상호작용을 하면서 나와 다른 관점에서 생각해 보게 하고, 보다 상위의 도덕적 추론을 하게 만든다. 　– 유아교육기관에서 일어날 수 있는 '다양한 갈등 상황에서 도덕적 판단'을 해야 할 때, 교사는 유아들에게 '가설적인 갈등 상황이 포함된 이야기'를 제시하여 토의를 통해 문제를 해결해 보면서, 도덕적 추론 능력과 도덕적 판단의 가치 기준을 배울 수 있도록 해야 한다. 　예 가설적 갈등 상황에 대한 토의 과정의 사례 　① 문제 인식: 교사는 그림에 나타난 사람들의 표정, 몸짓을 단서로 누가, 언제, 어디서, 어떻게 하고 있는가를 추론하도록 발문을 하여 문제 상황을 파악하게 한다. 　② 관련자 마음 추론단계: 문제라고 생각하는 사람들의 심리 상태를 파악하는 발문("어떤 마음이 들까?", "어떻게 생각할까?")을 한다. 　③ 원인 진단: "왜 이런 행동을 했을까?" 등의 발문을 통해 문제의 원인을 진단해 본다. 　④ 해결방안 모색: 문제의 원인을 종합적으로 고려하여 해결점을 찾는다.

	주요 요인	• 판단력과 합리적 사고 • 도덕적 개념 습득 • 사회화 과정
	특징	• 솔로몬 　– 이상적인 도덕적 행동과정이 무엇인지 구체화하는 일이다. 　– 가능한 행동들 중에서 무엇이 가장 도덕적인지를 판단하는 것과 관련된다.
도덕적 동기화 (moral motivation)		• 실행할 행동의 선택 및 결정 • 도덕적 동기화는 도덕적 행동을 결정하게 하는 요인으로서, 세 가지로 구분할 수 있다. 즉, 누군가에게 벌을 받을까 봐 억지로 하는 도덕적 행동, 칭찬과 보상을 받기 위해 하는 도덕적 행동, 마음 깊이 공감하여 자발적으로 실행하는 도덕적 행동으로 구분한다. • 도덕적 동기화는 순수한 도덕적 요인에 의해 자발적으로 도덕적 행동을 할 수 있어야 하며, 이는 '왜 도덕적 행동을 해야 하는가?'라고 하는 도덕적 가치를 우선적으로 생각할 수 있어야 한다. 　– 도덕적 가치에는 모든 인간은 존중받아야 하며, 모든 인간은 진실해야 하고, 약속에 동의한 사람은 약속을 성실히 수행해야 하며, 힘든 사람을 공감하고 도와주어야 한다는 내용이 포함된다. 　– 따라서 도덕적 동기화를 발달시키려면, 도덕적 행동은 어떤 가치가 있는지, 그 가치는 왜 지켜야 하는지에 대해 인식시켜 주는 것이 중요하다. 　예 그림책을 통해 도덕적 가치(존중, 정직, 돕기, 책임 등)에 대해 토론해 보기 　예 유아들이 놀이할 때 지켜야 할 약속을 함께 정해 보기
	주요 요인	• 의사결정과정 • 도덕적 행동의 동기화
	특징	• 돈키호테 　– 여러 가지 행동에 따른 결과를 예측하고, 자신이 가치를 두고 행하고자 하는 행동을 선택하는 일이다. 　– 다른 모든 가치와 의도보다도 도덕적 가치에 우선권을 부여하고, 그 가치를 실행하고자 하는 것을 의미한다.
도덕적 품성 (moral character)		• 도덕적 실행력(실천과정) • 도덕적 품성(moral character)은 갈등을 일으키는 유혹에 저항해 도덕적 실천에 이르도록 하는 것이다. 　– 콜버그(Kohlberg)는 도덕적 행동의 품성으로 자기 통제력을 들었다. 자기 통제력은 도덕적인 유혹이 왔을 때 순간적인 욕구의 충동이나 행동을 자제하고 즐거움과 만족을 지연시키는 것인데, 그중 '유혹에 저항하는 능력'이 도덕적 품성에 해당된다. 유혹에 저항하는 능력은 3~4세경에 시작하여 유아기 동안 발달하는 것으로, 바람직한 도덕적 선택을 위해 유혹을 뿌리칠 수 있는 능력을 뜻한다. 　– 이러한 능력을 길러주기 위해서 교사는 토의를 통한 문제해결 지도 및 자율성을 부여할 때 책임으로 따라오는 것들을 유아에게 경험해 볼 수 있도록 한다.

	예 규칙을 지키며 스스로 선택하여 놀이하기
	예 우리가 정한 규칙을 실천한 사례 공유하기
	- 어떻게 규칙을 실천하게 되었는지에 대해 이야기 나누기
	- 그 약속을 실천하면서 어떤 마음이 들었는지에 대해 이야기 나누기
	예 도덕적 갈등 상황에 대한 토의를 통해 문제해결 경험하기
	- 갈등 상황에서 어떤 선택을 할 것인가?
	- ○○를 선택하면 우리에게 어떤 일이 생길까?

주요 요인	• 인내(절제-만족지연능력)
	  - 인지적 전략
	  - 자기조절
	• 자아강도
	  - 용기
	  - 자아효능감
	• 수행기술
	  - 사회적 기술
	  - 의사소통능력

특징	• 헤라클레스
	  - 자신이 선택하고 의도하는 행동을 실천에 옮기는 일이다.
	  - 도덕적 행동을 수행하거나 이행하는 것과 관련된다.
	  - 좌절을 극복하고 유혹에 저항하며 궁극적인 목표에 도달하게 하는 의지력과 인내, 자아강도 등과 같이 선택된 행동을 수행시키는 데 필요한 사회적·심리적 기술 등을 의미한다.

UNIT 50 도덕적 행동지도 전략

| **상호교환에
의한 제재** | • 벌의 대안으로 상호교환에 의한 제재를 사용한다.
  - 벌에는 과오와 결과 사이에 연결이 없으나, 상호교환에 의한 제재에는 직접적 관계가 있다.
    ① 집단으로부터의 배제
    ② 행위에 상응하는 직접적이고 물질적인 조치
    ③ 잘못 사용한 물건 빼앗기
    ④ 복구 명령
  예 벌: 이야기 시간에 방해한 것 때문에 점심을 주지 않는 것이다.
  예 상호교환의 제재: 아동이 방해하지 않고 이야기를 들을 수 있도록 결심할 때까지 집단에서 제외시키는 것이다. |

MEMO

모델링	• 부모나 교사, 또래, 이야기나 TV프로그램의 주인공 등은 유아의 도덕성 발달에 영향을 미치는 중요한 인적 환경에 해당한다. • 교사 　- 유아에게 부모 다음으로 유력한 모방(관찰)의 대상이다. 　- 교사가 보여주는 도덕적 가치나 태도, 행동은 잠재적인 도덕교육의 자원이 된다. 　- 일상에서 교사의 애정적이고 반응적인 행동, 감정이입 행동을 자주 경험할 수 있도록 한다. 　- 평소 다른 사람의 입장에서 생각하는 태도를 보여주거나 도덕적인 행동을 솔선하여 보여줄 때 유아의 도덕성 발달에 보다 긍정적인 영향을 준다. 　- 아동이 바람직한 사회적 행동으로 자극받는 다양한 집단에 활동적으로 개입하도록 돕는 것은 높은 질의 또래 모델을 갖게 한다. **유의점** • 도덕적으로 적합하지 않은 내용이 담긴 미디어(매체)의 영향으로부터 유아를 보호해 주어야 한다. • 만약 보게 된 경우에는 진행 중인 사건의 내용을 잘 설명해 주고, 주인공의 행동이 바람직한지 아닌지, 왜 그런지 등에 대해서 이야기 나누어 보는 것이 도덕성 발달에 도움이 될 수 있다.

성인의 직접적인 관리지도

• 호프만 : 『아동 행동 통제를 위한 부모의 양육태도 3가지 유형』
　- 성인의 직접적인 관리지도를 통해 아동의 도덕성 발달을 돕는 3가지 훈육 책략
　　① 과도한 권력주장의 사용은 단지 누가 볼 때만 규칙을 따르는 아동을 만들 수 있다.
　　② 애정 철회기법은 종종 불안과 무기력함을 느끼게 한다.
　　③ 설명과 이유에 기초한 훈련은 아동을 높은 도덕적 수준으로 이끌어 준다.

유형	의미	영향
권력주장 (권력행사)	• 아동의 행동을 통제하기 위해 상위의 권력을 사용하는 것이다. • 공포, 분노, 원망을 유발할 수 있는 기법이다. 　예 강압적인 명령, 특권의 철회, 신체적 처벌, 바람직하지 않은 행동 간섭	• 즉각적 후퇴 • 현재 권위에 동조 • 보지 않을 때 행동하려는 경향
애정 철회	• 아동이 잘못한 후에 관심, 애정이나 승인을 억제하는 것이다. • 아동은 부모의 애정을 잃을 수 있다는 불안감을 가지게 됨으로써 부모의 말을 잘 듣게 된다. 　예 무시, 부정적인 말	• 애정 손실에 대한 두려움 • 불안, 불안정
유도 (설명과 이유)	처벌을 하지 않으면서 아동의 행동이 왜 나쁜지와 왜 변화되어야 하는지를 설명하고, 다른 사람에게 끼치는 상해를 강조하여 아동이 도덕적인 행동을 할 수 있도록 지도하는 훈육법이다. 　예 요구에 대한 이유 설명, 다른 사람에 대한 이해와 관심을 발달시키는 것	• 책임 있는 결정을 내리게 되는 안정성 • 이해에 기초를 두고 협동하려는 욕구

강화를 통한 행동 수정	즉각적인 칭찬이나 관심	• 생활 속에서 의도되었거나, 의도하지 않았지만 나타나는 도덕적 행동에 대한 즉각적인 칭찬이나 관심은 바람직한 행동을 강화한다. • **벌**: 바람직하지 못한 행동 약화 및 소멸
	무시에 의한 단절	바람직하지 않은 행동을 무시하는 방법이다.
	우연한 관찰	• 직접지도, 타임아웃, 또래관찰, 칭찬이 결합된 절차이다. ① **직접지도**: 아동의 잘못된 행동을 지적 후, 적절한 대안을 제시한다. ② **타임아웃**: 놀이가 끝날 때까지 아동을 집단에서 분리한다. ③ **또래관찰**: 아동에게 다른 아동들의 적절한 행동을 관찰하도록 지도한다. ④ **칭찬**: 아동이 자신의 잘못된 행위에 대해 인정하고 반성하게 되면 다시 집단으로 돌려보내고, 이후에 바람직한 행동이 나타나면 칭찬한다.
	재학습 집단 모임	• 또래의 영향력을 사용하는 것이다. − 분열적 행동을 보이는 아동은 그의 친구들 중 바람직한 행동을 보이는 2~3명과 함께 재학습 집단에 들어가게 된다. − 몇 가지 전형적인 실제 상황을 제시하고 그들이 어떻게 행동할지를 질문했을 때 공격적인 해결방법이 제시되면, 아동들에게 문제를 다루기 위한 다른 방법을 생각해 볼 수 있는지 되묻는다.
감정이입의 발달	독서 요법	• 행동에 영향을 미치는 책과 이야기를 하는 방법이다. − 이야기 인물과 동일시함으로써 바람직한 태도를 배울 수 있다.
	역할 놀이	도덕적 갈등이 담긴 상황이나 이야기를 유아들이 직접 연기해 보는 활동이다.
	매직 서클 (Walsh, 1980)	• 특징적이고 효력 있는 인간 상호 간의 의사소통이다. • 교사와 유아가 서로의 얼굴을 볼 수 있도록 둥글게 앉아 시행한다. − 언어 소통, 비언어 소통이 가능하도록 한다. • 5~10명 정도의 소그룹 형태로 반원이나 원 대열로 둥글게 앉아 서로가 얼굴을 보며 이야기할 수 있도록 하고, 언어소통뿐만 아니라 비언어적인 소통도 가능하게 하여 효율적인 상호작용이 일어나도록 한다.
	도덕적 갈등에 대한 추론 전략	• 가설적 갈등 상황이 담긴 '그림책'을 사용하여 토의로 이끄는 방법이다. − 유아를 토의에 참여시켜 생각을 나누는 과정에서 도덕적 추론을 자극하는 것이다. − 도덕적 주제와 갈등이 내포된 이야기를 선정하고 유아의 사고를 자극하여 보다 높은 추론으로 이끄는 토의 전략이 중요하다.
언어화를 통한 자기 지도		• **초기 아동**: 마음속에서 부모가 '하지 말라'고 말하는 것을 떠올림으로써 바람직하지 않은 행동을 억제하는 것이다. • 아동이 자라남에 따라 자기 지도는 자아통제의 중요한 기초가 된다. − 자기 지도는 유혹과 보상이 보이지 않을 때, 아동이 행복한 경험과 성공 경험을 생각할 때, 물리적 결과가 언어로 표시될 때(**예** "이 망원경은 조심해서 다루어야 해. 깨지기 쉬우니까."), 자신에게 지시할 필요가 있을 때, 그것을 깨우쳐 줄 단서가 있을 때 훨씬 효과적이다.

도덕성 발달을 돕는 교사의 역할

❶ 일상생활 속에서 반복적으로 가르치기

• 유아를 위한 도덕교육은 기본생활교육을 통한 습관 형성에 초점을 두어야 한다. 즉, 유아가 자신의 행동에 주의를 기울이도록 독려하면서 바람직한 행동이 몸에 배도록 꾸준히 지도해 주어야 한다. 유아교육기관의 일상은 유아가 도덕적 감성과 판단, 행동을 반복적으로 경험하고 발전시킬 수 있는 다양한 기회가 될 수 있다. 그러므로 교사는 다양한 장면에서의 일관성 있는 지도를 통해 유아가 도덕성을 내면화해 가는 과정을 도울 수 있어야 한다.

　⑩ 사례 : 친구를 때린 유아를 지도할 때

　　㉠ 먼저 피해를 당한 유아를 돌보고 살핀다. 공격행동을 한 유아를 질책하기보다는 교사의 친사회적인 행동을 유아가 관찰하는 기회를 우선적으로 제공해 주는 것이 중요하다. 이때 유아가 다친 유아를 보살피는 일에 기여할 수 있도록 어떤 역할을 부여해 주는 것이 좋다. 유아의 공격적 행동은 대개 우발적으로 일어나는 것이므로 친구를 돌보는 과정에서 유아 스스로 미안한 마음을 가지도록 분위기를 마련해 주는 것이다.

　　㉡ 유아가 왜 친구를 때렸는지 이유를 충분히 들어주고 그 감정을 존중해 준다. 그리고 친구를 때리는 것은 적합하지 않은 행동이며, 왜 적합하지 않은지에 대한 이유를 유아가 이해할 수 있도록 충분히 설명해 준다.

　　㉢ 유아가 친구를 때리는 행동 대신 말로 자신의 요구를 표현하는 방법을 가르쳐 준다. 이때 교사는 유아와 함께 상호작용에 필요한 구체적인 언어를 연습해 보는 것이 좋다.

• 유아가 도덕적으로 바람직하지 않은 행동을 반복하는 것은 고의적으로 교사를 곤란하게 하고자 함이 아니다. 그보다는 제한된 기억력, 행동과 결과의 인과관계에 대한 이해 부족, 자기중심성 등과 같은 발달적 한계 때문일 가능성이 높다. 따라서 유아를 위한 도덕교육은 강압적인 주입식 교육보다는 옳고 그름에 대한 분명한 메시지를 전달하되, 친절한 표정과 언어로 유아의 생각을 존중하는 가운데 이루어져야 할 것이다. 도덕적 성향은 하루아침에 길러지는 것이 아니므로 어떤 행동은 도덕적으로 바람직하고 또 어떤 행동은 그렇지 않은지, 그 이유가 무엇인지에 대해 유아가 분명히 이해할 수 있도록 꾸준히 반복적으로 가르쳐 주는 것이 중요하다.

❷ 도덕적으로 바람직한 행동 모델 보여주기(바람직한 모델링 제공하기)

• 도덕성은 자신에게 의미 있는 특정 대상의 관찰 모방을 통해서도 발달한다. 교사는 유아에게 부모 다음으로 중요한 모델이므로 일상생활에서 애정적이고 반응적이며 감정이입을 자주 보이는 교사와 함께 지낸 유아는 타인의 입장에 관심을 기울이고 배려하는 행동을 보이지만, 처벌적이거나 무반응적인 교사와 함께 지낸 유아는 도덕적 정서가 무딘 사람으로 자랄 수 있다. 또한 교사가 타인의 입장에서 생각하는 태도를 보여주거나 도덕적 행동을 먼저 보여줄 때 긍정적인 영향을 미친다.

• 또한 교사가 평소 다른 사람의 입장에서 생각하는 태도를 보여주거나 도덕적인 행동을 솔선하여 보여줄 때 유아의 도덕성 발달에 보다 긍정적인 영향을 미칠 수 있다. 아울러 도덕적으로 적합하지 않은 내용이 담긴 미디어(매체)의 영향으로부터 유아를 보호해 주어야 한다. 유아와 TV나 비디오 프로그램을 볼 경우에는 진행되고 있는 사건의 내용을 잘 설명해 주고, 주인공의 행동이 바람직한지 아닌지, 왜 그런지 등에 대해서 이야기 나누어 보는 것이 유아의 도덕성 발달에 도움이 된다.

❸ 유아와 함께 도덕 관련 주제에 관해 이야기 나누기

• 유아와 함께 일상의 도덕적 갈등 상황이나 이야기 속 딜레마에 대해서 이야기 나누는 경험은 도덕적 문제 상황에 대한 추론 및 판단, 도덕적 감성, 문제해결 능력의 발달을 돕는다. 교사와 유아가 서로의 느낌이나 생각, 의견을 존중하고 협력함으로써 문제를 해결해 보는 경험은 유아의 자율적인 판단과 선택 및 의사결정 능력을 키울 수 있다. 또한 긍정적인 분위기 속에서 설명적 이야기 방식으로 대화하는 것은 유아의 도덕적 자아의 발달을 돕는다.

• 도덕적 주제와 문제 상황에 담겨진 이야기(그림책)를 중심으로 주인공의 도덕적 가치와 태도, 행동을 살펴보고 토의하는 활동은 유아의 사고를 자극하여 높은 수준의 도덕적 추론을 경험할 수 있는 기회가 된다. 교사가 도덕적 갈등해결을 위한 정답을 제공해 주는 것보다는 유아들이 자신의 생각을 이야기하고 다른 사람의 생각을 경청하며 함께 논의하는 가운데 최선의 대안을 찾아내고 선택할 수 있도록 안내해 주어야 한다.

• 아래와 같은 발문은 도덕적인 가치와 태도, 감정, 행동 등에 대한 유아들의 추론이 활성화되고 비판적 사고 능력이 향상되는 데 도움이 된다.

　⑩ 이야기 속에 어떤 일이 일어났는가?, 그러한 상황에 대해 어떻게 느끼는가?, 그 일로 인해 주인공의 마음은 어떨 것이라고 생각하는가?, 주인공이 문제를 어떻게 해결할 것이라고 생각하는가? 왜 그렇게 생각하는가?, 주인공의 선택이 옳다고 생각하는가? 왜 그렇게 생각하는가?, 만약 나라면 문제를 어떻게 해결할 것인가? 그 이유는 무엇인가?

II 친사회적 행동(이타행동)

UNIT 51 친사회적 행동의 이해

KEYWORD# 친사회적 행동의 개념

1 개념 및 정의

- 친사회적 행동(prosocial behavior)이란 외적인 보상을 기대하지 않고 자발적으로 다른 사람을 이롭게 해주는 행동으로(Bar-Tal) 긍정적인 행동의 결과를 나타낸다. 친사회적 행동은 타인과 원만한 관계를 형성하고 유지하기 위해 나타나는 행동으로서 배려, 도움 주기, 나누기, 협동하기, 공감하기, 타인 존중하기 등의 유형이 포함되며, 최근에는 사회적 기술이라는 넓은 의미로 사용되기도 한다.
- 타인을 돕거나 타인에게 이득이 되는 것을 목적으로 하며 어떤 형태의 보상에 대한 기대 없이 자발적으로 행하는 행동이다.
- 다른 사람을 도와주거나 이로움을 주는 자발적 행위이다(Hearron & Hildebrand, 2013).
- 외적 보상에 대한 기대 없이 행하는 행동이다(Penner & Orom, 2010).
- 이기심, 공격성과 같은 반사회적 행동과 반대되는 개념으로 타인에게 유익함을 주기 위해 자발적으로 수행되며, 사회적으로 긍정적인 결과를 가져오는 행동이다.

2 가치

- 친사회적 행동이 발달된 유아는 다음과 같은 긍정적인 효과를 나타낸다.
  - 타인과 긍정적인 관계를 유지하기 위해 타인을 도와주는 이타적인 행동을 보이고, 타인의 요구에 대한 이해와 타인 공감능력의 발달로 높은 수준의 언어를 사용하며, 친사회적인 행동을 통해 자신에 대해 긍정적인 자아를 갖게 되고, 대인관계 형성 능력, 사회적 적응 능력 및 학업성취도에서 높은 효과를 나타낸다(이경노, 2017; Kärtner, Keller & Chaudhary, 2010).
  - 이와 같이 유아는 친사회적 행동을 통해 긍정적인 또래 관계를 형성하게 되며, 건강한 자아상과 함께 사회적 적응 능력이 높아지므로 유아의 친사회적 행동 발달은 중요하다. 반면 친사회적 행동이 부족한 유아는 자기중심적인 성향이 강하며, 타인을 이해하지 못하고 비협력적이고 공격적인 행동을 보여 원만한 대인관계가 이루어지지 못한다. 그로 인해 유아는 부적응 행동을 보이기도 한다(장효은·김춘경, 2016).
  - 유아기에 성공적인 또래 관계가 형성되지 못하면 향후 학교생활에 어려움을 겪으며 성인이 되어서도 관계에 의한 어려움을 경험하기도 한다(Campbell, Hansen & Nangle, 2010). 그러므로 또래 및 교사와 다양한 사회적 관계가 시작되는 유아기에 있어서 친사회적 행동 향상을 위한 교육적 지원은 매우 중요하다.

- 친사회적 행동은 유아의 전반적인 발달과 연관되어 있다. 친사회적 행동을 하는 유아는 또래를 돕고 만족감과 유능감을 발달시켜 자신을 가치 있고 능력 있는 사람으로 지각하는 건강한 자아상을 갖게 된다(Trawick-Smith, 2005).
  - 친사회적 행동을 하는 유아는 그러한 행동으로 인해 주변으로부터 더 많은 친사회적 행동을 받고, 또 자신의 행동이 타인의 친사회적 행동을 이끌어 내어 성공적인 사회 경험의 기회가 증가한다. 이로 인해 유아는 타인의 친절에 긍정적으로 반응하는 방법을 배우게 된다.
  - 친사회적인 행동을 하는 유아는 또래에게 인기 있고 사회적 기술이 높으며, 또래와 성인에게 협력적이고 인지능력이 높아 긍정적인 학업성취와 적응을 보인다(Cassidy et al., 2003).
  - 친사회적 행동은 개인 및 집단에도 영향을 미쳐 협동하고 돕는 행동을 하는 집단은 그렇지 않은 집단에 비해 상호작용이 더 친근하며 생산적이다. 따라서 유아는 자신과 집단 구성원이 모두 다정하고 유능하다고 생각하면서 긍정적인 집단 이미지를 발달시킬 수 있다(Gazda et al., 2006; Marion, 2007).
- 친사회적 행동이 유아에게 미치는 긍정적인 영향은 다음과 같다(Kostelnik et al., 2009).
  - 만족감을 얻는다.
  - 유능하다는 것이 무엇인지 인식한다.
  - 다른 사람과 사회적 관계를 맺게 하고 진행되는 관계를 증진시킨다.
  - 또래들 사이에 인기가 높아진다.
  - 도움을 받거나 협동할 기회가 늘어난다.
  - 학업성취를 높인다.
  - 긍정적인 집단 분위기를 만든다.

③ 필요한 기술

조망수용능력	• 「인지적 측면」에 해당하는 능력 　- 타인의 관심을 이해하고 그 사람의 사고와 태도를 구별하는 능력이다. 　　① 유아기: 자신의 관점으로만 상황을 판단하며, 조망수용능력이 부족하다. 　　② 아동기: 타인의 관점을 수용하며, 자발적으로 타인을 배려하고 돕는다.
감정이입	• 「정서적 측면」에 해당하는 능력 　- 타인의 정서를 같이 느끼고 공감하는 능력을 말한다. • 감정이입과 친사회적 행동과의 관계성 　- 아동은 도움을 필요로 하는 타인에 대해 정서적 고통을 경험하게 되므로 그를 도와주게 된다. 　- 자신의 행동이 타인에게 즐거움이나 행복을 줄 때 아동은 긍정적인 정서를 경험한다.
도덕추론 능력	보상과 처벌이 도덕추론 능력에 영향을 준다.

④ 범주(교육내용)

기본 관점		• 대부분의 학자들은 타인에 대한 감정이입과 공감하기를 친사회적인 행동을 하는 근간으로 보고 있으며, 배려하기, 돕기, 나누기, 협력하기, 위로하기, 존중하기 등으로 내용을 구분한다 (Eisenberg & Hand, 1979). • 유아교육기관에 배포되었던 친사회적 교육 활동 지도자료(교육부, 1998)에서는 친사회적 행동 유형을 타인 존중, 돕기, 나누기, 협동, 양보로 구분하였으며, 인성교육 프로그램(교육 과학기술부, 2011)에서는 인성교육의 내용으로 배려, 존중, 협력, 나눔, 질서, 효가 포함되었다. 이러한 내용을 바탕으로 친사회적 행동발달을 위한 교육내용을 존중하기, 배려하기, 나누기, 협력하기 등으로 살펴보면 다음과 같다(교육부, 1998; 교육과학기술부, 2011). 　- 친사회적 행동은 타인과 원만한 관계를 형성하고 유지하기 위해 나타나는 행동으로 배려, 도움주기(돕기), 나누기, 협동하기, 공감하기, 타인 존중하기 등의 유형이 포함되며, 최근 에는 사회적 기술이라는 넓은 의미로 사용되기도 한다. 　- 기부, 관용, 이타성, 협력(협동), 친절, 동정, 위로하기, 기증하기 등이 포함된다.
	Bar-Tal (1976)	• 친사회적 행동의 유형을 두 가지로 분류하였다. 　- 이타적 행동 : 타인을 이롭게 하는 행동이다. 　- 상환행동 : 손해를 입혔기 때문에 나타나는 의무감에서 나온 행동이다. • 돕기 행동의 하위행동 4가지 유형(Bar-Tal, 1982)으로 나누기, 주기, 조력하기, 위로하기를 제시하였다.
유형	존중하기	• 존중은 우리 삶과 밀접한 관계를 맺고 있으며, 어떤 대상이 가진 가치를 인정 하는 것을 말한다. 　- 이는 유아가 자신을 포함하여 자신을 둘러싸고 있는 친구와 가족을 존중하며, 주변을 소중히 생각하여 함께 살아가는 기초를 기를 수 있는 중요한 내용이다. • **존중의 하위 내용** 　- 자신에 대해 긍정적으로 생각하고 인정하며, 다른 사람의 존재도 소중하게 생각하고, 다른 사람의 생각, 행동 등의 문화를 존중하며, 주변에서 볼 수 있는 동식물, 환경에 대한 존중을 포함한다.
	배려하기	• 배려는 '타인의 형편을 이해하고 도와주거나 보살펴주는 마음'으로 타인을 이해 하고 타인이 성장할 수 있도록 도움을 주는 것이다. 　- 배려는 타인과의 관계 속에서 생겨나며, 타인을 이해할 수 있는 조망수용 능력과 관련이 있다. • **배려의 하위 내용** 　- 인지적 배려, 정서적 배려(타인의 입장을 이해하기, 타인의 정서에 공감하기, 동정심 보이기 등), 행동적 배려(놀이 규칙이나 예의 지키기, 양보하기, 칭찬 격려하기, 미안함이나 고마움 표현하기, 타인의 입장 수용하기)가 있다. • 유아는 자기중심적인 특성이 있기 때문에 놀잇감을 가지고 놀이하는 과정 중 친구와 갈등이 발생한다. 이때 유아는 친구와 함께 놀이하기 위해 친구의 입장 에서 생각하는 방법과 놀잇감을 서로 나누어 쓰는 배려를 배우게 된다. 　- 이러한 배려의 내용은 친구가 필요로 하는 놀잇감을 알고 사용하기, 다른 친구들에게 놀잇감 양보하기, 힘들어하는 친구 마음을 헤아려 주기, 차례 기다려 주기, 나아가서는 가족과 이웃에 대한 공감과 배려, 자연환경에 대한 배려, 동식물에 대한 배려 등으로 확장될 수 있다.

나누기	• 나누기(sharing)는 give(주다)보다는 확장된 개념으로 보상을 기대하지 않고 자신의 것을 타인에게 제공하는 공유의 의미가 크다. • **나누기의 하위 내용** 　– 장소 나누기(놀이 공간 나누기, 자리 공유하기), 기회 나누기(교구 빌려주기, 친구의 요구에 놀잇감 바꾸어 주기, 놀이 시설 및 교구 차례대로 사용하기), 소유물 나누기(놀잇감 나누어 쓰기, 필요한 자료 나누기) 등이 속한다. 　– 나아가서는 재능을 기부하거나, 지구촌에 있는 어려운 친구들을 위해 어떠한 도움을 줄 수 있을까 생각해 보고 나눔을 실천해 볼 수도 있다. • 교사가 유아들에게 나눔을 제시할 때는 유아들이 나눔의 의미와 필요성을 알고, 나눔의 대상, 실천, 참여에 대한 과정을 경험할 수 있도록 지원하는 것이 중요하다.
협력하기	• 협력은 공동의 목표를 함께 달성하기 위해 집단의 구성원이 서로 마음을 합하여 돕는 상태이며, 서로에게 이익이 되는 결과를 추구하는 것을 말한다. 즉, 두 명 이상의 구성원이 공동의 목표를 설정하고, 이를 달성하기 위하여 자신의 책임을 다하고 서로 도움을 주고받는 것이라고 할 수 있다. • **협력의 하위 내용** 　– 긍정적인 상호 의존성(도움 주고받기, 의견 정보 자료 공유하기, 친밀감 형성하기), 개인적인 책임감(나의 역할 인식하기, 책임감 갖기), 협력 과정(공동의 노력을 평가하기) 등이 포함된다. • 유아들은 성장하면서 혼자 놀이하는 것보다 친구들과 협력을 통해 놀이하는 것이 더 즐겁다는 것을 알게 된다. 그러므로 교사는 또래들과 협력하여 놀이할 수 있도록 환경을 조성하여 '협동게임하기, 공동으로 미술놀이하기, 친구와 함께 블록으로 건축물 지어보기' 등을 지원해 줄 수 있다.

❺ 친사회적 행동(pro-social behaviors) 유형

협력하기	유아들은 영아기를 지나면서 서서히 또래들과 함께 협력해서 놀이하는 것의 즐거움을 알게 된다. 혼자 놀이하는 것보다 생각이 맞는 친구들과 함께 놀이하는 것이 더 재미있고, 이를 위해서는 협력하는 것이 중요하다는 것을 배우게 된다. 　**지도방법** ▶ 유아들에게 또래들과 자연스럽게 어울려 놀이할 수 있도록 적절한 환경을 조성하여 제공함으로써 협력하는 것이 중요함을 저절로 터득할 수 있도록 한다.
경쟁하기	• 유아들은 또래들과의 사회적 상호작용의 과정에서 서로 경쟁한다. 경쟁하면서 더 수준 높은 사회적 기술을 획득하기도 하고, 최선을 다하는 것의 중요성을 배울 수도 있다. 　– 그러나 경쟁이 너무 과열된다면 이기기 위해 부적절한 방법을 사용할 수도 있고, 감정 통제가 불가능하게 되는 등 부정적인 상황이 발생할 수도 있으므로 주의해야 한다. 　**지도방법** ▶ 약속 만들기, 약속 지키기, 정정당당하게 경쟁하기, 경쟁에서 이겼을 때의 적절한 행동(예 경쟁에서 진 친구들의 마음을 이해하고 그들의 노력을 인정하기), 경쟁에서 졌을 때의 적절한 행동(예 경쟁에서 진 것을 받아들이고 더 노력하기, 경쟁에서 이긴 친구들을 인정해 주고 칭찬하기) 등 경쟁의 과정에서 바람직한 사회적 행동을 배울 수 있도록 한다.

관용	유아기에는 다른 사람을 너그럽게 대하고 자신의 소유물을 기꺼이 나누는 관용을 학습할 수 있다. 관용은 유아들이 또래들에게 수용되고 환영받는 것을 가능하게 하는 높은 수준의 긍정적인 사회적 행동이다. **지도방법** 유아들이 또래와 놀이할 수 있도록 적절한 기회를 많이 제공하여 놀이의 과정에서 자연스럽게 나누고 양보하는 것을 경험하도록 지원한다.
사회적 인정	유아들은 사회적으로 인정받고자 하는 욕구가 있다. 대체로 부모나 교사들에게 인정받고자 하는 욕구가 먼저 나타나고, 그 이후 또래나 친구들에게 인정받고자 한다. 사회적 인정에 대한 욕구는 유아들이 정당한 권위에 순응하는 태도를 배우는 데 도움이 된다. **지도방법** • 유아들이 관심받고 인정받고자 하는 행동을 할 때 적절히 반응해 주어 소속감을 형성하도록 도와준다. 　- 그러나 사회적 인정에 대한 욕구가 과도한 경우에는 적절하게 조절할 수 있도록 가르치는 것도 중요하다. 　- 이를 통해 유아들은 타인의 인정도 중요하지만 스스로 자기 자신의 소중함과 능력에 관하여 인식하고 인정하는 것이 중요하다는 것을 깨달을 수 있다.
공감하기	• 유아들은 자라면서 서서히 다른 사람의 입장에서 생각해 보고 다른 사람의 마음을 느껴 볼 수 있게 된다. 　- 다른 사람의 감정에 공감하는 능력은 어려운 상황에 있는 타인에게 적절한 위로와 도움을 제공할 수 있는 긍정적인 사회적 행동을 하도록 이끈다. **지도방법** 유아들이 타인의 입장에 서 보고 타인의 생각이나 마음에 감정이입을 할 수 있도록 적절한 상황을 제공해 준다. 그림책을 읽고 등장인물에 공감해 볼 수 있도록 상호작용하거나 그림책의 이야기를 극놀이로 경험해 보는 것은 유아들의 공감능력 향상에 도움이 된다.
우정	유아는 또래들과 놀이하고 함께 생활하면서 우정을 형성하게 된다. 친구들과 함께 놀이하고 생활하는 것의 즐거움과 기쁨을 누리는 경험은 친구의 소중함과 친구들과의 우정을 지키기 위해 노력해야 할 필요성을 깨닫는 데 도움이 된다. **지도방법** 또래들과 놀이하는 경험을 통해 우정의 소중함을 스스로 느끼고 알도록 한다. 친구들과 우정을 형성하고 유지하기 위해서는 어떻게 행동해야 하는지 놀이를 통해 자연스럽게 터득할 수 있도록 다양한 상황을 활용해 경험하도록 지원한다.
이타심	• 유아들은 서서히 자신보다 다른 사람의 유익을 위해 자신의 소유물을 기꺼이 포기할 수도 있게 되고, 자신이 소중히 여기는 것을 기꺼이 나누고 배려하는 행동을 할 수 있게 된다. 　- 이타심에 근거한 사회적 행동은 유아들이 한 공동체에서 수용되고 존중받는 것이 어떤 의미인지를 경험을 통해 알도록 한다. 　- 이타심과 관련된 이러한 경험은 유아들이 보다 의미 있는 삶을 사는 데 필요한 태도를 학습하는 측면에서 도움이 된다. **지도방법** 자신보다 타인을 먼저 생각하고 자신의 유익을 기꺼이 포기하거나 나눌 수 있는 이타심 형성을 위해서는 유아들이 부모와 가족, 교사들로부터의 관심과 사랑을 충분히 받는 경험이 필수적이다. 사랑을 받아 본 경험이 있는 유아는 사랑의 마음으로 기꺼이 자신의 것을 나눌 수 있다.

애착	• 영아기부터 부모와 가족, 교사 등과 안정적인 애착을 형성한 유아는 애착관계에서 체험한 사랑과 관심을 주위에서 만나는 다른 사람들과 자연스럽게 나눌 수 있게 된다. – 애착행동은 주위의 타인들과 신뢰할 수 있는 관계를 형성하고 긍정적인 관계를 유지하는 데 도움이 된다. **지도방법** 부모와 교사는 유아들과 사랑에 기반한 긍정적인 관계를 형성하고 유지하기 위해 노력해야 한다. 유아와 양육자 간에 형성된 안정적인 애착의 경험은 유아들이 주위의 사람들과 새로운 관계를 형성할 때 도움을 주는 든든한 기반이 된다.

 참고

비사회적 행동(anti-social behaviors) 유형

반항하기	• 유아들은 주위 성인들의 말이나 요구에 순종하기도 하지만 종종 반항하기도 한다. 만 2세경부터 시작되는 반항은 유아기에도 지속된다. • 반항하는 행동은 적절히 규제할 필요가 있지만, 자아가 형성되면서 더 자주 나타나기도 하므로 유아의 발달적 특성을 고려한 적절한 반응과 훈육 및 생활지도가 필요하다. **지도방법** 심한 반항에는 적절한 훈육과 지도가 필요하지만 영아기와 유아기를 거치며 자아감이 발달하게 되면 반항하는 행동은 더 자주 나타날 수 있다. 그러므로 유아들의 자아감 형성을 저해하지 않도록 유아의 반항에 대하여 적절한 방안으로 훈육하거나 지도하는 것이 중요하다.
공격성	공격성은 유아들의 적절한 사회적 경험을 방해한다. 특히 자신보다 약한 존재에 대하여 공격적인 행동을 하는 경우에는 보다 엄격한 훈육을 통해 절대로 해서는 안 되는 행동임을 확실히 주지시킬 필요가 있다. **지도방법** • 공격성은 어떠한 경우에도 수용되지 않는다는 것을 명확히 알려주어야 한다. 특히 자신보다 약한 존재인 동생이나 동물들에게 공격적인 행동을 하는 유아들의 경우, 공격성이 나타나는 이유를 파악한 후 적절히 지도해야 한다. • 전문가의 치료가 필요하다고 판단되면 부모 등 양육자와 의논하여 가능한 한 빨리 대처 방안을 마련함으로써 심각할 정도로 악화되지 않도록 해야 한다.
괴롭히기	말이나 행동으로 다른 사람을 괴롭히는 행동을 하는 유아들이 있다. 괴롭히는 행동을 하면서 괴롭힘의 대상이 되는 또래나 동물들이 괴로워하는 것을 보고 즐기기도 한다. **지도방법** • 주위의 다른 사람이나 동물을 괴롭히며 그 대상이 괴로워하는 것을 즐기거나 만족스러워하는 유아에게 괴롭히기는 절대로 허용되지 않는다는 것을 확실히 알려주어야 한다. • 괴롭히는 행동을 하는 이유를 파악하여 정서적으로 어려움이 있는 유아라고 판단되면 전문가와 함께 적절한 지원방안을 찾아서 즉각적으로 대처해야 한다.
우월성	다른 유아들 위에 군림하여 힘이나 물질로 지배하려는 행동이다. 우월성이 심한 유아들은 집단의 구성원이 우월성을 인정하거나 존중하지 않는다면 폭력적인 행동을 보이기도 한다. **지도방법** • 또래들과 협력하는 경험을 하도록 다양한 환경적·상호작용적 지원을 제공한다. 다른 사람들이 마음으로 따르고 존중하는 진정한 리더십이 무엇인지 알 수 있게 직접적 경험이나 간접적 경험을 하도록 한다. • 힘으로 또래들 위에 군림하는 것이 아니라 함께 하는 공동체 정신을 기반으로 하여 진정한 리더십을 함양할 수 있는 적절한 프로그램이나 교육의 기회를 제공해야 한다.

이기주의	유아기는 자기중심적 성향이 아직 강하게 남아있는 시기이므로 대부분의 유아들이 어느 정도의 이기심을 가지고 있는 것은 자연스러운 현상이다. 그러나 지나치게 자신만 알고 자신에게 유익이 되는 행동만을 하는 것은 이후 집단에 수용되거나 환영받지 못하며 심한 경우 따돌림을 당하는 상황까지 만들어 낼 수 있다. **지도방법** 적절한 교육적 경험을 통해 지나친 이기주의는 공동체에서 다른 사람과 함께 조화를 이루고 평화롭게 지내는 것을 어렵게 만들 수 있다는 것을 알도록 하며, 나누고 협력하는 등 다른 사람들을 위하고 도움이 되는 친사회적 행동을 경험하고 배울 수 있도록 한다.
편견	• 편견이란 특정한 집단에 대해서 한쪽으로 치우친 의견이나 견해를 가지는 태도를 의미한다. 대체로 특정 집단에 대하여 부정적인 정서와 평가를 하게 되는 경우가 많다. 　- 편견은 차별적인 행동으로 연결되어 공동체 형성과 공동체 구성원들 간의 화합을 방해하고, 결국에는 공동체 전체의 발전을 저해하는 경우가 발생할 수 있다. **지도방법** • 유아가 속한 공동체(유치원이나 어린이집 등)의 구성원들은 다양한 특성을 가지고 있고, 이러한 다양성은 존중받아야 한다는 것을 알도록 적절한 교육과 상호작용을 통해 지원한다. • 특정 집단에 대한 편견이 이미 형성되어 있는 경우에는 편견에서 벗어날 수 있도록 다양한 활동과 놀이의 기회를 활용하는 적극적인 교육적 지원이 필요하다.
성 적대	유아들은 차츰 자신의 성정체성을 인식하고 성별에 따른 적절한 행동이 무엇인지를 알아가게 된다. 유아가 경험하는 환경의 영향으로 여성과 남성이라는 성별에 따른 고정관념이나 편견이 형성된다면 특정 성에 대하여 부정적인 생각을 가지게 되고 심해지면 적대감까지 형성하게 된다. **지도방법** 유아들이 성별에 따른 고정관념이나 편견을 갖지 않도록 지원한다. 특정 성별에 적합한 행동이나 태도 등이 따로 구별되어 있다기보다는 필요할 때 성별에 상관없이 누구나 적절한 행동을 선택하고 수행할 수 있어야 한다는 생각과 태도를 가지도록 격려한다.

 참고

유아기에 요구되는 친사회적 사회성 유형

협동성	• 공동의 목표에 도달하기 위한 개인 간의 행동으로, 남을 도와주고 자신의 물건을 함께 나누며, 놀이와 규칙을 잘 지키는 긍정적인 행동이다. 　- 유아는 성장하면서 자기중심적 성향에서 벗어나 협동적 활동이 증가하고 활발해진다. 　- 유아의 사회적 능력은 다른 사람과 공유하고 협동하며 의견을 나누는 과정을 통해 자기중심적 성향에서 벗어나게 되고, 협동적 활동이 증가한다. **교사 역할** 유아들이 협력해서 놀게 하거나 함께 하는 과제 및 활동을 제공하며, 유아들이 성취감과 기쁨을 느낄 수 있도록 격려해 준다.
이타심	• 자신에게 돌아올 이익과 관계없이 자발적으로 타인에게 이익이 되는 것을 목적으로 하는 친사회적 행동이다. 　- 유아는 다른 사람의 어려움을 공감하고 도와주는 기회를 통해 이타심을 기를 수 있다. **교사 역할** 이야기 나누기를 하거나 동화를 들려주면서 이타적 행동의 사례를 소개할 수 있으며, 서로 나누고 도와주는 행동에 대하여 긍정적인 생각을 하도록 지도한다.

자율성	• 어떤 권위나 제재 없이 자기 스스로 결정하여 행동하는 것이다. – 유아의 발달 수준에 맞는 활동이나 과제는 성인의 도움 없이 스스로 할 수 있는 기회를 제공한다. – 유아는 자신의 능력을 존중하고 다른 사람과 상호작용하며 독립심도 함께 키워 나간다. **교사 역할** 유아가 여러 상황에서 주도적이며 솔선적 활동을 하도록 인정해 주며 의존심을 갖지 않도록 지도한다.
상호작용	• 둘 혹은 그 이상의 사람과 교호작용을 하는 것이다. – 유아는 또래 간의 상호작용을 통해 협력하고 나누는 등 공동체의 구성원으로 인정받고 집단에 적극적으로 참여한다. – 긍정적 상호작용은 유아의 수용 행동, 솔선 행동, 비공격적 행동, 사교적 행동을 증가시킨다. **교사 역할** 유아가 다른 사람들과 잘 어울리고 의사소통을 할 수 있도록 협동과제나 놀이의 기회를 충분히 제공한다.
공감	• 다른 사람의 느낌을 공유하며 인정해 주는 감정을 말하며, 흔히 감정이입으로 나타난다. – 단순히 동정이나 따뜻함의 표현이 아니라 좀 더 같은 입장에서 생각하고 느끼는 것이며, 유아는 동화나 이야기 속의 대상을 보고 공감하며 반응한다. **교사 역할** 좋은 모델을 수시로 제시하여 유아가 친사회적 생각과 행동에 공감할 수 있는 기회를 제공한다.

❻ 친사회적 행동 발달을 위한 교육의 실제

• 유아교육 현장의 모든 활동이 놀이중심으로 진행되는 것처럼 친사회적 행동을 증진하기 위한 활동도 일반적으로 진행되는 교육활동 속에 자연스럽게 삽입되어, 생활 속에서 유아들이 익히고 실행하는 체험을 하도록 진행해야 한다.

• 교사는 친사회적 행동의 모범을 보이며 유아기부터 형식적·비형식적 교육활동을 통하여 친사회적 성향을 체질화·습관화하도록 도와주어야 한다.

놀이	• 유아는 놀이를 통해 자신과 타인을 이해하며, 타인과의 관계를 통해 친사회적 행동을 배워나간다. 그러므로 교사는 유아들을 존중하며 유아들이 자연스럽게 놀이를 통해서 스스로의 존재 가치를 느끼고, 타인을 존중하며, 나누고 배려할 수 있도록 지원해 주어야 한다. – 특히, 유아기 시기에는 협동놀이, 공동작업(미술, 요리, 블록 만들기) 등을 통해 친사회적 행동을 도울 수 있으며, 그림책을 읽고 타인의 입장을 이해하고 배려하는 마음을 가질 수 있도록 지원해 줄 수 있다.
활동	• 유아반(만 3~5세)의 대소집단 활동은 유아들이 서로의 관계 속에서 친사회적 행동을 배우게 되는 중요한 기회이다. – 특히, 협동으로 할 수 있는 게임, 동작활동, 미술활동 등을 제시해 주어 공동으로 작업을 완성하는 가운데 친사회적 행동을 기르도록 할 수 있다.

7 친사회적 행동 발달을 위한 교사의 역할

유아의 친사회적 행동 발달은 양육자와의 관계의 질, 양육 경험, 가정 및 유아교육기관의 환경에 영향을 받는다. 교사는 유아가 기관에서 안정감 있게 지낼 수 있도록 민감하게 반응하고, 친사회적 경험을 할 수 있는 분위기와 친사회적인 행동의 모델을 보여주는 것이 좋다. 올바른 친사회적 행동 발달을 지원하기 위해 교실에서 적용할 수 있는 교사의 역할들을 제시하면 다음과 같다.

반응적인 환경 조성	• 반응적인 환경을 조성한다. – 교실 환경을 유아의 눈높이에 맞추어 구성하며 모든 유아를 공평하고 따뜻하게 수용해 주는 안정된 교실 분위기를 조성한다. – 충분한 놀이공간과 놀이의 자율성은 유아들이 친구들과 더 협력하고 놀이에 몰입할 수 있게 만든다. – 충분한 놀이시간과 기회는 존중, 배려, 나눔, 협력을 경험하게 하며, 긍정적인 상호 의존성을 바탕으로 책임감과 안정감을 갖게 한다.
모델링	• 친사회적 행동의 모델이 되어 준다. – 유아는 성장하면서 주위에 신뢰감을 느끼는 대상의 행동을 관찰하고 그것을 모방한다. 그러므로 교사는 유아를 존중하고 이해하며, 친사회적인 언어와 행동을 하여 친사회적 행동의 중요한 모델이 될 수 있도록 한다.
칭찬과 격려	• 칭찬과 격려를 통해 유아의 행동을 긍정적으로 발전시킨다. – 교사는 유아를 세밀하게 관찰하여 "잘했어."라는 말보다는 "지원이는 친구가 밥을 먹을 수 있도록 도움을 주었구나. 정말 고마워."와 같이 구체적인 칭찬과 격려를 하는 것이 좋다. 이러한 격려를 통해 자기만족과 성취감을 느낄 수 있으며, 다른 유아들을 존중하고 도울 수 있는 방법을 알게 된다.
갈등 상황 시 타인 존중	• 갈등 상황에서 타인을 존중하는 방법을 배운다. – 유아들이 일상생활이나 놀이하는 과정에서 자연스럽게 나타나는 갈등은 유아들의 사회성 발달을 촉진시킬 수 있는 좋은 기회가 된다. 교사는 갈등 상황일 경우나 갈등을 해결하는 방법을 모르는 경우를 제외하고, 유아 스스로 갈등을 해결할 수 있도록 유아를 믿고 기다려 주도록 한다. – 교사는 다음과 같은 적절한 개입을 통해 유아에게 친사회적인 행동전략을 보여줄 수 있다. ① 갈등 상황에 대해 유아 스스로 말하도록 돕는다. ② 유아의 말을 있는 그대로 수용한다. ③ 다른 친구의 감정이 어떠할지 갈등 상대에 대한 감정이입을 안내한다. ④ 유아로 하여금 더 나은 방법을 찾을 수 있도록 화해의 방법을 모색한다. ⑤ 유아가 제시한 화해의 방법을 스스로 실천할 수 있도록 한다.

8 친사회적 행동에 영향을 주는 요인

생물학적 요인	기질	• 친사회적인 아동 : 자신의 정서를 잘 조절하고 행동하는 아동을 말한다. • 기질, 자신과 타인의 정서에 대한 민감성, 그리고 정서 조절은 개인이 친사회적인 방법으로 상황에 반응하는 능력과 연관이 있다(Eisenberg et al, 2006). 예 유쾌한 기질의 아동은 다른 사람이 괴로워하는 것을 알았을 때 덜 당황하고 친사회적인 방법으로 행동하는 반면, 세상이 재미없다고 생각하고 타인의 불행에 자신이 더 괴로워하는 아동은 자신에 대한 걱정이 더 커서 남에게 적절한 도움을 주지 못한다.
	성	• 친사회적 행동의 성향에는 성차가 없다. • 남아와 여아 모두 친사회적으로 행동하려는 동등한 능력을 가진다. 　- 일부 연구에서는 일관되지 않은 결과가 제시되어 성에 따라 차이가 있다는 연구가 있고, 어떤 차이를 발견하지 못한 연구도 있다.
	연령	• 친사회적 행동의 능력은 연령에 따라 증대된다. 　- 영유아도 울거나 고통을 호소하는 친구를 알아보고 반응하며 위로하기도 하지만, 초등학교 시기가 되면 보다 의도적이 되고 성숙해짐에 따라 나누기, 협동하기, 돕기와 같은 행동은 더 일반적으로 나타난다.
사회인지		• 사회인지란 다른 사람이 어떻게 생각하고 느끼는지를 이해하는 것이다. 　- 다른 사람의 감정을 이해할 수 있는 아동은 더 친사회적으로 행동하는 경향이 있고 사회적으로 유능하게 행동한다. • 아동이 성장하면서 타인의 생각과 감정을 이해하고 자신의 행동을 조절하는 능력이 친사회적 행동의 증진을 가져온다. • 아동은 어느 정도의 감정이입 능력, 조망수용 능력, 그리고 마음이론을 가지고 있어야 하며, 이러한 능력들은 친사회적 행동과 연관이 있다.
언어 능력		• 언어를 이해하여 사용하는 아동의 능력은 자신의 요구에 대해 의사소통하고 이러한 요구를 충족시키는 측면에서 중요하다. 　- 아동이 정서를 표현하는 단어를 확장해서 사용할수록 아동은 자신의 정서에 대해 더 잘 알게 되고 다른 사람의 행동을 이해하게 되어, 다른 사람에게 감정이입하며 동정적으로 반응하게 된다. 　- 아동은 자신과 타인의 행동에 대해 의논·생각·반영하는 초기 언어능력을 획득하면서 친사회적 행동을 더 많이 하고 문제 행동을 덜 보인다.
사회적 경험	사회적 환경	가족, 또래, 학교와 같은 사회적 환경에서의 경험이 중요하다.
	정서적인 애착	• 부모와 영아 사이의 정서적인 애착은 친사회적 행동 발달의 기초가 된다. 　- 아동이 집안일을 하고 가족 구성원과 서로 도우며 일을 할 때 친사회적 행동은 더욱 증가한다.
	또래와의 우정	• 또래와의 상호작용은 모든 종류의 긍정적인 행동을 연습하는 기회를 제공한다. 　- 상호적인 우정관계를 가지는 것은 높은 수준의 친사회적 행동과 관계된다.

	사회적 상호작용	• 교사와 아동, 아동과 아동 간의 인간적인 상호작용은 친사회적 행동과 관련된다.
		  - 좋은 유치원에서 교육을 받을수록 아동의 친사회적 행동은 증가한다.
		  - 학교의 질적 수준은 아동의 자기규제, 감정이입, 사회적 유능성과 관련된다.
		  - 교사의 태도와 행동은 교실에서 아동의 친사회적 행동에 영향을 미친다.
		  - 교사는 아동의 친사회적 행동 증진이 가능하도록 상호작용의 질을 향상시키기 위해 깊이 있고 교육적 의도를 지닌 행동을 해야 한다.

문화적인 기대와 경험		• 문화에 따라 나누기, 돕기, 협동하기와 같은 친사회적 행동을 강조하는 것에 차이가 있다.
		  - 경쟁과 개인의 성취를 강조하는 문화 또는 집단의 조화를 강조하는 문화, 폭력에 관대한 문화 또는 그렇지 않은 문화 등 각각의 특성이 다르다.
		• 문화는 사람들의 상호작용에서 친절한 정도에 영향을 미친다.
		• 친절이나 도움주기, 협동에 가치를 부여하는 사회에서 자란 아동은 일상생활에서 이러한 가치를 내면화하고 가치에 부합되는 행동을 한다.
		  - 성인과 아동 간에 따뜻한 사랑의 관계를 강조하는 문화 또는 전체 가족에게 이익이 되는 일을 격려하는 것과 같이 공통의 선(善)에 기여하는 과제와 책임감을 부여하는 사회는 친사회적인 아동을 길러낸다.

성인의 행동	훈육방식	• 성인의 민주적인 훈육방식은 아동이 친사회적인 방법으로 행동하는 것을 배우는 데 긍정적이고 강력한 요소가 된다. - 상황에 대해 이야기 나누고 논리적인 추론을 하는 것은 아동이 가치를 내면화하도록 돕는다.

	협동	• 아동을 동기화시키기 위해 경쟁을 주로 사용하면, 아동 간의 협동은 발달하지 못한다.
		  - 아동은 승자가 한 사람뿐이며, 누군가를 돕거나 협동하면 자신은 일등을 할 수 없을 것이라 생각한다.
		• 개인의 성취보다 집단의 성취를 강조하면 쉽게 협동한다.
		  예 "너희들이 그림을 그리고 나면 같이 나가서 벽에 걸자."
		• 집단에게 주어지는 보상은 아동이 공동의 목적을 달성하기 위해 팀으로 일하는 것을 격려한다.
		  - 집단의 발달 정도를 점검하고 나서 보상을 해주는 것이 아동에게 개별적으로 보상하는 것보다 효과적이다.
		  예 집단으로 읽은 책에 대해 스티커를 붙여주는 것

	친사회적 행동에 대한 보상	• 친사회적 환경은 친사회적 행동이 강화되는 곳이다.
		  - 아동의 친사회적 행동을 강조할 때 해당 행동은 증가한다.
		• 아동이 친절한 행동을 하는 것을 주시하고, 긍정적인 결과를 제시한다.
		  - 아동을 변화시키려고 노력하는 만큼 아동이 친사회적 행동을 했을 때 긍정적인 결과를 경험할 수 있게 해주어야 한다.

긍정적 귀인		• 아동 스스로 친사회적이라고 생각하게 만드는 것이다. 　例 "네가 다른 사람을 돕는 것을 좋아하니까 친구랑 장난감을 같이 나누어 쓰는구나." • 긍정적 행동보다 친절한 기질이나 내적 동기에 대해 명명하는 것이다. 　例 "너는 친구를 잘 도와주는구나." ➡ "너는 남을 잘 도와주는 사람이라서 친구를 잘 돕는구나." 　－ 내적인 귀인이 없는 단순한 칭찬은 새로운 상황에서 친사회적 행동이 발생할 가능성이 낮다. 　－ 칭찬과 내적 귀인을 함께 할 때 다른 상황에서도 친사회적 행동이 발생할 가능성이 높다.
모델링		• 사람들이 협동하고, 돕고, 나누는 것을 자주 관찰한 아동은 친사회적으로 행동한다. 　－ 성인이 친사회적 행동을 하는 모범을 보여주면, 아동의 친사회적 행동이 발달한다. 　－ 어떻게 행동하는 것이 다른 사람에게 도움이 되는지에 대해서 이야기 나눌 때 효과적이다. • 자신의 행동에 초점을 두기보다는 다른 사람에게 초점을 두어 이야기한다. 　例 "카드를 쓰다니 착하구나." ➡ "진수에게 줄 카드를 만드는데 우리가 시간을 많이 들였다는 것을 알게 되면 진수가 기뻐하겠다." • 높은 지위, 권력과 능력이 있으며, 잘 도와주고 친절한 모델을 모방한다. 　－ 냉담하거나, 비판적·지시적·처벌적이며 권력이 없는 모델은 무시된다. • 친사회적 모델의 말과 행동이 일치할 때 더 잘 모방한다. 　－ 남을 잘 돕지 않는 성인이 아동에게 물건은 서로 빌려주는 것이라고 설득한다면, 아동은 돕기가 가치 있는 행동이 아니라는 메시지를 받게 된다.
직접적 교수		• 친사회적으로 생각하고 행동하도록 훈련하는 것이다. 　－ 친사회적 행동의 가치를 토론하고, 친사회적으로 행동하는 방법의 예를 제시한다. 　－ 친사회적 원리를 보여주는 이야기를 들려준다. 　－ 인형, 손인형, 일화가 담긴 비디오, 혹은 실제 모델을 사용하여 친사회적 행동을 보여준다. 　－ 아동에게 이전에 관찰한 친사회적 행동을 재연하게 한다. 　－ 도와주는 사람과 도움받는 사람이 되어 역할놀이를 한다. 　－ 협동을 격려하고 타인을 고려하는 게임을 가르친다. 　－ 실제 생활에서 도와주거나 협동할 수 있는 기회를 제공한다.

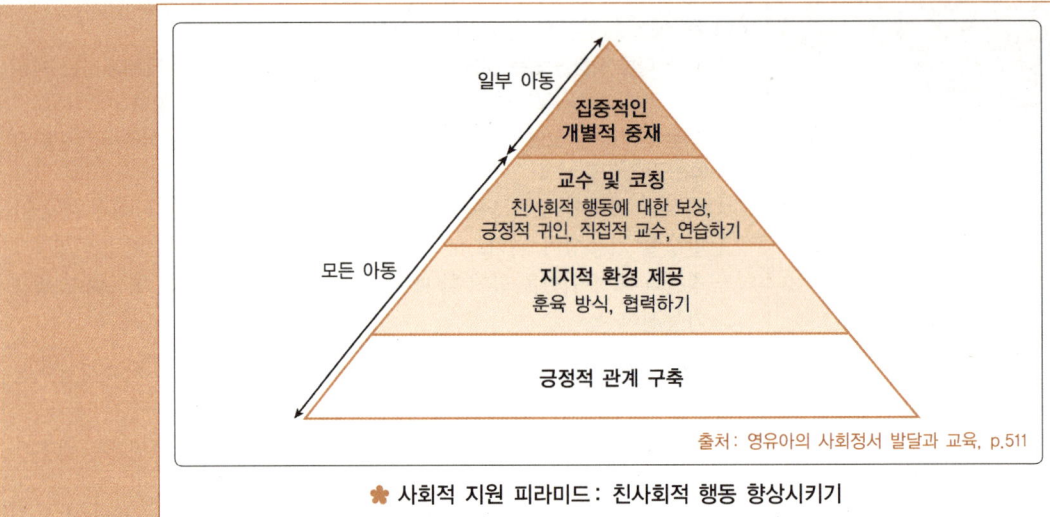

★ 사회적 지원 피라미드 : 친사회적 행동 향상시키기

❾ 친사회적 행동에 대한 이론적 기초

기질론적 입장	• 개인의 행동은 그 개인의 성격과 지속적 관계가 있다고 본다. • 이타주의가 어떻게 지속적인 개인차를 보이는지 측정하는 데 관심이 있다.
생물학적 입장	친사회적 행동은 생물의 생존과 관련되는 것으로, 과거 고대사회에서는 사냥하고 농사짓는 등 생존을 위해서 협력이나 신뢰, 정직 등에 대한 존중이 필수적이었다.
정신분석학적 입장	• 친사회적 행동이 발달하려면, 타인의 감정과 요구에 대한 충분한 고려가 있어야 한다고 밝힌다. • 오이디푸스 갈등의 위기 극복을 위해 초자아를 발달시키는데, 초자아는 대체로 5~6세에 이르러 죄의식을 느끼게 되므로 벌을 피하려는 과정을 통해 성인의 도덕적 가치와 동일시 된다. 　– 이 과정을 통해 친사회적 행동이 발달한다.
학습이론적 입장	• 인간의 모든 행동처럼 친사회적 행동도 자극에 의한 반응의 결과이다. • 상벌 등의 외적 보상 및 행동을 했을 때 자기만족감이나 죄책감과 같은 내적 보상에 의해 강화 받은 행동은 반복되며, 처벌받은 행동은 기피된다고 본다. • 사회학습이론 : 친사회적 행동은 강화, 관찰, 모방학습에 의해 학습된다.
인지발달론적 입장	• 친사회적 행동은 역할수용이라는 사회인지기술이 결정적 요인으로 작용한다. • 피아제 : 연령 증가에 따라 타인의 관점, 감정을 이해하는 능력이 커져 친사회적 행동이 단계적으로 발달한다. 　– 구체적 조작기 이전의 아동은 자기중심적이며 타인의 요구를 이해하는 인지구조가 미성숙하다가, 연령이 증가하면서 타인의 관점과 감정을 이해하는 인지능력이 확대 되어 친사회적 행동이 발달한다.

UNIT 52 친사회적 행동의 단계 – 코스텔닉(Kostelnik)

- 아동이 친사회적으로 생각하는 것을 배우기만 하면 자동적으로 적절한 행동이 뒤따를 것이라고 생각하는 사람들도 있다. 그러나 친절한 생각이 친사회적 행동으로 항상 연결되는 것은 아니다. 취학 전 유아도 나누기, 차례 지키기, 협력하기가 제일 좋은 일이라고 말할 수는 있지만, 꼭 그렇게 행동하지는 않는다. 아동은 옳은 일에 대해 단순히 생각하는 이상의 것, 즉 생각에서 행동으로 옮길 수 있는 일련의 단계를 거쳐야 한다. 그 단계는 나누기·돕기·협동이 필요함을 인식하기, 행동 결정하기, 친사회적 행동 실행하기이다.
  - **1단계 인식하기**: 나누기, 돕기, 협동이 필요함을 인식하기
  - **2단계 결정하기**: 행동 결정하기
  - **3단계 실행하기**: 친사회적 행동 실행하기
- 위 세 가지 단계를 모두 수행하는 것은 아동에게 어려울 수도 있다.
  - 예 유아는 친사회적 반응을 요구하는 사람을 간과하거나, 그 단서를 잘못 해석할 수 있고, 무엇이 상황에 맞는 행동인지에 대해 잘못 판단할 수도 있다. 친구를 위로하려다가 자기가 좋아하는 책으로 다른 아이의 얼굴을 칠 수도 있고, 너무 세게 안아서 아프게 할 수 있으며, 말하는 기술이 부족하여 "넌 그렇게 나쁜 냄새가 나는 건 아니니까 괜찮아."라는 식으로 말할 수도 있다. 다른 사람 편을 들어주기 위해 공격적이 되거나 심술궂어질 수도 있다. 때로 협동은 자신의 생각을 모두 포기하거나 모든 사람을 만족시키기 위해서 중도를 택하는 것이라고 생각할 수도 있다.
  - 이러한 것들은 아동이 다른 사람에게 친절해지는 방법을 배울 때 범할 수 있는 자연스러운 오류이다. 아동이 성장하고 많은 경험을 할수록 이러한 오류는 줄어든다.

친사회적 행동의 1단계 인식하기	• 먼저 아동은 친사회적 행동으로 누군가가 이로움을 얻을 수 있다는 것을 알아야 한다(Schwartz, 2010). 이렇게 하기 위해서는 보고 들은 것을 정확하게 해석해야 한다. 　- 즉, "나 혼자 하기에 너무 일이 많아.", "함께한다면 더 빨리 끝낼 수 있을 거야"와 같은 언어적 단서를 정확하게 파악하는 것뿐만 아니라, 울거나 한숨 쉬기, 얼굴 찡그리기, 발버둥치기 등과 같은 전형적인 어려움의 신호를 인식해야 한다. 　- 아동이 이러한 단서를 얼마나 쉽게 인식하는지는 단서가 얼마나 명백한지에 달려 있다. 애매하거나 미묘한 신호는 직접적인 신호에 비해 해석하기가 어렵다. 　　예 영희가 넘어져 우는 것을 철수가 보았을 때 영희가 도움을 필요로 하는지는 확실하지 않다. 그러나 영희가 울면서 도움을 요청하면, 철수는 영희의 고통을 더 쉽게 알아차릴 수 있다. 마찬가지로 영희가 보이는 고통의 신호를 교사가 지적해 준다면, 철수는 친사회적 행동의 필요성을 인식할 수 있을 것이다. 　- 대부분의 경우 사람들은 문제 상황에 직면하면, 실제로 문제가 있는지를 결정하기 위해 피해자와 주변 타인의 반응을 모두 보게 된다. 특히 상황이 모호한 경우는 더욱 그러해서, 만약 주변 사람이 가만히 있으면 자신이 개입할 필요성을 느끼지 못한다. 　　예 레고로 만든 탑이 무너졌을 때 민수가 슬퍼 보이기는 하지만 아무 소리도 내지 않는다면, 민수가 울지도 않고 겉으로 드러나는 고통의 신호도 보이지 않기 때문에 주변 친구들은 그냥 놀이를 계속할 것이다. 영호도 이 장면을 보면서 아무도 도와주러 가지 않기 때문에 민수는 도움이 필요하지 않다고 생각하게 될 것이다. 　　만약 교사나 다른 친구들이 민수에게 "괜찮아?" 또는 "네가 만든 탑이 무너져서 속상했겠다."라고 말했다면, 영호는 다르게 생각했을 수도 있었을 것이다. 이러한 말들은 민수에게 있어 그 상황이 힘든 상황이 될 수 있다는 인식을 영호가 하도록 도와준다.

– 아동은 누군가가 어려움에 처한 상태에 있다는 단서를 인식하면 그 사람에 대한 동정과 공감을 느낄 수도 있고, 혹은 그 상황을 자신의 어려움으로 느낄 수도 있다. 타인의 고통을 느끼게 되면 친사회적 행동을 하게 되지만, 자신이 고통스럽다고 느끼면 친사회적 행동을 하지 않게 된다. 아주 어린 영아는 울거나 한숨지으며 타인이 보이는 고통의 신호를 따라 한다. 아동은 성장해 가면서 더 많이 공감할 수 있게 되고, 정서적 반응과 함께 도움을 줄 수 있게 된다. 아동이 공감과 동정심을 느낄수록 친사회적 행동을 더 많이 하게 된다(Eisenberg et al., 2006).

친사회적 행동의 2단계 결정하기		• 일단 도움이 필요한 사람을 아동이 인식하게 되면 행동을 해야 할지 말아야 할지를 결정해야 한다. – 도움을 필요로 하는 사람과의 관계, 자신의 기분, 자신이 친사회적인 사람인지에 대한 아동의 생각, 이 3가지 요소가 이러한 결정에 영향을 미친다(Dovidio et al., 2010).
	관계	• 모든 연령의 아동은 대부분 자신이 좋아하거나 관계를 맺고 있는 사람에게 친사회적으로 반응한다(Eisenberg et al., 2006). 모르는 사람에게도 우호적으로 반응할 수도 있지만, 낯선 사람보다는 친구들끼리 더 친절하다. – 나누기와 같은 친사회적 행동은 이전에 상대방이 자신에게 나누어준 경험이 있는 친구일 경우, 또는 그 상대방이 자신에게 또다시 나누어줄 것 같은 경우 더 자주 일어난다. – 아동은 공정함과 상호성의 개념에 기초해서 서로에게 의무감을 갖게 된다. 상대가 집단의 구성원일 경우 남을 도와줄 가능성이 높아지는데, 예를 들어 다른 반 아이보다 자기 반 아이일 때 그 또래를 더 잘 도와준다(Dovidio et al., 2010).
	감정	• 감정은 아동이 친사회적 행동을 결정하는 데 영향을 미친다. – 위급 상황을 보거나 부당한 것을 볼 때 불편함을 느낄 수 있으며, 다른 사람을 도우면 타인의 불편함을 보는 것으로 인한 부정적 감정을 줄일 수 있다. 더 많이 공감하는 사람이 앞으로 더 친사회적으로 반응할 가능성이 높다(Dovidio et al., 2010). • 기분은 친사회적 행동을 할 것인가 말 것인가에 영향을 미친다. 긍정적인 기분의 아동이 부정적이거나 중립적인 마음 상태의 아동보다 더 친사회적으로 행동한다(Ladd, 2005). – 아동은 행복할 때 노력의 결과에 대해 낙관적이 되고, 결국 성공할 것이라는 기대로 어렵거나 힘든 친사회적 행동도 할 수 있다. – 반면에, 화나거나 슬픈 아동은 자신의 불행한 상황을 넘어서 타인을 도울 수 없고, 자신의 행동은 어쨌거나 실패할 것이라고 생각한다. – 다만, 기분이 좋지 않은 좀 더 큰 아동이 친사회적으로 행동하고 나면 기분이 좋아질 것이라고 지각하는 경우는 예외이다. 이들은 자신의 기분을 더 좋게 만들기 위해서 친절한 행동을 계속할 수 있다. 그러나 친사회적 행동을 해서 자신의 이익을 얻지 못한다면 더 이상 친사회적 행동을 하지 않게 된다.

	자아 지각	• 아동이 친사회적 행동을 할지는 스스로를 어떻게 생각하느냐에 달려 있다.
		  − 평소에 자신이 협동적이고 잘 도와주는 사람이라고 들은 아동은 그러한 자아상을 지지하기 위해 친사회적 행동을 하게 된다(Paley, 1992).
		  − 이러한 자아상을 갖지 못한 아동은 친사회적 행동이 타인이 생각하는 자신의 모습에 적합하지 않다고 생각하기 때문에 친사회적 행동을 하지 않을 수 있다.

	사회적 규범과 개인적 규준	아동은 다른 사람의 친사회적 행동을 볼 때 돕는 행동이 가치 있다는 것을 배운다. 경험과 학습을 통해 아동은 옳고 그름에 대해 판단하고, 시간이 지나면서 상황에 따라 어떤 행동이 적절하고 기대되는지에 대한 사회적 규범을 얻는다. 아동이 성숙해지고 도덕적 추론 기술을 발달시키면서 다른 사람을 도울 것인가에 대한 개인적 코드를 적용하게 된다. 이 같은 사회적·개인적 규범에 따라 아동은 친사회적 행동을 할 것인지를 정하게 된다(Dovidio et al., 2010).
친사회적 행동의 3단계 실행하기		나누기, 돕기 또는 협동하기를 해야 한다고 생각하면, 아동은 그 상황에 적합하다고 생각되는 행동을 선택하고 수행한다. 그 상황에서 실제로 그런 행동을 할지는 2가지 능력, 즉 조망수용과 수단이 되는 기술의 영향을 받는다(Berk, 2013).

	조망수용	• 도움이 필요한 사람에게 유용한 행동이 그때 자신이 생각한 것과 같지 않을 수 있다는 것을 아는 것이다.
		  − 걸음마기 영아는 강아지가 방을 어질러서 화난 엄마를 위로하려는 좋은 의도로 자신이 먹던 과자를 엄마에게 주는 행동을 하지만, 그 상황에서 정말로 엄마가 필요로 하는 것은 알지 못한다. 이는 걸음마기 영아의 제한된 조망수용 능력 때문이다.
		  − 조망수용 능력이 발달하면서 학령 전 유아와 초등학교 저학년 아동은 더 잘 돕고 협동할 수 있게 된다. 환경이 친숙하거나 자신이 경험하였던 것과 유사할 때 더 잘 협력할 수 있다.
		  − 6세경 이후 아동의 조망수용 기술은 사회인지 능력이 발달하면서 친숙하지 않은 환경에서도 적절하게 반응할 수 있도록 한다(Carlo et al., 2010).

	수단이 되는 기술	• 수단이 되는 기술은 유능하게 행동하기 위해 필요한 지식과 기술을 갖는 것을 말한다(Brown, Odom & McConnell, 2008).
		  − 사용할 수 있는 기술을 많이 가진 아동일수록 자신의 생각을 더 효과적으로 실행에 옮길 수 있다. 가진 기술이 별로 없는 아동은 의도는 좋지만, 노력에 비해 비생산적이고 부적절하게 행동할 수 있다.
		  − 어린 유아의 경우, 가장 친사회적인 유아가 반사회적 행동에 참여할 가능성이 가장 많다. 경험 미숙으로 인해 부적절한 행동과 적절한 행동을 잘 구별하지 못하기 때문이다.
		  − 아동은 두 유형의 행동을 점점 더 잘 구별하게 되고, 유용하고 적절한 행동을 더 잘 할 수 있게 된다.

출처 : 영유아의 사회정서 발달과 교육(Kostelnik, Rupiper, Soderman & Whiren, 2014)

UNIT 53 친사회적 행동단계 – 콜버그(Kohlberg)

1 개념

- 콜버그는 도덕적 추론 능력을 바탕으로 친사회적 행동의 동기를 7단계로 분류하였다.
- '곤란에 처한 다른 유아를 돕는 행동'이 두 가지 차원의 동기 및 의도를 근거로 발달한다고 본다.
  - 1차원: 타율-자율의 차원
  - 2차원: 보상의 종류와 관련된 것

2 발달단계

1단계 구체적으로 정의된 강화에 의한 순응 단계	상벌이 제시되고, 남을 도와주라고 명령받았을 때 순응하는 행동이다.
2단계 심리적 강화에 의한 순응 단계	상벌 제시 없이 남을 도와주라고 명령받았을 때 순응하는 행동이다.
3단계 구체적 보상에 의한 내적 자발성	부모나 교사의 명령 없이 자발적으로 돕는 친사회적 행동이다. 그러나 구체적인 상벌을 예측할 수 있을 때만 행동한다.
4단계 규범적 행동	사회적으로 거부당하거나 소외당하지 않도록 사회 규범을 지키려는 자발적인 행동이다.
5단계 일반화된 상호 호혜성	직접적인 상벌에 대한 기대보다 일반적인 교환의 원칙에 따른 행동이다.
6단계 이타적 행동	어려움에 처한 사람을 진심으로 도와주고 싶다는 단순한 동기에 의한 친사회적 행동이다.
7단계 이상적인 이타적 행동	외적인 보상의 기대나 내적인 자기 보상에 대한 기대 없이 돕는 행동이다.

UNIT 54 이타적 행동(돕기 행동) - 바탈(Bar-Tal, 1982)

1 개념

- 돕기 행동은 영아에게도 나타난다. 바탈(Bar-Tal, 1979)은 유아의 돕기 행동의 발달단계를 인지발달, 역할수용 능력, 도덕적 추론 단계를 기초로 하여 6단계로 제시하였다. 이러한 발달단계는 유아의 연령과 어느 정도 관계가 있으나 반드시 연령과 함께 증가하는 것은 아니다. 돕기 행동은 도움이 필요한 다른 유아의 요청이나 명령에 의해 이루어지기 시작하여 이타적 행동을 하는 방향으로 발달된다.
  - 친사회적 행동들의 발달단계를 알아보기 위해 돕기, 나누기 행동을 집중적으로 분석하였다.
  - 돕기 행동의 발달단계 수준과 나눠주기 행동의 동기 수준이 동일하게 진보한다고 보았다.
  - 연령이 증가할수록 친사회적 행동에 대한 강화가 추상적으로 변하며, 행동이 양적·질적으로 향상되는 경향이 있다고 보았다.

2 발달단계

1단계 **구체적인 강화에 의한 승낙** (응낙 - 구체적으로 언급되는 강화, compliance- concrete and defined reinforcement)	• 구체적인 보상(약속)이나 위협 때문에 돕는 행동을 보인다. • 타인의 요청, 또는 명령이나 지시가 있을 때 친사회적 행동을 수행하는 단계이다(요청을 받았기 때문이거나 그렇게 하라고 명령받았기 때문에 돕는다). 　- 요청과 요구는 구체적인 보상의 약속이나 벌의 외현적 위협이 따른다. 　- 보다 확실하고 구체적인 보상과 벌에 의해 가장 잘 이루어진다.
2단계 **승낙** (응낙, compliance)	• 자신보다 힘이 우월한 사람의 명령이나 요청을 승낙한다. • 유아는 승인을 얻거나 벌을 피하기 위해 돕기 행동을 한다. 　- 돕기 행동의 수행동기는 권위에 추종하는 복종이다. 　- 구체적인 강화는 불필요하며 타인의 요청이나 명령에 복종할 준비가 되어 있다. 　- 자신보다 힘이 센 권위자의 요구에 따라 친사회적 행동이 나타난다. 　- 돕기 행동은 외부적인 힘에 의해 나타난다.
3단계 **내면적 주도성** (구체적 보상에 대한 내면적 주도성, 내면적 주도성 - 구체적 보상, internal initiative- concrete reward)	• 명백하고 구체적인 보상을 받을 것을 기대하고 행동하는 단계로, 상벌을 예측할 수 있을 때 행동한다. • 자발적으로 돕기 행동을 하지만, 돕기 행동의 대가로 구체적인 보상을 기대한다. • 본능적으로 이기적인 특성이지만, 타인의 요구를 인식할 수는 있다.

4단계
규범적 행동
(normative behavior)
	• 사회적 요구에 순응하여 돕는 행동을 한다.
	  – 단순히 그렇게 하도록 기대된다고 느끼기 때문에 타인을 돕는다.
	  – 도움이 필요한 사람의 역할을 대행해 보거나 동정적인 슬픔을 느껴 볼 수 있다.
	  – 동정적인 슬픔 그 자체가 돕기 행동을 동기화하는 요인으로 확장되지는 않는다.
	  – 규범에 대한 순응은 긍정적인 인정을, 규범의 위반은 부정적 제재를 초래함을 안다.

5단계 상호 호혜성 (일반화된 상호 호혜성, generalized reciprocity)	• 나에게 도움이 필요할 때 다른 사람이 도움을 줄 것이라는 교환의 원리에 의해 돕는 행동을 한다. – 보상은 확실하지도 구체적이지도 않다.

6단계
이타적 행동
(altruistic behavior)
	• 타인에게 이익을 주려는 동기를 갖고 자발적으로 돕기 행동을 주도한다.
	  – 어떤 보상도 기대하지 않으며 정의라는 도덕적 확신으로 행동을 한다.
	  – 돕기 행동은 의도적이고 다양한 대안적 행동 중에서 선택된 것이다.
	  – 보상을 기대하지 않지만 행위 결과로 자기만족이나 자아존중감의 증진을 경험한다.

UNIT 55 나누기 – 크로그와 램(Krogh & Lamme, 1983)

> 나누기는 공평의 원리를 충족시키는 방법으로 2세경의 유아도 놀잇감을 나눌 수 있다.

1단계 자아중심적 나누기 (egocentric sharing) (3~4세)	• 자신이 좋아하는 것과 싫어하는 것에 따라 나눈다. • 자신의 관점과 타인의 관점을 구별하는 것이 어렵다. – "나는 사탕을 좋아하기 때문에 더 가져야 해. 하지만 나누는 것이 제일 좋은 일이라고 선생님이 말했기 때문에 친구에게 한 개 줄 거야."
2단계 자아중심적 나누기 / 외부적 나누기 (egocentric sharing / external sharing) (4~5세)	• 여전히 자아중심적이지만 관찰 가능한 외부적 특징에 근거해서 나눈다. – "형이 나보다 더 크기 때문에 형에게 사탕 몇 개를 나누어 줄 거야."
3단계 엄정한 균등 (rigid equality) (5~6세)	• 엄격하고 엄정한 균등의 기초를 바탕으로 나눈다. – "우리 모두는 똑같이 나누어야 해. 그렇지 않으면 공정하지 않아."

4단계 장점(merit) (6~7세)	• 장점이 되는 행동에 따라 더 또는 덜 보상받는다고 생각한다. – "그는 열심히 일했기 때문에 사탕을 더 받아야 해."
5단계 도덕적 상대성 (moral relativity) (7~8세)	• 도덕적 상대성에 대한 이해가 가능하므로 나눌 때 절충이 일어난다. – "그 여자는 불쌍하고 배고프기 때문에 더 받아야 해."

UNIT 56 공격성

KEYWORD# 하트업(W. W. Hartup), 도구적 공격성, 적대적 공격성, 공격성 유형의 연령에 따른 변화

1 개념 및 정의

- 공격성(aggression)이란 다른 사람이나 동물에게 신체적 · 정서적으로 상처를 입히거나 재산상의 피해 혹은 파괴를 이끄는 반사회적 행동으로, 언어적 또는 신체적으로 나타난다(Dodge, Coie & Lyman, 2006).
- 유아기의 공격적 행동으로는 때리기, 움켜잡기, 꼬집기, 발로 차기, 침 뱉기, 물기, 위협하기, 험담하기, 욕하기, 놀리기, 파괴하기 등이 있다.
- 유아는 자기중심적인 사고 경향이 있어 자신의 욕구만을 중요시하기 때문에 친구의 놀잇감을 빼앗거나 친구를 때리는 등의 공격적 행동을 보일 수 있다. 이러한 공격성은 학령기가 되면 줄어드는 경향이 있으나, 공격적인 행동이 지속되거나 정도가 지나친 경우에는 문제행동, 또래거부, 폭력, 부적응 등의 부정적 결과를 초래할 위험이 있으므로 적절한 중재가 필요하다.
  - 유아의 공격적 행동을 중재하지 않고 방치한다면 이후 학교에서도 친구들로부터 거부되고, 적응이 어려워 자퇴하는 경우가 많으며, 자신의 잠재능력을 제대로 발휘하지 못하여 30세가 될 때까지 25% 정도는 범죄자가 되거나 폭력적인 성인이 될 수 있다.
- 공격성을 지속적으로 보이는 유아라도 중재를 통해 공격성을 감소시키고 친사회적 기술을 발달시킬 수 있다. 그러므로 교사는 유아가 부정적인 상황과 환경을 받아들이고 이에 합리적으로 대처하는 방법을 배우며 공격성을 조절할 수 있도록 지도해야 한다.

2 발달이론

본능이론	정신분석학적 입장	• Freud(1946)는 인간에게 본능이 있고 이것이 행동을 형성한다고 가정하였고, 인간의 본능은 생의 본능인 Eros와 융합하여 나타나는 본능적 욕구 또는 행동이라고 하였다. 　- 즉, 공격성이란 인간의 내부에 흐르는 죽음의 충동이 내부로 지향될 때 자기를 학대하고 자살을 기도하며 우울증을 유발하고, 외부로 표현될 때 공격행동으로 발산된다고 하였다. 따라서 공격의 표현을 변형시키거나 방향을 조정할 수 있으나, 공격 자체는 불가피한 것이라고 보았다. 　- 이러한 관점에서 보면, 공격적인 본능이란 개인의 기본적인 욕구를 만족시키는 기능으로 작용하기 때문에 자기 파괴적이라기보다는 오히려 삶에 대해 적응적이고 촉진적인 기능을 하는 것이라고 볼 수 있다. • 또한 Adler는 공격성을 열등감에 대한 보상으로서의 우월감에 대한 욕구로 보았다.
	생태학적 입장	• Lorenz(1971)는 공격성을 동물과 인간에 내재하는 투쟁본능이라 정의하고, 자신의 생계와 영토를 위한 싸움, 번식에서 최우수자가 되기 위한 경쟁, 공동체 내에서의 질서를 위한 힘의 지배에 의해 공격성이 나타난다고 하였다. 　- 그렇기 때문에 만일 공격적 에너지가 여러 가지 행동 형태들을 통해 규칙적으로 발산되지 않으면, 그것이 누적되어 적절한 환경 자극이 없을 때도 나타난다고 믿었다.
	비교	• 본능으로 설명하려는 점에서 Freud가 공격성을 파괴적이고 분열적인 것으로 보는 반면, Lorenz는 종족의 적응과 생존을 위한 것으로 보는 점에서는 차이가 난다고 할 수 있다. 　- 그러나 인간이 공격본능을 가지고 있다 하더라도 공격성을 통제할 수 있는 훌륭한 기제인 언어를 발달시켜 왔으며, 3~5세의 어린 아동들도 갈등 상황이 공격적으로 확대되기 전에 리더를 통해 합리적으로 해결할 수 있다(Sluckin & Smith, 1977).
욕구좌절 이론 (욕구좌절-공격 가설, Dollard & Kauffman, 1939)		• Dollard와 Kauffman(1939) 등에 의해 제시된 욕구좌절 이론에 의하면 공격성의 발생은 목적을 달성하려는 욕구가 환경의 방해를 받아 생겨난 좌절감의 결과에 기인한다고 하였다. 그러나 이러한 욕구좌절-공격 가설에 대해 몇 가지 문제점이 지적되었다. 　- 욕구좌절이 있을 때 모두가 공격반응을 나타내지는 않으며, 같은 사람일지라도 욕구좌절에 대해 언제나 공격으로 반응하지 않는다. 욕구좌절에 대하여 공격행동뿐만 아니라 위축, 우울, 퇴행, 환상 등 여러 가지가 나타날 수 있다. • 위의 여러 가지 이유로 이후 Miller(1941)에 의해 변형된 욕구좌절-공격 가설이 제안되었다.
	변형된 욕구좌절-공격 가설 (Miller, 1941)	Miller의 주장에 따르면 욕구좌절은 처음에는 공격이 아니라 분노를 유발한다. 그 상황에서 공격에 적절한 단서들이 있으면 공격이 나타나지만, 그렇지 않으면 상황의 성격에 따라 욕구좌절을 극복하려 하거나 우울해지거나 혹은 위축될 것이다(Seligman, 1975).

		공격성을 본능과 충동의 결과적인 행동이라고 보는 이론들과는 대조적으로, 사회학습 이론에서는 인간이 성장 과정에서 습득한 행동으로 본다.
사회학습 이론	강화	• 반두라(Bandura, 1973)에 의하면 공격적 행동에 대해 강화를 받은 유아는 이후에도 공격적 행동으로 문제를 해결할 가능성이 높다. ㅡ 강화는 유아의 공격적 행동이 어떻게 습관화되는지를 잘 보여준다. 친구의 놀잇감을 힘으로 빼앗거나 친구를 때릴 때, 친구가 양보하거나 물러나 자신의 뜻대로 된다면 유아의 공격성은 강화를 받게 된다. 이러한 상황이 반복되면 공격적인 행동이 자신이 원하는 방향으로 문제를 해결하는 데 가장 효율적인 방법이라는 것을 확신하게 되고, 자신은 힘이 있다고 느끼며 공격적 행동이 자존감을 높여준다고 믿게 된다. 이는 더욱더 공격적 행동을 강화하게 되어 습관으로 유지되게 한다.
	관찰학습	• 유아는 다른 사람이 공격적으로 행동하는 것을 관찰·학습함으로써 공격적 행동을 배운다(Bandura, 1973). ㅡ 유아는 TV 프로그램에서 폭력적인 행동을 접하거나 친구가 다른 아이의 물건을 빼앗는 것을 보기도 하고, 성인이 말을 안 듣는 아이를 체벌하는 것을 보면서 공격적인 행동을 경험하게 된다. ㅡ 또한 친구에게 자신의 놀잇감을 빼앗기고, 성인에게 맞기도 하고 거칠게 다루어지기도 하면서 직접적으로 공격성을 경험하기도 한다. ㅡ 이러한 것을 관찰하고 경험한 유아는 문제를 해결하는 데 있어 공격적인 방법이 효과적이라는 것을 학습하게 되고, 힘을 사용하는 것에 대한 금기를 깨뜨리기도 한다(Garbarino, 2006). ㅡ 관찰을 통해 학습한 것은 더 강하고 오래 기억에 남게 된다. 공격적인 행동의 효과를 목격하면 유아는 이것을 오래 기억하고 시간이 흐른 뒤에 이러한 공격적 행동을 나타낼 수 있다.
사회인지 이론 (왜곡된 지각 가설)		• 왜곡된 지각 가설은 도지(Dodge)의 사회정보처리 이론에 기초해 유아의 공격성을 설명한다. • 어떤 유아는 사건에 직면했을 때, 상대방이 적대적인 의도가 없었는데도 적대적인 의도를 갖고 자신에게 해를 입혔다고 생각해 공격적 행동을 한다. 이렇게 애매한 상황에서 상대방의 의도를 적대적으로 해석하는 경향을 '적대적 귀인 편향'이라고 한다(Shaffer, 2008). ㅡ 즉, 공격적인 유아는 상대방의 의도가 적대적이 아니라는 사회적 단서들을 정확히 해석하지 못하고 적대적으로 판단해 화가 나서 공격적 행동으로 보복을 하는 것이다. • 사회정보처리 이론에 따르면, 똑같은 사건인데도 유아에 따라 서로 다른 반응(공격적 또는 비공격적)을 보이는 것은 사회적 단서를 서로 다르게 해석하고 공식화하여 반응하기 때문이다. ㅡ 친구가 지나가다가 블록 쌓은 것을 부수었을 경우, 피해를 입은 유아는 즉각적으로 단서를 부호화하고 해석한다(예 어떤 피해를 입었지? 왜 나에게 피해를 입혔을까? 의도적인가 비의도적인가?). 그다음 사건을 해결하기 위한 목표를 공식화하고, 이 목표를 실행하기 위한 책략을 생각하여 평가해 본 후 선택해서 반응을 실행한다. 이 모든 과정에서 유아의 과거 경험, 사회적 기대, 사회적 규칙에 대한 지식, 정서조절 기술 등이 영향을 미치게 된다(Shaffer, 2008).

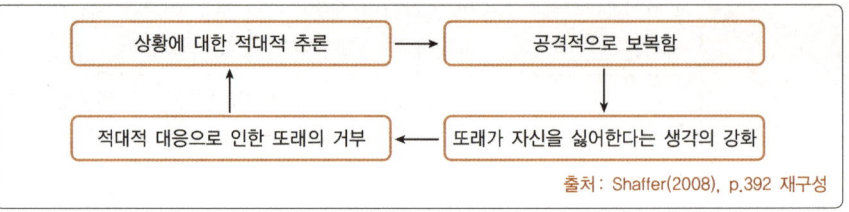

출처 : Shaffer(2008), p.392 재구성

✿ 편향된 귀인의 사회인지 모델

• 공격적 행동을 보이는 유아는 애매한 상황일 때 상대방이 적대적 의도로 그러한 사건을 일으켰다고 생각해 해결책을 신중하게 고려하지 않고 적대적인 방식으로 빠르게 보복한다. 이러한 행동으로 인해 이들은 또래나 교사들과 부정적 관계를 형성해 거부당하게 되고, 결국 '사람들은 나를 싫어해.'라고 생각하게 된다. 따라서 다른 사건에 대해서도 똑같은 패턴으로 공격성을 나타내는 악순환을 일으키는 것이다.

공격성의 원인

직접적 가르침	• 친구나 형, 누나, 성인 등이 문제를 해결하는 방법으로 유아에게 공격적 행동을 알려주기도 한다(Kostelnik, 2012). 유아는 이들의 인정을 받고 싶어 알려주는 대로 공격적 행동을 하게 되는 것이다. — 실제 유아를 대상으로 한 실험에서도 유아가 성인의 기대에 부응하기 위해 공격적 행동을 하는 것으로 나타났다(Shanab & Yahya, 1977). 부모가 자녀에게 "친구가 때리면 너도 맞지만 말고 같이 때려."라고 무심코 던진 말이나, "여자처럼 굴지 마."라는 친구의 말 등은 유아의 공격성에 영향을 미치게 된다.
사회적 지식과 기술의 부족	• 유아는 자기조절 능력, 의사표현 능력, 문제해결 능력 등의 사회적 기술이나 지식이 부족해 공격적 행동을 보일 수 있다. • 또한 유아는 자신이 하고 싶은 것을 못하게 되거나 중요한 것을 보호하지 못했을 때, 다른 유아에게 공격을 받았을 때 자신이 대처할 방법이 없으면 신체적 공격성에 의존한다(Goleman, 2006; Herbert, 1998). 이럴 경우 비공격적인 대처 방법으로 연습할 기회가 없거나 사회에서 허용되는 방식으로 자기주장을 하는 기술을 배우지 못하게 되면 공격적 행동을 더 많이 보이게 된다(Levin, 2003).

3 공격성의 유형

• 공격성의 개념이 연구자마다 다른 것처럼 공격성을 분류하는 것도 다양한 관점에서 연구되어 왔다. 공격성의 다양한 정의에 대한 접근방식은 크게 두 가지로 구분할 수 있다.
① 공격성을 외부에서 관찰할 수 있는 특성이라고 보는 행동적 수준의 접근방식이다.
② 공격자의 동기나 의도와 같은 인지적·정서적 수준의 접근방식이다(유귀순, 2001).
• 결과적으로 공격성에 대한 정의 및 유형은 다양한 개념과 관점을 포함하고 있어 공격성을 단일한 하나의 요인으로 설명하기보다는 공격 의도, 행동의 결과, 사회적 여건과 같은 다양한 요인을 고려해야 함을 알 수 있다.

MEMO

(1) 우연적/표현적/도구적/적대적 공격성 – Kostelnik et al.(2009)

원인에
따른 분류
	우연적 공격성	• 우연적 공격성은 의도나 목적 없이 놀이나 활동을 하는 도중에 우연하게 타인에게 피해를 입히는 공격을 말한다.
		  – 유아는 놀이를 하다가 아무 생각 없이 실수로 친구에게 피해를 입히기도 한다.
		    예 놀이터에서 뛰어놀다가 친구를 넘어뜨리기도 하고, 지나가다 발을 밟기도 하며, 농담을 하다가 친구의 마음을 상하게 한다.
		  – 이처럼 해를 입힐 의도는 없었지만 타인에게 피해를 입히게 된 비의도적인 공격성을 우연적 공격성이라고 한다.

	표현적 공격성	• 표현적 공격성은 공격적인 행동을 통해 즐겁고 감각적인 경험을 하는 것이다. 즉, 의도성은 없지만 타인을 다치게 하거나 타인의 권리를 방해하는 신체적 행동을 하며 즐거움을 느끼는 것이다(McCauley, 2000).
		  – 이러한 공격성의 목적은 어떤 물건을 파괴하거나 어떤 반응을 얻기 위한 것이 아니라 단순히 즐거움을 느끼는 것이다. 따라서 공격자의 적대감, 분노, 좌절 등의 감정을 수반하지 않는다.
		    예 친구가 쌓은 블록을 발차기로 무너뜨리면서 자신의 발차기 능력에 뿌듯함과 즐거움을 느끼거나, 깨무는 것이 좋기 때문에 친구를 깨무는 행동을 하는 것이다
		  – 이처럼 의도성은 없지만 타인에게 해를 입히게 되는 재미있고 탐색적인 신체적 행동을 말한다.

	도구적 공격성	도구적 공격성은 다른 사람을 해칠 의도는 없지만 자신이 원하는 것을 얻거나 어떤 것을 지키기 위해 타인에게 해를 입히는 것을 말한다. 예 유아가 자동차를 서로 차지하려고 때리는 행동, 놀이터에 빨리 나가려고 서로 밀치는 행동 등은 서로를 다치게 하려는 의도 없이 원하는 것을 얻기 위한 행동이므로 도구적 공격성이다.

	적대적 공격성	• 적대적 공격성은 이전에 받았던 상처에 대해 보복을 하거나 원하는 것을 얻기 위해 타인에게 고의적으로 신체적·정신적 고통을 주는 것이다.
		  – 적대적 공격성은 외현적 공격성과 관계적 공격성의 형태로 표현된다.
		    ① 외현적 공격성은 타인을 위협하여 신체적으로 해를 입히는 행동이다.
		    ② 관계적 공격성은 거짓말이나 소문 등의 사회적 조작을 통해 타인의 지위나 자아존중감에 해를 주는 행동이다.
		    예 ○○가 쌓은 블록을 △△가 실수로 무너뜨렸는데, ○○가 "일부러 그랬지?"라고 소리치며 △△를 밀었다. 이럴 경우 ○○가 보이는 공격성은 △△의 행동에 대한 복수이므로 적대적 공격성이고, △△의 행동은 고의성이 없었으므로 우연적 공격성이다.

MEMO

(2) 신체적/언어적/간접적 공격성, 흥분성·부정성·적의성 — Buss & Durkee(1957)

신체적 공격성	사람들에게 행하는 신체적 폭력이다.
언어적 공격성	언어를 매개로 하는 공격성을 말한다.
간접적 공격성	수동적 공격성으로, 악의 있는 험담이나 짓궂은 장난과 같이 공격성을 간접적으로 표현하는 것이다.
흥분성	쉽게 화를 내거나 모욕을 주는 것을 말한다.
부정성	협동하기를 거절하거나 반대되는 행동을 하는 것이다.
적의성	• 원한과 의심을 합쳐서 적의성이라고 한다. 　− 원한: 실제적 혹은 상상적인 학대로 인해 현실에 대해 갖는 분노의 감정으로 타인을 증오하는 원한이다. 　− 의심: 타인을 믿지 못하며 적개심을 가지는 것이다.

(3) 도구적/적대적 공격성 — Dodge, Coi & Hartup(1974)

도구적 공격성	목표를 획득하기 위한 수단으로 다른 사람에게 공격을 행하는 것이다.
적대적 공격성	피해자에게 고통을 가하기 위함이며, 공격행동 그 자체를 목적으로 이루어지는 공격성이다.

(4) 행동적/내재적 공격성 — Mussen, Cornger & Kagan(1979)

> • 행동적 공격성과 내재적 공격성은 연령에 따라 다르게 나타나는데, 나이가 어릴수록 신체적이고 직접적으로 공격성을 표현하고 나이가 들수록 언어적이고 간접적으로 공격성을 표출한다. 신체적 공격성이 초등학교 6학년 이후에 감소한다는 연구결과도 이를 뒷받침한다.
> • 행동적 공격성과 내재적 공격성 간에는 정적인 상관이 있어 행동적 공격성이 높으면 내재적 공격성도 함께 높았다.

행동적 공격성	신체적 행동 표현이나 언어 표현 등 겉으로 드러났을 때의 공격성을 말한다.
내재적 공격성	• 겉으로 표현되지 않으나 내재해 있다고 보이는 공격성을 말한다. • 외부로 표출되지 않고 단지 상상을 통해 표현한다.

(5) 수동적/직접적/자기회피적 공격성 — Kauffman(1981)

수동적 공격성	• 공격성을 표현하고 싶은 욕구를 느끼지만, 겉으로 그러한 행동을 한다는 것이 두렵고 용기가 나지 않을 때 수동적으로 자신의 공격 욕구를 표현하는 것이다. 　− 고집, 반대, 꾸물거리기, 거부적 태도, 부정적 반응, 상대방 무시 등의 행동
직접적 공격성	• 언어적 공격성과 신체적 공격성으로 나타난다. ① 언어적 공격성: 소리 지르기, 놀리기, 욕하기, 말다툼하기, 거친 태도로 명령하기, 남을 모욕하기 ② 신체적 공격성: 위협하기, 발로 차거나 때리기, 다른 사람에게 물건 던지기, 멱살 잡기, 물건 파손 혹은 남의 물건을 함부로 다루는 행동

자기회피적 공격성	• 공격적 행위가 자기에게 가해지는 행동을 말한다. 　- 자신의 몸을 때리거나 벽에 부딪히거나 물어뜯기 등의 행동

⑹ 도구적/적의적/정서적 공격성 - Feshback & Feshback(1982)

수단이나 목적의 여부에 따른 분류	도구적 공격성	다른 사람에게 해를 가하거나 손상을 주기 위한 목적보다는 목표나 보상을 획득하기 위한 수단으로 행해지는 공격성이다.
	적의적 공격성	다른 사람을 손상시키려는 동기나 의도를 갖고 행하는 공격성이다.
	정서적 공격성	목적보다는 분노와 같은 정서적 요인에 의해 나타나는 공격성이다.

⑺ 외현적/내현적 공격성 - Quay(1986)

외현적 공격성	신체적 폭력, 따돌림, 무기를 사용한 적대적 행동, 규칙이나 권위 대상에의 반항행동을 포함하는 행위이다.
내현적 공격성	절도, 방화, 등교 거부, 가출 등의 은밀하며 비밀리에 행해지는 모든 공격행동을 말한다.

⑻ 도구적/적대적 공격성 - Shaffer(1993)

도구적 공격성	• 단순히 자신에게 이익이 되는 것을 얻거나 원하는 결과를 성취하기 위해 타인에게 해를 가하는 공격성이다. 　- 6~7세 이전까지 장난감을 갖기 위해 나타난다.
적대적 공격성	• 분노와 분노에 선행하는 사건에 의해 동기화되어 나타나는 행동으로, 타인에게 고통이나 해를 가하는 것 자체가 목적인 공격성이다. 　- 연령의 증가와 더불어 추론능력이 발달하고 언어와 의사소통능력이 증진함으로써 남을 비판하거나 조롱하는 언어적 폭력의 성향을 많이 띠게 된다.

⑼ 외현적/관계적 공격성 - Crick(1995)

공격행위의 특성에 따른 분류	외현적 공격성	공격 원인 제공자에게 신체적·언어적 공격을 행한다.
	관계적 공격성	집단의 힘이나 압박을 활용하여 대인관계를 손상시키거나 위협함으로써 해를 준다.

⑽ 주도적/반응적 공격성 - Crick & Dodge(1996), Dodge(1991), Dodge & Coie(1987)

주도적 공격성	• 공격행동을 통해 구체적인 보상을 획득하기 위한 공격성으로, 다른 사람에게 영향력을 행사하거나 강요하는 혐오적인 방법을 사용하고 매우 목표지향적이다. • 사회학습 이론에서는 공격성이 강화에 의해 통제되는 획득된 도구적인 행동이라고 가정한다. 즉, 대부분의 공격행동은 예상되는 이익에 의해 유발된다는 것으로, 이는 주도적 공격성의 목표지향적인 특징과 일치하며, 이 공격성은 사회학습 이론에 근거를 두고 있다고 볼 수 있다(Dodge & Coie, 1987).

반응적 공격성	• 지각된 위협이나 도발을 야기시킨 대상을 공격하는 것을 목적으로 한다. • 이 공격성의 보복적인 특성은 정서유형(분노)과 관련되어 있다. 　－ 좌절－공격 가설은 공격성을 지각된 좌절에 대한 적대적 분노반응이라고 설명한다. 　－ 이 가설은 반응적 공격성이 지각된 위협에 대한 보복으로 공격행동을 일으키게 　　 된다는 가정과 유사하다. 즉, 반응적 공격성을 지닌 유아들은 또래의 행동을 적대 　　 적인 것으로 잘못 해석하며, 애매한 도발 상황에 직면하게 되었을 때 공격적으로 　　 과잉반응한다. 　－ 따라서 반응적 공격성에 대한 이론적 근거는 좌절－공격 가설에서 찾아볼 수 있다.

(11) 신체적/언어적/직접적/간접적 공격성 – Frodi, Macaulay & Thome(1997)

표현방법에 따른 분류	신체적 공격성	상대에게 신체적인 상해나 고통을 주려는 의도적 행동이다.
	언어적 공격성	언어를 매개로 상대에게 심리적·사회적 해를 가하려는 모든 행동이다.
표현대상에 따른 분류	직접적 공격성	화나게 만든 사람 혹은 욕구 좌절을 유발한 대상에게 직접적으로 행하는 공격성이다.
	간접적 공격성	공격을 유발한 원인 제공자가 아닌 다른 사람으로 대상이 치환된 공격 이나 구체적 대상이 없는 공격행동이다.

(12) 도구적(Ladd, 2005)/적대적(Doll & Brehm, 2010) 공격성

도구적 공격성	• 아동이 자신이 원하는 것을 얻고 어떤 것을 지키기 위해 애쓰면서 의도하지는 않았 지만 누군가에게 해를 끼치게 되는데, 이를 도구적 공격성이라고 한다. 　－ 전조나 의도가 없었다는 점에서 타인의 자존감을 떨어뜨리거나 타인을 해치려는 　　 의도를 가진 적대적 공격성과 구별된다. 　　🔴 선화와 유진이가 밀대를 서로 가지려고 밀고 당기는 과정에서 선희는 눈을 찔렸고, 유진 　　　 이는 손가락을 다쳤다. 두 아동 모두 상대 아동을 다치게 하려고 시작한 것은 아니었고, 　　　 그저 밀대를 갖고 싶었을 뿐이다. 그러나 두 아동은 목표를 달성하기 위해 힘에 의존하였다. 　　　 이 경우 공격성은 이 아동의 목적이 아니라 상호작용의 결과로 나타난 부산물이다. 　① 사물에 대한 도구적 공격성: 두 아동이 동시에 그네로 뛰어왔고, 혼자서 그네를 　　 타고 싶어 했다. 누가 그네를 탈 것인지로 다투는 과정에서 서로를 밀쳤다. 　　 이 두 아동의 목적은 그네를 차지하는 것이었지만 그런 과정에서 공격성이 　　 발생했다. 　② 영역에 대한 도구적 공격성: 철수가 쌓기놀이 영역을 넓게 차지하고 공항을 만 　　 들고 있는데, 다른 친구들이 자신의 영역으로 들어오자 화가 났다. 누가 어디 　　 에서 쌓을지에 대해 언쟁하다가 철수와 친구들이 서로 때리기 시작했다. 철수와 　　 친구들의 목적은 쌓기놀이 영역에 대한 통제권이었지만 그런 과정에서 공격성이 　　 발생했다. 　③ 권리에 대한 도구적 공격성: 밖으로 나가기 위해 한 반 아동 전체가 문으로 뛰어 　　 가면서 분쟁이 생겨났다. 모두가 제일 앞에 서고 싶어 했다. 이때 아이들의 　　 주목적은 제일 앞에 설 권리였지만 그런 과정에서 부산물로 공격성이 나타났다.

적대적 공격성	• 타인에게 신체적 또는 심리적 고통을 주려는 의도를 가진다.
	• 남에게 상처를 주는 이러한 말이나 행동은 이전에 받았던 모욕이나 상처에 대해 보복하는 것이거나 원하는 것을 얻기 위해 행하는 고의적인 공격이다.
	  ① **외현적 공격성**: 신체적인 상해를 주거나 입히겠다고 위협하여 타인에게 해를 입히는 행동이다.
	  ② **관계적 공격성**: 소문이나 거짓말 등의 사회적 조작을 통해 타인의 지위나 자아존중감에 해를 주는 행동이다.
	  ▶ 외현적 공격성, 관계적 공격성 모두 적대적 공격이라는 고의성 측면에서 도구적 공격성과 구분된다.

❹ 공격성의 발달 양상

연령에 따른
공격성 양상
	• 걸음마기부터 아동 중기까지 아동기의 공격성은 3가지 경향을 보인다.
	  − 어린 유아는 자신이 원하는 것을 얻기 위해 흔히 신체적 힘을 사용하고, 좀 더 큰 아동은 언어적 방법을 사용한다.
	  − 어린 유아는 도구적 공격성을 더 자주 사용하고, 적대적 공격성은 아동기에 주로 나타난다.
	  − 대부분 3세에 공격적 행동이 최고조에 이르렀다가 점차 감소하는 경향을 보인다.
	• 유아기의 공격성은 신체적인 힘을 사용하고 도구적 공격성을 더 자주 사용하는 경향이 있다. 또한 기억이 오래가지 않고 보복의 필요성을 잘 느끼지 못하므로 적대적 공격성이 거의 나타나지 않는다(Shaffer & Kipp, 2006).
	① 유아는 대체로 신체적 힘을 사용해 공격성을 나타낸다.
	  − 어린 유아는 자신이 원하는 것을 즉시 갖고 싶지만 언어적 능력이 제한되어 있고, 적절한 방법을 알지 못한다. 그래서 "주세요"라고 말했음에도 원하는 바를 얻지 못하면 신체적인 힘을 사용하게 되는 것이다.
	  − 이후 초등학생이 되어 언어적 능력이 증가하게 되면 신체적 방법보다 언어적 방법을 더 많이 사용한다. 언어적 조롱, 놀리기, 비난, 비밀 누설 등의 언어로 공격하는 것은 흔적을 남기지 않는 무기가 되어 부모나 교사가 통제하기 어렵게 된다.
	② 유아의 공격성은 대부분 도구적 공격성이다.
	  − 유아는 자기중심적이기 때문에 자신의 물건을 공유하거나 양보하기가 힘들다. 또한 충동적이어서 다른 사람의 물건을 갖고 싶을 때 이를 참기 힘들다. 이러한 발달적 특징 때문에 물건을 지키거나 갖기 위해 때리거나 잡거나 깨무는 등의 도구적 공격성을 나타내게 된다. 도구적 공격성은 30개월경 절정을 이루다가 차츰 감소한다(Garbarino, 2006).
	  − 이후 초등학생이 되면 언어적·인지적 능력의 발달로 인해 사회적으로 허용되는 방식으로 협상하고 문제해결을 하는 등 분쟁을 우호적으로 해결할 수 있게 되므로 전반적으로 공격성이 줄어들게 된다.

③ 유아기에는 적대적 공격성이 거의 나타나지 않는다.

　　─ 취학 전 유아의 싸움은 매우 감정적이지만 기억력이 잘 발달되지 않아 나쁜 감정이
　　　오래가지 않는다. 그리고 싸우고 나서도 금방 친해져 아무 일 없다는 듯이 같이
　　　논다. 이 시기의 유아는 이러한 싸움이 자신의 명예를 훼손한다고 생각하지 않기
　　　때문에 보복의 필요성을 느끼지 못한다(Shaffer & Kipp, 2006). 따라서 이 시기
　　　에는 적대적 공격성이 거의 나타나지 않는다.

　　─ 이후 초등학생이 되면 타인의 부정적인 동기를 알게 되고, 기억력의 발달로 싸운
　　　후에도 오랫동안 화가 났던 상황을 기억하게 되어 적대적 공격성이 나타난다. 특히
　　　6~8세 사이에는 상대방의 공격이 의도적인지 아닌지 구분하기 어려워 실제 의도와
　　　관계없이 공격성을 보이게 된다.

④ 8~12세가 되면 또래와의 비교와 경쟁이 증가하면서 위협을 느끼게 되고 또래를 눌러
　　자신의 위치를 확고하게 하려고 한다. 이 시기는 의견의 사소한 불일치나 오해가 거부,
　　괴롭힘, 모욕 등의 적대적 공격성으로 빠르게 확대된다(Garbarino, 2006; Goleman,
　　1995). 특히, 남아의 경우에는 자신이 정당하다고 생각하거나 체면을 유지하기 위한
　　보복적 행동은 나쁘지 않다고 생각한다(Shaffer & Kipp, 2006).

성별에 따른 공격성 양상

• 유아는 남아와 여아 모두 공격적일 때가 있고 모두 똑같이 공격성을 보이지만, 공격성의
　표현에서 성차를 나타낸다(신유림, 2008; Kostelnik et al., 2009).

• **유아기 남아와 여아의 성별에 따른 공격성의 차이**

　─ 1세경에는 남아와 여아 모두 공격적이다.

　─ 15개월~2세경에는 공격성의 표현에서 성차가 나타난다.

　─ 남아는 여아보다 겉으로 공격성을 드러낸다. 남아는 여아보다 신체적인 힘과 언어적인
　　위협을 더 많이 사용하고, 자신을 겨냥한 공격성에 대해서는 보복을 한다.

　─ 여아는 남아보다 더 관계적인 공격성을 보인다. 여아는 뒷담화, 냉대하기, 따돌리기,
　　나쁜 말 하기 등으로 자신의 힘을 나타내고 상처와 모욕에 반응한다.

　─ 여아가 보이는 관계적 공격성은 남아의 외현적 공격성과 같은 수준이다.

　─ 공격성에서 성차가 나타나는 것은 남성호르몬과 같은 생물학적 요인(신체적인 힘,
　　더 강하고 격렬한 신체적 충동), 사회적 학습요인(사회적으로 남아에게는 신체적인
　　공격성이 더 용인되고, 여아에게는 자존감을 손상시키거나 상황을 조정하는 것이 더
　　용인됨)과 관련이 있다.

　─ 공격성을 많이 보이는 유아는 남아와 여아 모두 또래에게 거부된다.

5 공격성 감소를 위한 지도

(1) 비효과적인 방법 – Kostelnik et al.(2009)

> 성인은 유아의 공격성을 지도할 때 체벌을 하거나 무시하는 경향이 있다. 체벌, 공격적 행동 무시하기, 다른 것으로 대체하기, 비일관성 등은 바람직한 대안의 학습 기회를 주지 않고 유아의 공격적 행동을 증가시킬 수 있으므로 비효과적이다.

신체적인 체벌	• **성인의 생각** – 유아에게 공격적인 행동은 잘못된 것이라는 것을 알려줄 것이다. • **유아의 생각** – 공격적 행동은 효과가 있다. – 힘센 것이 옳은 것이다. – 성인을 조심해야 한다. – 잡히지 않으면 된다.
무시하기	• **성인의 생각** – 공격성이 없어질 것이다. • **유아의 생각** – 공격적 행동도 괜찮다. – 내가 어떤 행동을 하든 상관이 없다.
다른 것으로 대체하기	• **성인의 생각** – 아동을 진정시켜 준다. • **유아의 생각** – 진짜 문제를 해결하는 방법은 없다. – 사람들은 유아를 화나게 하는 사람이나 사물을 직접적으로 다루려 하지 않는다.
비일관성	• **성인의 생각** – 첫째 날: 공격적인 행동에 단호히 대처해야 해. – 둘째 날: 오늘은 너무 지쳤으니 그냥 넘어가야지. – 셋째 날: 이 아이를 너무 많이 혼냈어. 다른 방법을 찾아봐야지. – 넷째 날: 공격적인 행동에 단호해야 해. • **유아의 생각** – 해보기 전까지는 무슨 일이 일어날지 잘 모르겠다.

(2) 공격적 행동을 줄이는 방법

교사의 바람직한 모델링	• 교사가 바람직한 모델이 된다. – 교사는 조용하고 합리적으로 문제를 해결하는 이성적인 모델이 되어야 한다. – 교사가 문제에 대해 논리적으로 말하고, 합리적으로 타협하는 모습을 보이며, 화가 날 경우에도 일상적인 목소리 톤을 유지하고, 이성적으로 대처하는 모습을 보여야 한다. 또한 훈육이 필요할 경우 절대 신체적 체벌을 사용하지 않는다.
좌절을 최소화하는 교실 환경 조성	• 유아의 좌절을 최소화하는 교실 환경을 조성한다. – 유아의 좌절감을 줄일 수 있도록 교실의 환경을 조성해야 한다. – 교재교구는 발달에 적합해야 하며, 고장난 것이 없어야 한다. 그리고 유아가 오래 기다리지 않도록 충분히 준비하고, 유아가 만족할 때까지 충분히 가질 수 있어야 한다. – 일과가 변경되면 미리 알려주고, 선택의 기회를 자주 제공하며, 규칙을 최소화하고, 규칙의 목적을 이해하도록 설명해 준다. – 영역마다 충분한 공간을 확보하고, 통로나 출구를 만들어 서로의 활동을 방해하지 않도록 해야 한다.
공격성이 유발될 수 있는 상황 줄이기	• 공격성이 유발될 수 있는 상황을 감소시킨다. – 유아가 잘 놀다가 위협적인 말을 하거나, 웃음을 멈추거나, 화난 목소리를 내거나, 얼굴 표정에 분노·공포·고통 등이 나타날 때 공격적 행동이 일어날 수 있다. 교사는 유아의 놀이를 주시하고 문제가 발생할 가능성이 보이면 놀이의 방향을 수정하거나 중재해 주어야 한다. – 또한 유아는 혼자서 활동하다가 놀잇감이 고장나거나, 뜻대로 진행되지 않고 방해를 받으면 공격적 행동을 보일 수 있다. 이럴 때 교사는 유아가 좌절한 원인을 파악해 적절하게 대처하여 공격적 행동을 감소시킬 수 있다. 📙 "종이가 잘 안 붙어서 화가 났구나. 다른 풀을 찾아서 다시 해볼까?"라고 말해주면 공격적 행동의 감소에 도움이 된다.
공격적인 자료 제한 및 공격적 놀이 대체	• 공격적인 자료를 줄이고, 공격적 놀이는 다른 놀이로 전환시킨다. – 교실에 있는 그림책, DVD, 컴퓨터 프로그램, 수업자료 등에서 공격적인 내용이 없는지 점검해 본다. – 유아가 유아교육기관에 장난감 무기를 가져오지 못하게 미리 규칙을 정해 알려 주고, 가져왔을 경우 한곳에 모아 두었다가 집에 갈 때 돌려준다. – 블록이나 손가락 등을 무기로 사용하는 놀이, 사람·동물을 죽이는 가상놀이 등의 폭력적 놀이상황을 보면 다른 방향으로 전환해 준다. 무기는 장난감이 될 수 없고, 누군가를 해치는 것은 놀이가 아님을 알려준다.
유능감의 기회 제공	• 유아가 유능감을 느낄 수 있는 기회를 제공한다. – 유아는 자신이 선택하고 통제할 수 있다고 느낄 때 공격적 행동이 줄어든다. 화분에 물 주기, 물고기 먹이 주기 등의 연령에 적합한 역할을 유아에게 맡기고, 선택할 수 있는 다양한 기회를 제공하며, 스스로 수행해 볼 수 있도록 한다. – 유아가 목표에 도달하도록 하기 위해 필요한 기술을 가르치고, 완벽함보다는 노력하는 과정을 칭찬해 주며 격려한다.

SESSION **03**

공감능력과 친사회적 능력 강화	• 공감능력과 친사회적 능력을 강화한다. 　― 도와주고, 협동하고, 양보하는 등의 친사회적 행동을 유아에게 알려주고, 이러한 　　행동을 보일 때마다 알아주고 칭찬해 준다. 특히 평소 공격적인 유아가 긍정적인 　　행동을 보였다면 이를 강화해 주어야 한다. 교사는 의도적으로 공격적인 유아를 　　관찰해 비공격적이며 긍정적인 행동을 찾아 이를 칭찬하고 강화시켜 주어야 한다. 　― 또한 공격적인 유아는 자신의 행동이 타인에게 어떤 영향을 미치는지 잘 알지 　　못하므로, 타인의 정서를 이해하고 공감할 수 있도록 지속적으로 알려주어야 한다.
공격적 행동에 대한 명백한 제한	• 공격적 행동은 허용되지 않는다는 것을 명백히 한다. 　― 공격적 행동이 일어나면 이를 통해 원하는 것을 얻기 전에 개입해서 중단시켜야 　　한다(Beaudoin & Taylor, 2004). 공격적 행동으로 인한 보상을 없애고 대안행동을 　　배우도록 하는 것이 중요하다. 공격적 행동을 중단시킨 후에는 공격자의 감정을 　　인정해 주고, 교사가 우려하는 점과 공격적 행동을 하면 안 되는 이유를 설명한다. 　　어린 유아인 경우 공격적 행동을 대체할 대안행동을 알려주고, 나이 든 유아인 　　경우에는 함께 해결방안을 의논해 본다.
공격받은 유아에 대한 관심	• 공격을 받은 유아에게 관심을 가진다. 　― 공격을 한 유아 앞에서 공격을 받은 유아를 위로해 주고, 앞으로 있을 비슷한 　　공격적 행동에 대해 어떻게 반응을 해야 할지 생각해 보도록 한다. “하지 마.”라 　　고 말할 수 있도록 알려주고, 필요하다면 함께 연습해 본다. 가능하다면 피해 유 　　아를 돕는데 가해 유아도 참여시킨다. 　― 그러나 피해 유아를 달래주기 위해 피해 유아 앞에서 가해 유아에게 창피를 준다 　　거나, 비난하거나 강제로 사과하게 해서는 안 된다.
유아들 간의 갈등 중재	• 유아들 간의 갈등을 중재한다. 　― 갈등 중재는 유아가 문제의 해결책을 찾도록 처음 중재의 시작부터 마지막 실행 　　하기까지 교사가 함께하며 도와주는 것이다. 유아는 갈등 중재 과정을 경험하면서 　　평화적으로 문제를 해결하는 기술을 배우게 된다. 　① 중재 과정 시작하기 : 교사는 중재자의 역할을 맡고 사물, 영역, 권리에 대해 　　중립적 입장을 취한다. 　② 유아의 관점을 분명히 하기 : 각 유아의 관점에서 갈등을 분명히 한다. 　③ 요약하기 : 분쟁을 중립적으로 정의한다. 각 유아가 문제와 해결방법에 책임이 　　있다는 것을 분명히 한다. 　④ 대안 찾기 : 해당 유아와 주변 유아들에게 대안을 제시해 보게 한다. 　⑤ 해결책에 동의하기 : 서로 만족할 수 있는 행동 계획을 만들도록 한다. 　⑥ 문제해결 과정 강화하기 : 노력해서 서로 만족할 수 있는 해결 방안을 만들어낸 　　것에 대해 칭찬한다. 　⑦ 실행하기 : 유아가 동의한 것을 실행하도록 돕는다.
자기주장을 말로 표현하도록 돕기	• 자기주장을 말로 표현할 수 있도록 돕는다. 　― 유아가 자신의 의사를 표현하거나 권리를 지키고 싶을 때 할 수 있는 말을 연습해 　　보는 기회를 마련한다. 　― ‘비합리적 요구에 저항한다’, ‘공격적 행동을 참지 않는다’, ‘불공평한 행동에 대하여 　　자신의 입장을 말한다’, ‘논리적인 차이를 받아들인다’, ‘갈등에 대한 해결책을 　　제시한다’의 방법을 사용하여 자기주장을 표현하도록 돕는다.

6 공격성의 대안 – '자기주장' 및 '자기주장 훈련 프로그램'

개념	• 자기주장은 타인의 권리와 감정을 존중하면서 자신을 드러내거나 권리를 방어하기 위한 것이다.
	  – 자기주장 행동을 증진시킴으로써 공격적 행동을 감소시킬 수 있다.
	  – 공격성의 대안으로서 사회적으로 인정되는 행동은 자기주장이다.

자기주장을
하지 못하는
이유
	• **사고적 이유**
	  – 자기주장을 할 수 있는 인간의 기본 권리, 문화적 가치, 행동규범 등에 대한 잘못된 생각이나 판단 때문이다.
	• **정서적 이유**
	  – 자기주장을 하고 난 뒤 상대방이 어떻게 반응할 것인가에 대한 염려나 불안 또는 걱정 때문이다.
	  – 아직 자기주장을 하는 방법이나 기술, 요령이 미숙하여 자신이 하고자 하는 자기주장이 잘 될 것인가에 대한 염려나 불안 또는 걱정 때문이다.
	• **행동적 이유**
	  – 자기주장을 하는 방법이나 기술 또는 요령을 잘 모르기 때문이다.

자기주장
행동의 특징
	• 비합리적인 요구에 저항한다.
	  예 "아니, 지우개 안 줄 거야. 나도 써야 해.", "이 색연필은 내가 쓰고 있어."
	• 공격적 행동을 참지 않는다.
	  예 "나 놀리지 마.", "때리지 마.", "밀지 마."
	• 불공평한 대접에 대해 자신의 입장을 말한다.
	  예 "내 차례야.", "내 거야.", "빼앗아 가지 마.", "중간에 끼어들지 마."
	• 논리적인 차이를 받아들인다.
	  예 "그래, 무슨 말인지 알겠어."
	• 갈등에 대한 해결책을 제시한다.
	  예 "조금 기다려 줘. 내가 다 쓰면 너에게 줄게."

주장훈련 프로그램의 기본 원리	• 상대방의 말을 경청한다. • 상대방에 대해 예절을 지킨다. • 자기주장을 하기 전에 상대방을 공감적으로 이해한다. • 자신이 자기주장을 하는 이유를 간단히 설명한다. • 자신의 주장만 내세우지 않고 서로가 받아들일 수 있는 타협안을 제시한다. • 자신의 말에 대한 책임이 자신에게 있음을 분명히 전달하기 위해 '나-전달법'을 사용한다. • 자신이 나타내고자 하는 바를 참지 않고 나타낸다. • 자신의 마음속에 있는 그대로를 정직하게 나타낸다. • 자신이 나타내고자 하는 바를 상대방에게 직접 나타낸다.

UNIT 57 생활지도

1 공격행동

원인	• 관심을 끌기 위한 수단 　－ 유아가 부모, 교사, 다른 유아의 관심을 끌기 위한 부적절한 수단으로 공격적인 행동을 한다. • 학습에 의한 행동모방 　－ 부모 또는 TV나 매체 등에서 공격적인 행동이나 성향을 관찰하여 학습이 됨으로써 공격적인 행동을 한다. • 부정적인 감정 해소 방법을 모르는 경우 　－ 유아가 자신의 분노나 좌절 등을 사회적으로 인정받는 적절한 방법으로 해소하는 것을 모르기 때문에 공격적인 행위를 나타낸다. • 사회적 기술 부족 　－ 유아들과 나누어 쓰기, 놀이 참여, 양보하기 등 또래에게 요청하거나 갈등을 해결하는 과정에서의 적절한 사회적 기술을 알지 못해서 공격적인 행동을 나타낸다. • 기질적·정신적 손상 　－ 자폐, 과잉행동증, 반항성 장애 등의 기질이나 정신적 손상, 정서적인 원인에 의해서 공격적인 행동이 수반된다.
지도내용	• 유아가 공격적인 행동의 문제점을 인식하고, 사람이나 사물에 대한 부정적 행동을 적절하게 해소하는 방법을 알게 하는 것이 필요하다. 　－ 공격적인 행동의 위험성 인식하기 　－ 다른 사람 또는 동물에게 상처를 입히지 않기 　－ 물건을 파괴하는 부정적인 행동하지 않기 　－ 적절한 방법으로 감정 해소하기 　－ 긍정적인 방법으로 갈등 해결하기 　－ 적절한 방법으로 감정과 의사 표현하기
지도원칙	• 유아의 공격적인 행동은 발생한 후에 지도하는 것보다 사전에 예방하는 것이 효과적이다. 공격적인 행동을 보이는 유아는 강압적인 지도 방법보다는 근본적인 원인에 기초한 긍정적인 방법을 통해 지도하는 것이 필요하다. 　－ <u>묵인하지 않기</u> : 공격적 행동이 발생된 경우에는 어떤 상황에서도 공격적인 행동은 용납될 수 없다는 것을 유아들에게 인식시키는 것이 중요하다. 　－ <u>감정 다스리기</u> : 유아가 흥분한 상태에서는 자신의 감정을 다스릴 수 있도록 교사가 기다려 준다. 그러나 만약 유아 스스로 공격성을 통제하지 못하는 경우에는 일시적으로 격리를 시킨다. 　－ <u>관심과 칭찬 제공</u> : 관심을 끌기 위한 수단으로 공격성을 보이는 유아에게는 바람직한 행동을 했을 때 더 많은 관심과 칭찬을 제공하고, 교사가 원하는 행동이 어떤 행동인지를 알려준다. 유아의 공격적인 행동은 어떠한 보상도 받지 못하게 한다. 　－ <u>부정적인 모델 제거</u> : 모방 행동으로 공격적인 행동을 하는 경우에는 공격행동의 모델을 제거해 주어야 한다. TV나 매체 등을 통해 공격성을 학습하지 않도록 하고, 성인의 모델에 의한 경우에는 부모 상담 등을 통해서 유아가 공격적인 행동을 학습하거나 모방하지 않게 협조를 요청한다.

	– 감정 해소방법 제공 : 자신의 감정을 적절히 해소하는 방법을 몰라서 공격성이 생기는 유아들은 사회적으로 인정된 해소 방법을 알려준다. 　예 분노의 감정을 해소할 수 있는 찰흙, 펀치백 등을 제공하여 자신의 감정을 적절히 표현할 수 있도록 한다. – 전문가 상담 및 치료 : 기질적인 또는 정신적 손상에 의해서 나타나는 공격성은 전문가에게서 상담과 치료 등의 도움을 받는다.
지도방법	• 공격적인 행동을 하는 유아의 행동을 분석하여 사전에 예방한다. – 유아의 공격적 행동을 적절히 지도하기 위해서는 공격적인 행동의 대상은 누구인지, 공격 유형은 언어적인지·신체적인지, 주로 언제·어떤 장소에서 일어나는지, 원인은 무엇인지 등 유아의 행동을 꾸준히 관찰하는 것이 필요하다. • 공격적인 행동의 발생을 감소시킬 수 있는 환경을 제공한다. – 문제행동은 전이시간(활동과 활동의 사이, 교사의 준비시간 등)과 좁은 공간에서 많은 유아가 활동이나 놀이를 할 경우 일어날 가능성이 높다. 따라서 유아가 공격적인 행동을 하기 전에 긍정적인 환경을 제공해 주어 행동의 발생을 미리 예방한다. 공격적인 행동을 하는 유아가 자신의 행동에 대한 결과로 보상을 받지 않도록 적절히 통제한다. • 유아가 자신의 욕구 발산을 위해 공격적인 행동을 하지 않고 긍정적인 사회적 행동을 하면 즉시 칭찬해 준다. – 공격적인 유아는 자신의 욕구나 감정을 긍정적인 방법으로 표출하는 기술이 부족하기 때문에 이러한 행동을 하는 경우가 있다. 따라서 교사는 유아가 좌절감을 느낄 때 때리는 행동 대신 할 수 있는 대체행동을 가르쳐서 유아들과 잘 지내는 친구와 짝을 지어 주어 모범행동을 학습할 수 있도록 하고, 사이좋게 지내는 행동을 하면 즉시 칭찬한다. • 유아가 괴롭히거나 때리는 행동을 특정 유아에게만 한다면 서로 떼어 놓는다. – 한 유아의 행동이나 언어가 공격적인 행동을 하는 유아를 자극하는 경우도 있다. 이럴 때는 서로 다른 모둠으로 구성되도록 하거나 두 유아가 함께 있는 경우에 교사가 곁에 있어 주어 공격적인 행동이 유발되지 않도록 한다. • 또래 친구나 교사를 때리는 것과 같은 공격적인 행동과, 교사나 성인의 말을 따르지 않는 행동(75% 정도 따르지 않는 경우)은 타임아웃 기법을 적용한다. – 공격적인 행동을 한 유아에게 타임아웃을 하기 전에 먼저 상대방 유아가 괜찮은지 확인해야 한다. 그 후 때린 유아에게 "친구를 때렸기 때문에 혼자 앉아 있어야 한다."라고 말을 하고 타임아웃 영역 또는 의자로 데려가서 시계를 5분 정도 맞춰 놓고 앉아 있도록 한다. 다른 유아들이 접근하지 않도록 하고, 타임아웃이 끝나면 "이제 일어나도 된다."라고 말하고 놀이를 계속할 수 있도록 한다. 다른 훈계나 다시 그러지 않겠다는 약속 등은 하지 않는다.
지도활동	• 공격성을 지도할 때 어떤 행동이 공격적인 행동인지, 공격적 행동은 왜 바람직하지 못한 행동인지를 인식시켜 주는 것이 필요하고, 누구나 인정할 수 있는 방법으로 감정을 표출하는 것을 알려주어야 한다. – 이야기 나누기, 토의, 동화 등의 활동을 통해서 공격성에 대한 것을 인식하도록 교육한다. – 점토놀이, 종이 찢기, 목공놀이 등의 활동을 통해서 감정 해소를 도와줄 수 있다.

2 고립행동

정의 및 특성	• 고립행동은 위축행동의 형태에 따라 개념화되는데, 부끄러워하며 말수가 적은 행동, 소극적인 단독행동, 회피행동 등으로 나뉜다(Harrist, Zaia, Bates, Dodge & Pettit, 1997). ① '소극적 불안'으로서, 사회적 상호작용에 대한 두려움으로 인하여 또래와 노는 것을 피하는 행동을 의미한다. **예** 다른 유아와 놀기를 원하지만 그러한 감정을 억눌러서 회피하는 경우이다. ② '비사교적 행동'으로서, 단순히 혼자놀기를 좋아하여 사회적으로 고립된 행동을 말한다. 이러한 유아는 사회적 기술이 부족하지 않고 상호작용을 회피하고자 하지는 않지만, 단지 다른 유아와 함께 놀고 싶어 하지 않는다. ③ '적극적 고립'으로서, 사회적 상호작용을 하지 않고 회피행동을 하여 또래들로부터 수용되지 않거나 배척당하는 경우를 말한다. 이러한 유아는 주로 세련되지 못한 사회적 상호작용이나 사회적 기술을 사용하여 또래들로부터 따돌림을 당하게 되거나 함께 놀 또래를 찾기 어렵다.
원인	• 지나치게 수줍은 성격이나 기질 − 다른 유아들과 상호작용을 하는 것에 너무 수줍어해서 가까이 가지 못하거나 말을 걸지 못하는 경우가 있다. • 또래와의 놀이 경험 부족 − 또래와 놀이 경험이 부족한 경우, 어떻게 접근하고 놀이에 참여하는지 등의 사회적인 기술이 부족하여 고립될 수 있다. • 오랫동안 애정을 박탈당한 경우나 사람들과 격리된 경우 − 장기간 문제가 있는 부모로부터 애정을 박탈당하거나 격리된 경우 다른 유아나 성인과의 관계에서 사회적인 반응을 보이는 것을 알지 못하기 때문에 어려움을 보인다. • 신체적 장애 또는 외모 − 신체적 장애가 있거나 외모가 매력적이지 않아서 또래와 함께 노는 경험이 부족하면 고립될 수 있다. • 발달지체 − 발달이 또래보다 늦을 경우 또래가 하는 말과 행동을 잘 이해하지 못하여 사회적 상호작용이 활발하게 일어나지 않을 수 있다. • 지나치게 경쟁적이거나 영리해서 친구들을 이용하거나 독단적인 경우 − 유아가 또래에 비해 발달이 빨라서 또래들을 이용하는 경우가 있거나 혼자 마음대로 하려는 경우가 있으면 다른 유아들로부터 배척을 당하기도 한다. • 성인과의 지나친 밀착 − 유아가 주로 부모나 성인들과 관계를 형성하고 또래와의 관계 경험이 없는 경우이다. 성인과 유아와의 관계에서 성인은 모든 것을 이해해 주므로 또래들 간의 관계를 피곤하게 생각할 수 있다.
지도내용	• 유아들이 또래 친구들로부터 고립되지 않기 위해서는 친구의 감정을 제대로 이해하고 적절하게 자신의 감정을 조절하면서 표현하는 능력이 필요하다. − 친구의 감정과 의도 바르게 이해하기 − 상황에 맞게 적절하게 반응하기 − 긍정적인 방법으로 문제해결하기 − 긍정적인 상호작용 방법 알기

지도원칙	• 유아의 고립은 친구들로부터 배척되는 유아 개인의 문제가 아니라 고립을 주도하는 유아들의 문제일 수도 있다. 따라서 친구들로부터 배척당하는 유아와 고립시키는 유아 모두에 대한 지도가 병행되어야 한다.
	  – 친구와의 경험 제공 : 성인보다는 또래들과 함께 할 수 있는 재미있는 놀이를 제공하여, 성인들과 놀거나 혼자 노는 것보다 친구들과 노는 것이 즐겁다는 것을 느끼고 인식하게 한다.
	  – 사회적 기술 형성 : 친구에게 사과, 요청, 부탁하는 등 친구들과 놀 때 필요한 사회적 기술을 가르친다.
	  – 자신감 증진 : 배척당하는 유아의 경우, 자신감을 가질 수 있게 도와주고 그 유아의 장점을 다른 유아들에게 부각시켜 준다. 또래들과 잘 어울려서 노는 경우에는 칭찬과 격려를 제공한다.
	  – 공통점과 차이점에 대해 인식시키기 : 체구나 인지능력의 문제로 배척당하는 경우 교사는 유아들에게 친구들의 공통점 및 차이점 등에 대해 가르쳐 주어 서로 편견을 갖지 않을 수 있게 도와준다.
	  – 부모 상담 : 외모가 단정하지 못해서 생기는 경우 등 부모의 도움이 필요한 사례일 때는 부모와 상담하고 도움을 받는다.

지도방법	• 소집단 활동을 위주로 활동을 진행한다.
	  – 학급에 고립된 유아가 있고 또래의 따돌림이 관찰되면 교사는 대집단 활동보다 소집단 활동을 많이 계획하여 학급의 유아들이 함께 어울려서 활동하는 기회를 증가시킨다.
	• 다른 또래들과의 사회적인 상호작용을 강화한다.
	  – 유아가 다른 유아들과 함께 놀이에 참여하는 것을 보면 언어적 표현으로 강화한다. "너희 둘이 노는 것을 보니까 선생님이 정말 기쁘구나. 다 만들고 나면 선생님에게도 보여줘."라고 말한다.
	• 고립된 행동을 하는 유아와 상호작용하는 다른 유아를 강화한다.
	  – 고립된 행동을 하는 유아와 함께 놀아 주는 유아에게 미소를 보내거나 안아주어서 유아의 행동을 강화한다.
	• 사회적 기술을 가르친다.
	  – 고립된 행동을 하는 유아에게 도움 요청하기, 놀이가 시작되었을 때 중간에 참여하는 방법 등 함께 노는 데 필요한 사회적 기술을 가르치고, 필요하다면 교사가 모델링을 하여 유아가 모방하도록 한다.
	• 교사의 관심을 끌기 위해 혼자 논다면 무시한다.
	  – 고립된 유아는 성인의 관심을 받게 된다. 만일 유아가 교사의 관심을 끌기 위해서 혼자놀이를 하는 것이라면 지속적으로 무시하다가, 다른 유아와 상호작용하는 것을 발견할 때 즉시 칭찬해서 강화한다.

지도활동	• 학급에서 고립의 문제를 해결하기 위해서는 고립되는 유아와 고립시키는 유아들이 자연스럽게 어울릴 수 있는 게임, 율동 등의 활동을 제공한다. • 친구를 고립시키는 것의 문제점을 인식시키기 위해서 유아들이 함께 토론하고 자신의 생각을 표현할 수 있는 활동을 제공한다.

③ 훔치는 행동

정의 및 특성	• 훔치는 행동이란 자신의 소유물이 아닌 것을 소유하는 경우를 말한다. • 만 2~3세 정도의 유아들은 친구의 장난감이나 다른 사람의 물건을 갖겠다고 떼를 쓰고, 한두 번 정도는 다른 사람의 물건을 가지고 오는 경우가 있다. 　ᅳ 이는 아직 내 것과 남의 것에 대한 소유개념이 발달하지 않아서 다른 사람들의 물건과 자신의 물건을 구별하지 못하기 때문이다. 또한 도덕적 개념도 발달되지 않았기 때문에 생기는 것으로 누구나 경험하는 자연스러운 성장 과정이다. • 4세 정도가 되면 소유개념이 분명해지면서 자신의 물건과 남의 물건을 구별할 수 있고, 도덕성도 발달하면서 남의 물건이 갖고 싶어도 몰래 가져서는 안 된다는 것을 알게 된다. • 소유개념이 생길 나이가 되었는데도 불구하고 다른 사람의 물건을 가지고 오는 행동을 반복해서 하는 경우에는 관심을 가지고 습관적인 도벽으로 발전되지 않도록 적절한 지도가 필요하다. 유아기에 훔치는 행동은 충동적·정서적인 원인에 의해서 발생하는 경우가 많으므로 지나친 비난보다는 다른 사람의 물건을 가지고 오는 것이 잘못된 행동임을 분명히 알려주어야 한다.
원인	• 유아의 훔치는 행동의 원인은 대부분 소유개념이나 도덕성 등 유아의 사고 발달이 미숙하여 나타나며, 경우에 따라 유아의 정서·심리적인 불안이나 욕구를 해소하기 위한 방법으로 이러한 행동이 나타날 수 있다. 또한 우연히 훔친 행동이 습관적인 행동으로 고착되기도 한다. 　ᅳ <u>충동적인 경우</u> : 유아에게 호기심을 유발시키는 물건이나 유아들이 가지고 싶은 물건을 충동적으로 가지고 갈 수 있다. 이는 순간적으로 일어나는 행동으로 많은 유아들이 한두 번은 경험을 한다. 　ᅳ <u>소유개념이 없는 경우</u> : 소유개념이 없는 어린 유아들의 경우 자신의 소유물과 다른 사람의 소유물을 구별하지 못하기 때문에 자신이 가지고 싶은 모든 물건을 자신의 것으로 생각한다. 　　**예** 슈퍼에서 과자를 가지고 오거나 유아교육기관의 장난감을 집에 가지고 오는 행동을 보일 수 있다. 　ᅳ <u>정서적 문제</u> : 충분한 애정을 받지 못한 유아들 중에 사랑을 받고 싶거나 관심을 끌고 싶을 때 물건을 소유하여 정서적인 안정감을 얻으려는 행동이 나타날 수 있다. 　ᅳ <u>습관적인 경우</u> : 훔치는 행동에 대한 올바른 지도가 이루어지지 않으면 습관적으로 물건을 가져오는 행동으로 나타날 수 있다. 　ᅳ <u>충동조절 능력의 부족</u> : 충동조절 능력은 유아기 때부터 생기는데, 원하는 것을 모두 즉각적으로 해주어서 충동조절 능력이 발달되지 않은 경우에 나타날 수도 있다.
지도내용	• 유아들의 훔치는 행동을 예방하기 위해서는 소유개념을 형성할 수 있게 지도하고, 충동을 조절하며 만족감을 느끼는 경험을 갖도록 지도해야 한다. 　ᅳ 자신의 물건과 다른 사람의 물건을 인식하고 구분하기 　ᅳ 자신의 충동을 적절하게 조절하기 　ᅳ 정서적인 만족감 갖기

지도원칙	• 모든 경우에 있어서 유아의 훔치는 행동이 습관화되지 않도록 지도해야 하고, 이를 지도할 때는 유아의 행동을 이해하면서 바람직하지 않은 행동임을 인식하게 도와주어야 한다. 지나친 벌이나 꾸중은 수치심을 주거나 죄의식을 느끼게 하므로 바람직하지 않다.
	   − **수치심 주지 않기**: 다른 사람의 물건을 가지고 가는 것은 바람직한 행동이 아니라는 것을 수치심을 느끼지 않는 방법으로 분명히 알려준다. 가지고 간 물건은 반드시 돌려주게 하고, 돌려주고 난 후에는 그 일에 대해서 다시는 언급을 하지 않는다.
	   − **바람직한 행동에 대한 칭찬과 격려**: 부모와 교사가 유아에게 관심과 사랑을 주고 존중받는다는 느낌을 받을 수 있도록 바람직한 행동에 대해서는 많은 칭찬과 격려를 제공한다.
	   − **성인의 바른 모델**: 교사나 부모가 바른 모델을 제공한다. 유아가 물건을 가지고 왔을 때 당장 주인에게 돌려주거나 돈을 주고 물건을 사는 등 바른 모델을 제공한다.
	   − **책임감 제공**: 가정이나 유아교육기관에서 책임을 지고 맡아서 할 수 있는 일을 한 가지 정해준다. 책임을 주면 자부심이 생기게 되어 자연스럽게 물건을 훔치는 행동이 사라질 수 있다.
	   − **필요한 경우 전문가 상담**: 여러 가지 노력에도 도벽이 사라지지 않는 경우 상담센터나 소아정신과와 같은 전문기관을 방문하여 전문가의 상담을 받는다.

지도방법	• 유아의 훔치는 행동이 충동적 또는 사고 발달의 미숙으로 나타나는 경우
	   − 지나치게 염려하거나 그냥 지나칠 것이 아니라, 물건에는 주인이 있고 훔치는 것은 바른 행동이 아님을 알려준다.
	 • 사고의 미숙에 의한 경우
	   − 유아가 성장하면서 소유개념을 알게 되면 없어진다.
	 • 정서·심리적인 요인에 의한 경우
	   − 대부분 사랑과 관심 부족에서 나타나는 행동으로 관심과 사랑이 충족되지 않는다면 아동기와 그 이후 성인기까지도 훔치는 행동이 도벽으로 지속될 수 있다. 이런 유아에게는 더 많은 관심과 사랑을 제공한다.
	 • 충동 조절이 부족해서 훔치는 행동이 나타나는 경우
	   − 참고 인내하는 습관을 길러주는 것이 필요하다.
	 • 그 외의 경우
	   − 필요로 하는 만큼의 용돈을 주거나 물건을 사서 준다.
	   − 유아가 훔쳤을 때 훔치는 행동이 얼마나 나쁜 것인가를 조용히 그리고 차분하게 타이른다.
	   − 유아를 사랑하고 공감적으로 이해한다.

지도활동	• 유아들의 훔치는 행동을 지도하기 위해서는 물건에 각자 주인이 있다는 것, 즉 소유개념을 길러주는 것이 우선적으로 이루어져야 한다. − 소유개념을 길러주기 위한 다양한 활동으로는 관련 동화 들려주기, 자기 물건과 다른 사람의 물건 분류하기, 시장놀이 등이 있다.

4 **거짓말하는 행동**

원인	• 자기중심적인 사고
	  － 유아는 자기중심적인 사고를 하기 때문에 자신과 외부 세계를 구분하는 능력이 부족하여 자신이 상상한 것을 실제인 것처럼 말하기도 한다. 따라서 이러한 거짓말은 인지발달의 과정에서 인지적으로 미숙한 발달적 특성에 의한 것이므로 유아의 정상 발달과정에서 나타나는 것으로 볼 수 있다.
	• 성인의 기대나 규칙을 위반한 것을 숨기려는 경우
	  － 유아는 주로 부모 또는 성인이 제시한 규칙을 위반했을 때 이를 숨기기 위해 거짓말을 하게 되는데, 거짓말을 한 후 그에 대한 부모의 반응을 걱정하거나 두려워하는 등의 정서적인 반응을 나타낸다.
	• 다양한 이유로 인한 경우 : Morgan(1937)은 유아의 거짓말을 상황에 따라 분류하여 일곱 가지 유형으로 나누었는데, 이러한 상황을 거짓말의 다양한 이유로 이해할 수 있다.
	  ① 놀이의 맥락에서 나타나는 장난치면서 하는 거짓말(playful lie)
	    － 재미로 장난삼아 하는 거짓말로, 유아가 거짓말을 하고 있다는 것을 알고 있으나 거짓말을 놀이로 생각하고 그 자체를 즐기기 위해서 하는 경우이다.
	  ② 어떠한 사건을 정확하게 인식하거나 이해하기 어려울 때 혼란으로 인해 하는 거짓말(lie of confusion)
	  ③ 자기에게 주의를 끌기 위한 거짓말(lie of vanity)
	    － 남의 이목을 끌기 위한 거짓말로, 다른 사람의 관심이나 집중을 얻기 위해서 거짓말을 하는 경우이다. 부모나 교사로부터 관심을 받지 못한다고 생각하는 유아들에게서 나타난다.
	  ④ 악의적이거나 보복적인 감정으로 인한 거짓말(lie of malevolence or revenge)
	  ⑤ 처벌을 피하기 위해 변명하는 거짓말(excursive lie)
	    － 자기를 방어하기 위한 거짓말로, 꾸중이나 벌을 받는 것과 같은 두려움을 피하기 위한 것이며 일종의 방어기제에 의해서 거짓말을 하는 경우이다.
	  ⑥ 어떤 것을 갖고 싶어서 이기적인 마음에서 하는 거짓말(selfish lie)
	  ⑦ 다른 사람의 편에 서서 변명을 해주기 위한 성실 또는 편의적인 거짓말(loyal or conventional lie)
	    － 사람을 돕기 위한 거짓말로, 친구나 자기와 가까운 사람을 위해서 이타적인 의도로 하는 것이며, 악의적이지 않은 거짓말이다.

지도내용	• 유아들의 거짓말은 현실에 대한 이해 부족, 정서적인 불안감 등의 문제로 발생하는 것이므로 이러한 문제를 이해하고 해소할 수 있도록 지도해야 한다.
	  － 현실과 상상 구분하기
	  － 정서적인 안정감 가지기
	  － 진실이 아닌 말 하지 않기
	  － 자신에 대한 긍정적 생각 가지기

지도원칙	• 교사나 부모가 유아의 거짓말하는 행동을 관찰하고 분석하여 거짓말하는 상황이나 그때의 유아의 마음을 정확히 이해한다면 거짓말하는 버릇을 고칠 수 있다.
	   - **무시**: 유아의 상상에 의한 거짓말, 재미 삼아 하는 거짓말, 관심을 끌기 위한 거짓말에 대하여는 못 들은 척하거나, 상대하지 말고 무시하는 태도를 취하는 것이 바람직하다.
	   - **실수 수용**: 평소에 유아의 잘못이나 실수에 대해서 너그럽게 받아들여 준다. 유아가 솔직하게 잘못을 인정했을 때는 칭찬을 하여 유아가 솔직하게 말할 수 있는 용기를 길러준다.
	   - **인식시켜 주기**: 의도적인 거짓말이 나쁘다는 것을 분명히 인식시켜 준다. 실수한 것은 처벌하지 않으나 의도적인 거짓말에 대해서는 처벌할 수 있다는 것을 분명히 말해준다.
	   - **감정해소 방법 제공**: 불쾌한 일이 있는 경우, 불쾌감을 건전한 방법으로 해소할 수 있게 해 준다.
	   - **성인의 바른 모델 제공**: 교사나 부모가 거짓말을 하지 않고, 솔직한 바른 모습을 보여 준다.

지도방법	• 유아들이 거짓말을 하는 경우, 지나친 벌이나 꾸중은 수치심을 주거나 죄의식을 느끼게 하므로 바람직하지 않다. 평소에 부모나 교사가 유아의 의견을 일방적으로 무시하거나, 지나치게 기대를 걸거나, 실망감을 표현하거나, 너무 완벽한 것을 원하면 유아는 성인으로부터 인정받고 싶어서 자신의 모습을 그대로 보이지 않고 거짓말을 할 수 있다.
	 • 유아의 거짓말하는 행동은 먼저 유아가 두려워하거나 벌을 받지 않도록 하고 부드러운 지도방법을 사용하는 것이 중요하다.
	   - 거짓말하는 것이 잘못된 행동인 것을 유아가 깨닫게 한다.
	     유아가 거짓말을 한 것을 알게 되면 성인은 화가 나고 반드시 고쳐야 한다는 생각을 하게 된다. 그러한 입장에서 유아를 지도하면 화를 내게 되고 엄하게 훈계하게 된다. 무섭고 엄한 상황을 피하기 위해서 유아는 또다시 다른 거짓말을 할 수 있기 때문에, 교사나 부모는 '나-전달법'을 사용해서 성인의 마음을 전달하는 것이 필요하다. 그 이후 거짓말을 하는 것이 잘못된 행동이라고 부드러운 어조로 말한다.
	   - 올바르게 말하거나 솔직하게 말하는 행동을 강화한다.
	     정적 강화의 지도 방법으로서 "솔직하게 말해 줘서 고마워. 네가 솔직하게 말해 주니 선생님은 기쁘다."라고 말하며 유아의 행동을 강화한다.
	   - 교사나 또래 친구들이 긍정적인 모델이 되도록 한다.
	     또래 친구가 올바르게 말을 하면 칭찬을 해서 해당 유아가 모방을 하도록 하고, 교사 또한 작은 거짓말이라도 하지 않도록 한다(⑩ 유아들과 한 약속은 꼭 기록해 놓고 지킨다).
	   - 유아가 거짓말을 하면 논리적 결과 방법을 적용한다.
	     교사와 유아가 정한 규칙을 어겼을 경우 따라야 하는 논리적 결과를 사용한다.
	   - 유아가 편안하게 자신의 이야기를 할 수 있는 기회를 제공한다.
	     유아가 솔직하게 말하도록 유아의 말을 끝까지 다 들어 주고 적극적인 경청을 한다.

지도활동	• 유아들의 거짓말하는 행동을 지도하기 위해서는 유아들이 흔히 재미 삼아 하거나, 다른 사람의 관심을 끌기 위해서, 또는 꾸중을 회피하려고 하는 거짓말이 어떤 결과를 가져오는지를 이해하는 것이 필요하다. - 이러한 이해를 돕기 위한 방법으로 관련 동화를 들려주거나, 동극과 같은 활동을 할 수 있다.

5 방해하는 행동

정의 및 특성		• 방해하는 행동은 다른 사람의 자유나 평안한 상태를 해치고 학습의 진행을 방해하는 행동(Kerr & Nelson, 1989)을 의미하며 다음과 같이 구분된다. – 자리이탈 행동: 교사가 요구하거나 허락하지 않는 상황에서 유아의 몸 어느 부분도 의자에 닿지 않는 행동을 의미한다. – 부적절한 소리를 내는 행동: 학습 상황과 관련이 없는 소리를 내어 학습의 진행을 방해하는 행동이다. 　🔵 책상 두드리기, 의자를 움직여서 소리내기, 수업과 관련 없는 언어를 반복하기, 사물을 부딪쳐 소리내기 등 – 교사의 지시에 불순종하는 행동: 교사의 지시를 따르지 않는 행동이다. – 과제와 관련 없는 행동: 손이나 사물을 만지작거리는 행동과, 고개나 신체의 일부분을 반복하여 흔드는 행동 등이 포함된다. – 불필요한 언어적 표현: 수업과 관련 없는 질문을 하거나 친구에게 이야기를 거는 행동 등이 포함된다. • 교사는 일반적으로 방해하는 행동을 하는 유아를 지도하기 위해 잔소리를 하거나 이름을 부르거나 하여 그 유아에게 관심을 집중하는 방법을 사용하는데, 이러한 방법은 비효과적이다(Bear, 1998; Martens & Meller, 1990).
원인	다른 유아의 활동을 방해하는 행동의 원인	• 활동에 흥미가 없는 경우 – 유아가 집단으로 계획된 활동에 흥미를 느끼지 못하는 경우 다른 유아의 작업을 방해할 수 있다. • 또래나 교사의 관심을 끌기 위한 목적 – 유아가 친구나 교사의 관심을 받고 싶어서 다른 유아의 놀이를 방해할 수 있다. • 사회성 부족 – 또래와 함께 활동을 하거나 놀고 싶지만 함께 하는 방법을 모르는 경우가 있다. • 다른 유아의 활동을 방해함으로써 즐거움을 얻으려는 것 – 유아는 다른 유아의 활동을 방해하면서 친구가 울거나 화를 내는 반응을 관찰하며 즐거움을 느끼는 경우도 있다. 다른 유아가 우는 모습을 보면서 자신의 부정적인 감정의 해소를 느끼기도 한다. • 활동 공간의 협소함 – 유아가 작업하는 공간의 면적이 좁고 활동 인원이 많은 경우 다른 유아의 작업을 방해하는 행동이 나타나기도 한다. 따라서 교사는 적절한 면적을 고려하여 활동을 계획해야 한다.

	교사의 지시를
	따르지 않는
	행동의 원인
		• 교사의 지시를 정확히 이해하지 못했을 경우
		  − 교사가 말하는 것을 유아가 정확하게 이해하지 못하는 경우가 있다.
		• 주의 집중력이 부족한 경우
		  − 유아의 주의가 산만한 경우 자신이 관심 있는 쪽으로 이리저리 움직이며 교사의 지시를 따르지 않을 수 있다.
		• 성인과의 힘겨루기 상황인 경우
		  − 유아가 교사의 요구에 복종하기 싫어서 저항하는 경우도 있다. 그러나 반복적으로 성인의 요구에 따르지 않는 행동이 지속되면 성장함에 따라 사회적으로 문제가 되고 성인들과 끊임없이 부딪히게 되므로, 유아가 성인의 합리적인 요구에 적절하게 응할 수 있도록 해야 한다.
		• 자기 뜻대로만 하려는 욕구가 강한 경우
		  − 유아는 자기 마음대로만 하고 싶은 욕구가 강하기 때문에 성인의 지시나 요구가 자신의 욕구와 다를 때 따르지 않으려고 할 수 있다.

	지도방법	• 모든 유아가 교실에 개인 공간을 가질 수 있게 활동 영역이 배치되도록 한다. 집단으로 계획된 활동에 참여할 때 유아가 다른 유아와 너무 밀착되어 활동을 하지 않도록 책상당 유아의 수를 계산하여 배치한다. 또한 자료를 충분하게 구비하여 자료의 부족으로 활동이 제한받지 않도록 한다.
		  − 활동을 방해하는 행동을 하는 유아의 행동을 분석하여 사전에 예방한다.
		    관찰을 통해 유아가 방해하는 행동을 할 때 선행조건을 파악하여 예방하는 데 사용한다.
		  − 유아가 특정 유아의 활동을 방해하면 두 유아의 작업이 다른 곳에서 이루어지게 한다. 한 유아가 지속적으로 활동의 방해를 경험하지 않도록, 관찰을 통해 확인한 후 문제 행동을 하는 유아와 자리 배치가 동일하게 되지 않도록 한다.
		  − 정적 강화를 사용한다.
		    활동을 방해하는 행동을 하는 유아가 조용히 자신의 작업에 집중하고 활동에 참여하면 즉시 강화를 해서 긍정적인 행동이 증가되도록 한다.
		  − 사회적 기술을 가르친다.
		    유아가 적절한 언어 사용으로 또래들과 사이좋게 집단활동에 참여하는 기술을 배울 수 있도록 한다. 교사는 긍정적 행동을 하는 또래를 칭찬함으로써 사회적 기술을 모방·학습할 수 있도록 한다.
		  − 자기관찰 방법을 사용한다.
		    유아들이 활동하는 모습을 비디오로 촬영하여 활동을 방해하는 행동을 하는 유아와 다른 유아의 활동 모습을 비교해 보도록 한다. 활동을 방해하는 행동을 하는 유아에게 비디오를 보고 난 느낌을 말하게 하거나 교사와 함께 어떻게 행동하는 것이 좋을지에 대해 이야기 나눈다.
		  − 교사가 다른 행동수정 기법을 적용한 후 해결되지 않으면 타임아웃을 적용한다.
		    유아의 방해하는 행동에 대해 교사가 주의를 주되, 처음 교사가 주의를 준 후 유아가 바로 멈추고 활동에 참여하면 칭찬을 하여 강화한다. 그러나 교사가 주의를 주어도 멈추지 않으면 타임아웃을 적용한다.

그 외 생활지도

❶ 놀이상황에서 발생하는 갈등

상황 1	집을 짓다가 쌓기 놀잇감이 모자라 다른 친구가 쓰고 있는 것을 빼앗기 위해 부순 경우	
	원인	쌓기 놀잇감의 부족
	해결방안	쌓기 놀잇감을 더 마련해 주거나 제한된 블록을 나누어 쓰는 방안
상황 2	구성물을 확장해 가다가 자리가 좁아 다른 사람의 것을 부순 경우	
	원인	• 쌓기 놀이를 할 수 있는 공간이 협소함 • 지나가다가 걸려서 부서진 경우
	해결방안	• 쌓기 놀이를 할 수 있는 공간을 넓혀 준다. • 제한된 공간을 함께 쓰는 방법을 생각해 본다.
상황 3	다른 친구와 함께 놀고 싶은데 끼워주지 않아서 부순 경우	
	원인	사회적 기술의 부족
	해결방안	• 토의를 통해 그런 행동을 하면 친구가 어떤 마음이 들지 이야기를 나눈다. • 친구와 함께 놀고 싶을 때는 어떻게 해야 하는지에 대해 이야기를 나눈다.
상황 4	단순히 재미를 위해 부순 경우	
	원인	• 사회성의 부족 • 욕구 불만
	해결방안	• 교사는 먼저 유아에게 애정과 관심을 가진다. • 그런 행동을 하면 다른 친구들이 어떻게 느낄지 이야기하고 감정이입을 시킨다.

❷ 교구를 공유하는 상황에서 발생하는 갈등

상황 1	앞치마가 하나밖에 없기 때문에 서로 가지려고 하는 경우	
	원인	앞치마의 부족
	해결방안	앞치마를 하나 더 내어준다.
상황 2	엄마 역할을 하기 위해서는 앞치마를 꼭 해야 한다고 생각하는 경우	
	원인	유아의 고정관념
	해결방안	• 앞치마가 없어도 엄마 역할을 할 수 있다는 것을 이해시킨다. • 한 명 이상이 엄마 역할을 할 수 있다는 것을 이해시킨다.
상황 3	유아가 항상 중심적인 역할을 해야 한다고 생각하는 경우	
	원인	자아의식이나 자기주장이 강함
	해결방안	• 누가 먼저 앞치마를 집었는지 밝히고, 유치원 물건은 나누어 써야 한다는 것을 인식 시킨다. • 엄마 역할 외에 다른 역할도 중요하다는 인식을 주어 선택할 수 있는 폭을 넓혀 준다.

❸ 비만유아와 또래유아 사이에서 발생하는 갈등

		뚱뚱한 것은 좋지 않은 것이라고 생각해서 놀리는 경우
상황 1	원인	날씬한 것을 추구하는 현대 사회에서 뚱뚱한 것은 좋지 않고 나쁘다는 편견을 가지고 있어 뚱뚱한 사람은 놀림의 대상이 될 수 있다고 생각함
	해결방안	• 이 세상에는 다양한 사람들이 함께 살고 있음을 이야기하고, 나름대로의 장점과 역할을 지니고 있음을 인식시킨다. − 자신과 다르다고 해서 놀림의 대상으로 삼는 것은 바람직한 행동이 아니며, 다른 사람의 마음을 아프게 하는 행위라는 것을 이해시킨다. • 놀림을 받는 유아도 자신의 입장을 명확히 표현할 수 있도록 지도하고, 그 유아의 장점을 부각시켜 자신에 대해 긍정적인 느낌을 가질 수 있도록 한다.
		친구가 놀리니까 함께 따라서 하는 경우
상황 2	원인	친구가 옆에서 놀리니까 그 친구와 같은 행동으로 동질감을 갖기 위해서 자신도 같은 친구를 놀리게 됨
	해결방안	• 놀림을 당하는 사람의 입장을 감정이입을 통해 이해시키고, 다른 친구가 놀리는 행동을 할 때 어떻게 행동을 해야 할지에 대해 이야기를 나눈다. • 함께 동참하기보다는 그 행동이 좋지 않다는 것을 이야기하여 친구가 그러한 행동을 하지 않게 말하도록 유도한다.

❹ 줄서기 상황에서 발생하는 갈등

		원래 그 자리에 있었다가 다시 그 자리로 찾아간 경우
상황 1	원인	본인은 정당하다고 생각하나 앞뒤의 친구에게 말을 하지 않음
	해결방안	그러한 경우에는 확실하게 이야기를 하고 인정을 받을 수 있도록 한다.
		간식 당번이기 때문에 빨리 손을 씻으려고 한 경우
상황 2	원인	다른 친구에게 양보를 구하지 않고 그냥 끼어듦
	해결방안	• 상황을 설명하고 다른 친구에게 양보를 구할 수 있는 사회적 기술을 익히도록 한다. • 다른 유아들로 하여금 그러한 상황에서 자발적으로 양보하는 마음을 가질 수 있도록 한다.
		정당한 이유 없이 자신의 이익을 위해 끼어든 경우
상황 3	원인	다른 사람에 대한 생각은 안 하고 자신이 빨리 무언가를 하고 싶어 끼어듦
	해결방안	자신이 끼어들어 뒤에 있는 사람에게 어떤 불이익을 주게 되는지 생각해 볼 수 있도록 하고, 맨 뒤로 가 순서대로 줄을 설 수 있도록 한다.
		아무 생각 없이 친한 친구 뒤에 가서 선 경우
상황 4	원인	차례대로 줄을 서는 것에 대한 인식이 없음
	해결방안	2명 이상이 있을 경우에는 차례대로 줄을 서는 것이 더 빠르게 일을 처리할 수 있음을 인식하고 줄을 서 보도록 한다.

사회적 기술

의사소통	• 의사소통 기술이란 다른 사람의 의견이나 입장을 귀 기울여 듣고 그 마음에 공감하며, 자신의 마음을 효과적으로 표현할 수 있는 것을 의미한다. 　- 타인과 의사소통을 하면서 내면을 표현하고, 타인의 감정, 느낌, 생각 등을 이해하고 공감대를 형성하며 유지하는 일은 중요하다. • 유아는 일찍부터 표정, 말투, 소리 등을 통해 비언어적 의사소통을 한다. 그러나 아직 언어능력이 제한되어 있고 타인의 입장을 고려하기가 힘들어 효율적인 의사소통을 하기는 어렵다. 　- 유아가 효율적인 의사소통을 하기 위해서는 언어능력의 발달과 함께 자신의 생각과 다른 사람의 생각이 서로 다르다는 것을 알아야 하며, 다른 사람이 어떤 생각과 관심을 갖고 있는지 이해해야 한다. • 유아의 의사소통능력을 길러줄 수 있는 활동 　- 역할놀이, 사회극놀이 등을 통해 자연스럽게 타인의 관점과 역할을 경험하게 한다. 　- 듣기, 말하기, 쓰기 등의 능력을 길러주기 위한 다양한 활동을 제공한다. 　- 집단토의를 통해 다른 사람의 견해를 듣고, 자신의 생각을 이야기하는 기회를 제공한다. 　- 친구와 자신의 의견이 다를 때 상대방의 기분을 고려하면서 말하는 방법을 알아본다.
공유하기	• 공유하기는 유아에게 집단에서의 사회적 책임감을 발달시키며 이후 투표, 정치, 지역사회의 일과 세계화에 참여하게 하는 기초가 된다(Seefeldt et al., 2014). 　- 공유는 자기중심성이 강한 유아에게 쉬운 것이 아니지만 성장함에 따라 공유 능력이 증가한다. • 자신의 소유권이 위협받고 있다는 불안감을 가진 유아는 공유하기가 힘들다. 따라서 처음부터 유아에게 공유하기를 가르치기보다 개인의 소유권을 인정하고 존중하는 분위기를 경험하게 한 후 점차적으로 알려주어야 한다. 　- 놀잇감의 공유도 먼저 소유한 유아의 소유권을 존중하고 이를 다른 유아가 이해할 수 있도록 설명해야 한다. 　- 차례의 경우 먼저 온 유아가 우선권을 가진다는 것도 알려주어야 한다. 그리고 우선권을 가진 유아에게는 뒤에 기다리는 친구들을 배려할 수 있도록 지도해야 한다. 또한 같이 가지고 놀 수 있는 방법을 의논해 보는 것도 필요하다. 유아는 공유와 배려가 기쁨과 뿌듯함을 줄 수 있음을 알아야 한다. • 공유하기를 지도할 때 교사가 고려해야 할 점 　- 심리적으로 안정된 환경을 제공한다. 　- 충분한 놀잇감을 제공한다. 　- 교사가 먼저 공유하는 모습을 보이는 모델이 된다. 　- 상황에 맞게 교사가 직접적으로 지도할 수 있다.
갈등 해결하기	• 유아는 생활하면서 자기 스스로 느끼는 갈등, 다른 친구들과 일어나는 갈등, 주변 환경에서 발생하는 갈등을 경험한다. 　- 교사는 이러한 갈등을 유아가 스스로 원만하게 대처하고 해결할 수 있도록 도와주어야 한다. 　- 유아는 어릴수록 갈등상황에서 자기 의도와 생각을 정확하게 전달하지 못하거나 자기 요구에만 집중하고, 갈등의 가시적인 부분에만 초점을 맞추는 경향이 있다. 따라서 갈등에 대한 이해도 밖으로 보이는 현상과 순간에 초점을 두게 된다. • 교실에서 갈등이 발생하는 것을 최소화하기 위해 교사가 사용할 수 있는 방법(Seefeldt et al., 2014) 　- 유아가 친구와 친밀한 우정을 형성해 안정감과 가치감을 느끼게 한다(Greenberg, 2006). 　- 충분한 교재교구를 준비하고, 유아에게 다양한 선택의 기회를 제공한다. 　- 공격적 행동은 교실에서 허용되지 않음을 분명히 한다. 　- 공격적 행동 대신 친사회적인 갈등해결 기술을 알려준다. 　- 유아들과 의논해 권리를 보호하는 학급규칙을 만들고 실천한다. 　- 유아에게 다양한 감정이 있다는 것과 긍정적으로 감정을 다루는 방법을 알려준다.

	• 갈등해결을 지도하기 위한 방법(박찬옥 외, 2015) ① 문제의 인식 : "무슨 일이 있었니?", "친구의 기분은 어떨까?" 　─ 갈등 원인을 파악하고 갈등과 관련된 모든 유아의 입장에 대해 이야기를 나누어 본다. ② 해결책 모색 : "어떻게 하면 좋을까?" 　─ 갈등해결을 위한 충분한 시간을 제공하여 유아와 의논하며 가능한 해결책을 생각해 본다. ③ 전략의 실행 : "만일 ~한다면 어떻게 될까?" 　─ 바람직한 언어와 행동을 사용해 해결 전략을 실행해 본다. ④ 전략 효과 및 결과에 대한 평가 : "네가 ~하니까 어떻게 되었니?" 　─ 갈등 쟁점과 상대방의 반응에 기초해 자신이 사용한 전략을 평가해 볼 수 있도록 한다.
친구 사귀기	• 유아가 친구를 사귀는 것은 긍정적 자아개념 및 친사회적 기술 발달에 결정적인 영향을 미치며 학업 성취와도 관련된다. 　─ 친구가 있는 유아는 다른 또래에게도 수용되고, 학교에 쉽게 적응하며, 사춘기 때 적응의 어려움을 　　덜 겪고, 정서적으로 더 잘 적응하며, 친구가 없는 유아보다 학업성취가 높았다(Bost et al., 1998; 　　Diehl et al., 1998 등). • 교사는 유아가 친구를 사귀는 데 어려움이 있는지 관찰하고 어려움이 있는 유아가 친구를 사귈 수 있도록 다음과 같이 도와주는 것이 좋다(Beaty, 1999). 　─ 사회적 기술이 부족한 유아와 유능한 유아가 짝을 지어 활동하는 기회를 갖게 한다. 　─ 고립된 유아는 좀 더 어린 유아와 짝을 지어 준다. 　─ 공격적인 유아의 경우 친사회적으로 갈등을 해결할 수 있는 방법을 알려준다. 　─ 역할놀이를 통해 사회적 갈등 상황을 해결하는 연습을 한다. 　─ 놀이에 참여하지 못하는 유아를 지원해 놀이에 자연스럽게 합류하도록 한다. 　─ 주어진 상황에서 바로 적합한 행동을 지도한다. 　─ 다양한 갈등 상황을 제시해 여러 가지 가능한 해결책을 함께 생각하고 평가해 본다.

MEMO

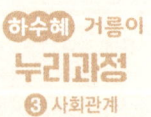

유아
사회교육의
이해

I 유아사회교육의 기초

MEMO

UNIT 58 유아사회교육의 개념 및 성격

개념 및 정의		유아교육기관에서 이루어지는 유아사회교육이란 유아의 바람직한 사회성 및 사회적 발달을 지원하며, 더불어 살아가는 데 필요한 사회적 지식, 기술 및 가치와 태도를 길러주어 민주시민의 자질을 육성하는 교육의 영역이라 할 수 있다.
	NCSS(미국 사회교육협회)	유아들이 문화적으로 다양한 세계 안에서 민주적인 사회의 시민으로서의 자질을 가지고, 이성적이면서도 합리적인 결정을 내릴 수 있는 능력을 개발하도록 돕는 과정
	Seefeldt (2005)	사회생활과 지식, 기술을 통합하는 과정으로 사회성 교육만이 아니라 사회과학적 지식(역사, 지리, 경제, 사회학, 인류학 등)의 균형 있는 경험을 통하여 유아의 건전한 자아 발달, 가치관 및 태도를 형성할 수 있도록 돕는 과정

성격		• 유아사회교육은 유아교육이 추구하는 교육목표인 '바람직한 민주시민 양성'을 달성하는 데 중요한 영역이다.
		  – 유아들이 살아가면서 필요한 사회적 지식, 기술, 태도 그리고 가치를 얻을 수 있도록 돕기에 적합한 교육 영역이다.
		• 유아사회교육은 유아교육에서 교육과정의 한 영역으로 구분되는 성격을 갖는다.
		  – 누리과정에서는 '사회관계'로 구분되어 있다.
		• 유아사회교육은 유아교육의 여러 교과 중의 한 교과로 구분되지만, 유아교육이 통합교육의 성격을 가지는 것처럼 모든 영역에 통합되는 성격을 가진다.
		  – 유아들은 쌓기놀이나 역할놀이 영역, 언어나 미술 영역 등 모든 영역에서 주어진 활동을 하며 사회성을 발휘하고 다양한 활동을 통해 사회적 경험을 확대해 나간다.
		• 유아사회교육은 교육과정의 전개 측면에서 0~2세 보육과정 및 초등학교 교육과정과 연계된 성격을 가진다.
		  – 유아사회교육은 0~2세 표준보육과정의 기본생활습관 영역 및 사회관계 영역이 직접적으로 연계된다. 또한 초등학교 교육과정의 바른 생활과 슬기로운 생활, 사회 및 도덕 교과와 사회생활 영역과 관련이 높다.
		  – 표준보육과정과 누리과정, 그리고 초등학교 교육과정의 사회교육 관련 영역 및 교과가 추구하는 성격은 학습자의 발달 수준 및 연령에 따라 다르면서 연계적이다.

범교과 학습 주제

교육과정 시기	범교과 학습 주제	주제 개수
제1차	반공교육, 도의교육, 실업교육	3
제2차	국어교육, 반공도덕교육, 건강교육 및 정서교육	3
제3차	도덕교육, 국사교육, 건강증진, 보건위생, 체력향상, 안전교육	6
제4차	도덕, 국민정신, 언어생활, 건강과 안전, 환경교육	5
제5차	국가사회 8대 강조 사항(국민정신교육, 통일안보교육, 안전교육, 환경교육, 진로교육, 인구교육, 성교육, 경제교육)	8
제6차	도덕교육, 환경교육, 경제교육, 근로정신함양교육, 보건안전교육, 성교육	6
제7차	민주시민교육, 인성교육, 환경교육, 에너지교육, 경제교육, 소비자교육, 보건교육, 성교육, 안전교육, 진로교육, 근로정신함양교육, 통일교육, 한국문화정체성교육, 국제이해교육, 해양교육, 정보화 및 정보윤리교육	16
2007 개정	민주시민교육, 인성교육, 환경교육, 경제교육, 에너지교육, 근로정신함양교육, 보건교육, 안전교육, 성교육, 소비자교육, 진로교육, 통일교육, 한국문화정체성교육, 국제이해교육, 해양교육, 정보화 및 정보윤리교육, 청렴·반부패교육, 물보호교육, 지속가능발전교육, 양성평등교육, 장애인이해교육, 인권교육, 안전·재해대비교육, 저출산·고령화사회대비교육, 여가활용교육, 호국·보훈교육, 효도·경로·전통윤리교육, 아동·청소년보호교육, 다문화교육, 문화예술교육, 농업·농촌이해교육, 지적재산권교육, 미디어교육, 의사소통·토론중심교육, 논술교육	35
2009 개정	민주시민교육, 인성교육, 환경교육, 경제교육, 에너지교육, 근로정신함양교육, 보건교육, 안전교육, 성교육, 소비자교육, 진로교육, 통일교육, 한국정체성교육, 국제이해교육, 해양교육, 정보화 및 정보윤리교육, 청렴·반부패교육, 물보호교육, 지속가능발전교육, 양성평등교육, 장애인이해교육, 인권교육, 안전·재해대비교육, 저출산·고령사회대비교육, 여가활용교육, 호국·보훈교육, 효도·경로·전통윤리교육, 아동·청소년보호교육, 다문화교육, 문화예술교육, 농업·농촌이해교육, 지적재산권교육, 미디어교육, 의사소통·토론중심교육, 논술교육, 한국문화사교육, 한자교육, 녹색교육, 독도교육, 저출산·고령화사회대비교육	39
2015 개정 2022 개정	안전·건강교육, 인성교육, 진로교육, 민주시민교육, 인권교육, 다문화교육, 통일교육, 독도교육, 경제·금융교육, 환경·지속가능발전교육	10

📖 2022 개정 교육과정에 따른 범교과 학습 주제 적용 안내자료 – 초등학교편 [교육부]

범교과 학습 주제 및 세부 주제	10개의 범교과 학습 주제와 이에 따른 세부 주제는 아래의 표와 같다. 특히, 범교과 학습 주제 중 2개로 구분되는 범교과 학습 주제 혹은 특별히 강조되고 있는 분야의 경우에는 구분하여 세부 주제를 제시하였다.		
	범교과 학습 주제	**세부 주제**	
	안전·건강교육	안전	생활안전, 교통안전, 폭력 및 신변안전, 약물·사이버 등 중독, 재난안전, 응급처치, ✚보건교육, 영양·식생활
		건강	건강 이해와 질병 예방, 생활 속 건강한 선택, 건강관리, 건강자원과 사회문화, 정신 건강, ✚보건교육
	인성교육	효도와 공경, 생명존중 의식교육, 우월적 지위남용 예방교육, 부모교육, 정보윤리교육, 공동체의식 및 배려·존중, 한자·✚정보통신활용교육	
	진로교육	자기 이해와 사회적 역량 개발, 일과 직업세계 이해, 진로 탐색, 진로 디자인과 준비, 자기 계발	

✚ 범교과 학습 주제별 세부 주제는 교육부 자료를 비롯한 관련 문헌과 2022 개정 교육과정 총론 및 총론 해설 등을 근거로 제시함

✚ 2022 개정 초등학교 교육과정 총론의 교육과정 편성 운영의 기준에서 제시하고 있는 한자·정보통신 활용 교육은 2015 개정 교육과정에 따른 범교과 학습 주제 방안 연구와 마찬가지로 인성 교육에 포함하며, 보건교육은 안전·건강 교육에 포함함

✚ 2015 개정 교육과정에 따른 범교과 학습 주제 방안 연구에 포함되었던 세부 주제 중 사회적 요구가 있는 영양·식생활, 해양 교육, 산림교육, 물 보호, 농업·농촌 이해 교육은 각각 안전·건강 교육과 환경·지속가능발전교육에 포함하였으며 타 세부 주제와 병행함

민주시민교육	민주주의 이념과 가치, 민주국가와 시민, 민주주의와 사회적 현안(청렴·반부패), 비판적 사고와 민주적 의사결정, 시민의 참여와 실천	
인권교육	인권 일반	인간의 존엄성과 인권 존중, 장애인 차별 예방, 폭력 예방, 양성평등(여성과 남성의 상호 존중), 양성평등(여성 차별 예방)
	노동 인권	노동의 의미, 노동의 역사, 노동과 사회, 노동자의 권리, 노동과 행복한 삶, 노동문제와 해결 방안, 노사관계의 이해
다문화교육	다양성 존중, 세계시민교육 및 국제 이해, 다문화 이해 및 상호 존중	
통일교육	평화와 통일, 안보, 국가와 민족문화, 북한 이해	
독도교육	국토개념 이해, 독도 이해, 독도 사랑	
경제·금융교육	경제·금융 일반	합리적 경제활동, 소비자 책임과 권리, 금융 생활[금융사기(보이스피싱 등) 예방], 복지와 세금
	사회적 경제	사회적 경제 이해 및 가치 내면화, 사회적 경제 기업 이해, 공정무역 및 윤리적 소비
	기업가 정신	기업가 정신 가치 찾기, 기업가적 소양 갖추기, 기업가 되어보기
환경·지속가능발전교육	기후·생태 전환	생태계와 인간의 관계에 대한 관점과 태도, 기후변화와 생태계 문제 탐구, 생태 전환을 위한 참여와 실천(해양 교육, 산림교육, 물 보호, 농업·농촌 이해 교육, 동물보호 및 복지 함께 병기)
	저출산·고령화사회 대비	저출산 대비 교육, 고령화사회 대비 교육

2025학년도 범교과 학습 주제 편성·운영 안내

• (운영 근거)「초·중등학교 교육과정 총론」, III. 학교급별 교육과정 편성·운영의 기준
  ※「2015 개정 교육과정」과「2022 개정 교육과정」의 '범교과 학습 주제(10개)' 동일
• (운영 방법) 범교과 학습 주제 간 통합 운영, 관련 교과 교육과정을 재구성한 연계·운영 등 교육 활동 전반(교과, 창의적 체험활동 등)에 걸쳐 탄력적으로 운영

범교과 학습 주제	세부 주제	기준 시수 (법령·고시·지침)	편성·운영 방법
안전·건강	• 생활안전, 교통안전 • 폭력예방 및 신변보호, 약물 및 사이버(인터넷) 중독 예방, 재난안전, 직업안전, 응급처치	51	• 교과 및 창의적 체험활동 등과 연계한 안전교육 운영 내실화 및 학교급별 안전교육 자료 적극 활용 ※ 학교안전정보센터(www.schoolsafe.kr) 참고 • 최근 학생안전사고가 증가하는 자전거, 전동형킥보드 등 개인형이동장치(PM)에 대한 교육 필수 편성 • (교육과정 내) 학교급별 교육과정 수업시간의 1/3 이상을 교육한 경우 1차시로 인정 ※ 초등학교 10분, 중고등학교 15분 이상 • (교육과정 외) 수업 전·후, 방과후, 행사 등에서 1회 5분 이상, 총 5회 이상 정기적으로 실시하는 교육은 1차시로 인정 ※ 단, 교육시간(단위: 차시)은 반드시 공문 및 계획 등 입력 근거에 의해서 실시된 것만 인정 가능

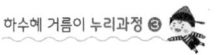
	소방 안전교육	연 1회	안전교육 통합 운영 및 교과교육 연계(소방훈련 별도)
	양성평등교육	15	• 안전·건강, 인성, 민주시민 교육 등과 통합하거나 교과 및 창의적 체험활동과 연계 운영 • 법정의무교육(성폭력, 가정폭력, 성매매예방)을 위한 시수 필수 편성 ※ 디지털 성폭력 예방을 위한 교육 별도 편성 권장
	보건교육	17	• 한 개 학년 이상 최소 17차시 이상 편성 • 교육부지침(연도별 학생건강증진분야 주요업무 추진 방향)에 따라 시도교육청은 보건교육계획을 수립하고, 학교는 교육청의 지침에 따라 보건교육을 계획·실시
	건강한 식생활 및 영양교육	연 2회	• 교과 및 창의적 체험활동 연계·운영 • 안전·건강 교육과 통합 운영 가능
	생명존중 및 자살예방교육 (사회정서교육)	6	안전교육, 인성교육 등과 통합하거나 교과교육과 연계 운영할 경우 시수 인정
	학교폭력 예방교육	11	• 교과·창의적 체험활동과 연계 운영하거나 안전교육, 인성교육 등 관련 주제와 통합 운영할 경우 시수 인정 • '어울림(사이버어울림) 프로그램' 등을 활용한 교육 실시
인성	인성교육	의무	도덕, 실과, 기술·가정, 정보 등 관련 교과를 통해 세부 주제 통합 운영 권장
	교육활동 침해행위 예방교육	연 1회	교과 및 창의적 체험활동과 연계 운영하거나 인성교육, 민주시민교육, 안전교육 등 관련 주제와 통합 운영할 경우 시수 인정
	디지털 시민교육	의무	교과, 창의적 체험활동, 학교자율시간 등 학교급별 교육 과정과 체계적으로 연계하여 실시
진로	진로교육	의무	교과(중고는 '진로와 직업' 포함), 창의적 체험활동(진로 활동), 중학교 자유학기(진로탐색활동), 학교자율시간 등 학교급별 교육과정과 체계적으로 연계된 진로교육 실시
민주시민	민주시민교육	권장	통합교과(바·슬·즐), 국어, 사회, 도덕, 통합사회 등 관련 교과를 통해 세부 주제 통합·운영 ※ 선거 교육 시, 중앙선거관리위원회 선거연수원 교육 자료(새내기유권자 연수 등) 적극 활용
인권	장애인식 개선교육	2	인권교육, 교과교육과 연계하거나 장애인의 날 및 장애 이해수업과 연계할 경우 시수 인정
다문화	다문화 이해교육	2	교과교육 연계 및 세계인의 날(5.20.)과 연계할 경우 시수 인정
통일	통일교육	의무	• 통일교육주간(5월 4주)과 연계 운영 • 도덕, 사회 등 관련 교과와 통합·운영 • 통일부 찾아가는 학교통일교육 등 적극 활용 ※ 5시간 이상 운영 권장
독도	독도교육	권장 (10시간 이상)	• 교과, 창의적 체험활동 등 학교급별 교육과정과 통합 • 독도교육주간과 연계하여 운영
경제·금융	경제·금융교육	권장	사회, 실과, 기술·가정, 경제, 통합사회, 실용경제 등 관련 교과 및 창의적 체험활동, 학교자율시간과 연계· 통합 운영
환경· 지속가능발전	환경·지속가능발전교육	의무	• 환경, 사회, 과학, 실과 등 관련 교과와 통합·운영 • 창의적 체험활동, 학교자율시간과 연계 운영

SESSION
04

📋 범교과 학습 주제 근거 자료(법령·고시·지침 등)

범교과 학습 주제	법령, 고시, 지침에 따른 의무 실시 여부		관련 법령(약칭), 고시, 지침 등
	세부 주제	의무 여부	
안전·건강	안전 교육	생활안전	의무	• 「학교안전사고 예방 및 보상에 관한 법률」(학교안전법) 제8조 / 동법 시행규칙 제2조, 「학교안전교육실시 기준 등에 관한 고시」, [별표1], [별표2] • 「화재의 예방 및 안전관리에 관한 법률」(화재예방법) 제37조, 「공공기관의 소방안전관리에 관한 규정」 제14조 • 「아동복지법」 제31조 / 동법 시행령 제28조 • 「자전거 이용 활성화에 관한 법률」 제21조
		교통안전		
		폭력예방 및 신변보호		
		약물 및 사이버 (인터넷) 중독예방		
		재난안전		
		직업안전		
		응급처치		
	양성평등교육		의무	• 「교육기본법」 제17조의2 • 「양성평등기본법」 제30조, 제36조 • 「성폭력방지 및 피해자보호 등에 관한 법률」(성폭력방지법) 제5조 / 동법 시행령 제2조 • 「성매매방지 및 피해자보호 등에 관한 법률」(성매매피해자보호법) 제5조 / 동법 시행령 제2조 • 「가정폭력방지 및 피해자보호 등에 관한 법률」(가정폭력방지법) 제4조의3 / 동법 시행령 제1조의2 • 「학교보건법」 제9조
	보건교육		의무	「학교보건법」 제9조, 제9조의2
	건강한 식생활 및 영양교육		의무	• 「학교급식법」 제13조 • 「식생활교육지원법」(식생활교육법) 제26조 • 「어린이 식생활안전관리 특별법」(어린이식생활법) 제13조 • 교육부, 연도별 '학생건강증진 분야 주요업무 추진방향' • 부처합동, 제2차 학생건강증진 기본계획(2024~2028)
	생명존중 및 자살예방교육 (사회정서교육)		의무	• 「자살예방 및 생명존중문화 조성을 위한 법률」(자살예방법) 제17조 / 동법 시행령 제10조의2 • 학생 맞춤형 마음건강 통합지원방안('24.8.9.)
	학교폭력 예방교육		의무	• 「학교폭력예방법」 제15조 및 동법 시행령 제17조 • 교육부, 연도별 '학교폭력 예방 및 대책 시행계획'

인성	인성교육	의무	• 「인성교육진흥법」 제6조 및 제10조 / 동법 시행령 제11조 • 교육부, 연도별 '인성교육 시행계획'
	교육활동 침해행위 예방교육	의무	「교원의 지위 향상 및 교육활동 보호를 위한 특별법(교원 지위법)」 제24조 / 동법 시행령 제21조
	디지털 시민교육	의무	「디지털 기반의 원격교육 활성화 기본법」(원격교육법) 제10조
진로	진로교육	의무	「진로교육법」 제12조 / 동법 시행령 제5조, 제6조
민주시민	민주시민교육	–	• 「교육기본법」 제2조 • 2015 개정 교육과정 「초·중등학교 교육과정 총론」 • 2022 개정 교육과정 「초·중등학교 교육과정 총론」 • 「공직선거법」 제15조 및 제16조, 「정당법」 제22조, 「선거관리위원회법」 제14조① 및 제15조의2①
인권	장애인식 개선교육	의무	• 「장애인복지법」 제25조 / 동법 시행령 제16조 • 교육부, 연도별 '특수교육 운영계획'
다문화	다문화 이해교육	의무	• 「다문화가족지원법」(다문화가족법) 제5조 • 2015 개정 교육과정 「초·중등학교 교육과정 총론」 • 2022 개정 교육과정 「초·중등학교 교육과정 총론」
통일	통일교육	의무	• 「통일교육지원법」 제4조 및 제8조 / 동법 시행령 제6조의2 • 통일부, 연도별 '학교 통일교육 지원사업 추진계획'
독도	독도교육	–	• 「독도의 지속가능한 이용에 관한 법률」(독도이용법) 제5조 • 교육부, 연도별 '독도교육 활성화 계획'
경제·금융	경제·금융교육	–	「경제교육지원법」 제4조 및 제5조 / 동법 시행령 제3조
환경· 지속가능발전	환경·지속가능 발전교육	의무	• 「교육기본법」 제22조의2 • 「저출산·고령사회기본법」 제7조의2 • 「기후위기 대응을 위한 탄소중립·녹색성장 기본법」 (탄소중립기본법) 제4조, 제67조 • 「환경교육의 활성화 및 지원에 관한 법률」(환경교육법) 제4조, 제10조의2 • 「지속가능발전기본법」 제4조, 제28조

UNIT 59 유아사회교육의 목표

2019 개정 누리과정	목표	우리나라의 2019 개정 누리과정은 '자신을 존중하고 더불어 생활하는 태도를 가진다'는 목표에 근거하여 유아의 사회·정서발달과 사회과학교육 목표를 통합적으로 제시하고 있다.
	하위 목표	• 사회관계 영역의 목표 및 내용범주는 유아가 자신을 이해하고 존중하며, 친구와 가족, 또는 다른 사람들과 사이좋게 지내며 유아가 속한 지역사회와 우리나라, 다양한 문화에 관심을 갖는 내용으로 구성되었다(교육부·보건복지부, 2019). – 자신을 이해하고 존중한다. – 다른 사람과 사이좋게 지낸다. – 우리가 사는 사회와 다양한 문화에 관심을 가진다.
Michaelis	목적	책임감 있는 시민의 양성
	목표	구체적인 목표를 지식, 사고과정, 기술, 태도·가치관·행동양식의 범주로 나누어 설명하였다. • 사회적 지식은 주로 사회교육에서 다루는 제반 정보를 포함하는데, 유아 수준에서는 주로 사회적 지식의 개념을 형성하고 일반화하도록 한다. • 유아의 사고 과정에 관심을 가진다. 즉, 유아의 비판적 사고능력, 창조적 사고능력, 문제해결 능력, 의사결정 능력, 적용능력을 신장시킨다. • 사회교육에 요구되는 제반 기술을 발휘하도록 한다. 즉, 아이디어 발휘와 표현, 토의, 집단의 참여, 리더십, 정보 탐색 및 수집, 읽기 등의 제반 활동 기술을 발휘하도록 돕는다. • 유능한 시민으로서 갖추어야 할 기본적 태도와 가치관, 행동양식을 형성하도록 한다. 　– 유아는 주변의 다양한 삶, 집단, 문화에 긍정적 태도를 형성하도록 한다. 　– 도덕적 행동 및 의사결정 등에 있어서 바람직한 판단을 할 수 있는 개인적·사회적 가치관을 확립하도록 한다. 　– 인간의 존엄, 권리, 자유, 평등, 정의, 이타심, 책임감 등 민주시민의 행동 양식을 형성하도록 한다.
NCSS (미국사회교육협회)	목적	민주시민의 양성
	목표	NCSS에서 제시한 목표는 유아 개인의 발달과 사회적 지식 및 태도, 사회의식을 포함하고 있으며, 유아가 성장하면서 개인뿐만 아니라 집단, 세계시민으로 살아가는 데 필요한 능력을 발휘하도록 강조하고 있다. • 유아 개인의 발달을 돕는다. 　– 개인의 긍정적 발달을 돕고 효율적인 의사결정 능력을 촉진시킨다. • 유아의 사회적 시민능력을 기른다. 　– 사회생활에 요구되는 지식, 기술, 태도의 발달을 돕는다. • 사회적 지식을 습득하도록 한다. 　– 사회적 지식을 익혀 생활에 적용하고 문제해결을 해 나가도록 돕는다.

		• 사회적 다양성을 이해하고 존중하도록 한다. 　– 어릴 때부터 다양한 특성을 가진 개인 및 문화를 존중할 줄 알며 더불어 살아가는 태도를 기르도록 돕는다. • 세계시민 의식을 기른다. 　– 개인의 시민 의식뿐만 아니라 세계시민으로서의 감각을 발달시켜 나가도록 돕는다.
쉬케단츠 (Schickendanz와 그의 동료들, 1990)	목적	• 자신과 가족에 대한 이해 증진 • 개인과 사회에 관한 이해 증진 • 사회생활을 수행할 수 있는 기술의 발달, 가치관 및 태도의 형성
멜렌데즈, 버크와 플레치 (Melendez, Berk & Fletcher, 2000)	목표	• 개인적으로 유아의 독특하고 긍정적인 발달을 지원하고, 다른 사람과의 관계에서 자아개념을 발달시키며, 의사결정 능력을 촉진시키는 것 • 사회생활을 성공적으로 해 나가기 위해 필요한 지식, 기술, 태도 등 사회적 시민 역량을 발달시키는 것 • 사회 현실에 대한 아이디어를 습득하고 발달시켜서 다양한 각도에서 주어진 현상을 평가·이해하는 것 • 사람들은 서로 다른 특성이 있으며 모두 평등하다는 생각을 갖고 타인을 존중하는 것 • 세계시민으로서의 감각을 발달시켜서 자신의 행동이 다른 사람에게 미치는 영향에 대한 책임을 갖는 것
종합적 견해	목적	민주사회의 구성원으로서 요구되는 사회적 기술, 가치와 태도 및 사회적 지식을 형성하는 것
	목표	• 자신과 자신의 일에 대해 긍정적인 태도와 가치관을 형성하며, 유능한 민주시민으로서 갖추어야 할 민주적 태도와 도덕적이고 윤리적인 가치관을 형성하는 것 • 유능한 민주시민으로서 다른 사람들과 조화로운 관계를 형성하기 위해 필요한 의사소통능력과 문제해결력, 갈등해결능력을 기르는 것 • 민주시민으로서 갖추어야 할 기본 소양인 역사와 경제, 지리, 다문화, 시사에 대한 개념을 이해하고 이를 토대로 창의적·비판적 사고를 하는 것

SESSION
04

UNIT 60 유아사회교육의 조건

의미 있는 학습 (유의미한 학습)	• 유아에게 의미 있는 학습은 개별 유아 및 전체 유아의 발달에 적합하고, 사회문화적으로도 적절해야 한다.
	• 브레드캠프와 로즈그랜트(Bredekamp & Rosegrant, 1995)는 유아에게 의미 있는 학습이 되기 위해서는 학습 활동의 주제가 유아의 가정, 유아교육기관, 지역사회 경험에서 비롯되어야 한다고 한다.
	  - 즉, 교사가 주제의 근원과 관련 분야를 알고, 기본 개념에 친숙하고, 연령에 적합한 기대를 하며 개별적으로 적합한 활동을 계획할 때 의미 있는 사회교육이 이루어질 수 있다.
	  - 따라서 교사는 주의 깊은 관찰을 통해 유아의 현재 관심사, 흥미, 발달 수준 등을 파악하고 이를 기초로 의미 있는 학습이 되도록 사회교육과정을 구성해야 한다.

통합성	• 사회문화적 상황은 여러 영역들이 연결되어 있으므로 유아사회교육은 통합적으로 구성되어야 한다.
	• 유아사회교육의 통합성(박찬옥 외, 2015)
	  - 사회과학적 개념은 자연과학, 수학 등의 개념과도 중복된다.
	  - 사회과학적 개념을 음악, 동작, 조형 등 다양한 활동으로 표현한다.
	  - 유아의 기존 지식을 바탕으로 새로운 개념들을 익혀 나간다.
	  - 사회적 지식, 기술, 태도가 함께 형성된다.
	  - 유아, 가정, 유아교육기관, 지역사회가 유기적으로 학습을 돕는다.
	• **유아사회교육을 통합적으로 구성했을 때의 이점**
	  - <u>정보의 다양성을 제공한다.</u> : 다양한 경험을 통해 유아는 더욱 효과적으로 경험을 이해할 수 있다.
	  - <u>경험을 연결시킨다.</u> : 유아의 이전 경험과 현재 경험, 미래 경험을 서로 연결시켜 경험의 폭과 범위를 넓혀 준다.
	  - <u>정보의 종합성을 제공한다.</u> : 유아가 다양한 정보를 경험하여 체계적으로 지식이나 태도를 종합할 수 있는 기회를 가져 유아의 경험을 확장시킨다.

흥미성	• 흥미가 있어야 자발적인 탐구와 의미 있는 학습이 이루어진다. • 히디(Hidi, 1990)는 흥미가 학습을 의미 있게 이끌고 장기 기억력을 증진시키며 학습에 동기를 제공한다고 하였다. • 흥미는 충동과는 다르다. 듀이(Dewey)에 의하면 충동은 목적과 방향감 없이 맹목적인 상태로 어떤 자극에 몰입하는 것이지만, 흥미는 충동에서 벗어나 어떤 목적을 갖고 자극에 몰입해 대상을 개념화하는 의미 있는 학습으로 이끈다. - 즉, 흥미는 유아가 자발적으로 자극 대상을 인지하고 이를 자기표현 활동으로 나타내게 한다.

	• 유아에게 **흥미를 불러일으킬 수 있는 내용을 구성하기 위한 조건** — 유아의 인지적 발달 수준에 적합해야 한다. : 유아의 인지 수준에 적합하지 않은 내용은 흥미를 끌지 못한다. 특히 내적 호기심을 불러일으키기 위해서는 내용이 유아의 인지 수준에 적합해야 한다. — 유아 스스로 선택할 수 있어야 한다. : 유아가 스스로 선택하는 것은 자발성을 높여준다. 실제로 유아는 자발적으로 탐구할 때 흥미를 가지며 이를 통해 내적 능력이 성장한다. — 유아의 주변에 있는 것이어야 한다. : 유아 주변에 있는 것들은 접근 가능성과 수월성을 제공하여 탐구정신을 갖게 한다. 실제로 유아사회교육은 유아의 주변 생활에서 점차 먼 곳으로 확장되는 방식으로 구성된다.
능동적 참여	• 유아사회교육에서 능동적 참여는 유아가 사회의 기본 개념을 형성하는 데 핵심이 된다. — 능동적인 교실은 유아가 교사와 성인의 지지와 격려를 받으며 풍부한 자료를 선택하고 상호작용할 기회를 갖게 한다. • 능동적 학습 환경에 기본적으로 포함되는 것(Hohmann, Weikart & Epstein, 1995) — 연령에 적합하고 풍부한 자료 : 유아의 연령에 적합하여 유아가 직접 조사하고 사용할 수 있어야 한다. — 조작의 기회 제공 : 교실의 모든 유아가 참여해 자료를 조작하고 탐색할 수 있어야 한다. — 다양한 선택의 기회 제공 : 다양한 선택 기회는 흥미와 경험의 폭을 넓힌다. — 언어적 상호작용의 기회 제공 : 유아에게 탐색하고 경험한 것을 표현하게 하여 경험과 아이디어에 대한 의사소통이 일어나도록 한다. — 교사의 지원 제공 : 유아의 아이디어 발표와 의사소통에 대한 교사의 지원과 참여는 유아를 활동에 적극적으로 참여하게 한다. — 이 외에 멜렌데스 등(Melendez et al., 2000)은 유아발달 원리에 대한 지식과 계획 기술이 필요하다고 하였다. 유아발달에 관한 지식은 적절한 교수전략을 짜는 데 단서를 제공하고 유아, 성인, 또래 간 상호작용에 대한 적절한 기대와 지침을 구성하게 한다. 유아발달 원리는 교사가 교실환경과 유아의 연령·능력 수준에 맞는 경험을 개발하고 조직하는 데 정보를 제공하며, 유아가 무엇을 할 수 있고 경험할 수 있는가를 고려하는 데 사용된다.

유아사회교육의 접근

MEMO

씨펠트(Seefeldt, 2001)는 시대와 사회에 따라 유아사회교육의 접근방식을 구분하였다.

UNIT 61 사회생활 중심 접근법(social-living curriculum, 1920~30년대)

개념	• 1920~1930년대 힐(Hill, 1923)이 제안한 유아 사회생활 접근방식이다. • 사회생활 중심 교육과정은 학교 조직에 민주주의의 원리를 적용하여 유아들이 집단생활을 하기 위해서 필요한 기본생활습관과 사회적 기술 발달을 강조하였다. • 힐은 유아를 민주시민으로 기르기 위해서는(유아가 민주사회에서 기능을 성공적으로 하기 위해서는) 기본적인 생활습관을 형성하고 사회적 기술을 발달시키는 것이 무엇보다 중요하다고 보았다. • 힐은 바람직한 민주시민이 되기 위해서는 기본생활습관을 형성하고 사회적 기술을 습득하는 것이 중요하다고 보고 이를 교육과정으로 구성하였다. 　－ 즉, 바람직한 행동습관·태도·감정의 학습으로 함께 나누기, 책임감, 협동, 예의, 순종, 집단활동 참여, 타인 배려, 존중 등을 강조하였다. • 유아가 민주사회에서 기능을 성공적으로 하기 위해서는 기본적인 생활습관을 형성하고 사회적 기술을 발달시키는 것이 중요하다. 따라서 유아는 자신의 정체성과 역할, 자신에게 요구되는 행동과 사회적 기술을 배울 필요가 있다. 　－ 예를 들어 협동하기, 협상하기, 타인을 존중하기 등의 기술은 민주사회를 살아가는 데 매우 중요한 부분이다. 따라서 유아가 속한 사회의 민주시민으로 성장하기 위하여 유아는 협동, 배려, 조망수용 능력과 같은 사회적 기술을 배울 필요가 있다. • 힐이 저술한 『유치원과 1학년을 위한 교육과정(유치원과 1학년을 위한 활동 중심 교육과정)』에서는 유아가 익혀야 할 모든 사회적 기술과 습관을 제시하였다. 　－ 주로 도덕적·사회적 행동 영역에 중점을 두고 측정 가능한 형태로 제시하였다.
이론적 배경	사회생활 중심 교육과정은 1930년대에 영향을 미친 아동발달 이론과 정신분석발달 이론, 그리고 민주시민교육에 대한 관심을 반영한 교육과정으로 사회정서 발달에 초점을 맞춘 사회교육 접근방식이다.

목표 (구체적 지침)	• 이 교육과정은 유아의 사회적·정서적 성장을 지지하는 것을 목표로 다음과 같은 구체적인 지침을 제시하였다(Seefeldt, Castle & Falconer, 2014). − 교재·교구와 아이디어를 공유하는 것을 학습한다. − 타인과 행복하고 좋은 관계를 형성하고 발달시킨다. − 자신감 있는 사람이 되도록 한다. − 자기 행동에 책임감을 가진다. − 흥미와 주의집중의 능력을 발달시킨다. − 타인과 친근하게 협동한다. − 타인의 가치와 기여도를 안다. − 자아개념과 자아존중감을 발달시킨다.
교육내용	• 민주시민의 양성을 위해 기본 생활습관의 형성과 사회적 기술의 발달이 필요하다고 보았다. • 사회교육 프로그램을 통한 실생활에서의 적응을 강조하였다. − 사회교육의 목표를 달성하기 위해 블록놀이, 또래와의 상호작용, 감정토론(감정 이야기하기), 공유하기, 협동하기, 규칙의 학습과 지키기를 주요 내용으로 구성하였다. − 유아의 '사회적 생활이 그대로' 사회교육의 내용으로 구성되며, 복잡한 사회과학의 개념들을 지양하였다. − 풍부한 놀잇감과 교구를 제공해 주고 유아 스스로 또래와의 생활을 학습하도록 하였다.
장점	• 민주사회를 살아가는 데 중요한 사회적 기술을 증진시킬 수 있다. − 협동하기, 나누기, 협상하기, 타인 입장 고려하기 등
단점	• 유아의 생활습관 및 사회 기술 증진에만 초점이 맞춰질 수 있기 때문에 사회교육에 대한 복잡성이 간과될 수 있다. • 유아의 습관 형성과 사회적 기술에만 관심을 둘 뿐 유아의 인지적 발달에는 관심을 두지 않아 유아가 전체적으로 세상을 볼 수 있는 능력을 키워주지 못한다. • 타인과의 관계, 타인의 관점, 사회 규칙을 이해하는 것이 사회적일 뿐만 아니라 인지적 이라는 것을 이해하지 못하였다. 즉, 타인과 관계를 맺는 아이디어 표현, 생각 나누기, 듣기·말하기 능력인 인지적인 기술을 간과하였다. • 유아의 언어발달 촉진, 인지적 성장, 규칙 개념, 도덕적 가치, 이해력 발달은 사회생활을 촉진하기 위한 교육과정의 필수 요소가 되어야 함에도 불구하고, 이를 간과하거나 무시 하였다. • 유아에게 물질적인 환경만 제공하고 스스로 타인과 함께 살아가는 것을 학습하도록 방치 하였으며, 지적 발달에는 거의 관심을 갖지 않고 기본적인 기술들을 가르친다는 점에서 비판을 받았다.

UNIT 62 현재생활 중심 접근법(직접환경 중심 접근법, here and now curriculum, 1934)

KEYWORD# 유아사회교육 접근방식 유형 - 직접환경 접근방식

개념	• 1934년 미첼(Mitchell)에 의해 개발된 유아사회교육 접근방식으로, 여기-지금에 기초한 교육과정(here and now curriculum)이라고도 한다. 유아는 주변 환경을 직접 경험함으로써(직접환경 접근방식, the immediate environment approach) 학습이 이루어질 수 있다는 것을 주요 개념으로 하고 있다. 　- 미첼은 사회교육에 있어서 근본적으로 중요한 것은 유아가 현재 서 있는 곳에서 직접적으로 경험하면서 세계를 발견하는 것이라고 보았다. 유아가 현재 서 있는 곳에서 경험하게 되는 사실이나 현상들 간에는 어떤 관계성이 형성되어 있으며, 이들 간의 상호 의존적인 망(구조, web)을 감각적으로 느끼고 생각하는 것이 중요하다는 입장이다. 　　⑩ 유아는 집 주변 거리를 돌아다녀 보면서 다양한 사람들, 그들이 사는 집과 가게, 간판, 도로, 도로에 다니는 여러 가지 차들, 때때로 날아오는 새, 가로수들을 경험하게 된다. 이들이 별개의 것으로 보이다가도 사실은 서로 연결되어 동네를 이루는 것을 유아는 느끼게 된다. 유아는 관계적인 사고를 하고 이제까지의 경험을 일반화하며, 동네를 돌아본 경험을 극놀이로 표상하면서 지적 능력을 개발한다. 이러한 점에서 미첼은 특히 사회교육에 있어서 인지적 작용에 강조를 두었다. • 미첼은 유아사회교육과정은 유아가 스스로 주변 환경을 경험하고 이를 통해 세계에 대한 이해를 확장시킬 수 있는 것에 기초해야 한다고 하였다. 즉, 유아사회교육은 초기에는 유아의 현재 주변 생활을 중심으로 계획하고 점차 유아의 경험 폭이 넓어짐에 따라 이웃과 지역사회로 확대되어야 한다. 또한 교사의 일방적인 전달보다 유아가 스스로 탐색하고 경험하는 과정을 통한 학습이 바람직하다는 것이다. 따라서 미첼은 사회교육에서 유아의 인지적 작용을 강조하였다. 　- 유아는 어릴수록 직접적이고 감각적인 경험이 필요하다. 　- 유아가 경험하는 현상, 사실, 아이디어 등은 서로 연결되어야 한다. 　- 학습한 것을 실생활에 활용할 수 있어야 한다. 　- 놀이와 능동적 학습이 필수적이다. • 1930년대 이전의 사회교육은 유아가 경험해 보지 못하고 알지도 못하는 사실들로 구성되었다. 그러나 미첼은 유아의 주변 환경에 대한 이해를 증진시키는 실질적이고 세부적인 방법을 발달시켰다. • 당시 사회교육의 교육과정은 역사적인 사실과 일상에서 알아야 할 지식을 주로 암기하는 것이 많았는데, 이는 유아에게 적합하지 않고 유아의 경험과도 관련이 전혀 없다고 판단하였다.
이론적 배경	• 1930년대 아동발달 이론과 듀이의 진보주의 교육운동 및 아동 중심 사상에 초점을 맞춘 사회교육 접근방식이다. 　- 듀이는 유아의 일상생활이 사회교육으로 접목되었을 때 유아가 주변 세계에 관심을 가지고, 주변 세계에 대한 이해를 확장함으로써 의미 있는 사회교육이 이루어질 수 있다고 보았다. • 피아제(Piaget)와 비고츠키(Vygotsky)의 이론과 일관되며, 발달에 적합한 실제(Bredekamp & Copple, 1997)의 철학과도 연결된다. 　- 미첼(1934)은 언제, 어디서든 유아의 세계는 자신의 지식을 확장하고 사고를 증진하기에 충분하고 복잡한 기회가 된다고 하였다. 즉, 유아는 즉각적으로 환경에 대해 이해함으로써 '관계적인 사고, 경험의 일반화, 상징 및 극놀이를 통한 구체적인 경험의 재창조'와 같은 지적 능력을 발달시킬 수 있다고 보았다(Seefeldt, Castle & Falconer, 2014). • 역사적 사실과 일상생활 지식 위주의 암기식 사회교육 과정에 대한 반성이 이루어졌다.

교육내용	• 경험을 통해 유아 스스로 학습해야 한다는 것, 경험의 상호 관련성, 경험을 통한 실생활 접근을 지향하며, 이러한 경험은 유아의 현재 생활에서 가져와야 한다. • 경험하지 않은 사실들을 학습하는 것은 위험한 것이고, 교사가 유아에게 정보만 제공하는 것은 바람직하지 않다. • 유아는 주변 생활을 스스로 경험할 필요가 있으며, 그러한 경험이 곧 사회교육의 핵심이 되어야 한다. • 유아사회교육은 유아의 경험을 바탕으로 유아의 주변, 그리고 점차 넓은 사회로 나아가는 형태로 이루어져야 하고, 현재생활에서 직접 경험을 통하여 세상에 대한 발견에 바탕을 두어야 함을 강조한다.

영향	• 미첼의 견해는 현재까지도 유아사회교육과정에 영향을 미치고 있다. 유아사회교육과정은 유아 자신과 가정에서 시작되어 점차 이웃, 지역사회, 국가, 다른 나라로 확장되는 형태로 소개된다.
	
	나　가정　이웃　사회　국가　세계
	
	   − 그러나 매년 주제가 단순하게 반복되어 제시되는 경우가 많고, 유아가 실제 경험할 수 있는 것만으로 주제를 한정하고 단순화시켜 전달하는 수준에 그친다는 우려도 있다.
	   − 교사는 유아사회교육과정을 유아가 주변에서 직접 경험할 수 있는 것으로 단순화시키지 말고, 필요에 따라 다양한 매체를 활용해 유아가 세상을 자신과 관련지어 생각해 볼 수 있도록 도와야 한다.
	• 오늘날의 전형적인 사회교육과정을 보면 기본적인 출발은 가정과 이웃을 중심으로 계획되어 점차 시간과 공간을 넓혀 지역사회, 국가, 다른 나라로 확대되는데, 이는 유아의 현재 삶에서부터 출발하는 교육과정을 반영하고 있다.

장점	• 유아들이 지금 여기에서 직접 경험하는 사실이나 현상들 간의 상호 의존적인 망을 통해 관계적 사고를 하고 자신의 경험을 일반화하며, 경험을 표상하는 가운데 지적 능력을 계발한다. • 유아 스스로 주변 환경을 직접 경험함으로써 세계를 발견하고 세계에 대한 이해를 확장시킬 수 있다. • 유아들이 현재 자신이 있는 곳부터 출발하여 주변 세계를 자꾸 경험하다 보면 그 과정 속에서 스스로 중요한 개념과 가치를 발견할 수 있다.
단점	• 가족, 지역, 사회 등 주제를 단순화하여 사실적 지식만을 무의미하게 전달하는 수준에 그칠 우려가 있다. • 직접적인 경험이 아닌, 보고, 듣고, 읽고, 다른 사람과의 토의에서 들은 내용들을 유아가 이미 알고 있는 지식과 관계지음으로써 보다 확장할 수 있도록 돕는 것을 간과할 수 있다. • 환경 안에서 사건 간의 관계와 상호작용에 초점을 두기보다는 사소한 주변의 일에 초점을 두었다고 보았다.
대안	오늘날의 사회는 전 세계적으로 연결된 정보망을 통해 지구 반대편 일에 대해서도 즉각적으로 접할 수 있으므로 교사는 필요에 따라 유아가 실제 경험할 수 있는 것만으로 제한하지 말고, 직접적인 생활반경과 떨어져 있지만 TV나 신문 등의 뉴스를 통하여 가정 속으로 침범해 오는 큰 사회를 유아가 자신과 관련지어 생각해 보게 해야 한다.

UNIT 63 공휴일 중심 접근법(holiday curriculum, 1930년대 이후)

KEYWORD# 공휴일 접근법 – 단점, 적용의 예

개념	• 공휴일 중심 교육과정은 유아의 사회생활에 유의미한 전통적 국경일이나 명절, 유아와 가족에게 중요한 기념일 등과 같은 공휴일을 중심으로 사회교육과정을 구성하는 것이다. – 공휴일은 사회 구성원에게 중요한 의미를 갖는다. 이에 공휴일을 중요한 사회교육의 자원으로 생각하고 이를 통해 다양한 형태의 행사, 공연, 전시 등에 참여함으로써 지역사회와 국가에 대한 이해를 높이고자 하는 사회교육 접근방식이다. – 공휴일은 정규생활인 유아교육기관의 생활에서 유아의 기분을 전환시키는 요소로서 유아에게 흥미를 제공할 수 있다. 따라서 공휴일 접근법으로 이루어지는 사회교육을 실시할 때 교사는 추석을 주제로 한 이야기 나누기, 게임, 노래 등 추석과 연관된 활동을 통해 관련 지식·기술·태도를 형성하도록 도울 수 있다.
교육내용	• 공휴일을 주제로 기념행사, 전시, 공연활동에 직접 참여하거나 체험·관람한다. • 공휴일을 주제로 하는 이야기 나누기, 조사활동, 극활동 등 다양한 표상활동을 통해 관련된 지식·기술·태도를 형성한다.
장점	• 공휴일은 유아나 교사 모두에게 흥미롭고 즐거운 주제이며, 기념할 만한 의미를 갖고 있기 때문에 사회교육을 하는 데 좋은 주제가 된다. • 공휴일 관련 활동이 적절하게 제시되면 유아는 서로 다른 가족, 지역사회, 국가를 자연스럽게 인식하며 문화와 역사에 대한 이해를 넓힐 수 있다. • 유아에게 사회문화적 유산과 위인에 대한 다양한 정보와 지식을 길러준다. • 가족, 지역사회, 국가에 대해 자연스럽게 인식하고, 정체성을 형성하도록 돕는다. • 유아가 역사를 이해하고 역사적 중요성이나 이에 대한 지식을 토대로 사회의 삶에 적용할 수 있는 점을 모색할 수 있다. • 다른 나라의 지역 문화를 다각도에서 심층적으로 이해할 수 있다.
단점	• 매년 같은 공휴일이 반복적으로 다루어져 같은 유형의 활동이나 교육이 반복되거나, 단편적 사실들을 열거하고 피상적인 경험을 관광하는 형태로 이루어질 우려가 있다. – 공휴일의 의미를 이해하기보다는 정형화된 형태의 단편적인 정보가 열거·전달되어 부정확하고 왜곡된 이미지를 형성할 수도 있다. • 전형적인 관광식 위주의 내용들을 열거하는 데 그칠 수도 있다. • 최근의 상업적 차원의 행사 중심 프로그램들은 사회교육의 교육적인 의미와 가치를 약화시키거나 왜곡시킬 수도 있다는 점에서 신중히 고려해야 한다.
공휴일 중심 교육과정의 예	• **잘못된 예** – 추석에 관한 활동을 송편 빚기, 성묘, 추석에 하는 놀이 등에만 초점을 맞추어 진행한다면 피상적이고 정형화된 활동이 될 수 있다. • **적절한 예** – 추석이 주는 사회문화적 의미와 가치 등을 토대로 다른 나라와 이를 비교해 보고, 추석과 관련된 문화와 행사를 소개하고 활동하며 추석의 의미를 되새겨 본다면 유아에게 의미 있는 활동이 될 수 있다.

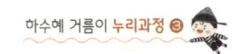

UNIT 64 **사회과학 개념의 구조화 접근법(1960년대)**

KEYWORD# 사회과학 개념의 구조화 접근법 − 개념

개념		• 사회과학 학문에서 핵심 개념을 추출하고 유아의 발달과 학습 수준에 맞추어 나선형적 조직으로 계열화한 사회교육 접근법이다. 　− 사회과학 개념의 구조화 접근법은 기존에 이루어졌던 사회교육 방식이 유아의 인지 발달에 긍정적인 영향을 주지 못한다는 평가가 이루어짐에 따라 지식 중심인 사회과학 개념을 중심으로 교육과정이 구성되었다. • 사회과학적 개념 형성을 중요한 사회적 능력으로 보고, 개념의 구조화 과정으로 학습에 의미를 둔다. • 교사는 유아가 스스로 탐구하는 과정을 거쳐 사회교육이 이루어질 수 있도록 지도하며, 탐구과정은 문제 인식, 가설 설정, 자료수집, 가설 검증, 결론 도출과 같은 과정을 거친다.
개발 배경	**브루너 (Bruner)**	• 사회과학 개념에 기초한 교육과정은 1960년대 브루너(Bruner)의 지식의 구조화론에 영향을 받았다. 　− 당시 소련의 인공위성 스푸트니크(Sputnik) 발사에 충격을 받은 미국 교육계에서는 현재생활 중심 교육과정이 인지적 발달을 장려하지 못해 학생들의 인지능력과 학습 수준이 저하되었다는 비판이 일어났다. 이에 브루너는 학문적 지식의 핵심 개념을 구조화시켜 교육과정을 구성해야 한다고 제안하였고, 사회교육은 역사학, 지리학, 경제학, 정치학, 인류학, 사회학 등의 사회과학 분야의 핵심 개념을 구조화하는 방향으로 변화하게 되었다.
	스포덱 (Spodek, 1973)	• 브루너의 지식 구조화론에 기초해 스포덱은 유아가 사회적 탐구과정을 통해 사회과학적 개념을 형성할 수 있는 능력이 있으므로, 유아에게 적합한 사회과학적 개념을 위주로 교육과정을 구성해야 한다고 하였다. • 유아는 능력을 가진 존재이며, 이러한 능력으로 사회과학 개념을 학습하거나 이해할 수 있다고 보았다. 　− 유아는 의미 있는 사회과학 개념을 발달시킬 수 있다. 　− 유아는 지식을 학교에서 배운다. 　− 유아는 오랜 시간에 거쳐 아이디어를 다룬다. 　− 유아는 다양한 방법으로 정보를 수집한다. 　− 유아는 사회과학자가 사용하는 탐구방법을 사용하여 학습할 수 있다. 　− 유아는 이해한 것을 새로운 상황에 적용할 수 있다.

MEMO

✦ 구조
학문의 기본이 되는
원리·개념 일반화
인 동시에 그에 도달
하기 위한 탐구과정
을 말한다.

교육내용	• 목표 : 인지적 능력의 개발과 발전(지식의 학문적 ✦구조를 지향함) • 지식 중심의 중핵 교육과정, 사회과학 개념 위주의 교육과정, 주제의 구조화를 통해 교육내용을 구성한다. • 유아사회교육의 내용을 나선형으로 구성한다. 　− 가장 기초적인 내용을 기본적인 중핵의 개념으로 두고, 이 기본적인 개념 위에 관련되는 개념이나 다소 복잡한 개념들을 점차 얹어가는 식으로 사회교육의 내용을 구성하게 된다. 　− 여러 학문 중 핵심 개념들을 선정하고, 학습자의 발달과 학습 수준에 맞추어 계열성 있게 조직한다. 　− 기본적 개념에서 점차 어려운 개념으로 나아간다.
장점	• 한 가지 현상에 대한 개념이 두 가지 혹은 그 이상의 다른 개념들과 점차 연결되고 체계화되어 유아는 사회과학적 개념들을 명료하게 형성할 수 있다. • 각 사회교육의 주제를 구조화하여 다양한 지식을 알아갈 수 있다. • 개념 형성을 위한 사회적 탐구과정이 강조됨으로써 유아의 비판적 사고력이 길러진다.
단점	• 지식과 그 구조만을 강조하기 때문에 자칫 지식 중심으로 흐를 수 있다. • 유아의 흥미나 관심을 끌지 못할 수 있다.

(교육내용 행 우측: 핵심개념 그림)

UNIT 65 사회문화적 환경 접근법(통합적 접근법, 1960년대 이후)

개념		• 바람직한 민주시민의 자질을 기르기 위하여 요구되는 사회적 기술, 태도, 가치 및 지식을 유아의 개인적 경험과 사회문화적 배경에 근거하여 내용을 구성하는 것이다. • 유아가 학습해야 할 사회적 지식이나 정보는 암기의 대상이 아닌 경험의 대상이며, 이는 사회와 동떨어진 것이 아니라 사회에서 필요로 하는 것이어야 하므로, 이러한 것을 반영하여 전체적으로 사회교육을 구성하자는 입장이다.
이론적 배경		• 1960년대 이후 피아제의 인지발달 이론, 비고츠키의 사회문화적 발달이론, 브론펜브레너의 생태학 등 사회문화적 환경의 중요성을 제기한 이론들을 기초로 접근하게 된 사회교육 방식이다. • 미국의 경우 1960년대 교육기회의 불평등 문제가 제기되었고, 빈곤층 유아들을 위한 교육 문제에서 비롯된 시민 권리운동 등의 정치 사회적 사건이 배경이 되었다. 　− 인종, 사회·경제적인 지위와 관계없이 교육받을 수 있는 시민의 권리를 주장하였다.
	피아제	• 유아는 성숙하면서 환경과의 상호작용을 통해 자신의 지식을 구성한다고 보았다. • 세계, 시간, 공간에 대한 유아들의 개념과 유아기의 능력을 기술한 연구를 통해 사회교육을 계획·운영하는 교사들에게 통찰력을 제공하였다.

	비고츠키	• 인간의 사회적 세계와 심리적 세계는 연결되어 있다고 보았다. • 사회적 경험과 상호작용은 유아의 발달 및 인지적 성장에 영향을 미친다고 보았다. • 유아와 성인의 상호작용은 유아의 인지발달에 중요하다고 보았다. • 사고와 행동을 조절하기 위한 언어의 사용 능력은 인간에게만 있으며, 이는 정신적 생활의 근원이 된다고 보았다. • 교육은 발달을 이끌며 교육 활동은 근접발달지대에서 적절하게 이루어져야 한다고 주장하였다.
	브론펜브레너 (1989)	• 피아제와 비고츠키가 주장한 사회과학적 개념 구성의 과정이나 사회적 경험의 중요성을 확대하였다. • 유아가 자신이 속한 사회뿐만 아니라 간접적으로 경험하게 되는 사회, 앞으로 다가올 사회현상과 환경에 대해 관심을 가지는 것이 중요하다고 보았다. • 유아는 생태적 환경에 유능하게 적응하기 위해서 역사, 지리, 경제, 직업 등과 같은 사회현상에 대한 기본적 이해와 지식이 필요하다고 보았다. − 개인생활, 가정생활, 집단생활에 필요한 사회적 기술과 태도를 함께 길러야 한다고 주장하였다.

	피아제 &
	비고츠키
		• 유아사회교육 : 유아의 주변과 생활 및 상호작용의 방식을 포함한다.
		  − 가족, 유아교육기관, 지역사회라는 맥락 속에서 통합되어야 한다.
		  − 타 영역과도 통합하여 유아의 사회적 기술, 태도, 가치 및 지식의 통합적 발달을 도모해야 한다.

내용		• 사회문화적 환경은 사회교육의 중요한 자원 • 헤드스타트 프로그램의 성공적 실시
	헤드스타트 프로그램 (head start program)	• 1960년대 미국 존슨 대통령의 '가난에 대한 전쟁' 선언을 계기로 사회경제적으로 교육의 기회가 결여된 유아에게 교육의 기회를 제공하자는 교육운동이다. • 유아사회교육의 영역 : 현장 견학, 주변 환경 탐색, 부모 일터 관찰, 교실 방문자들과의 대화 등을 통한 자아개념의 발달, 대인관계기술, 다문화에 대한 이해 등이 포함된다. • 피아제, 비고츠키, 브론펜브레너의 이론이 도입되어 유아들은 자기 자신을 더 잘 이해하고 여러 관계 속에서 자신을 인식할 수 있게 되었다.
장점		사회문화적 환경은 사회교육의 중요한 자원으로, 이러한 환경 속에서 사회적 지식, 기술, 태도가 통합적으로 유의미하게 이루어질 수 있다.
단점		다양한 사회문화적 현상이나 환경에 관련된 사실들을 단순하게 전달하는 데만 그칠 수 있다.

SESSION
04

UNIT 66 다문화교육 접근법(1990년대 전후)

KEYWORD # 관광식 접근을 지양하기 위한 지침

배경	• 1990년대 전후 국가 간 및 문화권 간에 지구촌 공동체 개념이 형성되면서 현대 지구촌 사회에 적응력 있는 인간을 육성하는 방안으로 접근하게 된 사회교육 방식이다.
	• 문화권에 따른 문화의 다양성과 차이를 쉽게 발견할 수 있는 나라가 러시아, 미국, 중국, 인도 등 다민족 국가이다. 그중에서도 미국은 지속적으로 이민이 이루어지고 있고, 이민 자체가 미국 사회의 주요 요소가 되기도 한다. 따라서 다양한 인종과 민족들이 이웃해 살고 있으며, 거리를 오가며 부딪치기도 한다. 그러나 내면적으로는 서로가 상대적인 문화적 우월감을 가지고 경쟁과 협동의 논리를 작동시키는 생활을 하는 것이 현실이다. 이에 따라 크고 작은 민족 간 분쟁과 갈등이 일어나고 있으며, 이에 대한 대책으로 미국은 법을 제정하여 다민족 교육 프로그램을 수행하였다.
	   − 그러나 다민족 교육이 미국 주류 사회 집단의 소수 민족에 대한 배려 차원에서 시작 되었다는 점에서 한계를 갖는다는 것을 고려하여, 이보다 더 포괄적인 개념인 다문화 교육이 요구되었다.
	   − 다문화교육은 문화적 다양성을 가치 있는 자원으로 지원하고 확장하려는 교육이다. 즉, 다른 문화를 단순히 인정해 주는 것이 아니라, 다양성이야말로 앞으로의 세계에서 가장 중요한 요소라는 인식의 변화를 의미한다.

개념		**주요 개념**: 차이, 다양성, 존중, 수용

	멜렌덱, 벡과 플레처 (Melendeq, Beck & Fletcher, 2000)	• 8가지 다양성의 요소
		   − 개인이나 집단의 현실적 정체성을 구성하는 8가지 다양성 요소를 설명 하였다.
		   − 8개의 각 영역에서 자신이 차지한 지위들을 통합한 자아가 형성되며, 이때 통합된 자아가 독특성을 갖고 다른 사람과의 차이를 나타나게 한다.
		   − 다문화교육의 입장에서는 이러한 차이를 다양성의 차원에서 서로 이해하고 존중해야 한다고 본다.

요소	설명
국적	자신과 부모의 출생국가
종족	자신의 정체성 형성에 영향을 주는 집단의 문화적 전통
종교	자신의 신념체계
사회계층	자신이 속한 사회적 집단의 위치(수입, 교육, 직업, 생활방식, 가치 등)
언어	모국어와 같은 자신의 근원과 관련된 언어
성	남성과 여성에게 부여된 사회적 역할과 기대
예외	장애 또는 영재와 같은 특별한 요구와 능력을 가진 사람
연령	연령 집단에 부여된 사회적 역할과 기대

	더만－
	스파크스와
	포스
	(Derman－
	Sparks &
	Force, 1989)
		• 현대의 지구촌 사회에서 가장 중요한 능력은 '사회적 적응력'이다.
		  － 사회적 적응력은 유아기부터 다양한 사회구조에서 효과적으로 상호
		  작용하는 데 필요한 행동과 기술을 발달시키는 것이다.
		• 가정, 이웃, 교실, 지역사회, 매체 등 다양한 경험을 하는 것이 중요하며,
		  이를 통해 유아는 사회적 다양성과 평등성을 빌달시켜 나갈 수 있다.
		• **더만－스파크스(Derman－Sparks)**
		  더만－스파크스(1992)는 차이(difference), 다양성(diverig), 존중(reped),
		  수용(acceptance) 등의 주요 개념을 공유하는 다문화교육과 반편견교육을
		  함께 고려하는 것이 발전적이라고 보며, '유아를 위한 반편견/다문화교
		  육의 목표와 발달적 기대'를 다음과 같이 제시하고 있다.
		  ① **목표 1**
		  유아가 통찰력 있고 자신감 있는 자기 정체성을 구성해 가도록 돕는
		  다. 이 목표는 유아 개인의 정체성과 집단 정체성을 모두 포함하며,
		  이는 우월감이 아니라 자신감을 육성하는 데 의미를 둔다.
		  ② **목표 2**
		  유아가 다양한 사람들과 편안하고 감정이입적인 상호작용을 하도록
		  돕는다. 이 목표는 사람들 사이의 유사점과 차이점을 이해하고,
		  차이점에 대해 공손하고 효율적으로 묻고 학습하며, 차이점에 편안
		  하게 협상하고 적응하는 지식과 성향을 발달시키는 것을 포함한다.
		  ③ **목표 3**
		  유아가 편견에 대하여 비판적인 사고를 할 수 있도록 돕는다. 편견에
		  대해 진지하게 생각한다는 것은 불공평한 고정관념, 부당한 언사,
		  자신이나 다른 사람의 정체성(성, 인종, 계층, 연령, 몸무게, 기타 특성
		  등)에 대한 차별적 행동을 인식하는 인지 기술과 편견이 고통을 준
		  다는 것을 아는 정서적 감정이입의 발달을 의미한다.
		  ④ **목표 4**
		  유아가 편견에 대항하여 자신과 다른 사람을 옹호할 수 있는 능력을
		  갖도록 돕는다. 이는 ㉠ 다른 유아가 자신에게 편견된 태도로 행동할
		  때, ㉡ 한 유아가 다른 유아에게 편견된 태도로 행동할 때, ㉢ 성인이
		  편견된 태도로 행동할 때, 당당하게 말할 수 있는 여러 가지 방법을
		  학습하도록 돕는 것을 의미한다.
		  ⑤ **목표 5**
		  목표 3을 기초로 하여 자신이나 다른 사람을 위해 행동하도록 돕는다.
		  즉, 비판적 사고와 감정이입은 편견에 대하여 자신이나 다른 사람을
		  위해 행동하는 데 필요한 구성 요소이다.

장점		• 서로 간의, 문화 간의 차이를 존중하고 융합하여 새로운 문화를 창출하는 힘을 기를 수 있다. • 지구촌 사회에서 적응하는 데 필요한 사회적 다양성과 평등성의 가치를 발달시키며 효과적인 상호작용 능력을 기를 수 있다.

단점	• 적응 과정에서 추상적인 교육이 되기 쉽다.
	• 다양한 문화적 자료나 사실들을 수집하거나 반편견 의식만을 강조하는 데 그칠 수 있다.
	• 다른 나라에 대한 단편적인 지식을 전달하는 것에 그쳐 '관광식 교육과정'이 되기 쉽다.
	   − 물질 문명적인 것에 잠깐 관심을 둘 뿐 다양한 삶의 가치, 방식, 신념 등을 경험할 수 없다.
	   − 람세이(Ramsey, 1982) : 유치원에서 진행되는 교육과정과는 별도로 각국의 음식, 집, 의복, 민속춤, 노래 등을 특별행사로 꾸며 소개하는 식의 활동은 이국적 차이를 단순히 알 수 있을 뿐이지, 그에 깃든 다양한 삶의 가치, 방식, 신념 등을 경험하기 어렵다는 것이며, 이러한 방법은 관광식 교육과정이라고 하여 비판하고 있다.

지침	• 다문화·반편견교육에서 관광식 접근을 지양하기 위한 지침
	   − 문화 행동을 유아 개인과 가정에 연결시키기
	   − 여러 문화 유형이 집단에게 영향을 미칠지라도 가족들은 가정만의 문화 방식으로 살아가고 있음을 알기
	   − 문화적 활동을 구체적인 일상생활에 연결시키기
	   − 모든 교사들이 문화적 다양성에 대해 연구하기
	   − 문화와 연관된 흥미 있는 주제가 실제 경험이 되도록 교실의 일상생활에 녹아들게 하기
	   − 사람들 간의 유사점을 차이점과 비교하여 연구해 보기
	   − 먼저 유아들과 교사들 간의 문화적 다양성을 찾아보고 다른 이들의 다양성을 알아보기

다문화교육 접근 변화	다문화교육의 접근방식은 다민족 교육에서 다문화·반편견교육으로, 나아가 세계시민교육의 차원으로 변화되는 양상을 보이고 있다. **세계시민교육** 인간으로서의 공통점을 공감하고, 문화 간의 차이를 존중·융합하여 새로운 문화 창출 **다문화·반편견교육** 문화적 다양성을 가치 있는 자원으로 지원·확장 **다민족교육** 소수민족의 권리·가치 존중
교사가 갖춰야 할 능력 (Morrison, 1998)	• 다양한 문화의 인식 • 유아의 학습양식 인지 • 협동적 학습의 격려 • 갈등 해결전략의 증진 및 사용 • 부모와 지역사회 인사의 참여 유도 등

 참고

유아사회교육의 접근방법 정리

접근방식	의미	장점	단점
사회생활 (1920~1930년대)	사회적 기술이 민주시민 생활에 필요하다.	사회적 기술은 민주사회에서 살아가는 데 중요하다. 협동하기, 나누기, 협상하기, 타인 입장 고려하기 등의 능력이 길러질 수 있다.	사회적 학습의 복잡성은 간과되고 단순한 습관훈련과 기술 형성에 초점을 두기 쉽다.
직접환경 = 현재생활 (1930년대)	주변 환경을 직접 경험하면서 상호 관계성을 인지한다.	현재 직접 경험하는 세계에 작용하는 현상들 간의 관계성을 감각적으로 인식할 수 있다.	가족, 지역사회 등 주제를 단순히 하여 사실적 지식들을 전달하는 데 그칠 수도 있다.
공휴일 (1930년대 이후)	공휴일은 가족, 사회, 문화를 즐겁게 인식할 수 있는 자원이다.	다른 나라나 지역의 문화를 다각도에서 심층적으로 이해할 수 있다.	전형적인 관광식 위주의 내용들을 열거하는 데 그칠 수도 있다.
개념의 구조화 (1960년대)	사회과학적 개념 형성은 중요한 사회적 능력이다.	개념 형성을 위한 사회적 탐구 과정이 강조됨으로써 유아의 비판적 사고력이 길러질 수 있다.	자칫 지식 중심으로 흐를 수 있다.
사회문화적 환경 (1960년대 이후)	사회문화적 환경은 유아 발달에 중요한 요인이다.	사회적 지식, 기술, 태도가 통합적으로 유의미하게 이루어질 수 있다.	다양한 사회문화적 현상이나 환경 관련 사실들을 단순하게 전달하는 데 그칠 수도 있다.
다문화교육 (1990년대 전후)	문화적 다양성은 사회교육의 가치 있는 자원이다.	서로 간, 문화 간의 차이를 존중하고 융합하여 새로운 문화를 창출하는 힘을 기를 수 있다.	다양한 문화적 자료나 사실들을 수집하거나, 반편견 의식만을 강조하는 데 그칠 수 있다.

 참고

유아사회교육의 근원 및 접근 모형(김영옥, 「유아사회교육」)

• 사회교육은 상당히 광범위한 분야로서 그 지식이나 가치에 대한 근원과 접근방법도 다양하다. 교육과정의 근원은 여러 가지가 있으나 대개 유아 주변과 현재 생활에 기초한 교육과정, 사회적 생활 중심 교육과정, 공휴일 중심 교육과정, 사회과학 개념에 기초한 교육과정을 들기도 한다(이영자, 유효순, 이정욱, 2004).

중심원 접근	유아가 직접 접한 환경에서 기본 개념을 이해한 후 점차 주변 세계로 확장시켜 나간다는 관점으로 개인, 집단, 가족 및 국가, 인류사회로 점점 경험을 확대해 가는 관점이다. 교육과정 접근에 많이 활용되고 있다.
아동발달 중심	1920년 Hall의 질문지법이나 Gesell의 표준행동목록(Normative Data) 등의 발달적 관점이 대두된 이래 Dewey, Freud의 영향을 많이 받아 사회적 상호작용을 중시한다. 내용 선택에 관심이 있기보다는 아동의 요구(psychological needs)에 중점을 두므로 문제행동의 원인을 찾아 해결하는 데 관심을 갖는다. 따라서 극화놀이, 쌓기, 미술, 음률활동 등을 통한 문제해결 접근이 강조된다.

학문 중심	1950년대 대두된 인지교육과 나선형 교육과정(spiral curriculum)의 방법으로 Bruner에 의해 주장된 후 사회과 교육에서는 Taba 등(Taba, Durkin & Fraenkel, 1971)에 의해 발전되었다. 기본 개념과 주요 개념을 가르쳐야 한다는 입장이므로 각 학문 분야의 전문가에 의한 개념 선택이 중요하다. 즉, 주된 개념이 복잡성·추상성에 따라 상위 수준을 향하여 나선형적 발달을 이루는 것이다.
과정 중심	아동발달심리학에 근접하며 학습방법이나 과정이 중요하다고 생각하는 입장이다. 각 영역과 다양한 성장을 어떻게 연결할 것인가에 관심을 두므로 아동이 생각하는 방법과 논리적 사고과정을 중시한다. Piaget의 영향을 받아 신체적 활동과 구체적 활동을 통한 개념 습득을 강조하므로 사물과의 구체적 경험에서 형식적 경험으로 전개되어야 한다고 믿는다. 따라서 발달 수준을 고려하고 배경, 흥미, 욕구에 기초해야 하며, 아동이 조작을 통하여 개념적 접근에 참여하도록 하는 데 관심을 갖고 있으므로 무엇을 가르칠 것인가보다는 어떻게 가르칠 것인가가 중요하다.

• 한편 '사회교육에서 무엇을 가르칠 것인가?', 즉 '사회교육에서 가장 중요하게 여기는 것이 무엇인가?'라는 본질에 관하여 차경수(1998)는 아래와 같이 제시한 바 있다.

개인발달 접근 모형	긍정적인 자아개념과 이에 대한 발달 및 개인적 성취, 미래에 행복하게 살 수 있는 개인의 생활능력 함양을 중요하게 보고 있다. '개인의 행복이 무엇인가?'의 가치에 따라 달라질 수 있으며 이 부분이 지나치게 강조되면 사회성과 충돌할 수 있다.
민주시민교육 접근 모형	민주시민으로서 사회에 적응하는 데 필요한 지식·태도·기술을 가르치는 것이 사회교육의 본질이라고 생각한다. 사회생활에 관한 인간관계를 중심으로 시민성에 필요한 자질의 교육을 강조한다.
문화유산 전달 접근 모형	역사적으로 전해 내려오는 문화유산을 전달하는 것이 사회교육의 본질이라고 생각하는 견해이다. 애국심, 효 등의 전통적 개념이 강조되어 사회의 보수적 안정에는 기여할 수 있으나, 진보적 가치 및 사고와 대립될 수 있다.
사회과학 접근 모형	사회과학의 기본 개념에 접근하게 하며 사회현상에 대한 관심과 사회과학적 탐구력을 기르는 것이 주된 관심이다. 사회과학적 탐구력을 강조하면 민주시민교육적 접근과 충돌하게 된다.
문제해결 접근 모형	생활에서 부딪히는 문제를 해결하기 위하여 반성적 사고력을 중요하게 생각한다. 사회과학 접근 모형과도 부분적으로 상반되는 관점이다. 반성적 사고를 요하는 문제해결력은 사회생활에 필요한 능력이나 사회과학적 접근을 통하여 얻을 수 있는 방법적인 능력이지 그 자체를 본질로 보기 어렵다는 입장과 충돌할 수 있다.
비판적 탐구력 접근 모형	과거와 현재의 사고방식을 검토하고 비판하며 새로운 대안을 제시하는 것이 사회교육의 본질이라고 생각한다. 갈등 상황에서 여러 가지 상황을 비판적으로 생각해 보고 대안을 찾는 능력도 중요하지만 문화유산 전달적 입장과는 상충될 수 있다.

III 유아사회교육의 교수·학습방법

UNIT 67 인지발달 모형

기본 개념	• 피아제의 인지발달 이론에 기초하고 있다. – 유기체인 학습자는 외부 환경과의 능동적인 상호작용을 통해 지식을 구성해 나간다는 기본입장을 바탕으로, 사회교육의 인지발달 모형이 교육과 학습에 적용되었다. • 인지발달 모형에서 가장 중점을 두는 것은 유아의 인지구조가 변할 수 있는 자극을 외부에서 제공하는 것이다. 이때 외부 자극은 교사의 교수전략 선택과 환경구성이라 할 수 있다.

인지발달 모형의 수업원리	• 인지발달 모형은 지식의 세 유형인 '물리적·사회적·논리 수학적 지식'에 초점을 두며, 지식의 유형에 적합한 교사의 역할이 필요하다.
	• 교육활동은 인지구조의 변화를 조성할 수 있는 환경의 제공이 중요하다.
	  – 교사는 유아의 적절한 인지적 조작 활동이 일어날 수 있는 다양한 학습경험을 계획하고, 유아가 교육 활동을 주도하여 스스로 발견할 수 있는 환경을 구성해야 한다.
	• 사회적 지식은 또래들과의 상호작용을 통해 가장 잘 학습된다.
	  – 유아에게 있어 또래집단은 학습 자극의 촉진제이자 인지발달의 근원이 된다.
	  – 또래들과의 상호작용을 통해 적절한 지식을 서로 교환하고 정보를 축적한다.
	  – 또래들과의 사회적 상호작용이 교육적 활동으로 제공될 때, 유아의 인지발달은 효과적으로 조장될 수 있으며, 또래집단에서의 놀이와 게임이 특히 중요한 역할을 한다.

교사의 역할	• 학습 환경의 조직과 계획
	  – 인지구조의 변화를 조성할 수 있는 학습 환경을 조직하고 계획한다.
	• 유아의 사고 촉진
	  – 인지적 자극과 발달을 위해 개방적 질문을 하고, 활동에 대한 유아의 능동적인 참여를 유도해야 한다.
	• 놀이나 게임 및 토의 등과 같은 집단활동 제공
	  – 활동에서 유아들의 활발한 정보 교환이 이루어질 수 있도록 적극적으로 개입한다.
	  – 유아들의 놀이와 사회적 상호작용이 일어날 수 있는 또래들의 집단활동을 권장할 필요가 있다.

수업과정	**1단계: 제시** 발달단계에 적절한 과제나 상황을 제시한다.
	2단계: 탐색 • 아동들의 반응을 유도하고 근거를 묻는다. • 다양한 대안을 제공하고 아동들의 반응을 검증한다.
	3단계: 전이 • 관련된 과제를 제시하고 아동들의 합리적 사고를 조사한다. • 다른 대안을 제공한다.

UNIT 68 사회적 탐구모형 – 마시알라스와 콕스(Massialas & Cox)

KEYWORD# 사회적 탐구모형의 단계

개념		• 사회적 탐구모형은 자연과학적 연구 방법(발견학습)을 사회과 수업에 적용하기 위해서 개발된 모형으로, 마시알라스(Massialas)와 콕스(Cox)는 탐구모형을 사회교육에 적용하면서 교육의 주요한 목적은 가치와 현재 사회 문제에 대한 반성적 검증이 있어야 한다고 주장하였다. – 유아가 사회적 현상과 세계의 특성에 맞추어 자신의 생활을 반성적으로 사고하고 탐구할 수 있도록 하는 데 초점을 맞추었다. – 교육기관은 문화의 창의적 재구성에 적극적으로 참여해야 함을 강조하였다. – 유아교육에서 탐구학습은 유아 중심의 학습을 지향하는 것으로, 유아들은 탐구를 통한 반성적 사고를 하면서 자신과 사회에 대한 의미를 이해할 수 있다.
탐구모형의 일반적인 조건	개방적인 분위기, 토론 지향	• 사회의 모든 현상이 탐구의 대상이자 검증의 대상이 될 수 있다. • 개방적인 토론을 통해 사회현상을 이해할 수 있다고 본다.
	가설을 통한 탐구 강조	• 가설은 문제해결에서 필수적 역할을 하며, 문제 상황에 대한 가설과 가설적 해결안을 중심으로 탐구와 토의가 전개된다. • 지식은 계속적으로 검증되고 재검증되는 가설로 간주된다. • 가설 형성에 적절한 자료의 수집, 가설 검증을 통한 개념의 수정, 가설 형성의 재시도 같은 계속적 활동을 통해 개념이나 현상 및 아이디어가 수정된다. • 가설 설정을 위해서는 논리적 기술이나 실험, 관찰이 필요하다고 본다.
	증거로서의 사실 활용	탐구의 객관성과 타당성을 중요하게 취급하므로 증거로서의 사실을 활용한다.
전략	**교육활동 과정**	
	① 안내 (문제 구성)	**문제 상황의 제시와 규명을 위한 안내** • 교사와 유아가 사회 영역 문제에 감각을 갖도록 하는 것이다. • 유아는 실제 생활 및 학급 내의 생활과 동화 등을 통해 사회영역의 갈등 상황과 문제를 접하게 된다. – 이러한 상황들은 탐구학습의 출발점이 되며, 문제의 핵심과 유형을 인지하고 포함된 요소들을 규명하여 이해하게 된다.
	② 가설 설정	**문제해결을 위한 가설 설정** • 문제해결을 위한 서술적인 진술을 의미한다. • 탐구를 위해서는 원인과 결과, 현상의 해결방안 등을 가능한 한 명료하게 나타내는 가설을 설정해야 한다. • 가설은 탐구 과정의 안내 역할을 하며, 문제들을 검증하거나 제안된 해결방안을 검토하는 데 사용되고, 또 다른 해결방안이 필요한지를 결정하는 일들을 알려준다.

③ 정의 (주제의 명료화)	**가설의 규명과 명료화(용어의 명료화)** • 가설이 보다 명료하게 규명되고 문제 상황에 대한 이해와 의사교환이 가능하도록 다양한 요소가 정의된다. • 가설은 일반적인 용어로 요소와 관계를 재기술함으로써 특수한 용어를 쓰는 것은 되도록 피하고, 가설에 쓰이는 모든 용어는 명료화한다. – 가설의 단계에서 쓰이는 용어의 뜻이 뚜렷이 밝혀지지 않으면, 그 용어는 교사와 학생에게 서로 다른 의미를 전달함으로써 탐구의 전개를 방해할 수 있으므로 용어의 의미를 명확히 한다.	

④
탐색
	가설에 포함된 전제, 시사점, 논리적 타당성 탐색
	• 현상들에 대한 전제, 연역적 추리, 시사점 등이 구성된다.
	  – 논리적인 연역, 가정, 전제에 의하여 가설이 더 신중하게 설명된다.
	  – 증거를 찾기 위한 사전 단계이다.
	• 이 과정에서 사실들의 논리적 타당성 및 내적 일치도 등이 점검된다.	

⑤ 증거(입증)	**가설을 지지할 사실과 증거의 수집** 암시(가설)를 입증하기 위해서는 충분한 자료가 제시되어야 하며, 그 자료는 시간과 공간을 초월해서 타당도를 입증받아야 한다.	
⑥ 일반화 (가설 검증 및 일반화)	**일반화된 문제해결방안 제시** • 증거에 입각한 문제해결을 의미하지만, 일시적이며 최종진리가 아니다. • 해결방안을 사회적 현상이나 사건에 적용해 보는 일반화는 가능한 범위 안에서 가장 최선의 방법으로 이루어진다.	

 참고

사회적 탐구모형을 활용한 활동

활동단계	활동내용
문제 구성	우리 동네 119구조대원이 하는 일을 알아본다.
가설 설정	'우리 동네 119구조대원이 없으면 사람들이 편하고 안전하게 살 수 없다'는 가설을 세운다.
주제의 명료화	우리 동네에 119구조대원이 없으면 어떻게 될지, 우리 동네 구조대원은 어떤 일을 하는지에 대해서 알아보기로 한다.
자료수집	소방서에 가서 우리 동네 119구조대원이 하는 일을 조사하고, 책이나 동영상에서 관련 정보를 찾아본다.
자료평가 및 분석	우리 동네 119구조대원이 하는 일을 표, 그림, 동시 짓기 등 다양한 방법으로 나타낸다.
가설 검증 및 일반화	우리 동네에 119구조대원이 없으면 사람들이 편하고 안전하게 살 수 없다는 것을 인식하고, 119구조대원이 하는 일을 안다.

UNIT 69 개념습득모형

개념	• 사회 영역에서 다루는 기본 개념들과 일반적 지식 등을 중심으로 그에 대해 생각하는 방법과 유목화하는 과정을 강조한다.
	• 개념을 습득하고 형성하는 방법, 개념을 전달하는 방법 등을 배우게 된다.
	• 브루너는 개념이 「이름, 예(적절한 예, 부적절한 예), 속성, 가치적 속성, 원리」라는 5가지를 가지고 있으며, 개념을 이해한다는 것은 개념에 들어있는 이 5가지 요소를 모두 아는 것이라고 보았다. 이러한 개념들이 사회교육에 그대로 적용되어 현상이나 사건 및 사회적 행동을 학습하는 데 도움이 된다.
	• 개념습득모형은 이러한 유목화를 강조하는 교수·학습 모형으로, 기본적인 사고의 과정으로서 유목화를 중시한다.
	  − 유목화: 주위 환경이나 사물, 사건 등을 다루고 이해하기 위해 사용하는 방법으로, 유목화를 통해 환경의 복합성을 단순하게 할 수 있고 보다 효율적으로 사고하고 행동할 수 있다.
	  − 유목화는 사회의 구성원이 그 문화의 제반 특성을 습관적으로 반영하도록 해주는 기본과정이며 사회화의 과정이기도 하다.
	  − 유목의 내용은 각 문화마다 다를 수 있으나 개념의 형성은 일련의 공통적인 사고 과정을 통해 이루어진다.

유아 개념 발달의 특징	• 유아의 개념발달은 위계적이고 누가적이다.
	  예 개나 고양이를 이해한 후에 동물이라는 개념을 획득한다.
	• 개념발달은 연속적으로 진행한다.
	  − 단순한 것 ➡ 복잡한 것, 구체적인 것 ➡ 추상적인 것
	• 하나의 개념은 불변하는 절대적인 것으로 인식한다.
	  예 사과는 사과이고 사과잼은 사과와 관련 없다고 인식한다.
	• 추상적인 개념을 이해하기 어렵다.
	  예 개라는 개념보다 애완동물이라는 개념의 이해가 어렵다.
	• 개념의 명칭을 사용하는 것이 개념을 명확히 이해하는 것이라고 보기는 어려우며, 유아가 개념의 명칭을 모른다고 하더라도 개념을 학습할 수 있다는 것을 염두에 두어야 한다.

개념습득 전략	• 직접적이고 실제적이며 구체적인 사례를 제공한다. • 자신의 추론 과정을 설명할 수 있도록 격려한다. • 먼저 예를 들어주고 유아가 개념의 규칙을 찾아내게 한다. • 관찰과 기술의 기능을 개발시킨다. • 변별하기 쉬운 사물에서 점점 어려운 것으로 진행한다.

교육활동 과정		• 유아를 위한 교육활동에서는 일련의 기본 개념에 관련된 아이디어들이 선정되면 이와 관련된 경험들이 구체적인 자료와 실례, 그리고 활동을 통해 전개된다. 　– 유아를 위한 개념학습 모형의 적용은 추상화된 언어적 진술보다는 개념과 주제에 관련된 기본 내용의 실례들을 실제 생활의 경험에서 찾아보고 제시하며 비교함으로써 개념을 형성할 수 있도록 한다. 　– 이 과정에서 기본적인 유목화의 사고과정이 중요하게 취급될 필요가 있다.
	1단계 자료의 제시와 개념의 변별	• 명명화된 예들의 제시 • 적절한 예와 부적절한 예의 속성 비교 • 핵심 속성의 진술
	2단계 개념의 습득과 검증	• 추가적인 예들의 변별 • 가설 확인, 명명화, 내용의 진술
	3단계 사고전략의 분석	• 사고에 대해 기술 • 가설의 속성과 역할에 대해 논의 • 가설의 형태와 수에 대해 논의

UNIT 70 문제해결학습

KEYWORD# 문제해결과정

출현 배경	• 19세기 후반 지식의 축적과 기능의 연마를 위주로 했던 주입식 교육에 대한 문제를 제기하면서 나타난 학습형태이다. • 듀이(Dewey)에 의해 체계화되었으며, 반성적 사고에 기초한 교수・학습방법이다. 　– 인간은 사회적・문화적 존재로서 끊임없이 문제 상황에 부딪히며 그 문제를 해결하려고 노력한다. 　– 합리적인 문제해결을 위한 과학적이고 논리적인 사고(반성적 사고)가 요구된다.
개념	• 학습자가 일상생활에서 부딪히는 문제를 스스로 해결해 나가는 과정에서 지식, 기능, 태도 등을 통합적으로 획득하도록 하는 학습방법이다. 　– 문제해결을 위해 다양한 ✦문제해결전략을 모색하며, 이를 위해 창의적이고 생산적인 질문이 이루어지는 학습형태이다. 　– 학습자와 교사가 함께 문제 상황에 대해 그 원인과 해결책을 모색하여 문제해결을 시도한다. 　– 문제가 제기될 경우 학습자는 자신이 기존에 배운 내용이나 지식을 사용하여 주어진 문제를 파악해 분석하며, 문제의 해결책을 고안하고, 문제의 해결을 위한 자료를 모으며 학습을 진행한다. 　– 개인별, 소집단별, 학급 전체 등의 방식으로 전개될 수 있다.

✦ 문제해결전략
• 문제 상황에 대해 원인을 모색하고 해결하기 위한 최적의 방안을 찾아내는 것이다.
• 이는 유아 스스로 사고하고 문제를 해결해 보는 기회가 되며 논리적 사고와 책임감 있는 행동을 발달시키는 기초가 된다.

유아기 한계점		• 유아들은 또래들과 함께 생활하면서 갈등 상황을 만나게 되는데, 이때 자기통제력이나 의사소통과 같은 사회적 기술이 부족한 유아들은 공격적인 행동이나 즉흥적인 방법으로 해결하려 한다. • 해결책: 교육을 통해 합리적이고 언어적인 방법으로 문제를 해결할 수 있도록 도와주어야 한다.
문제해결과정	① 문제이해단계 (문제의 인식)	• 학습자가 선택한 문제나 학습자에게 제시한 문제에 대하여 자세히 검토하고, 그 본질을 정확히 인식하게 하는 단계이다. – 문제가 요구하는 것, 문제에 주어진 자료와 조건, 적용할 수 있는 원리와 법칙 등에 대하여 생각해 본다.
	② 계획의 구안단계 (해결방안 강구)	• 문제를 어떤 방법이나 절차로 해결할 것인가를 개인별 혹은 소집단별로 연구하는 단계이다. – 문제를 해결하기 위한 요건을 파악하여 풀이 방법을 생각해 본다. – 여러 가지 문제해결 사고 전략을 익히고 검토한다.
	③ 계획의 실행단계	• 구안한 계획대로 문제를 해결하고자 실행하는 단계이다. – **자료 수집**: 문제해결을 위해 필요한 자료를 수집하여 연구한다. – **활동의 전개**: 수집된 자료의 조사, 관찰, 비교 등을 통해 문제해결을 시도한다.
	④ 검증단계 (결과의 검토)	• 결과를 정리하여 발표하고 이를 검토하는 단계이다. – 문제해결 과정에서 얻은 지식을 통합시킨다. – 해결방법을 재점검하고 전체 흐름을 재음미함으로써 대안적인 해결책을 발견하거나 문제를 확장·일반화한다.
문제해결과정 (박찬옥 외, 2005)	① 문제의 인지	문제가 내포된 상태에서 문제의 핵심을 끌어내어 참다운 문제가 무엇인가를 확인하고 그것을 전체적인 상황과 관련지어 생각해야 하는 단계이다.
	② 문제에 대해 정확한 규명과 정의내리기	문제를 정확하게 진단하는 단계로 생각해야 할 문제를 한정시키고 명료하게 하는 단계이다.
	③ 가능한 해결방안의 제시	문제에 대해 가능한 해결방안과 잠정적인 해답을 내리는 단계이다.
	④ 여러 대안에 대한 검토	문제해결을 위해 제시한 여러 대안을 체계적으로 검토하는 단계이다.
	⑤ 최선의 대안 선택	논리적인 추론을 거쳐 해결안을 결론으로 채택하는 단계이다.

문제해결 학습 단계 (방통대)	• 문제 인식하기 ➡ 가설 세우기 ➡ 실험하기 ➡ 결론 도출하기 ➡ 결과에 대해 의사소통하기 • 문제해결학습은 유아가 일상생활에서 발생할 문제 상황을 주도적으로 해결하는 과정을 통해 학습이 이루어지도록 하는 교수·학습방법이다. － 문제해결을 위해서는 먼저 문제가 무엇인지 정확하게 인지하고 정의해야 한다. 그리고 가능한 해결방안과 가설을 설정하고, 문제해결을 위한 여러 대안을 체계적으로 검토하며, 논리적인 추론을 거쳐 해결안을 채택하고 실행한 다음 결과에 대한 반성적 사고를 하는 과정을 거치게 되는 것이다.
고려사항	• 효율적 문제해결학습을 위한 고려사항 ① 유아에게 문제해결 능력을 익힐 수 있는 풍부한 학습경험을 제공해야 한다. － 문제 상황을 해결하기 위해 유아는 주어진 상황을 이해하고 해결하기 위한 정보를 모색하는 등의 일련의 과정을 통해 문제해결의 방법과 기술을 학습할 수 있다. － 유아에게 제시되는 경험은 유아 주변에서 일어나는 다양한 일상생활의 문제와 단순한 문제상황부터 시작하는 것이 좋다. ② 유아가 주도적인 역할을 수행해야 한다. － 유아는 의존심을 버리고 문제를 스스로 해결하고자 하는 자립적인 태도를 학습할 수 있다. － 교사는 유아가 문제해결방법을 잘 사용할 수 있도록 돕는 안내자이자 격려자이다. ③ 수용적 분위기가 제공되어야 한다. － 다른 유아와의 의견교환이 일어나며 이 과정에서 유아는 자신의 생각을 스스럼없이 제안할 수 있고, 실수나 잘못을 두려워하지 않는 개방적인 분위기가 형성되어 있어야 한다. － 교사는 유아의 창의적 사고력과 상상력을 독려하고, 유아의 활발한 의사소통을 조장하며, 유아의 의견을 수용하여 문제를 해결하고자 노력해야 한다.
장점	• 학습자의 자발적 학습이 가능하다. • 실생활에 직결된 문제를 소재로 한다. － 학습자의 구체적 행동과 경험을 토대로 한 교육이다. • 통합적 지식경험, 즉 지식·기능·태도가 길러진다. • 사고력, 창의력 등 고등정신기능이 길러진다. • 협동적인 학습활동으로 민주적인 생활태도를 배양할 수 있다.
교사의 역할	• 유아의 문제해결력 증진을 위해 유아들의 지적·정의적 특성을 파악해야 한다. • 유아들이 일상생활에서 직면하는 여러 문제들을 제시하고, 유아들이 그 문제들에 대하여 충분히 생각한 뒤 결론을 도출하도록 지도해야 한다. • 다른 사람과 의논하며 문제를 해결하는 습관을 갖도록 한다. • 유아들에게 적절한 질문을 하여 유아들이 비판적으로 사고하고, 정확하고 다양한 정보를 수집할 수 있도록 도움을 주어야 한다.
문제해결력 증진방법	문제 상황에 대한 역할극, 인형극, 동화 등을 통해 타인의 입장을 배려해 보는 경험을 제공한다.

UNIT 71 토의학습

KEYWORD# 토의학습

개념	출현 배경	수업방법이 지나치게 주입식이라는 문제점이 제기되면서 나타났다.
	토의	• 어떤 주제 또는 사회적 갈등 상황에 대해 서로의 의견을 표현하는 과정에서 의견들 사이의 유사점과 차이점을 비교하고, 문제해결의 방법을 논의하는 과정이다. • 유아들이 자신의 입장을 효과적으로 전달하고 타인의 입장을 고려하면서 서로의 생각을 공유하도록 도울 수 있는 효과적인 방법이다. • 공동의 관심사가 되는 어떤 문제에 대한 바람직한 해결방안을 구하기 위해 여러 사람이 각자의 의견을 말하고 듣는 활동으로, 참여자들이 상호작용하는 집단의 사고과정을 거쳐 문제해결을 의논하는 형태이다.
	토의학습	• 토의를 학습의 현장에서 사용하여 학습효과를 높이고자 하는 학습형태이다. • 교사와 유아, 유아와 유아 간의 토의를 통해 달성하고자 하는 학습성과를 유아 자신이 발견하여 알게 하는 교수기법이다. • 어떤 문제나 사건에 대해 충분히 이해하거나 명확히 하기 위해 여러 사람이 모여 그들의 생각과 중요 요소, 관점, 아이디어 등을 언어로 교환하는 공동학습 방법이다.
	한계점	• 유아들은 언어적인 능력의 제한으로 자신의 생각을 잘 표현하지 못한다. • 자기중심적인 특성으로 다른 유아들의 이야기를 주의 깊게 듣는 태도가 미숙하다. • 해결 방안 : 교사가 유아와 함께 토의에 참여하여 의견 제시자, 촉진자, 중재자 역할을 할 수 있다.
영향 요인		토의 진행은 토의 주제, 교사의 역할, 집단의 크기 등에 영향을 받는다.
	주제	• 모든 유아들이 공통된 관심을 끌 수 있는 내용으로 선정한다. 　- 교사는 교실 안에서 실제 일어난 상황이나 유아들이 관심을 가질 만한 상황을 제시하여 문제 상황에 대한 유아들의 반응이나 의견, 생각을 이끌어낼 수 있다.
	집단편성	• 유아들이 골고루 참여할 수 있도록 6~8명 정도의 소집단을 중심으로 실시하는 것이 효과적이다. 　- 유아들이 자유롭고 편안하게 서로의 의견을 교환할 수 있는 분위기를 조성한다.
	집단배치	• 서로 마주볼 수 있도록 둥글게 앉거나 반원 형태로 앉아 이야기를 나눈다. 　- 둥근 형태로 앉아서 토의할 경우 유아들은 서로의 얼굴을 보고 이야기하기 때문에 비언어적·언어적 의사소통을 사용하여 의견을 나눌 수 있다.

유의점		• 유아들의 이해를 돕기 위해 토의 주제와 관련된 그림이나 사진 또는 책 등의 보조 자료를 제시한다. • 토론 주제에 대해 유아가 자신의 생각을 정리하고 표현할 수 있도록 충분한 시간적 여유를 제공한다. • 개방적이고 자유로운 분위기에서 토의가 이루어지도록 한다. • 토의에 참여한 모든 유아들이 골고루 발표할 수 있는 기회를 제공한다. • 다른 사람의 말을 주의 깊게 듣도록 하며, 상대방의 의견이 나와 다를지라도 다른 사람의 생각이나 의견을 비웃거나 비난하지 않도록 한다. • 토의 시간은 주제 및 유아들의 연령에 따라 다르나 대략 10~20분 이내로 설정한다. • 교사는 중간적 입장에서 유아들의 생각을 정리해 주는 역할을 하며, 결정은 유아들이 스스로 내릴 수 있도록 격려한다.
교육적 의의	**자율성 향상**	• 유아의 자율성을 향상시킨다. 　– 토의에 유아가 능동적으로 참여하여 교사와 유아, 유아와 유아 간의 의사소통과 의견교환이 이루어짐으로써 학습 목적을 성취할 수 있다. 　– 유아는 토의 과정에서 자신의 의견을 자유롭게 제시하고 다른 유아의 의견을 경청·수용함으로써 스스로를 조절하는 자율성을 신장시킬 수 있다.
	의사소통 기능 발달	• 유아의 의사소통 기능의 발달을 도모한다. 　– 토의학습은 구두표현에 의존하는 것으로서, 토의과정을 통하여 유아는 의사소통의 기술과 방법을 자연스럽게 배우게 된다.
	학습내용 이해 촉진	• 학습내용에 대한 이해를 촉진한다. 　– 토의는 토의하고자 하는 주제와 관련된 지식이나 이해를 기초로 하지 않는 한 진행될 수 없다. 　– 토의과정을 통하여 의견을 개진하고 교환하는 것에서 유아는 자신의 지식과 경험을 재구성하는 기회를 가지게 된다.
	긍정적 가치관 형성	• 긍정적 가치관의 형성 및 유아의 태도발달을 돕는다. 　– 토의학습은 수용적 분위기 속에서 자신의 생각을 발표하고, 다른 유아와의 긍정적 상호작용을 통하여 자신과 타인에 대한 이해 및 스스로에 대한 성취감과 자신감을 가질 수 있게 한다. 　– 교사와 유아, 유아와 유아 간에 공통의 문제를 가지고 상호 토의하고 협력하는 과정을 통하여 구성원 간의 협력적인 태도를 형성할 수 있다.

일반적 절차	① 주제 선정 및 사전 조사 단계	• 토의 목적 확인 • 토의 주제 설정 - 주제는 유아들이 이미 익숙하게 알고 있는 주제로, 정해진 답이 없으며 서로의 의견을 교환할 수 있는 것으로 선정한다.

	②
	안내 단계
		• 소집단 토의 환경 준비
		  - 장소뿐만 아니라 소집단 토의에 필요한 교수·학습 자료도 함께 준비한다.
		• 토의활동에 필요한 조사활동
		• 집단 편성 및 역할 분담
		• 토의의 구체적 절차 확인
		• 토의방식 결정
		• 토의에 필요한 준비물 확인
		• 교사는 토의 주제에 대하여 충분히 숙지하고 있어야 하며, 토의의 진행을 돕기 위한 질문 목록을 준비
		  - 토의 시에 지켜야 할 약속에 대해 이야기한다.

	③
	토의 전개 단계
		• 토의의 본질적인 활동 전개
		  - 토의의 시작 시간과 마무리 시간을 정함
		  - 집단별 주제 및 역할 확인
		  - 구성원 간 토의의 전개
		• 교사는 토의 과정을 지켜보다가 유아들의 대화가 토의 주제에서 벗어날 때 주제로 관심을 모으거나 유아들의 말을 명료화

	④ 정리 단계	• 토의의 결과 정리 및 반성 • 토의에 대한 개인의 반성 및 평가 • 토의 결과를 소집단 유아나 전체 집단 유아들에게 공유 - 유아들은 자신이 참여한 토의 내용과 결과에 대해 더 잘 알게 되고, 이후 다른 토의활동에 적용하게 되며, 토의를 아직 경험하지 못한 유아들에게 소집단 토의를 간접적으로 경험할 수 있는 기회를 제공한다.

UNIT 72 사회적 추론

KEYWORD# 사회적 추론, 귀납적 추론

정의	논리적인 설명, 칭찬, 유아의 행동의 결과에 대한 예측 등을 통하여 유아가 자신이 한 행동의 원인과 결과의 관계를 판단하고, 사회에서 일반적으로 수용되는 행동을 하도록 하는 교수전략이다(박찬옥, 2010).

도덕적 추론 (인지적 측면)	• 유아에게 문제 상황과 관련된 딜레마 상황을 제시하고 이 상황에서 주인공이 어떻게 해야 할지, 왜 그렇게 해야 하는지를 이야기하도록 하는 방법이다.
	• **장점**
	  – 유아가 자신의 실제 상황이 아닌 가설적 상황이기 때문에 좀 더 자유로운 추론적 사고가 가능하다.
	• **단점**
	  – 유아의 도덕적 추론이 논의에서 마무리될 뿐 행동에 쉽게 적용하지 못한다.
	
	• 도덕적 추론을 위한 딜레마의 구성 및 제시 기준
	  – 유아가 흥미를 가질 수 있는 재미있는 극적 이야기를 제시할 것
	  – 유아가 두 개 이상의 가치 사이에서 갈등할 수 있는 내용을 제시할 것
	  – 유아에게 무엇이 옳은가에 대해 강요하지 않을 것
	  – 교사는 유아가 자신의 사고 단계에서 풍부한 추론을 하도록 격려할 것

귀납적 추론 (정의적 측면)	• 유아의 행동의 본질적 속성에 초점을 맞추어 왜 착한 행동을 해야 하고 잘못된 행동을 하지 말아야 하는지를 이해하도록 돕는 방법이다.
	  – 유아가 하게 될 행동이 초래할 결과를 예측하게 함으로써 스스로 바람직한 행동을 할 수 있도록 유도한다.
	  – 타인에게 미칠 부정적 영향과 그에 따른 죄책감을 미리 예측해 보는 것으로, 초래할 결과에 대해 교사의 논리적이고 설득력 있는 설명이 필요하다.
	• **장점**
	  – 유아가 당면한 현재 상황에서 하게 될 행동이 초래할 결과를 교사가 논리적으로 설득력 있게 설명할 때 효과적이다.
	
	유의점 귀납적 추론이 효과적으로 이루어지기 위해서는, 이것이 언어적으로 유아의 이성에 호소하는 방식이므로 교사나 부모가 일관된 교육태도와 실천적 행동을 보여야 한다.
	
	• 귀납적 추론이 유아의 사회적 행동 변화에 효과가 있는 이유
	  – 유아가 그릇된 행동을 하고 싶을 때 그 행동이 타인에게 미칠 부정적 결과 및 죄책 감을 예측해 봄으로써, 유아로 하여금 그릇된 행동에 대한 죄책감을 느끼도록 하여 스스로 바람직한 행동을 할 수 있도록 유도한다. 이는 또한 타인의 감정에 대한 공감 능력을 길러줄 수 있다는 점에서 긍정적이다.
	• 추론을 통해 적절한 행동과 부적절한 행동에 대한 일반적 원리를 배우게 되기 때문에, 유아는 그것을 새로운 상황에까지 적용해 볼 수 있게 된다.
	  – 유아가 그릇된 행동을 하게 될 경우 과거의 귀납적 추론을 통해 들은 내용을 회상할 수 있다.

SESSION

04

UNIT 73 협동활동(협동학습)

KEYWORD# 협동학습

1 협동활동의 교육적 의의

개념		• 협동학습은 교실 내에 존재하는 집단의 역동성을 중심으로 평가하는 일련의 교수·학습 전략으로, 공동의 구성원들이 하나의 목표를 협동하여 달성해 나가도록 유도하는 교수·학습 방법이다.
		  - 집단의 구성원들이 서로 의존하여 집단의 전체 상태를 변화시키기 위한 상호 의존성의 개념에 근거하고 있다.
		  - 협동은 공동의 목표에 도달하기 위하여 둘 이상의 유아가 소집단 및 대집단으로 함께 하는 활동으로, 기본적으로 긍정적인 사회적 상호작용이자 친사회적 행동기술이기도 하다.
		  - 팀을 하나의 단위로 하여 교육활동이 이루어지므로 팀원 간의 목표의식을 높이며, 유아의 협동심과 자율적인 탐구능력, 상호 의존성, 자긍심을 고취할 수 있다.
		• **장점**
		  - 자신이 속한 공동체를 인식하고 소속감, 결속력을 기르는 데 도움을 준다. 즉, 학급의 구성원과 협동하는 경험을 자주 가지면 가질수록 유아들은 자신이 속한 학급과 그 구성원인 친구들을 공동체로 인식하게 되어 협동의 필요성과 중요성을 이해하게 된다.
		유의점 집단의 구성원이 너무 많은 경우나 경쟁이 지나친 분위기에서는 협력이 일어나기 어렵다.

유아 발달적 측면	**탈중심화**	• 또래와의 상호작용에서 발생하는 갈등 상황을 타인의 견해에서 생각할 수 있게 되면서, 사고의 탈중심화가 일어난다. • 협동활동의 경험은 이후 학교생활에서 집단생활의 적응력과 학업성취를 증진시킨다.
	인지발달	• 또래와 상호작용하고 토의를 나누는 것은 정보와 아이디어의 공유, 피드백을 통해 기존의 지식 및 사고 재정립과 인지발달을 돕는다. • 비고츠키는 또래 간의 상호작용이 공유된 이해의 증진을 돕고 인지발달을 도모한다고 보았다. • 협동학습을 통해 유아의 사고력을 향상시킬 수 있다.
		 협동활동의 특징 → **사고력 향상** • 자유로운 토론 분위기 • 모험적 사고 • 발표의 기회 → • 비판적 사고력 • 확산적 사고 • 창의적 사고력 • 즉각적인 피드백 • 탐구력
	사회·정서 발달	• 또래와의 상호작용을 통한 긍정적 상호의존은 자아존중감, 사회적 기술, 협동기술, 사회적 조망수용능력을 증진시킨다. - 또한, 심리적 보상감, 친사회적 태도, 서로를 도우려는 마음, 봉사하는 마음 등과 같은 긍정적인 사회적 태도를 길러준다.

MEMO

교사의 교수전략적 측면	• 또래 학습의 교육적 효율성 　－ 학습 상황에서 가르치는 이와 배우는 이의 이해 정도의 차이가 적을 때 교수 효과가 　　크다. 　－ 또래 학습이 일어날 때 가르치는 유아는 배우는 유아의 어려움을 더 민감하게 받아들 　　이며 감정이입 할 수 있어 교수·학습에 효율적이고, 사회·정서적 발달에 효과적이다. 　－ 각 구성원 모두가 보상받는 교수전략으로 동기유발, 집단 상호작용과정 격려를 통해 　　집단에서의 사회적이고 학구적인 상호작용 태도를 증진할 수 있으며, 성공적 집단 　　참여를 이끌어낸다. 　－ 서로 협력하여 화목하게 지내면 모두가 행복한 생활을 할 수 있다는 것을 경험하도록 　　한다. 친구와 사이좋게 지내는 것은 유아가 친구의 소중함을 알며 친구들과 바람직한 　　관계를 형성하고 유지하는 능력을 신장한다. • 교사가 직면하는 실제 교육현장의 다양한 상황에서 야기되는 ✦문제를 해결할 수 있는 　효율적 교수전략이다.
협동활동의 잠재적 효과	① 유아에게 긍정적 자아개념을 가지게 할 수 있다. ② 유아에게 소속감을 심어줄 수 있다. ③ 유아에게 보다 많은 사회적 상호작용을 경험하게 할 수 있다. ④ 유아에게 타인을 배려하는 태도를 길러줄 수 있다. ⑤ 문제해결력 및 의사결정능력 등을 길러줄 수 있다. ⑥ 유아에게 지적 모험의 기회를 제공할 수 있다. ⑦ 비슷한 또래의 협동적 활동은 서로의 근접발달영역 안에서 모델링을 통해 지적 능력을 　향상시키며, 정보나 개념을 단순히 인지하기보다는 다른 사람에게 설명해 주는 경험을 　통해 내용을 더 잘 이해하고 오래 기억하게 되며, 사전학습도 가능하게 한다.

✦ 교육현장의 문제
• 교실의 도구 및 설비와 학습 자료 빈약
• 교사 대 유아의 비율이 너무 높음
• 혼합연령 유아를 함께 가르쳐야 하는 상황 등

② 협동활동의 원리

일반적 원리	① 협동활동을 적절하게 돕기 위해서는 교사의 세심한 관찰이 필요하다. 　－ 적절한 개입 시기 및 방향 판단을 위함이다. ② 협동활동을 인정하고 격려하는 교사의 수용적 태도가 필요하다. 　－ 언어적·비언어적 격려 및 강화하는 태도로 지원해야 한다. 　((🔔)) **협동에 대한 격려의 방법(코스텔닉)** 　유아가 서로 좀 더 친절하고 협동적인 어휘와 표현을 해나갈 수 있도록 지속적으로 격려하고, 　협동적으로 행동할 수 있다고 지지하며 도와야 한다. 　－ 교사의 발문: "이 활동은 너희가 서로 힘을 합치는 것이 필요해. 나는 너희가 협동을 잘할 　　거라고 생각해."라고 표현한다. 　－ 인위적 강화 및 자연스러운 강화: 협력이 잘 이루어진 그룹에 칭찬을 하는 것과 같이 교사가 　　인위적인 보상을 제공하는 것을 통해 강화가 이루어질 수도 있지만, 협력을 통해 일을 성공적 　　으로 마무리했을 때 느끼는 성취감, 소속감 등이 자연스러운 보상이 되어 강화의 역할을 　　하기도 한다.

③ 즐거움, 성취감 등과 같은 긍정적 정서를 발달시킬 수 있는 질적 상호작용이 필요하다.

④ 유아가 소속감을 가지고 능동적으로 참여할 수 있도록 하는 것이 필요하다.
  – 모든 유아가 동등하게 참여하도록 참여의 기회와 범위를 논의하여 각자의 역할을 조율한다. 이는 모든 유아에게 개별적 책임감을 부여하며, 소속감을 가지고 능동적으로 참여할 수 있는 계기가 될 수 있다.

⑤ 원활한 진행을 위해 재료나 도구의 준비가 필요하다.

⑥ 협동활동의 시간은 시기, 활동의 목적, 유아들의 상황 등을 고려하여 결정하는 것이 필요하다.

⑦ 유아 자신을 긍정적으로 인식하고 또래를 긍정적으로 수용하는 것이 필요하다.

⑧ 교육과정의 여러 영역과 통합할 수 있다.

전문적 원리	① 서로의 의견을 조정하는 협동적 계획 과정이 필요하다. ② 소집단의 구성은 활동의 특성에 따라 다양하게 구성될 수 있다. ③ 상황에 따라 선택적인 대안 제시 방법을 사용할 수 있다. ④ 환경의 재구성을 통해 활동이 더욱 흥미롭게 확장될 수 있다. ⑤ 역할분담 및 보완을 위해 또래학습이 포함된 상호작용이 필요하다. ⑥ 기본적인 생활 기능 및 사회적 기술을 가르칠 수 있다. ⑦ 경험과 과제 수준을 순차적으로 높여 제공할 수 있다.

3 협동활동의 절차

개인작품 모으고 합하기	특징	• 어린 연령 및 학기 초에 적합하다. • 또래에 대한 이해가 부족한 단계(예 학기 초)에 적용한다. – 상호작용 시 빈번한 갈등이 유발되므로 서로의 생각을 인정하고 나누어 보는 기회가 제공되어야 한다.
	적용	• 전시나 발표공간을 선택하여 재배열 또는 재구성하기 • 결과물을 수집 또는 첨가하기
	예	• 각자 작은 종이에 여러 가지 찍기 도구를 이용하여 물감 찍기 한 것을 연결해 보는 '꽃밭 만들기' 활동 • 각자 자기소개를 적은 종이들을 한데 모아 전시해 보는 '우리반 소개'와 같은 활동 • 언어활동에서 각자 표현한 것을 이어서 이야기로 만들기 활동 • 각자의 움직임을 이어서 하나의 줄거리가 있는 음률로 만들어보는 활동 • 각자 그린 그림을 모아서 병풍 만들기 • 각자 그린 물고기 그림을 모아서 큰 물고기 만들기

제시된 구조물의 내용 완성하기	특징	• 어린 연령 및 학기 초에 적합하다. • 활동 내용이 너무 많거나 어려운 것일 때, 다양한 경험이 부족한 유아들의 경우 호기심을 유발하고 사전지식을 얻을 수 있는 시간을 제공한 뒤 관련 구조물을 제시하여 내용을 완성하도록 하는 시도가 필요하다.
	적용	• 각 소집단의 결과물을 모아 보다 큰 결과물 만들기 • 서로 다른 결과물을 모아 의논하고 완성하기
	예	• '헨젤과 그레텔' 동화를 들려주고 커다란 과자 집 모양을 제공하여 각자 여러 가지 과자를 그리거나 오려붙이는 활동 • 제시된 책이나 작품 또는 간단한 노래에 필요한 내용을 만들어 가는 과정의 활동 • 커다란 고래의 이야기를 들려주고 고래의 뱃속을 꾸미는 활동 • 산타클로스의 이야기를 들려주고 선물 꾸러미 속의 선물을 그려 꾸미는 활동
결과물을 정하고 분담 작업하기	특징	또래들과 친밀한 관계가 형성되면 서로의 의견을 나누는 과정을 통해 적절한 방법을 찾아보고 새로운 방안을 모색하는 등 보다 주도적으로 활동하게 된다.
	적용	• 결과물을 중심으로 표현하고 확장하기 • 어울리는 배경에 대하여 의논하고 실행하기
	예	• 한 칸씩 오려낸 우산조각에 각자 색깔을 칠하거나 모자이크를 한 후 모아붙이는 활동 • 노랫말에 대한 마디를 나누고 이에 적절한 그림이나 동작을 생각하고 결정하여 분담한 후 모아보는 창의적 작품이나 신체표현 또는 춤사위 활동 • 부채의 면을 여러 조각으로 나누어 여러 형태의 부채를 만드는 부채 조각 완성하기
주어진 공간에 모여 의논하여 표현하기	특징	함께 의논함으로써 서로의 생각을 조정해 나가는 비중이 큰 형태로 위의 세 단계보다 더 많은 범위를 유아가 직접 계획·실행해 보도록 한다.
	적용	• 특별히 관심 있는 부분을 세부적으로 첨가하거나 나타내기 • 입체와 평면으로 꾸미거나 만들기
	예	• '우주 도시'에 대하여 이야기 나눈 후 소집단별로 모여 앉아 우주 도시에 표현하고 싶은 것, 필요한 재료와 도구, 역할 분담 등에 대해 의논하여 꾸며보는 활동 • 게임을 하는 데 있어 의논을 통하여 새로운 규칙을 정해 활동해 보기 • 주어진 무대에 어울리는 춤, 적절한 시 낭송, 주어진 공간에 어울리는 극화 등 조형, 언어, 신체표현, 음악활동을 결정하기 • '목장'에 대하여 이야기 나눈 후 소집단별로 모여 앉아 목장에 표현하고 싶은 것, 필요한 재료와 도구, 역할 분담 등에 대해 의논하여 꾸며보는 활동
	유의점	유아가 부담 없이 흥미를 느끼고 적절한 작업과정을 구상해 나가도록 사전활동을 통해 유아들끼리 의견을 나누는 시간이 충분히 주어져야 한다.

주제와 공간을 선택하고 표상하기	특징	유아들이 주제와 내용, 전개할 재료나 장소와 같은 공간을 스스로 선택하고 의논하며 만들어 가는 일종의 프로젝트와 같은 형태를 말한다.
	적용	• 결과물을 수정·첨가하기 • 각 공간 벽면, 천장, 바닥을 선택하여 확장하기 • 각 소집단의 결과물에 대한 주제를 토의하고 대·소집단별로 표현하며 재구성하기
	예	• 유아들이 주제와 내용 그리고 전개할 재료나 장소와 같은 공간을 스스로 선택하고 의논하며 만들어 가는 일종의 프로젝트와 같은 활동 • 동극 배경 '바다 마을 꾸미기'를 주제로 정하고 전개할 재료나 장소와 같은 공간을 스스로 선택하고 의논하며 만들어 가는 활동
	유의점	• 적절한 절차와 동기를 제공함과 동시에 유아들끼리 의논할 시간을 충분히 주어야 한다. • 동화, 민속놀이 축제 등 주제 선정에서부터 사후 활동까지 유아가 주도적으로 참여 가능하다. • 또래들과 친밀한 관계가 형성되는 시기에 제공하는 것이 보다 적절하므로 학기 초에 제공할 경우 교사의 세밀한 계획과 개입이 필요하다.

④ 교사의 역할

안내자 및 상호작용자	• 유아에게 집단 역동성을 기초로 공동 존재로의 문화를 격려하기 위한 교사의 적절한 지원이 필요하다. - 공동으로 탐구할 수 있는 주제들을 유아에게 제공해야 한다(이때 개별 유아의 흥미나 관심을 고려할 수 있다). - 협동을 위해 어떤 사회적 상호작용의 기술이 필요한지, 그리고 협동의 과정은 무엇이어야 하는지 등을 토의를 통해 유아에게 주지시켜야 한다. - 목표 설정, 문제 확인, 문제해결의 방법, 개인의 역할, 목표의 평가 등으로 교육활동을 이끌어 간다.
긍정적· 상호 의존적 분위기 조성	• 전제조건: 교사 − 유아, 유아 − 유아 사이에서의 긍정적 상호 신뢰와 의존성 • 서로 도움을 주고받을 수 있다는 가정을 염두에 둘 때, 협동의 목표가 구조화될 수 있다. • 다양성 인정, 힘의 균형적 사용, 도덕적·민주적 의사결정 분위기 등은 친사회적 관계를 증진시켜 준다.
지식과 자원	• 환경적 조건 및 자원과 관리의 융통성을 발휘해야 한다. - 유아가 원하는 때와 장소에 유아가 필요로 하는 교재, 교구, 시설, 설비 등을 구비하고, 이를 적절히 활용하도록 관리한다. - 비언어적 신호, 교실의 규칙, 매직서클과 같은 좌석 배치 및 집단 구성의 형태 등을 교사 대 유아 비율, 학급관리의 형태 및 시간적·생태학적 환경에 따라 적절하게 지원하고 관리해 주어 협동의 다양한 측면이 활성화되도록 돕는다.

상호작용의 질 향상	• 또래 간 긍정적 상호작용은 친밀감을 형성하며 협동적 상황을 촉진시킬 수 있다. • 교사와 유아의 상호작용과 유아교육기관의 전체적인 질 속에서 무형의 가치규범을 습득함으로써 다른 사람의 존재를 인식하고 책임감을 배우게 되어 협동활동에 공헌한다.

5 협동학습의 구성 요소(협동학습의 네 가지 기본 원리, Miguel)

긍정적 상호 의존	• "네가 잘돼야, 나도 잘된다."는 원리 – '나의 성공이 너의 성공인가?'라는 질문을 통해 확인할 수 있다. – 긍정적 상호 의존의 효과는 학생들이 서로 잘 돕고 가르칠 수 있게 된다는 것으로, 학생들은 서로를 격려하며 그들의 평균적인 성취 기준을 향상시키게 된다.
개인적 책임	• "내가 맡은 일은 내가 잘 할게."라는 원리 – '각자가 해야 할 공적인 임무가 있는가?'라는 질문에 대해 학생들이 다른 누군가(동료학생 팀원, 반, 교사)와 자신의 성과를 나눠야 한다고 대답할 수 있으면 그들은 각자 자신이 배운 것에 대해 책임이 있다고 볼 수 있다. – 개인적 책임이 존재할 때 학생들은 배우려는 동기를 가지게 된다.
동등한 참여	• "참여의 기회가 똑같다."는 원리 – 이것은 '얼마나 동등하게 모두 참여했는가?'라는 질문을 통해 확인할 수 있다. – 직접 자신이 학습활동에 참여한 학생들은 학습이나 그 과정을 더 좋아하게 된다. – 이렇게 동등한 참여를 이끌기 위해서는 시간 정해주기, 발표순서 정하기, 역할 돌아가기 등의 구조화가 이루어져야 한다.
동시다발적 상호작용	• "같은 시간에 여기저기서" 상호작용이 발생한다는 원리 – '어떤 한 순간에 얼마나 많은 학생들이 능동적으로 참여하는가?'라는 질문을 통해 동시다발적 상호작용을 확인할 수 있다. – 동등한 참여를 위해 순차적으로 모두 참여시킨다면 시간이 굉장히 많이 걸릴 것이지만, 동시다발적 상호작용을 통해 시간을 절약함으로써 이러한 것을 해결할 수 있다.

UNIT 74 유아사회교육의 교수 · 학습 활동 유형

1 견학(현장체험학습)

개념 및 특징	• 견학은 유아가 유아교육기관에서 직접 경험할 수 없는 정보들을 지역사회나 공공기관 및 자연 등의 현장에 직접 참여하여 감각을 통해 느끼고 경험하는 능동적인 학습이다. - 유아로 하여금 주변의 물리적 세계를 탐색하는 기회를 주며, 유아가 사회현상을 바르게 이해하고 사회 구성원으로 살아가는 데 필요한 지식, 가치, 태도를 형성하도록 돕는 효과적인 방법이다. 이러한 교육적 경험을 제공하는 것은 유아의 흥미와 욕구를 충족시키므로 사회학습을 위해 매우 중요하고 가치 있는 활동이다.
교육적 가치	• 교실 내에서는 경험하기 어려운 것을 직접 체험하며 주변 환경에 대한 지식을 확장시킬 수 있다. • 견학을 통해 주변 환경을 보다 자세히 알게 되고, 지역사회에 대한 친근감을 갖게 된다. • 주변 환경을 관찰하여 정보를 수집하고, 이를 종합하여 결론으로 이끄는 사회과학적 탐구 태도를 갖는다. • 지역사회 내의 다양한 기관과 장소에서 이루어지는 직접적이고 구체적인 체험을 통해 유아는 사회과학적 지식뿐만 아니라 사회 적응을 위한 다양한 기술과 태도를 습득할 수 있다. • 지역사회에 관심을 갖고 사회 구성원의 역할을 이해하며, 감사하는 마음을 지닐 수 있다. • 유아교육기관 주변을 산책하면서 동네에 있는 가게와 기관들에 대해 관심을 갖고, 거리의 이름 찾기나 지도 그리기 활동 과정에서 방향 · 공간 개념, 지도 사용기술 등을 익힐 수 있는 기회를 가지게 된다.

2 극놀이(역할놀이, 역할극)

개념 및 특징	• 극놀이(역할놀이, 역할극)는 유아가 능동적으로 참여하여 자신을 창의적으로 표현하는 놀이 중의 하나로 이야기 줄거리 또는 일상생활에서 일어나고 있는 일을 극적 구체화 과정을 통해 생각이나 느낌을 표현하는 가작화 요소(as-if)가 포함된 놀이이다. • 극놀이는 유아가 사회 내의 다양한 상황이나 역할을 상상적인 사고를 통해 이야기식의 가상 활동으로 전개하는 가작화 놀이를 의미한다(Garvey, 1977). - 극놀이는 현실적 요소와 가상적 요소가 내재되어 유아가 가장 즐겨하는 활동이다. 이는 유아가 상징적 사고를 하고, 그 사고를 발전시켜 현실을 재구성하며 자신에게 영향을 주는 인물에 대해 모방해 보는 일종의 자기표현 활동으로, 사회학습의 한 형태이며 교육 현장에 다양하게 적용되고 있다. • 유아의 사회교육적 접근: 실제 갈등 상황 및 문제 상황을 극놀이를 통해 재연함으로써 다른 사람의 입장이 되어 볼 수 있다. 유아들은 이를 통해 다른 사람의 감정, 생각, 행동이 서로 다를 수 있음을 이해하고 존중할 수 있게 된다.
교사의 역할	• 갈등 발생 시 가능한 다른 역할을 제시해 주며, 문제를 해결하도록 돕는다. • 놀이가 확대될 때 부가적으로 필요한 소품들을 제공해 준다. • 유아의 역할놀이 경험이 충분하지 않은 경우 적극적인 교사의 개입이 필요하다.

교육적 의의	• 정서를 이해하고 표현하는 능력을 신장시킬 수 있다.
	   – 극놀이를 통해 자신의 정서를 표현하고, 다른 사람과 공유하면서 정서적 안정감과 즐거움을 경험할 수 있다.
	• 사회적 기술이 발달할 수 있다.
	   – 다양한 극놀이를 통해 다른 사람의 입장을 이해하고 배려하는 태도를 형성하며, 친사회적 능력을 신장시킬 수 있다.
	• 사회를 이해하는 데 도움이 된다.
	   – 사회에 속해 있는 사람들의 생활을 이해하는 능력을 기르는 데 도움이 될 수 있고, 다양한 직업활동을 극놀이를 통해 간접적으로 경험해 봄으로써 직업에 대한 이해도를 높일 수 있다.
	• 창의적 문제해결력을 기를 수 있다.
	   – 극놀이는 유아의 창의적인 사고를 촉진하여 다양한 문제 상황에서 새로운 해결방안을 고안할 수 있도록 한다.
	• 이 외에도 유아는 극놀이 경험을 통해 갈등요소를 표출시키고, 정서적 이완과 즐거움을 느끼며, 다양한 사회적인 역할들을 학습하고, 주변 사회를 이해하여 다양한 사회문제들에 대처해 나가는 사회적 기술을 습득하게 된다.
	• 또한 또래와 함께 극놀이를 진행해 나가는 동안 자기중심적인 사고에서 벗어나 점차 다른 사람들을 이해하고 수용하는 타인 조망수용능력을 발달시킬 수 있다.
	• 다른 유아와의 언어적 의사교환을 통해 언어표현력이 높아지고, 의사소통능력도 발달시켜 나갈 수 있게 된다.

❸ 지역사회 인사 및 시설 활용

지역사회 인사 및 시설 활용	• 지역사회는 유아와 밀접한 관련을 맺고 있는 공간으로 지역사회로부터 살아가는 데 필요한 가치와 태도 및 지식을 습득할 수 있다. • 지역사회 인사와 시설의 활용은 지역사회의 인사들을 유아 교실로 초청하거나 시설을 방문하여 지역사회의 역사나 풍습에 관한 이야기를 듣기도 하고, 직업에 관한 것을 체험하는 등 사회학습의 경험을 넓힐 수 있는 효율적인 방법으로, 유아에게 많은 정보를 제공해 주고 유아가 흥미와 관심을 갖고 참여할 수 있다는 이점이 있다.

4 토의하기

• 토의하기는 두 사람 이상이 하나의 주제를 중심으로 공통의 관심사에 대해 서로 의견을 나누는 것으로, 궁극적으로는 갈등 상황을 해결하기 위하여 논의해 보는 과정이며, 사회교육의 교수·학습 방법으로 가장 널리 이용되고 있다.
  – 유아는 자기중심적인 사고를 가지고 있어 다른 사람의 감정을 이해하고 수용하는 능력이 부족하여 자신의 감정을 표현하는 방식도 자기중심적이지만, 토의를 통해 자신의 느낌을 이해하고 말로 표현할 수 있으며, 다른 사람들에게도 각기 다른 관점이 있을 수 있다는 것을 인식하는 데 도움이 된다.
  – 교사는 생활 중에 경험할 수 있는 구체적인 상황을 부여하며, 문제에 대한 유아의 반응이나 느낌, 설명, 제안을 제시할 수 있다.

토의의 주제	• 토의의 주제는 상반된 갈등과 문제점을 내포하여야 하며, 유아의 공통된 관심을 끌 수 있는 친근한 내용이어야 한다. • 또한 유아가 일상생활 속에서 경험할 수 있는 구체적인 상황(싸움, 양보, 줄서기 등)이나, 유아가 알아야 할 도덕적 가치관에 관한 것이어야 한다. • 사회·시사적인 문제(환경오염, 쓰레기 문제, 동물 학대 등)들은 유아 수준에서 사회적 현상에 대한 인식이 증가될 수 있도록 접근한다.

토의의 참여 형태 및 시간	• '마법의 원(요술의 원, magic circle)'(William Glasser, 1969) 토의 방법
	  – 교사와 유아가 서로 얼굴을 볼 수 있게 둥글게 앉아서 상호작용하는 활동 형태로, 언어 소통뿐만 아니라 비언어 소통도 가능하기 때문에 유아 간에 토의할 경우 마법의 원 형태가 적합하다.
	  – 마법의 원 활동은 연령별로 인원을 달리 할 수 있는데, 3~4세는 5~6명, 5세는 8~12명이 이상적이다.
	  – 연령에 따라 다소 차이는 있지만 약 10~20분 이내로 하는 것이 좋다.

토의의 진행 방법	① 토의를 위한 주제를 선정한다. ② 토의 환경을 위해 장소뿐만 아니라 토의에 필요한 교수학습 자료도 함께 준비한다. ③ 교사는 토의 주제에 대해 충분히 숙지하고 있어야 하며, 토의의 진행을 돕기 위한 질문 목록을 준비한다. ④ 토의 시에 지켜야 할 약속에 대하여 이야기한다. ⑤ 교사는 토의 과정을 지켜보다가 유아의 대화가 토의 주제에서 벗어날 경우, 주제로 관심을 모으거나 유아의 말을 명료화해 준다. ⑥ 토의의 시작 시간과 마무리 시간을 정한다. ⑦ 토의 결과는 소집단 유아나 전체 집단 유아에게 발표할 기회를 준다.
토의 절차	토의 절차는 일반적으로 문제 원인의 분석, 갈등상황의 해결방안 논의, 구성원 각자의 할 일 논의, 규칙에 대한 합의, 규칙 작성의 순서로 진행된다.

토의 시
교사가
고려할 점
	• 토의 시 유아는 자기중심적인 특성으로 인해 주의 깊게 듣는 태도와 의사표현 능력이 미숙하므로 이를 돕기 위해 교사는 유아가 자신의 느낌이나 생각을 자유롭게 이야기할 수 있는 수용적인 분위기를 조성하고 격려하며, 토의과정에 참여하여 중재자, 촉진자, 제안자의 역할을 맡는다.
	 − 교사는 유아가 자신의 느낌이나 생각을 자유롭게 발표할 수 있도록 한다.
	 − 교사는 토의의 중재자이자 촉진자의 역할을 해야 한다.
	  ① 특정한 입장에 서서 판단하는 것을 피하고, 중간적 입장에서 유아들이 제시한 여러 가지 제안들과 결정 사항을 요약하여 정리해 주는 중재자 역할을 해야 한다.
	  ② 적절한 주제에 대해 토의 발문을 하거나, 토의가 주제에서 벗어날 때 주제로 관심을 모으는 등 유아에게 명료화해 주는 역할 혹은 토의를 촉진하는 촉진자의 역할을 한다.
	 − 교사는 유아가 생각할 시간적 여유를 주어야 한다.
	 − 유아가 객관적이고 수용적인 태도로 토의에 임할 수 있게 한다.
	 − 교사는 집단토의 시 참가자들에게 도움말을 준다.
	 − 교사는 상반되는 가치 문제의 경우 어떤 한 입장만을 취하지 않도록 한다.
	 − 교사는 유아의 제안과 결정을 종합·정리해 주어야 한다.
	 − 교사는 토의 시 유아 간의 상호작용이 활발히 이루어지도록 한다.
	 − 교사는 주제에 따라 관련된 다양한 시청각 자료를 활용할 수 있다.

5 실물 및 시청각 자료의 활용(교수매체)

(1) 개념 및 특징

- 실물 교수매체는 학습내용과 관련된 실제 사물 자체를 제시하여 유아에게 가장 직접적이고 구체적인 학습경험을 제공하는 교수매체이다.
- 시청각 자료란 유아의 흥미를 유발하고 필요한 정보를 제공하며, 시각과 청각을 통하여 실제 경험을 보완하는 구체적인 간접 경험을 제공함으로써 학습활동을 촉진시키는 교수매체이다.
  - 특히 유아가 학습할 내용을 말로 설명하는 것보다 인상적인 학습자료를 통해 보다 쉽게 이해할 수 있도록 도와줌으로써 수업의 질을 높일 수 있다.
  - 유아에게 설명하기 어려운 개념이나 전달하기 힘든 내용, 실제로 접근하기 어려운 장소나 위험한 사례들을 교사가 적절한 시청각 자료를 통해 보여준다면 유아는 유사한 경험뿐만 아니라 확장된 경험을 할 수 있다.

(2) 종류

도서	• 유아는 글을 읽지 못하더라도 그림책을 보고 즐길 수 있으며, 이는 유아에게 사회의 가치를 제시해 주는 좋은 매개물이다.
	  - 특히 유아는 그림책을 통해 다른 사람의 입장을 고려할 수 있으며, 새로 접하는 개념들에 대한 이해를 넓혀 가고 새로운 사실들을 습득해 간다.
	• **유아사회교육에서 그림책이 지니는 가치**
	  - 생활 속에서 경험하기 어려울 수 있는 내용도 책을 통하여 간접적인 경험을 할 수 있으며, 사회 전반의 다양한 정보를 제공받을 수 있다.
	  - 주위 환경이나 세상에 대한 이해를 넓혀 주고 새로운 사실을 습득한다.
	  - 다른 사람이 말하고 느끼고 생각한 것을 알려준다.
	  - 옳고 그른 것, 즉 도덕성에 대해 학습할 기회를 준다.
	  - 다양한 역할 모델을 제시해 주고, 성역할 학습에 중요한 영향을 끼친다.
	• **유아사회교육을 위한 그림책의 선정 조건**
	  - 문학성이 있어야 한다.
	  - 유아의 발달에 적합해야 한다.
	  - 주인공의 감정과 갈등이 명확하고 분명하게 드러나 있어서 감정이입이 잘 되어야 한다.
	  - 상위 추론 수준(타인 중심, 감정이입 단계)에서 성공적으로 갈등이 해결되어야 한다.
	  - 극화놀이나 토의와 같은 후속 활동도 가능한 내용의 이야기 책을 선정하는 것이 바람직하다.

실물이나 모형	• 실물은 어떤 개조도 이루어지지 않은 원래대로의 실물 자체를 의미하며, 유아가 보고 듣고 만지고 냄새 맡고 맛보는 등 모든 감각을 활용하여 경험할 수 있다.
	 • 유아를 위한 사회교육은 실물을 통한 직접적인 경험이 중요하기도 하지만 그것이 어려울 경우, 실물의 표상이 될 수 있는 모형 등을 활용하여 대리적 경험을 제공하기도 한다.
	   – **장점** 유아들이 실물을 통해 직접 경험할 수 없는 경우, 실물의 표상이 될 수 있는 모형과 사진자료 등을 활용하여 대리적 경험을 통해 다양한 내용들을 학습할 수 있다.
	 • **실물과 모형의 효율적인 활용방법**
	   – 주제 도입 시 주제와 관련된 개념을 풍부하게 하거나, 종결 활동 시 경험을 나누기 위해 실물을 활용할 수 있다.
	   – 유아가 실물이 어떻게 작동되는지 다루어 볼 수 있는 기회를 주고, 깨지기 쉬운 것은 유아에게 시범 또는 전시하여 보여준다.
	   – 유아가 실물을 다룰 때 유아의 질문을 유의하여 듣고, 유아의 흥미나 잘못 형성된 개념을 찾아 지도할 수 있다.
	   – 모형은 실물의 특징을 잘 살려 제작하고 필요에 따라 실물과 번갈아가며 활용할 수도 있다.

사진과 그림/ 게시판	• 사진과 그림은 필요에 따라 교사가 직접 학습 내용이 담긴 사진을 찍거나 그림을 그려서 사용할 수 있으므로, 자료수집이 용이하고 이동 및 보관이 편리하다는 장점이 있어 가장 많이 사용되는 시각적 학습 매체이다.
	   – 사실이나 정보를 언어보다 구체적으로 의미 있게 제공해 주며, 학습 내용을 소개하거나 토의를 전개할 때 유용하다.
	   – 그림이나 사진은 유아의 주변 세계에 대한 이해를 도모하고, 학습 경험을 확장시킬 수 있으며, 사고의 폭을 넓게 해주기 때문에 사회학습의 자료로 많이 활용된다.
	   – 이는 화보나 잡지, 그림엽서, 관광안내서, 각종 선전 간행물, 각종 카탈로그, 달력, 신문, 포스터 등 주변 어디에서나 쉽게 구할 수 있으며, 이를 교실에 제시할 때는 유아가 충분히 볼 수 있도록 게시판에 붙여 둔다.
	 • 게시판은 학습 주제 및 개념에 대한 자료를 게시하거나 유아의 작품을 전시하는 공간으로, 교실의 학습 분위기 조성에 도움을 주고 학습 경험에 직접 참여하고자 하는 동기를 자극하며 학습의 효율성을 높여 학습 내용에 대한 개념을 이해하는 데 도움을 준다.
	   유의점 사진과 그림자료 선택 시에는 활동에 참여하는 유아의 수에 따라 사진과 그림 크기가 적절해야 하며, 내용이 산만하지 않아야 한다. 또한 주제와 관련이 있고, 적절한 순서로 제시되어야 하며, 색채와 해상도가 뛰어나고, 전달하고자 하는 분명한 내용이 담겨 있어야 한다.

전자매체 (전자 미디어)	개념 및 가치	• 전자미디어를 활용하는 능력이 개인의 사회 적응력 혹은 사회의 발전 능력과 동일시되고 있다. • 컴퓨터와 인터넷을 활용하여 다양한 개념을 배우고 정보를 수집하며 기술을 연습하는 기회를 가진다. • 세상에서 일어나는 크고 작은 이야기들에 귀를 기울이며, 다른 사람의 삶과 문화에 눈을 뜨고, 세계 지구촌 친구들과 적극적으로 교류하며 마음을 나누는 다양한 활동을 할 수 있다.
	효과	• 시공간을 초월하여 의사소통할 수 있으며, 여러 기관과 장소를 탐색할 수 있는 기회를 준다. • 교실에서 또래들과 함께 컴퓨터 활동을 하면서 기본적인 사회적 기술을 발달시킬 수 있다.
	원리	• 유아의 발달 수준에 적합하게 사용하고 있는지 함께 활동하며 확인한다. • 선택권을 가진 이용 주체로서 교육해야 한다. • 구체적인 상황을 교육의 기회로 삼아 순기능을 제대로 이용할 수 있도록 한다. • 정보통신 이용 윤리에 대해 자연스럽게 체득할 수 있도록 한다.

6 협력적 배움

개념	• 공통의 목적을 성취하기 위해서 유아들이 소집단으로 함께 배우는 것이다. • 공동목표에 도달하기 위하여 둘 이상의 유아들이 소집단 및 대집단으로 함께하는 활동이다(교육인적자원부).
가치	• 교수 계획에 유아의 생각을 반영하게 되면 유아는 자신이 신뢰받고 있다는 느낌을 가지게 되고, 학습에 대한 동기가 생길 수 있다. • 유아가 자신의 감정과 의사를 표현하고 다른 사람의 관점을 이해하는 데 도움이 되며, 집단 구성원으로서의 소속감을 가질 수 있게 된다. • 교사는 유아와 함께 계획하는 과정에서 유아의 흥미, 관심, 이해 정도를 알 수 있다.

유아교육의 대표적인 교수·학습 방법 – 교수전략

❶ 자기표현

개념		유아가 자연적인 발달과 의도적인 교수·학습의 결과로 얻게 된 느낌과 생각을 다양한 활동의 형태로 표현하는 것이다.
종류	행동적 표현	행동으로 표현하는 기회를 마련하는 것이다. ⑩ 역할놀이, 구성놀이, 게임 등
	조형적 표현	유아들의 내면적 사고와 감정을 그림이나 조형 활동을 통하여 표현하도록 하는 것이다. ⑩ 그리기, 만들기, 꾸미기 등
	언어적 표현	유아의 느낌과 생각을 말이나 글로 표현하는 것이다. ⑩ 부정적·긍정적 감정을 말이나 글로 표현하기, 문제해결 방법을 말이나 글로 표현하기
지도 방안		유아가 주도적으로 자신의 느낌과 생각을 자유롭게 표현하고 다른 사람들과 함께 협동하여 표현할 수 있도록 다양한 기회를 마련해 주어야 한다.

❷ 모델링

개념	사회적으로 가치 있는 행동을 유아에게 제시하고 학습하도록 돕는 효율적 방법 중의 하나이다.
유아기 특징	주변의 영향력 있는 사회적 인물들 중에서 유아 자신이 친밀감을 느끼고 신뢰하는 모델들을 보고 학습하게 된다.
모델	부모, 형제자매, 선생님, 유능한 또래나 TV 속의 인물
교사 역할	• 교사의 행동은 유아에게 바람직한 행동의 모델이 된다. • 교사는 유아가 학습하기를 바라는 행동을 언어적 훈계나 지시만 해서는 안 된다. • 교사 스스로가 먼저 모범적인 행동을 보여주면 유아는 이를 관찰하고 모방할 수 있게 된다.
적용	• 새로운 행동양식을 처음으로 익히게 할 때 • 바람직한 행동양식을 강화하고자 할 때 • 기존의 행동양식을 촉진시키고자 할 때

❸ 설명

개념	• 유아가 일반적 원리를 이해하도록 한 후에 이 원리를 구체적 사례에 적용하여 개념의 구조를 형성해 나가도록 한 방법이다. • 유아들의 개념 획득을 위해 사용하는 방법이다.
적용	예절, 전통윤리 존중, 공중도덕, 질서의식 등 배워가야 할 사회생활의 기본 개념들을 가르칠 때 사용한다.

SESSION

05

유아
사회교육의
내용

가치와 태도

UNIT 75 가치와 태도의 이해

1 가치와 태도의 기본 관점

- 가치와 태도(values and attitudes)는 감정이나 표현을 자극하고 동기를 부여하는 인간 경험의 정신적 상태를 의미하며 복합적인 형태로 잠재되어 있다.
- 가치와 태도는 자기 주변의 모든 사물과 상황에 대처하는 개별적인 반응에 대해서 그 역동적 방향에 영향을 미치는 준비도, 조직적인 생각, 정신적·신경적 상태라고 정의한다. 즉, 주변 사물에 대처하는 생각, 경험의 정신적 상태를 의미한다(Allport & Fishbein, 1967).
- 가치와 태도는 경험의 다양한 관점에 위치하는 인간의 가치나 신념의 질(quality)로서, 행동을 결정하는 내적 상태이자 어떤 것에 대한 감정이나 정서에 반응적 영향을 주고 어떻게 행동할 것인가를 결정하는 요소로 설명된다. 또한 가치와 태도는 의견(opinion)과는 구별되나, 전자는 인지적 영역에 부과된 정서적 선호인 반면 후자는 신념에 대한 언어적 표현이다(Fraenkel, 1980).

태도	<ul><li>일반적으로 어떤 특정한 대상에 대한 일관되고 안정된 인지, 감정, 행동 경향을 지칭한다.</li><li>경험을 통하여 조직화된 정신적·신경적 준비상태로서, 개인과 관련된 모든 사상이나 사태에 대한 그 개인의 반응에 지시적·역동적 영향을 주는 것을 말한다(Allport).</li><li>태도에 대한 여러 가지 정의가 있으나, 태도의 구성 성분으로 인지적·정의적·행동적 속성을 포괄한다는 태도의 3요인설 정의가 대두되었다. 　－ Skeel(1979)은 태도와 가치를 인지적 영역, 정의적 영역, 행동적 영역의 세 영역으로 구분하여 그 속성을 설명하고 있다. 　　① 인지적 속성은 어떤 대상에 대한 생각(아이디어 또는 범주)을 의미한다. 　　② 정의적 속성은 그 대상에 대한 생각에 수반되는 감정을 의미한다. 　　③ 행동적 속성은 그 대상에 대해 어떤 행위를 하려는 의도를 의미한다. 　▶ 인지적 영역은 대상에 대한 정보와 관련된 지식이며, 정의적 영역은 정서와 감정을 나타내는 것으로서 행위를 유도하게 된다. 　－ 태도의 3요인설의 정의는 태도의 감정적 요소만 강조해 온 전통적 정의로부터 구성 성분을 인지, 감정, 행위로 확장시킨다는 점에서 장점을 지니고 있다. 그러나 태도의 행위 예언력은 사회적 규범, 상황적 요구 또는 예상치 못했던 사건의 발생과 같은 태도 외적 변인이 개입될 수 있다. 따라서 태도를 통해 행위를 예측할 때는 태도의 행위화에 관여될 수 있는 여러 매개변인에 대한 예측이나 고려가 있어야 한다.</li></ul>

	태도학습 (attitude learning)	• 유아에게 특정 사상에 선택적 주의를 기울이게 하고 적극적으로 반응하게 한 후, 교사가 그 결과에 피드백을 주어 유아가 교육적으로 바람직한 가치 체계를 받아들이도록 학습시키는 것이다. – 태도는 생태적인 것이 아니라 경험에 의하여 형성되고 변화되며, 태도학습은 감정이 변화함으로써 학습된다는 정의적 입장과 행위에 수반되는 결과, 즉 강화에 영향을 받는다는 행동적 입장, 생각의 변화를 통해 학습된다는 인지적 입장으로 분류된다.
가치		• 가치관은 바람직하다고 생각하는 감각이라고 정의할 수 있으며(Stevens & Allen, 1996), 생활의 여러 국면과 과정에서 가치판단이나 가치선택을 행사할 때 일관되게 적용시키는 가치 기준과 그것을 정당화하는 근거 혹은 신념의 체계적 형태이다. • 경험의 산물로서 바람직하다고 생각하는 감각이라고 정의할 수 있다(Stevens & Allen, 1996). – 사람들은 각기 다른 경험을 가지고 있으므로 다른 가치관을 가지게 되며, 계속적인 경험을 통해 가치관은 변화될 수 있다. • 생활의 여러 국면과 과정에서 가치판단이나 가치선택을 행사할 때 일관되게 적용하는 기준과 그것을 정당화하는 근거 혹은 신념의 체계적 형태이다. – 여러 가지 행동이나 사물에 대한 우선순위를 결정함에 있어서 시비(是非), 선(善)–악(惡), 정(正)–오(誤), 타당–부당 등을 판단하는 기준이 되기도 한다. • 유아는 자신이 속해 있는 사회에서 요구하는 가치관을 관찰, 모방, 칭찬에 의하여 형성해 나가므로 부모, 교사, 이웃의 역할이 매우 중요하다.
	가치교육	• 가치교육은 개인의 존엄성에 대한 가치, 규칙을 세우고 참여하기, 자유롭게 이야기하기, 생각과 감정을 표현할 수 있는 기회 제공, 개인의 권리를 보호하고 강화할 수 있는 방법, 사회 구성원으로서의 소속감을 갖게 하여 사회의 일원이며 타인에 대한 책임이 있음을 알게 하는 것 등에 관심을 갖는다. • 유아교육기관에서는 가치교육의 방법으로 주로 가치의 명료화나 가치분석의 방법을 많이 사용하고 있다. 이때 생각을 표현하고 다른 사람의 의견을 듣고 자신의 생각을 다시 검토함으로써 갈등 상황을 해소하는 접근이 중요하다. 또한 가치와 태도를 확장시키는 감정이입 등의 방법을 통해 감정과 정서적 느낌을 표현하도록 하여 정서적 상황으로 유아를 유도하는 것도 도움이 된다. – 교사는 이때 중재자의 역할을 할 수 있다.
	가치교육의 방법	• 민주적 가치와 태도, 개별적 가치 습득은 유아가 타인과의 사회적 경험을 통해 자연스럽게 학습되기도 하지만, 교사의 도움으로 인해 더 효과적으로 습득할 수 있다. – 교실에서의 가치교육은 절대적인 가치에 대해 처음부터 차근차근 가르치며 확인하는 방법 혹은 분석이나 명료화 없이 개인이 가진 가치를 확인하는 가치인식과 가치명료화, 가치분석 방법이 있다.

가치교육의 의의 (필요성)		• 유아 자신의 감정을 살펴볼 기회를 갖게 한다. • 타인의 가치를 분석해 보고 타인의 기준이나 태도를 알아보는 기회가 될 수 있다. • 가치의 근원을 이해하며 가치와 태도를 분명히 하는 방법에 대한 이해가 시작된다. • 가치는 의사결정의 근간을 이룸으로써 행동을 결정하게 하며, 유아기에 습득한 가치는 평생을 통하여 지대한 영향을 미치게 된다.
지도 시 유의점		유아기는 가치체계의 핵심을 이루는 기본적인 사고나 감정을 경험하게 되는 시기로서, 교사는 절대적인 가치를 전달하는 것 외에도 교실 내외에서 일어나는 여러 가지 가치관에 관련된 문제를 유아와 함께 다루어 보고 받아들이는 과정에 관심을 가져야 한다.

2 보편적 가치와 태도

(1) 자신에 대한 긍정적인 가치와 태도 – 자아존중감

• 자신에 대한 긍정적인 가치와 태도는 자아존중감과 관련이 있다. 자아존중감은 개인이 자신의 특성과 유능감에 대해 갖고 있는 생각, 판단, 태도, 감정 및 기대 등을 포함하는 개념으로 개인의 성격발달과 행동에 영향을 미치는 중요한 요인이며, 사회적 관계 형성에 기초가 된다(박찬옥 외, 2015; Mussen Conger & Kagan, 1984).
  – 현실적인 능력을 인정하면서 자신의 현재에 대해 긍정적으로 평가하는 것이다.
  – 무조건적인 자기 인정보다는 실제적인 자신의 모습을 수용하는 것이다.
• 자신을 유능하고 가치 있게 평가하는 사람이 타인도 존중할 수 있으므로 다른 사람과의 관계 형성에도 영향을 미치게 된다.
• 유아의 자아존중감은 신체적 자아존중감과 심리적 자아존중감으로 구분할 수 있다(오채선 외, 2008).

신체적 자아존중감	**개념**	• 신체적 자아존중감은 유아가 자신의 신체와 성에 대해 알아가면서 발달된다.
		  – 유아가 자신의 신체를 탐색하고 활용하며, 올바른 성역할과 성정체성을 습득할 수 있도록 돕는 것은 유아의 신체적 자아존중감 발달에 긍정적인 영향을 미친다.
		  – 신체적 자아를 인식하게 되면서 유아는 환경과 자신이 분리된 존재임을 깨닫게 된다.

	교사 역할	• 유아가 자신의 신체를 탐색하고 움직일 수 있는 활동을 제공한다. • 성인의 영향력에 의해 성유형화를 결정하기 때문에 유아들이 자신의 성에 적절한 성정체성, 성역할, 성지향성을 가질 수 있는 교육내용을 제공해야 한다.

	활동	• 유아들이 자신의 신체로 할 수 있는 다양한 움직임에 대해 생각해 보고 이를 신체로 표현할 수 있는 기회를 제공한다. • 여자와 남자의 같은 점과 다른 점에 대해 비교해 보고 이야기를 나눈다. 　**유의점** 여자, 남자의 신체적 차이가 능력의 차이를 의미하지 않는다는 것을 이해할 수 있도록 지도한다. • 눈을 가린 뒤 나머지 감각기관을 사용하여 사물을 충분히 탐색하고, 그 특징을 언어로 표현할 수 있는 기회를 제공한다.
심리적 자아존중감	개념	• 심리적 자아존중감은 부모나 교사 등 유아에게 중요한 사람들이 어떻게 대우하고 존중하며 승인하는가에 따라 영향을 받으며, 이는 유아가 주변 사람들과 상호작용하면서 발달한다. – 유아가 자신에 대해 인식하고, 감정을 사회에서 인정되는 방식으로 조절하고 표현할 수 있게 하며, 유아에게 중요한 일에 유아의 의견을 구하고 선택할 수 있는 기회를 제공하는 것은 긍정적인 결과를 낳는다. – 자아인식, 자신의 감정 다루기와 태도 등이 이에 포함된다.
	교사 역할	• 유아가 자기 자신이 누구인가를 인식할 수 있도록 도와야 한다. • 유아가 자신의 감정을 인식하고 사회에서 인정될 수 있는 방법으로 감정과 정서를 표현할 수 있도록 지도해야 한다. • 유아들이 하나의 상황에 대한 느낌과 행동 방법이 서로 다르다는 것을 이해하고, 주어진 상황에서 최선의 태도를 선택할 수 있도록 지도해야 한다.
	활동	• 유아들이 스스로에 대해 생각하는 이미지와 실제 유아가 잘할 수 있는 것 등에 대해 생각해 보도록 한다. • 유아들이 미래의 자기 모습을 상상하고 그려 보도록 함으로써 자신의 모습에 대해 긍정적인 기대를 가질 수 있도록 한다. • 유아의 감정을 다룬 동화를 듣고 유아들이 느끼는 다양한 감정에 대해 생각해 보도록 한다.

(2) 지식과 학습에 대한 긍정적인 가치와 태도

지식과 학습에 대한 긍정적인 가치와 태도	• 지식과 학습에 대한 긍정적인 가치와 태도를 형성하는 것은 탐구정신을 발달시켜 자신이 살고 있는 세계에 대해 이해하게 하고, 이를 통해 합리적이며 인본주의적으로 참여하는 민주시민이 되도록 하는 것이다(NCSS, 1998). • 유아가 민주시민으로서 합리적인 의사결정을 하기 위해서는 주변과 세계에서 일어나는 다양한 현상들을 이해하고 판단하는 데 필요한 지식과 기술을 배우고 익혀야 한다. • 따라서 교사는 유아가 무엇인가를 알고 배우는 것이 가치 있고 꼭 필요한 일이라는 것을 인식하고, 학습에 대한 긍정적인 태도를 형성할 수 있도록 지도해야 한다.

(3) 민주적인 가치와 태도

민주적인 가치와 태도	• 민주적인 가치와 태도는 자신과 타인은 서로 개별성을 지닌 독특한 존재이며 가치가 있다는 전제하에 서로의 권리와 자유를 인정하고 그에 따른 의무와 책임이 있음을 이해하는 것이다. 　- 이와 관련해 유아가 형성해야 할 가치와 태도는 개인의 가치, 자유와 책임, 공정성, 평등, 개인 권리의 보호 및 강화, 민주적 의사결정의 중요성 등이 포함된다(이영자 외, 2004). • 유아는 유아교육기관에서 생활함으로써 민주시민이 되는 연습을 하고, 자신이 존중받고 있다는 것을 느끼며 자신의 요구와 권리가 있다는 것도 알게 된다. 또한 사회 구성원으로서 관심을 공유하고 흥미와 복지가 타인의 것과 관련되어 있다는 것도 알게 된다(홍순정·김희태, 2009). 그리고 교사의 통제 방식, 유아를 대하는 방식, 상호작용하는 방식, 유아를 가르치는 방식 등은 그대로 유아에게 전달되어 유아의 민주적인 가치와 태도 형성에 영향을 미친다. • **민주적인 교실에서 나타나는 공통적인 요소** (홍순정·김희태, 2009) 　- <u>통제의 공유</u>: 유아에게 명령이나 복종을 강요하기보다는 유아가 학습해야 할 기술을 강조하고 서로 어떻게 느끼며 반응하고 상호작용하는가에 초점을 둔다. 　- <u>유아의 선택</u>: 유아에게 무엇을 해야 하고 시간이 얼마나 남았는지 설명하기보다 유아 스스로 무엇을 누구와 함께 어떤 방법으로 할 것인지 선택하도록 한다. 　- <u>엄격하고 일관성 있는 훈육</u>: 강요하지 않고 유아가 규칙을 정하고 지키도록 한다. 　- <u>사고와 표현의 자유</u>: 일상생활 속에서 자신의 견해를 자유롭게 표현할 수 있도록 한다. 　- <u>다른 사람의 힘에 압도되지 않기</u>: 교실에서 누구라도 힘을 행사해 위협하거나 지배하는 일이 없도록 한다. 　- <u>공동체 의식의 형성</u>: 서로 공동의 목표를 갖는 공동체를 형성해 소중함을 느끼게 한다. 　- <u>존중과 배려의 유도</u>: 시범을 보이거나 설명을 함으로써 존중과 배려를 유도한다.

3 개별적 가치

개념	• 보편성에 기초해 다른 사람들과 공유하는 것이 보편적 가치라면, 개별적 가치는 특정 경향의 음악, 옷, 종교적 믿음, 정치적 신념 등을 선호하는 것과 같이 나와 타인 사이를 구별 짓는 개인의 독특한 성향이다(이영자 외, 2004). 　- 사람마다 서로 다른 사회문화적 배경을 가지고 있으며, 이에 따른 경험이 다르기 때문에 사람들은 자신이 선호하고 선택하는 개별적 가치를 지니게 된다. 　- 선호 경향성은 유아기에 생겨나 연령이 많아지면서 더욱 분명해진다. 　- 어린 유아라 할지라도 음식이나 옷, 친구, 놀잇감에 대한 좋고 싫음의 성향이 분명한 것을 볼 수 있다.

교사 역할	• 개별적 가치는 집단생활을 하면서 어떤 것은 수용되지만 어떤 것은 갈등의 원인이 되기도 한다. 이럴 경우 교사는 편견과 선입견을 배제하고 유아의 개별적 가치를 존중하며 집단에서 수용될 수 있는 보편적 가치를 알려주어야 한다. • 또한 어떤 사회 사건이나 문제에 대해 유아와 이야기를 나눌 때 교사는 가치중립적인 태도로 유아가 자신의 개별적 가치를 형성할 수 있도록 안내해야 한다. • 유아들이 지닌 개별적인 가치를 존중하면서 유아가 집단에서 존중되고 수용될 수 있는 보편적 가치를 내면화시키도록 도와야 한다. • 유아가 개별적 가치를 형성하고 타인의 개별적 가치를 존중하도록 도와야 한다.

UNIT 76 가치와 태도 형성 방법 - 가치명료화

개념	• 가치를 명료화하는 것은 유아 개인을 존중하는 것이다. 이를 위해 교사는 먼저 심리적으로 안정된 교실 분위기를 만들어야 하며, 유아의 생각이나 질문, 반응에 대해 비판이나 평가를 하지 않아야 한다. 교사는 안전한 환경 안에서 유아가 자신의 가치를 탐색해 볼 수 있도록 도울 수 있다. • 래스(Raths)의 연구 결과에 기초하여 사이먼(Simon)이 수행한 것으로 가치선택과정, 의사결정과정을 분명하게 하는 가치교육의 한 방법이다. – 학습자로 하여금 각자의 생활에 관련된 가치문제(예 자기가 가장 소중하게 여기는 것은 무엇인가?)를 여러 각도에서 생각해 보도록 함으로써 스스로의 가치관을 확인하도록 하는 방법이다. • 아동에게 한 개인으로서 존엄성을 부여함과 동시에 이들이 보다 일관성 있고 성숙하게 자신의 감정, 태도, 가치를 다룰 수 있게 한다. • 가치를 명료화하는 과정에서 유아는 토의에 참여할 뿐만 아니라, 자신의 생각을 알게 되며, 갈등 상황에서의 문제를 파악하여 다른 유아와 함께 생각을 나누고 자신과 다른 사람들에 대한 이해를 증진시키게 된다. 예 갈등 상황 : '청소를 해야 할 것인가?', '놀러 나가야 할 것인가?', '선생님에게 말을 해야 할 것인가?' 등의 갈등 상황으로 문제를 파악하고 해결해 나가는 것 • 교실 내·외에서 일어나는 여러 가지 가치관에 관련된 문제를 함께 다루어 보고 받아들이는 과정을 통해, 다양한 가치결정의 과정을 습득하는 데 도움이 된다. • 이는 가치문제를 지나치게 주관적이고 정의적인 것으로 해석한다는 단점이 지적되기도 하나, 학습자가 허심탄회하게 문제에 몰두할 수 있도록 하는 장점이 있는 것으로 인식되고 있다.
지도방법	• 유아들이 주도적으로 행동하고 자유롭게 선택할 수 있는 다양한 기회를 제공한다. • 유아들이 소중히 여기는 것에 대해 심사숙고하여 선택할 수 있도록 돕는다. • 유아가 자신이 선택한 가치를 소중히 여기고 만족해하는지 평가한다. • 유아가 자신의 신념에 따라 행동하고 자신의 아이디어를 표현하며 자신의 삶에서 반복되는 행동이나 형태를 발달시킬 수 있는 기회를 갖도록 돕는다.

가치명료화 과정의 7단계 (Raths, Harmin, Simon)	선택하기	① 자유롭게 선택하기 － 가치를 선택해야 하는 상황에서 타인의 영향을 받지 않고 자신이 원하는 가치를 자유롭게 선택한다. 예 "그 생각을 어디에서 처음 갖게 되었다고 생각하니?" 예 "얼마 동안 그렇게 느꼈니?" 예 "너는 다른 사람의 도움을 받고 있니?" 예 "그렇게 느낀 사람은 너 혼자뿐이니?" 예 "선택하는 데 어려움은 없었니?" ② 다양한 대안 중에서의 선택(다양한 대안들로부터 선택하기) － 가치 문제를 풀어 나가는 과정에서 여러 가지 대안 중 적절한 대안을 선택한다. 예 "그것을 선택하기 전에 어떤 것들을 고려해 보았니?" 예 "그것들을 결정하기 전에 얼마 동안이나 생각해 보았니?" 예 "다른 가능성 있는 대안들은 고려해 보았니?" 예 "그것을 선택한 이유라도 있니?" 예 "결정을 내릴 때 어떤 것들이 개입되어 있니?" ③ 각각의 대안에 대한 결과를 고려한 뒤의 선택(각 대안들의 결과를 사려 깊게 생각하여 선택하기) － 여러 가지 대안 중에서 최종적인 하나의 대안을 선택하기 위해 그 대안의 선택 결과가 어떨지 미리 고려해 본 후에 선택한다. 예 "다른 대안들의 결과는 어떻게 되었니?" 예 "그것을 많이 생각해 보았니?" 예 "네가 한 선택은 어떤 점에서 좋으니?" 예 "그것을 충분히 검토해 보았니?" 예 "너의 선택에는 어떤 가정이 함축되어 있니?"
	존중하기 (선택에 대한 만족)	④ 보상과 칭찬(선택한 바를 소중하게 여기고 기뻐하기, 존중 및 소중히 여기기) － 자신의 선택을 존중하고 기쁘게 생각하며 내면적으로 믿음을 갖는다. 예 "얼마 동안이나 그것을 원했니?" 예 "그것의 좋은 점은 무엇이니?" 예 "그것은 정말 네가 소중히 여기는 것이니?" 예 "그것이 없으면 삶이 어떻게 달라질까?" ⑤ 확인하기(공언하기 / 선택한 바를 다른 사람들에게 기꺼이 이야기하기) － 자신의 선택을 공개적으로 말하여 행동으로 이어지도록 한다. － 선택한 가치를 개인적으로 존중하고 소중하게 여기며 공개적으로 다른 사람들에게 자신감을 가지고 표현한다. 예 "네가 느낀 것을 친구들에게 말해줄 수 있니?" 예 "너는 그것을 믿고 있다고 말하는 것이지?" 예 "너는 기꺼이 너의 주장을 설명할 수 있니?" 예 "네가 말하는 것을 믿어주는 사람이 있니?"

	행동화
	(행동하기)
		⑥ 선택의 행동화(선택한 가치를 행동으로 전이, 선택한 가치를 행동으로 옮기기)
		   – 가치를 실제 생활에서 행동으로 표현한다.
		 예 "그것과 관련해 네가 할 수 있는 일은 무엇이니?"
		 예 "네가 행동한 결과를 검토해 본 일이 있니?"
		 예 "너는 더 많은 실천을 위해 계획이 있니?"
		 예 "그것이 너의 생활에 얼마나 영향을 미쳤니?"
		 예 "제일 먼저 할 수 있는 일이 무엇이니?"
		 ⑦ 반복하기(생활 속에서 반복하여 행동하기)
		   – 선택한 가치가 완전한 가치체계로 정착하기 위해 동일한 상황에서 동일한 행동으로 그 가치를 반복하여 실천한다.
		 예 "얼마 동안이나 그렇게 느꼈니?"
		 예 "너는 그것을 자주 하니?"
		 예 "어떤 어려움이 있었니?"
		 예 "그것을 다시 한번 해보겠니?"
		 예 "얼마 동안이나 계속할 거니?"

가치명료화
과정의 3단계
(Michaelis)
	선택하기	① 여러 가지 대안과 그 대안의 가능성을 생각한 후 스스로 선택한다.
		   – 교사는 유아가 자유롭게 선택하도록 격려한다. 이때 정보를 주고 대안적 선택을 하도록 돕는다.
		 예 오늘의 자유선택활동을 소개한 뒤 그중에서 선택할 수 있도록 한다.
		   – 교사는 유아가 다른 대안에 대해서도 신중하게 생각해 보고 선택할 수 있도록 돕는다.
		 예 "블록놀이를 하면 그림을 그릴 시간이 있을까?" 등의 질문을 하여 유아가 선택할 수 있도록 한다.

	만족하고 격려받기	② 선택한 가치를 소중히 여기고 그것에 만족하며 다른 사람들에게도 이를 확인하려 한다. – 유아가 선택한 가치를 소중히 여기고 만족하는지를 평가하도록 한다. 예 "다른 아이들도 그렇게 생각할까?", "정말 너에게 중요한 것이니?" 등의 질문을 하여 자신이 선택한 가치에 대해 평가해 보도록 한다.
	행동하기	③ 선택한 가치에 기초하여 행동하고 반복 실천한다. – 유아의 신념에 따라 행동하도록 돕고, 생각을 표현할 기회를 주어 행동을 발달시킨다.

UNIT 77 가치와 태도 형성 방법 - 가치분석

KEYWORD# 가치분석의 과정

- 가치분석은 교사가 유아에게 도덕적 또는 가치 판단이 요구되는 질문에 대해 추론하는 과정을 가르쳐 유아가 논리적이고 합리적인 도덕 판단을 하는 능력을 발달시키는 것이다(Brophy, 1990).
- 가치분석 토의활동은 유아가 어떤 상황에서 하나의 가치를 선택할 때, 그 이유를 논리적으로 설명하고 그러한 준거도 밝히게 함으로써 가치관을 확립시키는 방법이다.
  - 이를 위해 유아는 갈등을 일으키는 문제를 접하면서 하나의 가치를 선택해 보고, 이에 대한 결과를 예측해 보면서 자신의 사고를 논리적으로 분석해 볼 수 있다.
  - 가치분석은 논리적으로 생각하는 것으로 듀이(Dewey)의 사고 및 문제해결 과정과 비슷하다(Seefeldt et al., 2010).
- 씨펠트(Seefeldt, 2001)는 이성적인 가치분석 능력을 발달시키기 위해 아래와 같은 과정을 사용하였으며, 가치에 대하여 아동에게 교육하는 경우 아동의 발달적 특성, 아동의 문화 및 질문방법에 유의해야 한다고 제안하였다.

① 가치 확인하기	갈등 상황에 대해 유아들이 느끼고 있는 문제가 무엇인지 질문함으로써 문제 상황을 인식한다. • 아동에게 주어진 상황 속에서 사람들이 가지고 있는 가치를 찾아내도록 한다. 　- 교사는 유아들에게 갈등 상황의 이야기를 들려주고 주인공들이 느끼는 문제가 무엇인지 질문할 수 있다. 　- 상황 설정은 실제로 아동에게 일어난 것일 수도 있고, 가상의 이야기일 수도 있다. • 목표 : 상황에 관심 갖기 　예 정은이는 어버이날 선물로 아빠에게 드릴 카네이션을 만들려고 생각했다. 그러나 자유선택활동 시간이 되었을 때 정은이는 미술 영역에서 카네이션 만들기를 하는 것보다 역할 영역에서 가족놀이를 하는 것이 더 재미있을 것 같다는 생각을 했다. 가족놀이를 하다 보니, 자유선택활동 시간이 끝나버렸다. 정은이는 아빠에게 선물할 카네이션을 만들지 못한 것이 생각났다. 이때 카네이션을 4개 만들어서 가지고 있는 수현이를 보았다. 　정은이는 수현이에게 가서 꽃을 2개만 달라고 부탁하였다. 수현이는 자신이 애써서 만든 것이기 때문에 주고 싶지 않기도 했지만, 친구와 사이좋게 지내기 위해서는 꽃을 나눠줘야 될 것 같다는 생각도 들었다.
② 가치의 비교와 대조하기	동일한 상황을 두고 각자의 입장과 서로가 가지고 있는 가치 및 가치 판단에 대해 이야기함으로써 각자의 입장에서 가질 수 있는 가치의 유사점과 차이점을 비교한다. • 아동들은 사람들이 선택한 가치의 차이점과 유사점을 알 수 있다. 　- 같은 상황이라도 사람에 따라 서로 다른 가치를 가질 수 있고, 다른 상황이라도 비슷한 가치를 가질 수 있다. 　- 사람들은 동일한 상황에서 서로 유사한 가치를 지니기도 하지만 서로 다른 가치를 지니기도 한다. 　- 위 이야기에서 둘 다 카네이션이 필요하지만, 정은이의 입장과 수현이의 입장은 다르다. 그리고 이에 따른 가치 판단도 다를 수 있다.

	• 목표 : 상황의 문제가 무엇인지 구별하기 예 "정은이는 지금 어떤 생각을 하고 있니?" 예 "정은이가 어떻게 결정을 내렸는지 이야기해 줄 수 있니?" 예 "수현이의 생각은 무엇일까?"
③ 감정을 탐색하기 (감정의 탐색)	이 상황에 대한 느낌을 이야기한다. 갈등 상황에서 유아가 자신이 선택한 가치에 영향을 미친 감정 및 다른 사람의 가치선택에 영향을 미치는 감정들에 대해 생각해 볼 수 있도록 한다. • 갈등 상황에서 자신의 감정과 다른 사람의 감정을 이야기하며, 유아는 자신의 가치와 타인의 가치에 있는 정서적 요소를 경험해 볼 수 있다. • 목표 : 상황에서 무엇을 할 수 있는지 알아보기 예 "수현이가 친구에게 카네이션을 주겠다고 결정했다면 어떤 마음에서 그렇게 결정한 것 같니?" 예 "만약 수현이가 정은이에게 카네이션을 주지 않겠다고 결정했다면 수현이에게 어떤 마음이 들었기 때문이니?" 예 "정은이는 왜 수현이에게 카네이션을 달라고 말한 것 같니?"
④ 가치 판단을 분석하기 (가치 판단의 분석)	자신이 내린 가치 판단의 결과를 예측하고 분석해 볼 수 있도록 한다. • 자신이 내린 가치 판단에 대해 지지하거나 반박할 수 있는 근거를 살피며 제시하도록 한다. • 목표 : 할 수 있는 일의 결과로서 어떤 일이 발생했는지 토론하기 예 "수현이가 정은이를 돕는다면 어떤 일이 생길 것 같니?" 예 "만약 수현이가 정은이의 부탁을 거절한다면 어떤 일이 생길까?" 예 "거절당했을 때 너라면 어떤 느낌이 들까?"
⑤ 가치 갈등을 분석하기 (가치 갈등의 분석)	대안에 대한 생각을 함께 나누고 공유한다. • 가치 대립의 상황에서 유아들은 갈등의 원인 파악 및 갈등을 해결할 수 있는 대안이 무엇인지 결정하고, 이 결정의 결과에 대해 평가해 본다. 　- 진퇴양난의 가치를 제시하고, 각각의 결과는 무엇인지 물어본다. 그리고 최상의 결과를 얻기 위한 대안을 선택하게 하고, 그 이유를 설명하도록 한다. • 목표 : 생각들을 함께 나누고, 자신과 다른 사람들에 대한 이해를 증진시키기 예 "너는 수현이가 어떻게 할 것이라고 생각하니?" 예 "왜 그렇게 할 것이라고 생각하니?" 예 "네가 정은이라면 어떤 결정을 내리겠니?" 예 "정은이가(수현이가) 그렇게 했을 때 결과는 어떻게 될 것 같니?"
⑥ 자신의 가치 검증하기	• 자신이 내린 가치에 대해 다음의 4단계로 검증해 볼 수 있다. 　- "규칙을 위반하면서까지 반 대항 축구 경기에서 이겨야 하는가?"와 관련한 사례 ① 역할 교환 　- 가치원리에 기초한 결정에 의해 심각하게 영향받을 개인이나 집단들과 입장을 바꿔 생각해 본다. 예 상대 팀의 규칙 위반으로 우리 팀이 패배했을 경우에 그것을 받아들일 수 있겠는가? ② 보편적 결과 　- 모든 사람이 유아가 선택한 가치원리에 따라 행동할 경우에 보편적으로 나타날 행동의 결과를 수용할 수 있을 것인가에 대해 검토해 보는 것이다. 예 누구나 그런 식으로 경기에서 이기기 위해 규칙 위반까지도 서슴지 않을 경우 발생하는 결과들을 수용할 수 있겠는가?

③ 새로운 경우
- 판단에 사용된 가치원리가 다른 유사한 상황에서도 일관되게 적용될 수 있는가에 대해 검토해 본다.
예 올림픽 경기에서 약물을 복용하고 좋은 성과를 거둬 금메달을 딴 선수가 있다면, 이를 인정할 수 있겠는가?

④ 포섭
- 선택한 도덕 원리를 더 일반적이고 포괄적인 도덕 원리에 따라 판단해 보도록 하는 방법이다(상위 원리를 따른다).
예 '운동선수는 규칙을 준수하면서 정정당당하게 경기하는 스포츠맨십을 가져야 한다'는 상위 원리로부터 그 결정이 논리적으로 타당하게 연역될 수 있는가?

그 외 가치와 태도의 습득방법

모델링	• 유아는 자신과 정서적으로 긴밀하게 연결되어 있는 주변인들의 행동을 닮아가려 하는 경향이 있어서 자신에게 의미 있는 타인의 가치와 태도를 자신의 가치와 태도로 내면화한다. • 유아가 새로운 집단에 들어가 새로운 상황에 직면하게 될 때도 자신에게 영향을 미칠 수 있는 새로운 모델을 찾아서 행동과 가치 판단을 따르하게 된다.
강화	• 유아들은 자신의 행동이 칭찬받거나 자신이 내린 선택으로 만족스러운 결과를 경험한다면, 이와 유사한 상황이 발생할 때 이전과 동일한 가치 판단을 하게 된다. • 교사는 유아가 바람직한 의사결정을 내렸을 때 유아가 자신의 가치 판단에 대해 확신을 가질 수 있는 긍정적인 보상을 적극적으로 해주어야 한다.
사회적 상호작용 경험	• 피아제는 유아의 가치와 태도 형성에 유아의 사고 과정이 영향을 준다고 하였는데, 자기중심성이 강한 유아는 타인의 입장에서 문제를 해결하기 어렵기 때문에 또래와의 갈등을 경험하게 된다. • 사회적 경험을 통해 유아들은 자기중심적 사고를 포기하고 친구와 서로에게 이익이 되는 방식으로 문제를 해결하게 된다. • 이러한 사회적 상호작용 경험을 통해 유아는 인지적 사고능력과 옳고 그름에 대한 도덕적 가치 판단능력을 발달시킨다.
주입식 접근	• 아동들에게 추상적 개념이나 많은 사실들을 암기하게 함으로써 민주주의적 가치를 주입할 수 있다. • **주입식 방법의 문제점** - 기본적 책임을 이해하지 못하며, 그 목표를 부정한다. - 성인이 되어 사회적 책임을 수용하기 어렵거나 사회적 비평 참여를 저해하며, 힘을 가지고 있는 사람을 따르고자 한다.

II 기술

UNIT 78 사회적 기술

KEYWORD# 만족지연능력, 사회적 기술 — 의사소통하기, 공유하기, 협력하기, 갈등 해결하기

 참고

사회교육에서 다루어야 할 기술(skills)
사회교육에서 다루어야 할 기술은 크게 사회적 기술과 사회학습 기술로 나누어진다.

개념		사회적 기술은 일상의 사회생활에 필요한 기본능력이다. 예 순서 지키기, 기다릴 줄 알기, 대화하고 협의하는 기술, 상황을 수용하는 기술 등	
긍정적 자아인식	개념	유아들이 자신을 긍정적으로 인식하기 위해서는 자기통제력과 조절력이 있어야 한다.	
		자기통제력	외적 요구나 사회적 규범에 따라 자신의 충동이나 행동을 억제하고 조절할 수 있는 능력으로, 주로 행동조절, 충동 억제, 만족지연과 같은 실행 기능과 관련이 있다. **│ 만족지연능력(미쉘 & 에브슨) │** • 자기통제력의 핵심 요소로 미래의 더 큰 가치를 위해 현재의 욕구나 만족을 참아내는(지연하는) 능력이다. • 만족지연과제 : 아동에게 작지만 즉각 보상을 받을 수 있는 경우와 보상은 크지만 기다려야 하는 경우로 두 개의 선택 가능성을 제시하는 것이다.
		자기조절력	• 내적 상태(감정, 동기, 사고, 행동)를 스스로 모니터링하고 조절하여 목표달성에 이르는 능력으로, 인지적 조절과 정서적 조절, 행동적 조절을 통합적으로 포함한다. – 현실 상황을 고려하여 자신의 흥미와 요구, 관심사를 조정하고 통합하는 것이다.
	활동	• '나의 기분은?'이란 제시어를 통해 유아가 자신의 다양한 감정을 조절하여 적절히 표현할 수 있는 방법을 알아본다. • 감정조절 또는 감정표현과 관련된 동화를 듣는다. • 게임활동을 통해 유아들이 게임의 규칙을 알고 이를 지키도록 한다. • 전통놀이 중 타인과 협력을 요구하는 활동을 제공한다.	

친구 사귀기	개념	• 유아들은 또래와 협동하고 물건을 공유하면서 친구를 사귀고 친구 관계를 유지한다. 　- 자기중심적인 유아들은 또래로부터 거부당하고 이로 인한 분쟁을 경험하게 되면서, 또래에게 수용되기 위해서는 친구와 물건을 나눠 쓰고 양보가 필요함을 배우게 된다. 　- 또한 유아들은 사회적 상호작용을 통해 또래에게 다가가는 방법과 말 건네기, 놀이에 끼어들기를 배우게 된다. • 유아가 친구를 사귀는 것은 유아들의 긍정적 자아개념과 친사회적 기술 발달 뿐만 아니라 학업성취에도 중요한 영향을 미친다. 　- 친구가 있는 유아는 다른 또래에게도 수용되고, 학교에 쉽게 적응하며, 사춘기 때 적응의 어려움을 덜 겪고, 정서적으로 더 잘 적응하며, 친구가 없는 유아보다 학업성취가 높다.		
	교사 역할	• 교사는 유아가 친구를 사귀는 데 어려움이 있는지 관찰하고, 어려움이 있는 유아가 친구를 사귈 수 있도록 다음과 같이 도와주는 것이 좋다(Beaty, 1999). 　- 사회적 기술이 부족한 유아와 유능한 유아가 짝을 지어 활동하는 기회를 갖게 한다. 　- 고립된 유아는 좀 더 어린 연령의 유아와 짝을 지어 준다. 　- 공격적인 유아의 경우 친사회적으로 갈등을 해결할 수 있는 방법을 알려준다. 　- 역할놀이를 통해 사회적 갈등 상황을 해결하는 연습을 한다. 　- 놀이에 참여하지 못하는 유아는 지원을 통해 놀이에 자연스럽게 합류하도록 한다. 　- 주어진 상황에서 바로 적합한 행동을 지도한다. 　- 다양한 갈등 상황을 제시해 여러 가지 가능한 해결책을 함께 생각하고 평가해 본다.		
공유하기	개념	• 혼자 독차지할 수 있는 사물과 시간, 애정, 공간 등을 다른 사람의 입장을 고려하여 양보하는 것이다. 　- '나누어 가진다는 것'에 초점을 두기보다는 '함께 나누었을 때 기분이나 감정이 좋은 것'에 초점을 둔다. 　- 유아기는 자기중심성이 강해 진정한 의미의 공유하기는 어려운 과제일 수 있다.		
	지도전략 (Seefeldt, 2005)	안정감	• 심리적으로 안정감 있는 환경을 제공한다. 　- 교사와 유아의 상호작용 증진, 증가된 인정, 사회적 적절감, 집단의 맥락을 고려해야 한다. 　- 심리적으로 안정감을 느끼는 유아는 그렇지 않은 유아들에 비해 공유하기를 자발적으로 하는 경향이 있다.	
		모델	• 교사 자신이 공유하기를 실천하는 모습을 보여준다. 　- 유아들은 설명으로 공유하기를 지도받을 때보다 누군가가 다른 사람과 나누는 모습을 보면서 더 잘 배운다.	

		물리적 환경	• 넉넉한 공간과 자료는 보다 쉽게 공유를 하게 하므로 충분한 놀이 공간과 놀잇감을 제공한다. 　– 유아의 수를 고려하여 놀이 공간을 확보한다. 　– 유아들의 손이 닿을 수 있는 곳에 놀잇감을 정리해 놓는다. 　– 동일한 놀잇감도 여러 개 준비해 놓는다면 이들은 보다 쉽게 공유하기를 실천할 수 있다.
		직접적인 가르침	• 놀이와 상호작용을 통해 교사는 유아들에게 공유하기 기술을 지도할 수 있다. 　– 교사는 유아의 놀이나 사회적 상호작용과 관련하여 공유행동을 직접 가르칠 수 있다. 　– 교사는 인형이나 놀잇감을 이용하여 친구와 공유하기를 통해 갈등을 해결하는 방법을 이야기로 들려줄 수 있다.
	교사 역할		• 유아의 개인적 소유권을 존중하면서 교실의 공용 물건과 공간에 대해 서로 나누도록 지도해야 한다. • 놀잇감과 같이 수가 한정되어 있어서 유아들이 공유해야 할 물건일 경우, 먼저 차지한 유아의 소유권을 존중하고, 이를 다른 유아가 이해하도록 지도해야 한다. • 놀이 차례에 있어서도 기다리는 유아는 먼저 시작한 유아의 놀 권리를 존중하도록 지도하고, 놀이의 우선권을 가진 유아는 기다리는 유아의 입장을 배려하도록 지도한다. • 어떤 형태로 공유하든 이러한 경험을 통해 유아들이 나누기를 했을 때 기쁨과 만족스러움을 느낄 수 있도록 지도해야 한다.
협력하기	개념		• 유아들은 친구와 협력하면서 구성원 간에 서로 의견이 다를 수 있다는 것을 이해하고, 모두의 이익을 위해 때로는 자신의 요구를 조절하고 양보할 필요성이 있다는 것을 알게 된다. • 공유하기와 협력하기를 지도하는 방법은 유사하다. • 협동의 조건 　– 협동하기 위해 어떤 것을 포기하거나 공유해야 한다. 　– 덜 이기적이어야 하고, 자신만을 생각하는 것이 적어야 한다. 　– 집단의 복지에 더 관심을 가져야 한다.
	지도전략 (Seefeldt, 2005)		• 협력하기를 잘한 유아들을 격려한다. 　– 유아들이 협력하기를 통해 과제를 성공적으로 마쳤을 때 성취감과 자부심을 느끼도록 돕는다. • 협력하기에 적당한 집단 크기를 정한다. 　– 집단의 크기가 적절할 때 교사는 유아들에게 보다 수용적인 태도를 보이며, 유아들도 친구들과 공유하기와 협력하기를 더 잘한다. • 작은 것이라도 함께 격려하고 협력할 기회를 마련한다. 　– 의도적으로 자료의 수를 부족하게 할 수도 있다. • 경쟁적 분위기를 조장하지 않는다. 　– 바람직하지 못한 예 : 승자와 패자가 결정되는 놀이, 순위가 결정되는 활동은 유아들이 협력하기보다는 경쟁적이 될 수 있다. 　– 바람직한 예 : 협력을 격려하기 위해서 교사는 모든 유아들이 개별적인 능력을 가지고 참여할 수 있는 활동을 제공한다.

SESSION

05

MEMO

의사소통과 협의기술	개념	• 의사소통 기술이란 다른 사람의 의견이나 입장을 귀 기울여 듣고 그 마음에 공감하며, 자신의 마음을 효과적으로 표현할 수 있는 것을 의미한다. – 타인과 의사소통을 하면서 내면을 표현하고 타인의 감정, 느낌, 생각 등을 이해하며 공감대를 형성하고 유지하는 일은 중요하다. • 유아는 일찍부터 표정, 말투, 소리 등을 통해 비언어적 의사소통을 한다. 그러나 아직 언어능력이 제한되어 있고 타인의 입장을 고려하기가 힘들어 효율적인 의사소통을 하기는 어렵다. – 유아가 효율적인 의사소통을 하기 위해서는 언어능력의 발달과 함께 자신의 생각과 다른 사람의 생각이 서로 다르다는 것을 알아야 하며, 다른 사람이 어떤 생각과 관심을 갖고 있는지 이해해야 한다. • 유아의 의사소통능력을 길러줄 수 있는 활동은 다음과 같다. – 역할놀이, 사회극놀이 등을 통해 자연스럽게 타인의 관점과 역할을 경험하게 한다. – 듣기, 말하기, 쓰기, 읽기 등의 능력을 길러주기 위한 다양한 활동을 제공한다. – 집단토의를 통해 다른 사람의 견해를 듣고, 자신의 생각을 이야기하는 기회를 제공한다. – 친구와 자신의 의견이 다를 때 상대방의 기분을 고려하면서 말하는 방법을 알아본다.	
	활동	의사소통과 협의기술을 발달시키기 위한 활동 및 진행 시 고려할 점	
		귓속말 전달하기	• 교사가 짧은 문장을 한 유아에게 귓속말로 들려주면 이를 들은 유아는 다음 유아에게 이 문장을 전달한다. – 이를 통해 다른 사람의 말에 주의집중하는 능력을 길러준다.
		부드럽게 거절해요	유아가 싫어하는 것을 친구들이 부탁할 때 상대방의 기분을 고려하면서 거절할 수 있는 방법을 알아본다.
		부탁해	내가 원하는 것이 있을 때 친구들에게 거절당하지 않고 부탁할 수 있는 태도와 말을 알아본다.
		내 생각을 말해요	하나의 상황에서도 친구들의 의견이 다를 수 있다는 것을 알고, 나의 의견을 분명하게 표현하도록 한다.
갈등 해결하기	개념	유아가 직면한 갈등 상황에서 스스로 갈등을 원만하게 해결할 수 있도록 하는 것	
	교사 역할	• 갈등해결을 돕기 위한 상호작용 시 유아가 갈등의 원인과 결과와의 관계를 연결지어 생각할 수 있도록 하고, 유아가 어떤 행동과 말이 갈등해결에 작용하게 되는지를 이해할 수 있도록 도와야 한다. • 유아는 생활하면서 자기 스스로 느끼는 갈등, 다른 친구들과 일어나는 갈등, 주변 환경에서 발생하는 갈등을 경험한다. – 교사는 유아가 스스로 이러한 갈등을 원만하게 대처하고 해결할 수 있도록 도와주어야 한다. – 유아는 어릴수록 갈등 상황에서 자기 의도와 생각을 정확하게 전달하지 못하거나 자기 요구에만 집중하고, 갈등의 가시적인 부분에만 초점을 맞추는 경향이 있다. 따라서 갈등에 대한 이해도 밖으로 보이는 현상과 그 순간에만 초점을 두게 된다.	

	갈등을 최소화 하기 위한 방법	• 교실에서 갈등이 발생하는 것을 최소화하기 위해 교사가 사용할 수 있는 방법 (Seefeldt et al., 2014)
		  − 유아가 친구와 친밀한 우정을 형성해 안정감과 가치감을 느끼게 한다 (Greenberg, 2006).
		  − 충분한 교재교구를 준비하고, 유아에게 다양한 선택의 기회를 제공한다.
		  − 공격적 행동은 교실에서 허용되지 않음을 분명히 한다.
		  − 공격적 행동 대신 친사회적인 갈등해결 기술을 알려준다.
		  − 유아들과 의논해 권리를 보호하는 학급규칙을 만들고 실천한다.
		  − 유아에게 다양한 감정이 있다는 것과 긍정적으로 감정을 다루는 방법을 알려준다.

	지도 전략	• 갈등해결 지도전략(박찬옥 외, 2015)
		 ① 문제의 인식 : "무슨 일이 있었니?", "친구의 기분은 어떨까?"
		  − 갈등 원인을 파악하고 갈등과 관련된 모든 유아의 입장에 대해 이야기 나누어 본다.
		 ② 해결책 모색 : "어떻게 하면 좋을까?"
		  − 갈등해결을 위한 충분한 시간을 제공하여 유아와 의논하며 가능한 해결책을 생각해 본다.
		 ③ 전략의 실행 : "만일 ~한다면 어떻게 될까?"
		  − 바람직한 언어와 행동을 사용해 해결 전략을 실행해 본다.
		 ④ 전략 효과 및 결과에 대한 평가 : "네가 ~하니까 어떻게 되었니?"
		  − 갈등 쟁점과 상대방의 반응에 기초해 자신이 사용한 전략을 평가해 볼 수 있도록 한다.

	활동	• 갈등해결을 위한 전략을 발달시키기 위해 교사는 다음과 같은 활동을 제시할 수 있다.
		  − 인과관계 이해하기 : 갈등 상황의 그림을 보고 이러한 일이 일어난 원인에 대해 생각해 보도록 하거나, 하나의 상황에 대한 원인이 되는 그림과 결과가 되는 그림을 제시하고 짝지어 보도록 한다.
		  − 긍정적인 대안 선택하기 : 또래 간의 갈등 상황을 제시하고 유아들이 선택한 방법이 긍정적인 결과를 가져오는지, 그렇지 않은지에 대해 생각해 보도록 한다.

UNIT 79 사회학습 기술

개념	• 사회학습 기술은 사고 기술(thinking skills)이라고 하며, 사회학습을 하는 데 필요한 기술적 학습 기술을 말한다. − 사회학습 기술은 감각적 정보에 관련된 것과 일반적인 정보에 관련된 것이 있다.
감각 정보 조직 기술	• 감각 정보는 감각을 통해 들어온 정보를 표현하는 것이다. • 감각 정보는 오감각에 관련된 정보의 조직이다. − 견학이나 여행을 했을 때 느낀 것에 대해서 말해보기 − 본 것에 대해서 말해보기 − 냄새에 대해서 말해보기 − 들은 소리에 대해 말해보기 − 맛에 대해서 말해보기 등
일반적인 학습 기술	• 일반적인 학습 기술은 유아가 자료를 수집하고 분류하여 이를 분석하는 과정으로 분류(classifying), 비교(comparing), 요약(summarizing), 그래프화(graphing) 등이 포함된다. − 함께 사는 가족 수를 분류·비교하고 우리 반 친구들의 각 가족 수를 요약하여 그래프화해 볼 수 있다. 특히 그래프화하기는 사회교육 특유의 학습 기술로서 지구본과 지도 읽기 기술(map & globe skills)과 함께 유아기에 기초가 형성되는 중요한 기술이다. − 특히 Michaelis(1980)은 지구본과 지도읽기 기술이 방향(direction), 위치(location), 상징(symbols), 용어(terminology) 등을 중심으로 사물의 근원에 접근한다고 본다. ▶ 우리 유치원 주변의 동네를 꾸며볼 때 이쪽/저쪽의 방향, 중요한 건물의 위치, 목욕탕이나 이발소, 기찻길, 학교, 다리의 상징(지도기호)과 용어 등을 통하여 동네의 환경을 파악할 수 있다. [지도기호] ♨ 온천 ⚓ 학교 ⇌ 다리 卍 절 ⚓ 교회

III 사회과학적 지식

UNIT 80 사회과학적 지식 - 역사

1 기본 관점

배경		• 역사란 우리가 과거에 대해 알고 있는 지식을 현재의 우리 생활과 행동, 의사결정에 적용하는 과정이다. − 유아들은 과거의 사람들이 무엇을 했고, 어떻게 살았는지를 알게 됨으로써 현재 우리들의 생활모습과 행동의 이유를 이해하게 된다. • 듀이는 사람들이 어떻게, 왜 그렇게 살았는지, 어떤 집에서 살았고, 무엇을 입고 살았는지에 대해 유아들이 끊임없는 관심을 가지고 있기 때문에 유아들에게 역사를 가르치는 것은 어렵지 않다고 보았다.
목표	인지적 측면	• 시간의 흐름에 따른 변화와 관계성을 이해하기 • 과거의 역사적 사실을 알고 과거와 현재, 현재와 미래의 관계를 추론하기 • 과거의 기록이나 문화유산, 가족사 등을 통해 옛 선인들의 생활사를 파악하고 현재 생활과의 연계성을 이해하기 • 과거의 사실이나 사건, 생활 등에 대해 탐구하는 경험을 통해 문제해결 능력 증진하기
	정의적 측면	• 과거의 역사적 사건이나 사실, 역사적 인물과 공감해 봄으로써 역사에 대한 깊은 의미와 흥미 발견하기 • 시간에 따른 변화, 가정과 지역사회, 국가와 세계 속에서 자신의 존재를 인식함으로써 정체감을 형성하기 • 시간의 흐름 속에서 자신의 뿌리(근원)를 이해함으로써 자아존중감 수립하기
	기능적 측면	• 역사적 사실을 탐구하기 위하여 기록 찾아보기 • 유적지나 박물관 방문하기 • 역사적 사건 및 인물에 대한 신문 기사 활용하기
접근방법		• 역사 이야기를 통한 접근 • 역사가의 탐구적 접근 • 멀티미디어를 통한 접근 • 역사 관련 확장 활동을 통한 통합적 접근 • 역사를 소중히 여기는 사회적 분위기 조성

MEMO

역사가의
탐구적
접근
	• 접근방법 : 문제 인식하기, 정보 모으기, 관찰하기, 자료 분석 및 추론하기, 결론 도달하기
	• 탐구적인 상호작용의 자세
	  − 특정 사실이 그 시대 내의 다른 사실들에 어떠한 영향을 미쳤는지 탐구하기
	  − 대안적 상황이었을 경우의 결과를 상상해 보기
	  − 역사적 인물의 삶에 대해서 공감해 보기
	  − 과거와 현재를 비교하기(예 한글, 놀잇감의 비교)
	• 탐구적 질문을 시발점으로 유아들이 역사와 관련된 문제를 인식하고, 필요한 정보를 모으며, 자료들을 분석·추론하여 문제를 해결해 나가는 과정을 경험하도록 한다.

유아역사
교육
내용의
선정 기준
	• 유아와 가까운 주제로부터 출발한다.
	  − 나 ➡ 가족 ➡ 이웃(향토사) ➡ 우리나라 ➡ 다른 나라
	  − 가까운 옛날 ➡ 아주 옛날
	• 유아의 사전 경험과 배경을 고려한다.
	• 현재, 과거, 아주 오래된 과거로 구분한다.
	  − 역사적 시간에 대해서 몇 년, 몇 월은 무의미하다.
	• 구체적·가시적·역사적 자료를 활용할 수 있는 내용으로 선정한다.
	  − 예술품, 박물관 견학(조상들의 생각과 삶의 경험 반영)
	• 인물사를 통해 활동과 시대상을 연관하여 탐구한다.
	  − 생생한 역사교육, 정체감·가치관 형성에 도움이 된다.
	  − 최근 평범한 인간들의 삶을 통해 역사적 의식을 기르게 하는 경향이 대두되고 있다.
	• 각 시도에서는 향토사를 포함하는 내용을 구성한다.

② 하위 영역

①
시간
	개념	• 역사는 시간의 흐름이므로 역사를 이해하기 위해서는 먼저 시간의 개념이 형성되어야 한다.
		  − 유아들은 과거와 현재의 시간적 흐름에 대한 직관적이고 주관적인 감각을 가지고 있다.
		• 유아들은 매일의 일과에서 규칙적인 일상 활동에 직접 참여하여 시간의 흐름과 순서를 자연스럽게 경험함으로써 시간을 이해할 수 있다.
		  − 매일 일어나는 주기적이고 반복적이며, 연속적인 일상의 경험에 의해 발달한다.
		  − 일상적 사건의 순서를 지어보는 경험을 통해 발달한다.

	내용	• 과거·현재·미래 구분하기 • 시간의 흐름에 대해 이해하기 • 과거와 현재의 연계과정 이해하기
	활동	• 유아교육기관의 하루 일과를 소개하고 자유선택활동 시간의 활동을 계획해 본다. • 동화를 듣고 이야기 속의 하루 일과 또는 이야기의 시간적 순서를 살펴본다. • 주말을 지낸 이야기 나누기를 통해 유아의 활동 순서를 회상해 본다. • 요리 또는 만들기와 같이 유아가 하나의 활동을 하는 데 걸리는 시간을 모래시계로 측정해 본다. • 우리들의 1년 앨범을 만들어 본다.

② 변화	개념	• 변화는 역사교육의 가장 기본으로, 변화를 삶의 일부분으로 받아들이고 적응하는 것은 우리의 삶을 풍요롭게 할 수 있다. • 변화란 생활(삶) 속에서 끊임없이 계속적으로 일어나는 것으로, 유아는 자신의 삶 가운데서 동생의 출생과 같은 가족의 변화, 과거 삶의 생활방식의 변화를 직접 또는 간접적으로 경험하는 과정에서 변화가 생활 속에서 끊임없이 계속적으로 일어나는 것이라는 개념을 형성하게 된다. – 유아는 자신과 가족, 이웃의 변화를 통해 서서히 변화의 불가피성을 수용하고 이에 적응하는 방법을 배울 수 있다. • 유아는 최근이나 오래전의 이야기를 듣게 되면서 변화를 느끼고, 변화란 두려워 해야 할 것이 아님을 인식할 수 있게 된다.
	내용	• 주변의 변화 탐색하기 • 변화의 계속성 이해하기 • 변화의 결과와 영향 알기
	활동	• 주말을 지내고 교실의 변화된 점을 찾아본다. • 교실의 가구를 재배치하거나 벽면을 장식하여 교실에 변화를 준다. • 새로운 이웃이 이사 오는 것, 빌딩을 부수는 것, 거리를 보수하는 것, 공원을 만드는 것 등을 관찰해 본다. • 나무, 나비의 유충, 올챙이 등의 변화를 관찰해 본다. • 모래주머니를 이용하여 자신이 태어났을 때의 무게를 만들어 저울을 재어보고, 현재의 몸무게와 비교해 본다. • 아기였을 때 입었던 옷의 종류를 알아본다(예 기저귀, 아기신발). • 아기였을 때 찍은 사진을 가져와서 현재의 모습과 비교해 본다.

③
생활의
연속성
	개념	• 인간의 삶은 끊임없이 변화하고 계속된다는 것을 이해하도록 하는 것이다.
		• 우리들의 삶은 매일 변화하고 있지만 반복적으로 일어나는 경험도 있다는 것과, 조부모 세대가 겪었던 것을 부모 세대가 반복하여 경험하게 되고, 이러한 경험은 유아들에게도 전달된다는 것이다.
		   – 각 세대 간에 서로 상호작용하고 관계를 맺음으로써 역사가 이어져 간다는 것을 알 수 있다.
		• 세대 간의 접촉을 통해서 삶이 연속된다는 것을 체험적으로 알도록 한다.
		   – 유아들은 조부모, 부모와의 상호작용을 통해서 삶이 연속된다는 것을 체험적으로 알 수 있게 된다.
		• 시간이 흘러도 가족은 가계를 통해 이어져 오며, 사람들의 생활 속에서 놀이, 명절 등이 지속되어 오듯이, 삶은 끊임없이 변화하고 있지만 인간의 경험은 계속된다는 것을 아는 것이다.
		   – 가족들의 역사나 공휴일 경험 등을 통해 사람들이 계속적으로 이루어왔던 것들을 연속성의 개념으로 받아들일 수 있다.

	내용	• 우리 가족만의 역사 알아보기 • 과거의 생활과 현재의 생활 비교하기 • 각 세대의 삶을 통하여 생활의 연속성 이해하기
	활동	• 부모는 자녀들에게 부모의 과거를 들려준다. • 할머니, 할아버지를 자원봉사자로 초대하여 세대 간 상호작용이 이루어질 수 있도록 한다. 예 할아버지, 할머니의 어린 시절 이야기 듣기, 유아의 생일잔치에 참석하기, 유아들의 활동과 놀이에 참여하기 등 • 부모나 지역사회의 구성원이 함께 참여하는 공휴일 행사를 가진다.

④
과거
	개념	• 역사를 통해서 과거의 개념을 형성하는 것으로, 유아기에는 유아의 가장 가까운 과거로부터 시작할 수 있다. 유아들에게 가장 흥미 있는 과거는 유아 자신과 관련된 생활이다.
		  − 즉, 자신의 과거에 있었던 일을 회상하고 기억하는 것, 과거에 사용했던 물건들, 과거에 살았던 사람들의 이야기를 들으면서 과거를 경험하고, 이를 통해 과거의 개념을 형성할 수 있다.
		  − 유아들은 '아주 오래전에', '옛날에'와 같은 표현을 사용하여 자신의 과거 경험을 기억해 말할 수 있다.
		• 학습 자원
		  − 부모와 조부모, 유아교육기관의 교직원과 이웃들은 유아들이 과거 개념을 이해할 수 있도록 도울 수 있는 중요한 인적 자원이 된다.
		  − 과거의 집과 과거에 사용된 사물들, 그리고 과거의 문화를 이해할 수 있는 이야기와 전설, 신화 등도 유아들이 과거에 대한 이해를 형성하도록 돕는 자원들이 된다.

	내용	• 옛날 사람들의 모습과 생활 • 신화 속의 인물 • 옛날에 사용했던 사물 • 과거의 동물들(사라진 동물들)
	활동	• 부모, 할아버지, 할머니, 교사, 이웃 등을 자원으로 활용해 본다. • 옛날 물건(호롱, 인두)을 현대의 물건과 비교해 본다. • 과거에만 살았던 사라진 동물들을 알아본다. • 과거의 사람들이 살았던 환경을 알아본다. • 박물관, 도서관, 소방서, 교회 등 옛날 건물을 견학해 본다.

⑤ 역사탐구 기술	개념	• 역사탐구기술은 유아가 역사학자처럼 역사적 문제에 대한 답을 찾기 위하여 정보를 수집하고, 이들 간의 인과관계를 해석해 추론하여 결론에 도달하는 과정이다. • 역사탐구방법은 문제해결 과정과 동일하다.
	역사 탐구 방법	• 문제의 확인 – 유아 자신이 문제를 제기할 수도 있고, 교사가 문제를 선정할 수도 있다. – 교실, 유아교육기관, 가정, 가까운 지역사회에서 자연 발생적으로 야기되는 문제가 유아들에게 현실감을 줄 수 있다. • 정보의 수집 – 유아들은 책이나 인터넷, 주변의 어른들과의 면담, 박물관 견학을 통해 과거의 흔적을 조사할 수 있다. • 자료의 관찰 – 유아들이 본 것, 느낀 것, 맛본 것, 만져본 것들을 이야기하게 함으로써 관찰능력을 길러줄 수 있다. • 정보의 분석 – 과거에 대한 자료를 모은 후 옛날 사람들이 좋아했던 것, 살았던 방식, 했던 일, 믿었던 것 등을 추론해 보도록 돕는다. – 유아들이 역사와 관련된 개념을 이해하고 이를 기초로 추론할 수 있도록 돕기 위해 교사는 유아에게 "기차가 왜 만들어졌다고 생각하니?", "우리가 요즘 사용하는 것과 얼마나 비슷하니?"와 같은 질문을 할 수 있다. • 결론 도출 – 유아는 여러 가지 자료에 근거하여 결론을 이끌어 낼 수 있으나, 과거에 대한 추론이 완전하지 않기 때문에 유아들의 결론이 완전하다고 할 수는 없다. – 교사는 유아들이 여러 가지 자료에 근거하여 결론을 내리도록 돕는다.
⑥ 리더십	개념	유아가 자신과 관계있는 사람이나 역사적 인물, 영웅에 대해 많은 관심을 가지고 접근할 수 있게 하는 것이다.
	내용	• 역사적 인물들의 배경과 존재 이해하기 • 개인의 지도력이 역사에 미치는 영향 이해하기
⑦ 인과관계	개념	과거의 사실이 발생하게 된 원인과 현재에 이르기까지의 과정 및 영향에 대해 유아가 이해할 수 있도록 돕는 것이다.
	내용	• 사건(사실)의 원인과 결과 탐색하기 • 과거의 사건이 현재에 미치는 영향 이해하기 • 현재의 사건이 미래에 미칠 영향 이해하기

SESSION
05

UNIT 81 사회과학적 지식 – 지리

KEYWORD# 지리탐구기술, 장소

1 기본 관점

정의	우리가 살고 있는 세상의 일반적인 특성에서부터 개인적인 장소에 이르기까지 전체적으로 분포되어 있는 공간에 대해 연구하는 과정을 말한다.

2 하위 영역

방향과 위치	개념	• 우리가 살고 있는 장소에서 자신과 다른 사람, 사물과의 관계를 이해하는 것으로 동, 서, 남, 북과 같은 상대적 위치를 나타내는 것이다.
		   – 위치나 장소를 나타내기 위한 것이 '지도'이다.
		• 지리 이해의 가장 기초적인 개념으로 인간과 사물이 세상에서 차지하는 자리를 의미한다.
		• 방향과 위치를 나타내는 용어 : 위, 아래, 앞, 뒤, 옆, 앞으로, 뒤로, 오른쪽, 왼쪽 등
		   – 유아들은 공간 속에서 자신의 신체를 움직임으로써 오른쪽–왼쪽, 위–아래, 앞–뒤에 대한 방향과 위치를 이해할 수 있다.
		• 유아들이 방향을 이해하면 방향을 나타내는 상징이나 이정표에 관심을 갖고, 이를 그림으로 나타낼 수도 있다.

	내용	• 자신의 동작 탐색하기 • 방향 용어 사용하여 자신의 움직임 묘사하기 • 기준이 되는 한 공간을 중심으로 자신의 위치를 비교하여 설명하기 • 장소 찾기와 표시하기

	활동	• 공간에서 신체의 요소를 인식하며 자신의 신체를 사용할 수 있는 방법을 이해하도록 돕는다.
		   예 "교실 문에서 피아노까지 가장 빠르게 갈 수 있는 방법은 무엇이니? 어느 방향으로 가야 할까?"
		• 자신의 위치를 설명해 본다.
		   – 주변에 있는 책상과 교구장들과 유아의 관계를 설명해 본다.
		     예 "너는 지금 어디에 서 있니? 문의 어느 쪽에 서 있니?"
		• 방향을 나타내는 지시어에 따라 사물을 놓는 게임 활동을 해본다.
		• 바깥 놀이터에 물건을 숨기고 숨겨진 장소를 표시한 지도를 보고 찾아본다.
		• 쌓기 영역에서 블록으로 구성물을 만들고 구성물의 위치를 설명해 본다.
		• 지도를 소개하고 지도에서 볼 수 있는 기호를 찾아본다.
		• 유아교육기관 마당의 놀이 시설과 건물들을 기호로 표시하고 이를 설명해 본다.

장소	개념	• 지역의 기후나 지리적 특징 등 물리적·인위적 특성에 따라 환경은 다르게 구성된다는 것을 아는 것이다. • 유아들은 주변의 많은 장소들이 유사한 것 같으면서도 서로 다르다는 것을 발견하고, 왜 다른지에 대해 호기심을 가진다. • 유아들은 장소를 구별하기 위해 물리적 특성과 인위적 특성을 서서히 발견하기 시작한다.
	내용	• 주변 환경과 사람·사물들과의 관계 관찰하기 • 근처의 산 견학하기 • 공원들의 같은 점과 차이점 발견하기 • 산의 나무와 곤충 관찰하기 • 강, 하천 주변 관찰하기 • 산의 돌, 공원의 돌, 하천의 돌 관찰하기
	활동	• 같은 목적을 가진 장소지만 그곳의 사람과 사물, 환경의 차이를 관찰하고 이야기해 보도록 한다. • 공원을 주기적으로 관찰하여 그곳에 피는 꽃과 나무를 관찰하고 그 차이를 발견하도록 한다. • 공원과 산, 하천에서 자연물을 수집하여 장소에 따른 수집물의 차이를 발견해 본다. • 계곡이나 하천에서 볼 수 있는 거미와 우리 동네 주변에서 볼 수 있는 거미의 차이점을 발견해 본다. • 추운 곳에 사는 사람들의 의상과 음식, 집 등을 알아본다.
지역	개념	• 위치, 인간과 환경의 상호작용, 이동 등을 종합하여 유사한 특징을 보이는 장소가 있다는 것이다. – **물리적 지역**: 기후, 지형, 식물 분포에 따라 분류되는 지역 – **문화적 지역**: 문화적·역사적 연속성을 갖고 있는 지역
	내용	• 지역의 특징 및 주변 지역의 구성과 형태 – 각 지역마다의 이름과 특징 – 같은 지역에서 자라는 식물과 동물 – 한 지역의 문화인 노래, 예술, 전래동화 소개 – 각 지역에 따른 기후 – 우리가 살고 있는 지역은 땅으로 된 부분(딱딱한 땅, 모래, 진흙 등), 물로 덮인 부분(강, 호수, 바다), 평평한 곳, 언덕이나 산과 같이 솟아 오른 부분 등으로 되어 있음을 인식
	활동	• 지역사회의 공원과 쇼핑센터를 견학하고 관찰한 사실들을 그림으로 그리거나 글로 적어 본다. • 우리 동네에 있는 기관을 방문하여 그곳에서 일하는 사람들을 인터뷰해 본다. • 박물관을 견학하여 세계의 다양한 건축양식이나 의상 등을 관찰해 본다. • 다른 나라 사람들이 생일을 축하하는 방법을 알아보고, 우리들의 생일축하 방법과 비교하여 이야기해 본다. • 우리나라의 명절과 유사한 기념일을 가진 나라에 대해 알아본다. • 우리나라의 동화와 유사한 다른 나라의 동화를 들어 본다. • 다른 나라의 동요를 불러 본다.

지역 간 상호작용 (공간과의 상호작용)	개념	• 실생활에서 교통수단을 이용하여 이동하고, 통신수단(편지, 전화, 컴퓨터)을 사용하여 연락 및 정보를 교환하는 것이다. – 다른 지역과의 관계를 의미하는 것으로, 지리적으로 먼 곳에 있는 사람들과 교통 및 통신수단을 사용하여 상호관계를 맺는 것을 의미한다. – 다른 지역을 여행하는 경험을 통해 지역 간의 상호작용을 이해할 수 있다.
	내용	유아들은 유아 자신의 생활 경험으로부터 운송이나 통신수단에 대한 내용을 학습할 수 있다.
	활동	• 음식이 유아교육기관 또는 가정으로 배달되기까지의 과정을 알아보고, 이를 그림으로 표현해 본다. • 동물들이 땅이나 바다에서 이동하는 경로를 알아본다. • 공간과 공간을 유아교육기관의 버스와 다른 교통수단을 이용하여 이동해 본 후 그 차이점을 비교해 보고 이동 경로를 그림으로 나타내 본다.
지도	개념	• 지도의 기능과 관련된 내용으로, 지도는 위치나 장소를 나타내기 위해 사용하는 것이며 유아가 방향과 위치를 익히고, 지도가 공간에 관한 지식을 가장 정확하게 전달해 주는 수단이라는 것을 아는 것이다. • 지도는 주변 환경을 종이에 옮기는 높은 수준의 표상활동이라 할 수 있다. – 위에서 땅을 내려다보는 조망에 대해 이해하기 – 지도에 표시되는 상징에 대해 이해하기 – 지도에 표시되는 상징물의 크기를 조정하는 축척에 대해 이해하기

지리적 환경과 대처방식 (공간 내의 관계)	개념	• 기후와 환경에 따라 사람들의 생활방식이 다르다는 것을 아는 것이다.
		– 사람이 자연과 상호작용한다는 것을 인식하는 것으로, 사람이 자연환경에 적응하기도 하고 환경을 변화시키기도 한다는 것을 아는 것이다.
		  ➤ 이러한 과정에서 다른 문화가 만들어진다는 것도 알게 된다.
		  ㉾ 추운 곳과 더운 곳에 사는 사람의 옷, 집이 다름을 알기
		• 사람들이 살고 있는 다양한 지리적 환경, 환경과 생활(기후에 따라 달라지는 사람들의 생활방식)을 아는 것이다.
		– 편리한 생활을 위해 지형을 변화시키기(댐과 도로를 설치하기)
		– 따뜻한 남쪽 지역은 눈이 오지 않을 수 있음을 알기

지리탐구 기술	개념	• 유아가 지리적으로 생각할 수 있도록 하는 학습 기술이다. • 유아가 지니고 있는 지리적 정보를 바탕으로 새로운 사태나 문제를 다룰 수 있게 해주는 것이다.

	활동 방법	① **지리적 질문하기(지리에 대한 질문하기)**
		– 유아들이 자신이 살고 있는 주변 세계에 대한 호기심을 자연스럽게 나타낼 수 있도록 하는 것이다.
		– 지리적 탐구를 위해서 유아들이 호기심을 가지고 있는 지리와 관련된 질문을 해보도록 한다.
		  ㉾ 집이나 교실 및 지역의 위치, 사람들이 사용하는 길, 동물들이 사는 장소 등에 대해 질문하기
		  ㉾ "황사는 어디서부터 불어오나요?", "언덕은 어떻게 만들어졌나요?"

② **지리적 정보를 수집하기**
- 문제에 대한 답을 구하기 위해 주변 공간을 직접 탐색해 보고, 다루어보며, 장소를 방문하고 자원을 활용해 지리적 정보를 얻는 것이다.
- 견학, 책, 인터넷, 사진, 지도 등의 자원을 활용하여 자연적 특성, 사람들의 특성, 한 장소에 살고 있는 사람들의 지리적 상태에 대한 정보를 수집한다.
    🔴 공간에 대한 특성을 발견하기 위해 인터넷 탐색하기, 시간의 변화를 관찰하고 정보 기록하기, 방문한 장소 사진 찍기

③ **지리적 정보를 조직하기**
- 유아들이 직접적인 경험을 통해 모은 정보를 전시하고 표현하기 위해 여러 사물을 사용하여 수집한 자료를 분류하는 과정이다.
- 유아들은 분류한 정보를 그래프로 나타내거나, 알기 쉽게 정보를 지도로 표현하고, 쓰기와 말하기의 방법으로 정보를 조직하는 기술을 발달시킬 수 있다.
    🔴 블록이나 사물을 사용하여 직접 경험을 통해 얻은 정보 나타내기, 그림을 그려 관찰하였던 것 표현하기, 지도로 표현하기

④ **지리적 정보를 분석하기**
- 사진이나 그림을 관찰하고 속성이나 관계를 파악해 보도록 하는 것이다.
- 유아들은 그래프를 분석하여 정보를 해석하거나, 사물의 위치를 표시한 지도를 읽을 수 있다.
    🔴 장소를 방문하고 특징에 대한 느낌 나누기, 그래프를 분석하여 정보 해석하기, 사물의 위치를 표시한 지도 읽기

⑤ **지리적 질문에 답하기**
- 조직된 정보를 근거로 초기에 가졌던 지리에 관련된 질문에 대해 답을 하는 것이다.
- 지리적 질문에 답하기 위해 글쓰기, 그림이나 조형물의 형태로 결과물을 제시하고 추론을 사용해 보도록 하는 것이다.
    🔴 사물이나 사람의 위치를 자세하게 묘사하기, 장소에 대한 느낌을 공유하기 위해 그림 그리기, 길을 찾기 위해 간단한 지도 사용하기

UNIT 82 사회과학적 지식 - 경제

KEYWORD[#] 희소성, 화폐가치, 용역, 기회비용, 재화

1 기본 관점

개념	• 경제란 우리의 삶에 필요한 재화와 서비스를 생산·분배·소비하는 모든 활동을 뜻하며, 이를 통해 발생하는 모든 사회적 관계를 의미한다. • 경제·소비자 교육이란 유아들이 주변에서 일어나는 기초적인 경제 현상에 대한 이해를 바탕으로 다양한 문제해결을 위한 지식·기술·태도를 형성하고, 합리적인 소비를 위한 의사결정능력을 형성하도록 하는 지속적인 생활교육이라고 할 수 있다.
목적	유아 경제·소비자 교육은 이미 일상생활 속에서 경제활동을 경험하고 있는 유아들이 책임 있는 경제 주체로서 역할을 다하는 민주시민으로 성장할 수 있도록 경제·소비생활에 대한 올바른 습관을 형성하는 것이다.
필요성	실제 현실 생활에서는 누구나 만족할 만큼의 충분한 재화와 서비스가 부족하기 때문에, 재화와 서비스를 누가 얼마나 생산하여 어떻게 분배하고 언제 소비하는가 하는 문제가 일어나므로 이러한 문제를 해결하는 출발점을 위해 경제 개념을 교육해야 한다.

2 하위 영역

생산	다양한 상품이 나에게 오기까지의 과정을 이해하는 것으로, 우리는 누구나 생산자인 동시에 소비자임을 이해해야 한다.
소비	• 인간이 욕구를 만족시키기 위해 재화와 서비스를 사용하는 것을 말한다. – 계획적이고 합리적인 소비와 그 중요성을 알고 소비자의 권리와 책임을 이해하고 실천한다. • **합리적 소비** 원하는 것과 필요한 것을 결정하고 이용 가능한 자원을 적절하게 사용하는 것을 의미한다.
분배	생산된 재화와 용역이 그 사회구성원 개개인 또는 집단에 귀속되는 것으로, 유아들은 분배의 의미와 가치를 경험하고 이해해야 한다.
공유	• 자본주의 시장경제 체제에서는 모든 사람이 경쟁을 통해 능력에 따라 부를 축적하지만, 시간이 흐를수록 부익부 빈익빈 현상이 심화되고 있다. – 이익의 재분배에 관심을 가지고, 공유를 통해 정의로운 분배를 실현할 수 있는 현명한 소비 마인드를 갖는 것이 중요하다. • 유아들은 개인의 만족을 추구하는 소비자의 입장에서 한 걸음 더 나아가, 소비자의 역할과 책임을 알고 실천하며, 현명한 소비와 투자 및 기부를 경험해 볼 수 있어야 한다.
재화 (상품)	사람들의 경제적 욕구나 바라는 것을 충족시킬 수 있는 것으로, 매일매일 사람들의 생활에서 필요한 것 중에서 손으로 만지거나 눈으로 볼 수 있는 물건을 말한다.

용역 (서비스)	사람들의 경제적 욕구를 충족시킬 수 있는 것으로, 다른 사람을 위해 하는 행동이나 활동을 말한다.
희소성	• 사람들의 무한한 욕망에 비해 그 욕망을 충족시켜 주는 재화나 서비스가 충분하지 않은 것을 의미한다. • 개별 욕구와 필요가 다르므로 사람마다 각각 다르게 작용한다. • 선택의 문제에 직면하게 된다.
합리적 의사결정	• 희소한 것일수록 가격이 비싸기 때문에 자신에게 가장 필요한 것이 무엇인지를 심사숙고 하여 합리적 의사결정을 내릴 수 있어야 한다. ▶ 이와 같은 경험을 통해 효용 극대화를 경험할 수 있다.
기회비용	• 실제로 지출하지 않았다고 해도 어떤 것을 얻기 위해 포기한 대가를 말한다. • 기회비용이 작은 것을 합리적으로 선택할 수 있어야 한다.
화폐	거래를 보다 쉽게 할 수 있는 수단으로, 국가 경제가 원활하게 순환될 수 있도록 도와준다.
화폐가치	• 화폐로 살 수 있는 ✦재화와 ✦용역의 양을 의미한다. • 화폐의 교환 가치를 통해 어떤 상품을 구매하기 위해 얼마만큼의 대가를 지불해야 하는지 알 수 있다. 　－ 모든 경제활동의 기본으로, 화폐의 종류와 기능에 대한 기본적 이해가 선행되어야 한다.
가격	• 어떤 상품을 얼마나 많이, 어떤 방법에 의하여 생산할 것인가, 누구에게 얼마만큼씩 돌아갈 것인가 하는 것을 결정한다. • 시장에서 결정되는 시장 가격을 바탕으로 경제 주체들의 소비, 생산 및 교환에 관한 의사 결정이 이루어진다.
교환	• 가장 단순한 형태는 사람들 간의 직접적인 거래인 물물교환이다. • 물물교환보다 편리하게 교환을 촉진시키기 위해 화폐가 개발되었다.
시장	• '어떠한 물건이 거래되는 장소'의 개념을 넘어 '경제활동 순환 과정'이 이루어지는 시스템을 가리키는 것이다. • 유아들은 경제활동 순환 과정에서 나타나는 생산, 소비, 유통, 구매, 직업의 기초적인 의미를 이해한다. • 간단한 경제활동에 참여해 보면서 생산자와 소비자의 관계를 이해하고, 그 과정에 필요한 소비자의 역할과 책임을 경험해야 한다.
무역	• 나라와 나라끼리 상품을 사고파는 것이다. • 각 나라마다 자원과 기술이 다르기 때문에 무역을 통해 서로 이익을 얻게 된다.
직업	• 다양한 직업에 종사하면서 생산활동을 하는 사람들을 '생산자'라고 하며, 생산활동의 대가로 돈을 지불받고 이것이 곧 수입이 된다. 　－ 유아일지라도 미래 자신의 모습을 상상하면서 자신이 하고 싶은 일과 할 수 있는 일에 대해 생각할 수 있다.
절제	• 계획적인 소비생활을 위해 그 기초가 되는 절제의 필요성을 인식하는 것이다. • 절약과 저축하는 습관을 형성하도록 돕는다.

MEMO

✦ 재화
사람이 바라는 것을 충족시켜 주는 모든 물건으로, 매일매일 사람들의 생활에서 필요한 것 중에서 쌀, 옷, 책처럼 만질 수 있는 것을 말한다.

✦ 용역
'서비스'라고도 불리며, 미용사의 일, 운전기사의 운송, 점원의 판매와 같이 사람에게 편리함을 주는 것을 상품으로 판매하는 것이다.

저축	• 미래의 소비를 위해 현재 소비를 줄이는 행위를 의미한다. − 이자는 저축에 대한 보상으로 받는 것이다.
절약	유아에게 자원이 제한되어 있음을 인식시키고, 생활 속에서 자신이 아낄 수 있는 것을 실천해 보게 한다.
재활용	• 제품을 다시 자원으로 만들어 새로운 제품의 원료로 이용하는 일이다. • 한정된 자원에서의 재활용은 반드시 필수적인 개념이다. • 3R 실천 − 재활용(Recycling) + 쓰레기 줄이기(Reduce) + 재사용하기(Reuse)

UNIT 83 　사회과학적 지식 – 사회학

개념	• 집단 내에서 상호작용하는 사람들에 대해 연구하는 것을 말한다. • 사람들이 자신이 속한 집단에 어떤 영향을 주고, 반대로 집단은 그 집단의 구성원들에게 어떤 영향을 주는지를 살펴보는 것이다.
내용	• 가족의 소중함 알기 • 가족의 구성원 알아보기 • 나와 이웃의 관계에 관심 갖기 • 지역사회의 여러 기관에 관심 갖기 • 법과 규칙의 필요성 알기 • 법과 규칙 존중하기
활동	• 우리 가족 구성원을 소개한다. • 역할 영역에서 가족 놀이를 한다. • 우리 가족을 그림으로 그린다. • 우리 반의 규칙을 만든다. • 견학 활동 시 또는 유아교육기관의 실내 · 외에서 지켜야 할 규칙에 대해 생각하고 실천한다.

UNIT 84 **사회과학적 지식** – **전통문화**

개념	• 전통문화
	  – 특정 민족이나 공동체만이 가지고 있는 독특하고 고유한 것을 뜻한다.
	  – 특정 민족이나 국가의 오랜 역사적 과정에서 형성되고 그 구성원들에 의하여 공유·
	   계승되어 온 정신적·물질적 문화 일체를 총칭하는 말이다.

내용	• 전통의 가치와 중요성 이해하기 • 전통에 친밀감 갖기 • 전통문화에 대한 긍지 갖기 • 전통 양식과 생활과의 관계 이해하기 • 다른 나라의 전통문화에 관심 갖기
활동	• 계절과 명절에 따른 전통놀이를 소개한다. • 전통놀이를 한다. • 계절과 관련된 행사를 알아본다. • 전통 음악과 춤을 감상하고 즐긴다. • 전통 의상 꾸미기를 한다. • 명절 음식을 만들어 함께 먹는다.

SESSION

05

IV 교육내용의 적용

UNIT **85** 다문화교육

KEYWORD 뱅크스의 다문화교육이론 - 부가적 접근

1 다문화교육의 이해

개념	• 다문화교육은 인종, 종교, 언어, 빈부격차, 신분, 사회계층, 성별, 사회적 지위 등에 상관없이 모든 사람은 평등하고 존중받아야 함을 전제로 하여, 서로 다른 문화로 인한 행동과 사고방식의 차이를 인정하고 상호존중의 태도를 길러 함께 사는 공동체를 이루어가기 위한 교육이다(Morrison, 2007; Sleeter & Grant, 1987). • 다문화교육은 다양한 사회적·문화적 배경을 지닌 유아들이 평등한 교육의 기회를 가질 수 있도록 교육과정의 변화를 추구하는 노력이다. • 인종과 문화의 다양성을 인정하고 확장하며, 사회의 편견이나 고정관념에 대처할 수 있는 능력을 길러주는 교육이다. – 이러한 다문화교육을 통해서 다양한 문화적 배경을 갖고 있는 유아들은 서로의 다양성을 편안하게 받아들이고 자연스럽게 어울리며, 공평하지 못한 상황에서 적절하게 대처할 수 있고, 올바른 자아정체성과 자존감을 갖게 된다. 🔔 **세계화·국제화 사회로의 변화가 가져온 부작용 – 편견과 불평등, 문화적 우월감이나 열등감** • 세계화 시대는 국가 간의 경계를 허물고 국가 공동체 사회로의 변화를 가져왔으며, 과학기술과 정보통신의 발달로 지역적인 한계를 극복하고 먼 거리에 있는 사람들과 소식을 전할 수 있으며, 외국의 문화를 접할 기회가 많아졌다. • 사회 구성원들의 새로운 결합은 다양한 문화를 접하고 수용할 수 있다는 긍정적인 측면도 있으나, 자칫 다른 나라의 문화에 대해 편견 혹은 부정적 선입견을 만들어 내거나, 문화적 우월감이나 열등감으로 나타나기도 한다.
목표	개인 및 집단과 각 문화의 고유성을 인정하고 다양성을 수용하며, 개개인이 공동체의 중요한 일원으로서 서로를 배려하고 소통하는 방법을 배워 상호 공존해 나갈 수 있는 태도와 능력을 기르는 것이다(교육인적자원부, 2007).
필요성	• 현 시대를 살아가고 있는 지구상의 모든 사람들이 다음 세대까지 생각하는 지속 가능한 사회를 만들어 가기 위해서는 함께 소통하고 협력해야 하는데, 그러기 위해서는 서로 다른 문화와 생활방식을 인정하고 존중하는 태도를 기본적으로 갖추어야 한다. 따라서 반편견 교육과 더불어 서로 다른 문화를 인정하고 수용하기 위한 다문화교육이 더욱 중요하게 부각되고 있다. • 우리나라는 1990년대 이후 국제적인 인적 교류 확대로 결혼이민자 및 이주노동자 등 다양한 인종, 언어, 문화적 배경을 가진 사람들의 국내 유입이 크게 증가하였으며, 이제 우리의 생활 주변에서도 외국인과 다문화 유아를 자주 접하게 되었다. 이후 다문화 유아의 적응과 또래 관계, 교육 문제 등이 대두되면서 다문화교육에 대한 필요성이 더욱 커지고 있다.

	• 특히 유아기에는 자신과 타인의 차이점을 인식하고 호기심을 갖게 되며, 자신이 속한 사회의 편견이나 고정관념을 그대로 받아들이는 시기이기 때문에, 문화적 다양성을 대하는 열린 시각과 수용적인 자세를 배우는 것이 필요하다(교육인적자원부, 2007; 장명림 외, 2011). • 또한 누리과정에서도 유아가 성별, 신체적 특성, 장애, 종교, 가족 및 문화적 배경 등으로 인해 차별받지 않도록 교육과정을 편성·운영할 것을 명시하고 있다(교육부·보건복지부, 2019).
다문화 개념의 발달 특성	• 어린 영아들도 사람마다 다른 피부색의 차이에 주목하는 것을 볼 수 있는데, 점점 자라가면서 자신의 성과 생김새 등을 통해 자신을 인식하고, 주로 눈에 보이는 특성들(신체적 특징, 옷, 언어 등)을 바탕으로 사람과 사람 사이의 유사점과 차이점을 구분하게 된다. • 2세경부터는 타인을 탐색하는 과정에서 인종, 민족성, 사회계층에 대한 편견이나 고정관념을 접하게 되고, 자기 문화에 적응되어 있는 다른 사람의 행동을 인식하게 된다. 　－ 따라서 다문화교육은 문화의 유사성과 차이점에 대한 이해가 나타나기 시작하는 만 2세경부터 시작하여야 한다. 　－ **유아기에 다문화교육을 해야 하는 이유** 유아기의 발달 특성인 자기중심적 사고로 인해 유아 주변 사람들의 가치와 생각, 행동방식을 당연하게 여기고 자신의 문화 잣대로 다른 문화를 판단하는 자기 문화 중심주의의 기초가 될 수 있으므로 유아기에 다양한 문화를 이해하고 존중할 수 있도록 다문화교육이 필요하다. • 4세가 되면 민족과 성에 대한 정체성을 가질 수 있게 되고, 자신이 속한 문화와 타 문화 사이에서 공통점과 다른 점을 발견하는 데 흥미를 갖는다. • 5세경에는 각 문화의 다양성을 인식하게 된다. 　▶종합　유아기의 발달과정에서 형성된 다문화 개념이나 편견, 고정관념들은 한 번 형성되면 변화되기 어렵기 때문에, 편협한 시각으로 고정되기 전에 문화적 차이에 대한 열린 시각을 가질 수 있도록 해주는 것이 중요하다.
내용 영역	• 능력　　　　　　　　　　• 문화 • 연령　　　　　　　　　　• 가족 구성 • 외모　　　　　　　　　　• 성 • 종교　　　　　　　　　　• 인종·민족 • 계층　　　　　　　　　　• 장애
교육내용	• '다문화(multi-culture)'는 단순히 다른 민족, 인종만을 의미하는 것이 아니라, 한 국가와 사회 안에서 나타나는 민족, 성, 장애, 사회적 계층, 직업, 종교 등 다양한 문화성을 포함한다. • 다문화교육은 나와 다른 사람의 문화적 차이를 이해하고 인식하는 데서 출발하여, 그 차이를 바탕으로 서로 소통하며 상호 협력하는 공동체를 만들어 가고자 하는 것이다. • 따라서 세계 여러 나라의 문화와 인종 또는 비주류 문화를 단편적으로 소개하는 데 그치는 것이 아니라, 서로 다른 문화를 가진 사람들이 긍정적으로 상호작용하는 태도와 방법을 가르치는 교육이어야 한다.

SESSION
05

교육내용	문화 이해	지구상에 있는 각 나라의 다양한 문화를 경험하면서, 각 문화의 독특성을 인정하고 존중하며 긍정적이고 수용적인 태도를 기르도록 한다.

지구상에 있는 각 나라의 다양한 문화를 경험하면서, 각 문화의 독특성을 인정하고 존중하며 긍정적이고 수용적인 태도를 기르도록 한다.

① 다양성 인식
- 유아의 주변에서 만나게 되는 다양한 문화와 그 문화에 속한 사람들의 다양한 생활방식, 언어, 종교, 예술, 행사 등을 경험해 보도록 한다.
- 다양한 문화를 자연스럽게 접하면서 '다름'에 대한 거부감을 줄여갈 수 있다.
  예 유아교육기관에 다문화 유아가 있다면 그 가족의 나라에 대한 문화를 우선적으로 경험해 볼 수 있는 기회를 제공한다. 또한 국제적인 행사(올림픽, 국제 경기)에서 관심 있는 국가나 문화에 대해 탐색해 볼 수도 있다.

② 독특성 인식
- 각 문화와 전통이 만들어진 역사와 배경들을 좀 더 깊이 이해하면서, 각 문화에 대한 독특성을 인식하고 그에 대해 인정하며 존중하는 태도를 가질 수 있어야 한다.
  - 수박 겉핥기식으로 세계 여러 나라에 대한 단편적인 지식을 제공하기보다는, 유아가 관심을 보이는 문화나 생활양식에 대해서 그 배경과 역사를 함께 알아본다면 그에 대한 이해와 존중의 폭이 훨씬 더 깊어질 수 있다.

③ 차이점 인식
- 다양한 문화에는 자신의 문화와 다른 점들이 있다.
  - 지역의 특성이나 기후에 따라 음식의 종류, 먹는 방법, 입는 옷과 사는 곳이 다르고, 그 문화권에서 특별하게 중요시하는 전통과 관습, 가치관들이 차별화되어 나타난다.
  - 이러한 차이점을 찾아내는 것이 유아에게는 자연스러운 일이지만, 이 차이점이 거부감이나 편견으로 작용하지 않도록 해야 한다. 다르다는 것이 막연한 두려움이나 불평등, 차별의 원인이 되어서는 안 된다는 인식을 갖도록 한다.

④ 유사점 인식
- 다양한 문화 안에서 인간으로서 가지는 공통적인 특성들도 발견할 수 있는데, 이러한 공통점과 유사점을 인식하게 되면 막연한 두려움이나 불신들이 사라지고 그 대상에 대해 더욱 흥미를 가질 수 있게 된다.
  - 따라서 문화적 차이뿐만 아니라 유사점을 인식할 수 있도록 다양한 활동을 제공해야 한다.
  - 인간으로서 가지는 기본적인 욕구, 의사소통의 수단, 집단규칙과 조직, 예술 등에서 다양하게 공유할 수 있는 공통점을 발견해 보도록 한다(세계적으로 유명해진 'Baby Shark' 동요, 한류스타 'BTS'의 세계적인 공연, 세계의 맛집 찾기 등).

인간 이해

모든 사람은 평등하고 존중받아야 하는 존재임을 기억하고, 차별과 편견에 대항할 수 있는 비판적인 사고를 가져야 한다.

① 평등성
- 모든 사람은 자신의 국가, 민족, 인종, 성별, 신체적 능력, 사회계층, 경제적 능력에 따라 차별받지 않아야 하고, 한 인간으로서 평등한 기회를 가져야 하며, 그 자체로 존중받아야 하는 존재임을 인식해야 한다.

② **반편견**
- 서로 다른 문화적 배경과 생활양식·사고방식에 대한 선입견, 편견, 고정 관념, 차별 대우에 대해 비판적인 사고를 할 수 있어야 하고, 이러한 문제에 직면했을 때 대처할 수 있는 능력을 갖추어야 한다.

③ **긍정적인 자기 정체성**
- 다문화교육이 궁극적으로 의도하는 것은, 서로 다르지만 긍정적인 자기 정체성을 가진 사람들이 함께 모여 평화로운 공동체를 형성하는 것이다.
  - 다양한 문화적 배경과 특성을 가진 구성원들이 자신이 속한 문화적 집단과 다른 집단을 비교해서 우열을 가리는 것이 아니라, 자신들만의 고유한 문화적 특성을 이해하고 자신의 전통에 대한 존중과 자부심을 바탕으로 긍정적인 자아개념을 가질 때, 세계 공동체를 위한 개인의 역할을 잘 수행할 수 있게 된다.

모든 사람은 태어날 때부터 상호 의존성을 경험하며, 갓 태어난 영아는 양육자의 도움을 받지 못하면 생명이 유지되기 어렵다. 우리가 사는 사회에서도 서로 도움을 주고받지 않으면 삶을 살아갈 수가 없으며, 사람들은 서로 다른 부분의 필요를 채워주며 공동체의 삶을 구성해 가고 있다는 것을 알아야 한다. 유아들도 자신이 가진 것으로 다른 사람을 기쁘게 도울 수 있고, 감사한 마음으로 도움을 받을 수도 있어야 한다.

상호 의존성과 협력

① **협력**
- 공동체를 구성해 나가기 위해서는 서로 다른 능력을 가진 개인들이 서로 다른 부분에서 각자의 역할을 해 나가야 한다.
  - 하지만 그것은 공동체라고 하는 공동의 목표를 향해 가는 것이기 때문에, 원활한 의사소통과 협력을 통해서 진행되어야 한다.
  - 따라서 똑같은 언어가 아니더라도 서로의 생각을 이해하고 맞추어 나가는 노력이 필요하다.

지도방법 ▶
유아 교실에서도 다양한 방법으로 서로의 생각을 전달하고 서로 도우면서 공동의 목표를 달성해 가는 경험의 기회를 제공할 필요가 있다(생물이나 식물 기르기, 간식 및 급식 도우미, 공동작품 만들기 등).

② **평화로운 갈등 해결**
- 서로 다른 생각과 행동, 언어로 인해 오해가 생기기도 하고 다툼이 일어나기도 한다. 유아들은 자신의 내부에서 혹은 또래 유아들과의 관계 속에서 갈등이 발생하기도 하고, 부모나 이웃, 지역 간, 국가 간의 전쟁 등에서 간접적인 갈등을 경험하기도 한다.
  - 유아의 갈등은 성장과 발달에 꼭 필요한 과정이며, 이러한 갈등 상황에 대처하고 문제를 해결해 나가면서 사회적 존재로 성숙해 갈 수 있다. 따라서 갈등의 해결은 서로에 대한 이해와 존중을 바탕으로 해야 하며, 원활한 의사소통을 통해서 평화적으로 해결할 수 있는 방법을 찾도록 해야 한다.

교수 · 학습 방법	• 문화적으로 적합한 교재교구 선택 및 준비하기 　- 유아들이 속해 있는 지역사회나 가정, 또래 문화를 반영한 교재교구 • 다양한 활동 제공하기 　- 문학활동, 토의활동, 극화놀이, 다양한 음악과 미술의 예술활동, 요리활동 등 • 직 · 간접적 체험활동 및 자원인사 초청활동 등 제공하기 　- 엽서 · 사진 · 동영상을 활용한 활동, 박물관과 공연을 활용한 현장학습, 문화적으로 　　다양한 사람 초대하기 예 할아버지, 외국인 등

다문화 교육내용

문화 이해 및 수용	문화에 대한 유사점과 차이점을 이해하고 존중하며 수용하기
관계 형성	타인과 다른 집단에 대해 관심 가지고 참여하여 상호작용하며 협력하기
정체성 형성	자신에 대한 긍정적 자아개념 및 자신감, 집단의 정체감 형성하기
공평성	인종, 성적 취향, 계층, 장애 등에 대한 편견 탈피 및 긍정적 태도 형성하기
다양성	민족, 가족구조, 직업, 나이 등 다양한 문화에 대한 민감성 향상하기

❷ 다문화교육과정 개혁을 위한 접근법 - 뱅크스(Banks, 2008)

기존 교육과정 구조 유지	1단계 기여적 접근	• 소수집단의 영웅, 명절, 축제 등 문화 요소를 교육과정 속에 포함시켜 소수집단이 주류 사회의 발전에 기여한 바를 부각시킴으로써 그들의 자긍심을 높이도록 하는 방법이다. 　- 학교에서 주류 교육과정에 인종적이고 다문화적인 내용을 통합시키고자 할 때 가장 먼저, 가장 빈번하게 사용되는 것으로 소수집단의 영웅, 공휴일, 개별 문화요소에 초점을 맞추는 것이다. 　- 주류 사회 학생과 다문화 소수집단 학생들이 모두 상호이해를 증진시키고자 하는 접근법이다. • 기존 교육과정에 영웅, 축제, 기념일, 문화 공예품 등 민족 문화적 주제가 첨가된다. 　- 특정 일, 특정 주에만 이벤트화하여 다문화적 내용을 잠시 다루므로 영웅 · 기념일 접근이라고 불리기도 한다. 　예 다문화 축제나 행사를 통해서 다른 나라의 문화를 소개하고 체험해 보도록 하는 것처럼 일회성의 이벤트에 참여하는 것이다.

	2단계 부가적 접근	• 소수집단과 관련된 내용, 개념, 주제, 관점을 기존 교육과정에 추가하는 방법이다. 　－ 기존의 교육과정 구조를 변경시키지 않은 상태에서 다문화와 관련된 내용, 개념, 주제, 관점, 사회적 요구를 반영하여 기존 교육과정에 첨가하는 접근법이다. • 교육과정에 책이나 단원, 강조 등을 추가함으로써 이루어진다. 　예 '세계 여러 나라' 생활 주제를 다룰 때 교육과정 목표나 내용은 그대로 두고, 우리 반 다문화 가정 아이의 나라별 전통 음식과 일상용품을 추가해서 다루어보며 좀 더 깊이 있게 배울 수 있는 기회를 제공하는 것이다. • '기여적 접근'은 단순 이벤트적인 것에 비해, '부가적 접근'은 상대적으로 다소 체계적이라고 볼 수 있다. 또한 학생들이 학습하게 되는 다문화적 내용의 양과 시간도 기여적 접근에 비해 다소 증가된다.
기존 교육과정 구조 변화/ 바람직한 다문화교육 접근	3단계 전환적 접근 (변혁적 접근/ 개혁적 접근)	• 기존 교육과정의 기본 가정, 목표, 구성체제 등을 변화시켜 다문화적 사건이나 관련 주제(다양한 인종과 문화 집단의 관점에서 이슈, 사건, 주제) 등을 새로운 관점에서 바라보고, 비판적으로 사고하도록 하는 방법이다. • 단순히 타 문화의 내용을 교육과정에 첨가하는 데 그치는 것이 아니라 다양한 민족, 문화 집단의 특성, 발달, 복합성 등에 대한 이해를 확장시킬 수 있도록 다양한 관점과 다양한 집단에 관한 내용을 융합하는 것이다.
	4단계 사회적 활동 접근 (사회적 실천 접근/실행적 접근)	• 전환적 접근에서 다루어지는 주제에 포함된 개념, 관심사, 문제 등에 대해 토의하고, 의사결정하는 과정에 유아들이 참여하며, 생활에 실천하도록 하는 방법이다. 　－ 전환적 접근의 모든 요소를 포함하면서, 학생들이 중요한 사회적 쟁점들에 대해 의사결정을 내리고 해결을 위한 행동을 취한다. • 사회적 불평등과 차별을 어떻게 해결할 수 있는가에 대한 실천방안에 초점을 두고 있다. 　예 다문화교육활동으로 요즘 중요하게 떠오르는 사회적 이슈나 문제에 대해 아이들과 함께 캠페인 등을 통해 직접 참여하고 실천할 수 있는 방향으로 노력하는 것이다. • 전환적 접근이 다양한 관점과 비판적 관점을 기르기 위한 교육과정 재구성에 중점을 두는 수준이라면, 사회적 활동 접근은 그 수준을 넘어 학생들이 학습한 사회적 문제, 개념, 이슈 등의 해결과 연관된 의사결정과 실천 방안을 보다 적극적·체계적으로 탐색하도록 지원한다.

SESSION **05**

③ 일반화된 다섯 가지 접근법 – 슬리터와 그랜트(Sleeter & Grant, 2003)

문화적으로 다른 학생들에 대한 교수	• 비주류 학생들이 주류 사회에 적응하는 데 필요한 인지적 기술, 언어, 가치를 가르친다. • 문화 차이 및 문화 결손으로 인한 부적응을 보상하는 교육 전략이다.
인간관계적 접근	편견과 고정관념의 감소 및 집단의 정체성과 자부심을 고양하여 화합과 관용을 강조하도록 접근하는 방법이다. 예 모둠활동, 역할놀이, 모의실험
단일 집단적 접근	• 한 번에 한 집단에 대한 지식, 인식, 존중, 수용을 학습한다. • 억압받는 사람들의 권리를 증진시키고 연합을 강화하는 결과를 도출한다. • 분석 대상 집단은 민족, 사회계층, 성별, 장애와 관련된다.
다문화 교육적 접근	• 차별 해소, 편견 감소, 평등한 교육 기회, 문화 다양성의 인정을 강조한다. • 교육과정을 개혁하고, 문화 다양성의 수용을 학습한다.
다문화 사회 재건	• 사회구조의 평등과 문화 다원주의를 고양시킬 수 있도록 준비시키는 접근법이다. • 인종, 계층, 성, 장애, 차별 등에 대한 실천적 접근이다.

④ 다문화 정책의 유형 – 스티븐 캐슬(Castles Stephen), 마크 밀러(Miller Mark J)

차별적 배제주의	• 주류사회가 필요에 따라 전문적인 지식과 숙련된 기술을 가진 노동력 혹은 사회에 필요한 3D업종에 종사하는 소위 '선한 이민자(자국 복지에 기여할 수 있는 우수인재, 투자자 중심)'를 받아들이는 정책 모형이다. • 국가가 특정 경제 영역에만 외국인(이민)을 받아들이고, 복지 및 여러 정치·문화·사회적 영역에서는 받아들이지 않음으로써 원치 않는 외국인의 정착을 원천적으로 차단하는 유형이다. 　－ 한국(외국인 고용허가제), 일본, 독일(손님 노동자제도) 등 단일민족을 강조해 온 국가에서 채택하고 있다. • 내국인과 차별적 대우를 유지한다. 　－ 사회적·정치적 영역(복지 혜택, 국적·시민권 부여, 선거권·피선거권 부여 등)에서는 이민자를 철저히 배제하며, 이주민은 '사회의 일부'가 아닌 '손님'으로 여기고 정책대상에서 통합되지 않고 철저히 배제된다. • 엄격한 조건을 통과해 공식적인 권한을 부여받은 이민자들은 자국의 제도와 문화에 적응 내지 동화되어 가는 것을 당연한 과정으로 받아들임으로써 문화적 단일성을 유지하는 데 초점을 둔다.

동화주의	• 이민자(외국인)가 출신국의 언어·문화·사회적 특성을 완전히 포기하여 주류사회의 일원이 되는 것이 목표이다.
	  - 주류사회가 자국 사회의 일원이 되기를 원하는 이민자에게 문화적 동화를 대가로 '사회의 일원'으로 인정하는 정책이다.
	  - '국민됨'을 전제로 주류사회로의 조속한 동화를 지원하고, 형식적(제도적)으로는 내국인과 평등하게 대우한다.
	  - 주류사회의 언어를 습득할 수 있도록 돕고, 이민자의 자녀가 정규 학교에 취학하는 것을 지원함으로써 동화가 순조롭게 이뤄지도록 유도한다.
	    예 프랑스, 미국의 '용광로 정책'
	• Gordon(1978)은 '흡수동화'와 '용광로 동화'로 분류하여 설명하였다.
	  - **흡수동화** 소수집단이 주류 집단생활에 적응하고, 주류사회에 편입하여 문화적으로 흡수되는 것이다.
	  - **용광로 동화** 소수집단이 주류집단의 행동유형과 가치를 수용하여 문화적으로 섞이고, 주류집단과 한데 섞여 새로운 문화를 만든다.
	• **단점**
	  - 소수집단의 고유문화를 말살시키고, 문화적 정체성을 침해하거나 주류 문화를 강요한다.

다문화주의	• 문화적 다양성이 사회에서 존중되고 유지되어야 한다는 것으로, 문화적 다양성을 촉진하고 사람들이 자신의 문화적 정체성을 유지할 수 있도록 하는 정책이다.
	• 이민자가 그들만의 문화를 지켜가는 것을 인정하고 장려하며, 소수 민족이 주류사회로의 동화가 아닌 공존할 수 있는 정책을 사용한다.
	• 문화적 다양성을 인정하며 이를 실현하기 위한 적극적 정책을 사용한다는 측면에서 국가 개입주의적 접근이라 할 수 있다.
	  - 소수 민족이 자신의 고유문화와 언어를 유지하고 발전시킬 수 있도록 개입한다.
	    예 캐나다 퀘백(프랑스어 문화 유지)
	• 이주 외국인에 대해 소수자로서의 동등한 가치를 인정하고, 소수 문화의 유지를 지원하는 것을 넘어 일정한 우대 조치를 한다.
	• 각양각색의 채소와 과일이 모여 공동의 드레싱에 의해 공평하고 동등하게 뒤섞이는 샐러드 그릇에 비유하여 '비빔밥 모델'이라고도 부른다.
	• **장점**
	  - 차이에 대한 존중을 장려하고, 모든 문화 집단에 대한 포용감을 조성하며, 서로 다른 문화가 함께 모여 아이디어를 공유함으로써 창의성과 혁신으로 이어질 수 있다.
	• **단점**
	  - 가치나 신념에 상당한 차이가 있는 경우 서로 다른 문화 집단 사이에 긴장과 갈등을 유발할 수 있다.
	  - 서로 다른 문화 집단이 별도의 커뮤니티에 살며 상호작용하지 않을 수 있으므로 사회 내에서 통합 및 응집력 부족으로 이어질 수 있다.
	  - 여러 문화 집단의 필요와 이익의 균형이 필요하므로 정책 결정에서 구현하기 어려울 수 있다.

SESSION
05

5 다문화교육을 위한 교사의 역할

① 교사 자신의 다문화적 인식 수준을 점검한다.

- 교사는 유아 다문화교육을 실시하기 위해 자신의 고정관념이나 편견에 주의하여 교실 환경이나 교육내용, 교수 자료 등에서 불평등의 요소가 없는지 살펴야 한다.
- 또한 다문화 유아나 다문화 가족을 대하는 태도에 편협함이 없는지, 부모의 경제적 수준이나 교육 수준, 유아의 성별에 따라 다른 성취도를 기대하고 있지는 않은지 항상 자신을 점검해야 한다.
- 서로 다른 문화를 가진 유아 개개인을 가치로운 존재로 인식해야 한다.

② 관광주의적 교육과정이 되지 않도록 한다.

- 문화적 다양성을 위한 교육 활동이 관광자의 입장에서 무성의하고 상투적이며 피상적인 내용을 나열하기만 하는 것은 아닌지 점검해야 한다(조순옥 외, 2013 등).
- 각 사람과 가족에게는 고유한 민족 문화가 있어 나름대로의 방식으로 문화를 이루며 사는 것을 기억하고, 유아가 관심 있어 하는 것, 유아의 일상생활과 관련이 있는 것, 일상생활에서 구체화할 수 있는 것 등을 중심으로 활동을 전개하도록 한다.

③ 물리적 환경 구성

- 다양한 교실 환경은 유아의 사고방식과 행동에 자연스럽게 영향을 미치게 되므로, 편견의 요소를 없애고 다양한 문화에 대한 개방적이고 수용적인 태도를 가질 수 있게 하는 환경을 구성해야 한다.
- 특히 유아의 가정과 연계하여 부모 나라의 문화를 우선적으로 이해할 수 있도록 하고, 이를 반영하는 학습 환경을 구성해야 한다(교육부, 2018).
- 다문화 환경을 반영하는 다양한 문화권 사람들의 사진이나 그림 등을 게시하고, 다양한 문화권의 음악을 들려주며, 음률 영역에는 여러 나라의 악기, 춤에 대한 자료, 악기류를 비치할 수 있다.
  - 예 또래집단 속에서 서로 다른 문화가치를 인식할 수 있는 하나의 지대(zone)를 창출하고, 이를 유아들이 인식할 수 있도록 노력해야 한다.
  - 예 역할놀이, 쌓기놀이 영역의 소품으로 다양한 문화권의 건물, 동물, 다양한 인종과 성별의 인형들, 특별한 도구 모형(휠체어, 치아 교정기, 돋보기안경, 보청기, 목발, 안전모 등), 지구본, 세계지도, 다양한 민족의상 등을 배치할 수 있다. 언어 영역에는 다양한 언어로 된 녹음자료, 각 문화권의 전래동화, 여러 나라의 생활 모습, 다양한 직업, 계층, 음식, 민족 등에 대한 그림책, 신문 스크랩, 여러 나라의 문자 등을 비치할 수 있다.

④ 지역사회 자원 활용

- 다문화교육은 지역사회의 다양한 물적·인적 자원을 활용해서 더욱 효과적으로 진행할 수 있다.
  - ─ 다문화가족지원센터나 시·도 교육청에서 파견하는 강사를 통해 다문화 이해교육 프로그램을 진행하거나, 다문화 박물관, 다문화 어린이도서관 등의 다문화 현장 체험을 실시할 수 있다.
- 다문화 지역축제에 참여하거나 외국에 있는 친구들과 영상 메시지, 이메일을 교환하는 것도 친밀감을 형성하는 데 큰 도움이 된다.
- 또한 다누리 콜센터(1577-1366)의 번역 서비스를 활용하여 가정통신문을 다양한 언어로 번역할 수도 있다.

UNIT 86 반편견교육

KEYWORD# 더만-스파크스, 반편견교육의 목표 - 정체성 확립

1 반편견교육의 이해

개념	• 다문화교육과 유사한 접근으로, 반편견교육은 기존의 선입견, 고정관념 및 편견에 도전하는 능동적이고 적극적인 접근방식을 말한다. - 성, 인종, 장애, 사회적·경제적 배경, 종교 등에 상관없이 모든 사람을 존중하고 특정 부분에 대해서 편견을 갖지 않도록 하는 것이다. - 제도적으로 성이나 인종, 장애에 대한 차별이 지속되는 사회에서 편견을 방관하는 것은 옳지 못하며, 유아기부터 다양한 편견에 도전하고 반대할 수 있도록 적극적으로 교육할 필요가 있다는 데 근거한다.
반편견교육과 통합교육	• 반편견교육은 '성과 능력 등의 차이를 통해 문화적 다양성의 인식'을 강조하고, 유아가 '자기 정체성과 사회적 태도를 구성'해 나가는 발달 과제에 기초하며, '고정관념', '편견', '차별적 행동' 등이 유아들의 발달과 상호작용에 미치는 영향을 강조하는 것이다. • 홀과 롬버그(Hall & Rhomberg, 1995) : 반편견교육은 **+** 통합교육을 통해 실효를 거둘 수 있다고 주장한다. - 인간주의적 철학을 기초로, 각 유아가 서로의 차이를 존중하고 수용하는 분위기에서 긍정적인 자아감을 형성하도록 하는 데 목적이 있다.
반편견교육과 세계시민교육	• 더만 스파크스(1992)의 반편견/다문화교육 아이디어는 스위니아르스키, 브라이토드 및 머피(1999)의 세계시민교육과 그 맥을 같이 하고 있다. • 세계시민교육은 유아가 생활하고 있는 미시체계에서부터 거시체계에 이르기까지 지구촌 가족의 생활문화에서 나오는 모든 주제들을 교육내용으로 하고 있다. 예 가정, 음식, 옷, 우정, 놀이, 자연탐구 등 • 세계시민교육은 위와 같은 주제들이 문화권을 달리하는 지역에서 어떤 특징을 가지고 생활화하고 있으며, 문화권 간 차이를 비교하여 어떤 점을 특히 수용하고 존중하면서 우리 문화에 어떻게 반영할 것인지를 탐구하는 데 주된 관심을 둔다.
종합	다문화교육의 접근방식은 다민족 교육에서 다문화/반편견교육으로, 나아가 세계시민교육의 차원으로 변화되는 양상을 보이고 있다.

+ 통합교육
교실에서 한 명의 유아라도 소외됨 없이 그 집단(상황·활동)의 구성원으로서 소속감을 느끼게 하는 방법을 말한다.

SESSION 05

2 반편견교육 – 더만 스파크스(Derman–Sparks, 1992)

> 더만 스파크스는 차이, 다양성, 존중, 수용 등의 주요 개념을 공유하는 다문화교육과 반편견교육을 함께 고려하는 것이 발전적이라고 보고, 유아를 위한 반편견교육의 목표와 발달적 기대를 제시하였다.

교육목표와 발달적 기대	정체성 확립	① 유아가 통찰력 있고 자신감 있는 자기 정체성을 구성해 가도록 돕는 것이다. ② 유아 개인 정체성과 집단 정체성을 모두 포함한다(긍정적 자아정체감의 발달). ③ 우월감이 아니라 자신감을 육성하는 데 의미를 둔다. 　– 자신에 대한 긍정적 생각을 통해 이중 문화권을 가진 유아들의 자신감이 증진될 수 있다.
	협력	• 유아가 다양한 사람들과 편안한 감정이입적 상호작용을 하도록 돕는 것이다. • 공동적인 인간애를 공유하고 이해하는 데 필요한 인지적·행동적·정서적 기술의 발달을 안내한다. ㉠ 다양한 배경의 사람들과의 유사점과 차이점을 이해하고, ㉡ 차이점을 수용하는 지식과 성향을 발달시키는 것을 포함한다. 　– 차이점에 대해 공손하고 효율적으로 묻고 학습하며, 　– 차이점에 편안하게 협상하고 적응하는 지식과 성향을 발달시키는 것이다.
	편견에 대한 비판적 사고	• 유아가 편견에 대하여 비판적인 사고를 할 수 있도록 지원하고, 공정함과 불공정함의 구별 및 정서적 감정이입의 발달을 돕는 것이다. 　– 편견에 대해 진지하게 생각한다는 것은 ㉠ 불공평한 고정관념, 부당한 언사, 자신이나 다른 사람의 정체성(성, 인종, 무능력, 계층, 연령, 몸무게, 기타 특성 등)에 대한 차별적 행동을 인식하는 인지기술의 생성과, ㉡ 정체성에 대한 차별적 행동 및 편견이 고통을 준다는 것을 아는 정서적 감정이입의 발달을 의미한다. • 이 목표를 통해 길러내고자 하는 비판적 사고와 감정이입은 편견에 대응하여 자신 및 다른 사람을 위해 행동하도록 돕는 데 필요한 구성 요소이다.
	편견에 대응하여 행동하는 능력 배양	• 유아가 편견에 대항하여 자신과 다른 사람을 옹호할 수 있는 능력을 갖도록 돕는 것이다. 　– 또래, 사회나 이웃에서 편견 및 불공정함에 직면할 때 편견에 대응하는 다양한 방식에 대해 배우고 실천할 수 있다. ㉠ 다른 유아가 자신에게 편견된 행동을 할 때 ㉡ 한 유아가 다른 유아에게 편견된 행동을 할 때 ㉢ 성인이 편견된 태도로 행동할 때 당당하게 말할 수 있는 여러 가지 방법을 학습하도록 돕는 것이다.

주제	하위 요소와 세부 내용
교육 주제	
민족의 차이점과 공통점	• 인종, 긍정적 자아(민족적 정체성) 　— 민족의 차이점과 공통점 인식, 유전적인 신체적 특징, 자아정체성과 관련된 것
능력	• 재능·장애·편견에 대응하기, 다른 사람의 이해, 의사 전달하는 방법(수화) 　— 재능, 무능력, (장애를 포함한) 포괄적 능력에 대한 편견에 대응하는 것과 타인에 대한 존중 및 가치
성정체성	• 성역할, 성행동, 양성성 　— 정형화되지 않은 성역할과 행동 　— 양성성의 개념도 포함
문화적 유사성과 차이점	• 다문화, 문화 간 차이와 유사성 　— 각 문화의 독특한 점과 유사점, 차이점, 기념일, 습관, 언어 등을 포함
고정관념과 차별적 행동	• 가족, 계층, 신념, 지역, 편견, 연령, 외모 　— 가족 구조와 역할, 사회적·경제적 계층, 종교, 연령 및 세대 간 차이, 외모에 대한 고정관념과 차별적 행동
기타	• 갈등과 협동 　— 문제해결, 협동

UNIT 87　세계시민교육

| 개념 | • 세계시민교육은 세계가 공동체라는 인식과 함께 전 지구적 시각을 가지고 세계의 안녕과 번영을 위해 다양한 사람들과 함께 협력하는 지식과 기술, 태도를 갖도록 하는 교육을 의미한다.
• 이는 유아가 대한민국 국민인 동시에 세계시민으로서 소속감을 갖고 공동체적 책임의식, 문화적 다양성 존중, 평화적인 갈등 해결과 환경보호, 인권존중 등의 지식과 태도를 형성하며 이를 실천할 수 있도록 하는 것이다.
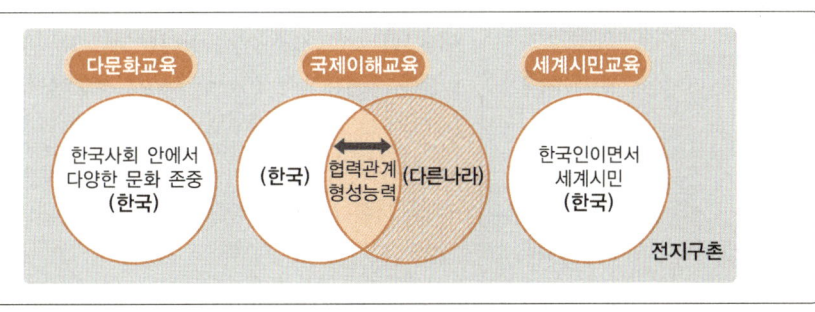 |

목표	• 인간은 누구나 소중하다는 것을 알고 존중하는 태도를 가진다. • 나는 세계의 한 구성원임을 알고 세계의 번영을 위해 노력한다. • 문화적 차이를 이해하고 존중하는 태도를 가진다. • 갈등을 평화적으로 해결하고 평화를 실현하기 위해 노력한다. • 세계시민으로서 지구환경을 가꾸기 위해 노력한다.

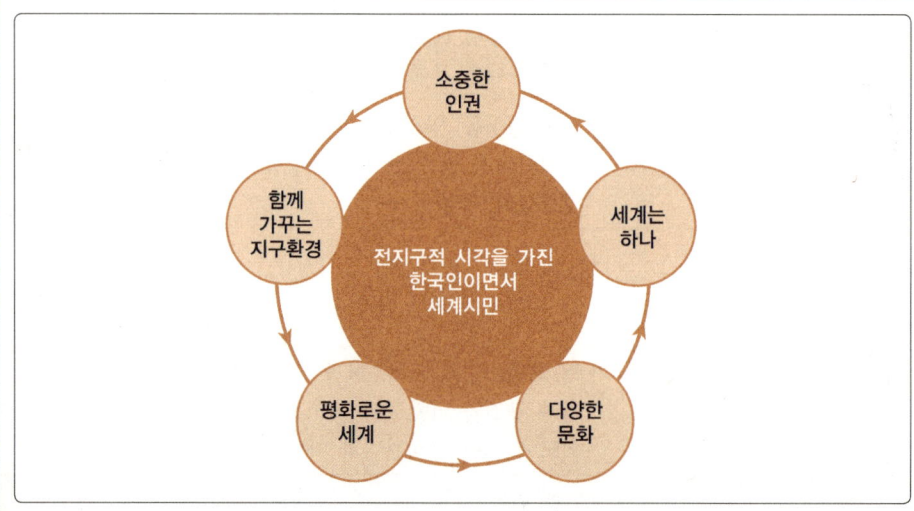

교육내용		• 인간의 가장 기본적인 권리인 인권은 나에 대한 소중함을 기반으로 인권의 의미를 이해하고, 편견이나 차별의식을 갖지 않도록 하며, 개인·사회·국가적으로 자유와 평등을 구현하고자 한다. • 세계시민으로 성장하는 데 필요한 권리 의식을 함양함으로써 더불어 살아가는 태도를 기르는 것을 목적으로 한다. ❥ 인간을 존중하는 태도를 기르고, 모든 사람은 자유롭고 평등하다는 것을 이해하며, 다른 사람과 함께 더불어 살아가기 위해 내가 할 수 있는 일을 알고 실천한다.	
	① 소중한 인권	인간 (나와 타인) 존중	• 나는 소중한 존재이다. • 모든 사람은 존중되어야 한다. • 사람은 누구나 기본적인 권리가 있다. • 사람들은 각각의 생각(예 신념, 종교)과 표현방식을 가진다. • 사람들은 나름대로의 능력을 갖고 있다.
		자유 평등	• 누구나 사고 싶은 것에 참여할 수 있는 자유가 있다. • 인간은 존엄성과 권리에 있어서 평등하다. • 사람들은 누구나 차별받지 않을 권리가 있다.
		더불어 사는 세상	• 다양한 사람과 가족이 있으며 서로 도우며 살아간다. • 나와 다른 사람의 권리를 보호하기 위해 노력하는 단체와 사람들이 있다. • 사람들에 대한 편견과 차별을 갖지 않으며, 더불어 살아야 한다.

② 세계는 하나		• 우리의 삶이 세계의 모든 나라들과 밀접한 관련이 있으며, 상호 교류하고 협력하고 있음을 이해함으로써, 유아가 세계시민으로서 자신을 인식하도록 하는 것을 목적으로 한다. • 다양한 교통과 통신 등으로 세계는 더 이상 멀리 떨어져 있지 않으며, 다양한 교류와 협력으로 서로 돕고 살아가고 있음을 경험하고, 세계시민으로서의 자신을 이해하고 세계의 이웃을 위해 할 수 있는 일들에 관심을 갖는다.
	가까운 세계	• 세계 사람들은 왕래하며 살아가고 있다. • 세계 사람들은 정보와 물건을 서로 주고받는다. • 다양한 방법으로 세계 여러 나라에서 일어나는 일들을 알 수 있다. • 세계는 교통과 통신, 인터넷으로 가깝게 연결되어 있다.
	서로 협력하는 세계	• 세계는 경제적으로 협력하며 살아가고 있다. • 세계 여러 나라는 서로 도움을 주고받는다. • 세계 여러 나라는 서로 교류하며 살아가고 있다.
	세계 속의 나	• 세계 속에서 일하는 다양한 사람들이 있다. • 우리 주변에는 세계를 위해서 일하는 사람들이 있다. • 나는 이 세계의 일원으로 세계에 대한 역할과 책임이 있다.
③ 다양한 문화		• 우리 민족의 문화에 대한 정체성과 자긍심을 갖고 이를 기반으로 다른 나라의 문화를 이해하며 존중하는 것을 목적으로 한다. 나라와 민족마다 문화의 다양성을 경험하며, 동시에 인간으로서 가지는 공통성을 긍정적으로 경험하도록 돕는다. ▶ 다양한 문화와 관련된 활동을 경험하면서, 유아들은 세계시민으로서 다양한 문화를 접하고, 자신의 문화를 사랑하며 다른 문화에 대한 수용적인 태도를 갖는다.
	자랑스러운 우리 문화	• 자랑스러운 우리나라 전통문화가 있다. • 우리나라를 나타내는 상징들이 있다. • 우리나라를 빛낸 사람들이 있다.
	다양한 문화의 공통점과 차이점	• 의식주에는 문화적 공통점과 차이점이 있다. • 여러 나라마다 지켜야 할 예절을 가지고 있다. • 모든 사람은 기쁨과 슬픔 등의 감정을 느끼지만 표현하는 방법이 다양하다.
	다양한 문화에 대한 이해와 존중	• 나라마다 독특한 문화가 있고, 그 문화는 존중되어야 한다. • 성, 인종, 계층, 계급 등에 의해서 차별되지 않아야 한다.

SESSION
05

교육내용	④ 평화로운 세계	평화에 대한 지식을 알고, 다른 사람을 이해하고 존중하며, 평화적으로 문제를 해결하는 기술과 태도를 갖도록 한다. 더 나아가서 국가 간의 갈등·전쟁·폭력 등의 위험과 어려움이 있음을 알고 평화를 지키고자 노력하는 태도를 갖도록 한다.	
		평화로운 우리	• 나에게 평화로운 마음이 있다. • 나와 타인은 감정과 생각이 다를 수 있다. • 갈등은 평화적인 방법으로 해결할 수 있다. • 평화는 모든 사람들이 함께 누려야 하는 것이다.
		평화를 위한 노력	• 평화와 비평화는 선택하는 것이다. • 평화를 위해서 내가 실천할 수 있는 일들이 있다. • 평화를 위해서 노력하는 사람들과 단체들이 있다.
		전쟁과 평화	• 세계에는 전쟁과 분쟁이 일어나는 곳이 있다. • 전쟁으로 고통받는 사람들이 있다. • 우리 민족은 한국전쟁의 아픔을 가지고 있다. • 평화적 통일을 이루기 위해서는 노력이 필요하다.
	⑤ 함께 가꾸는 지구환경	• 환경은 지역적이거나 국가적인 경계 없는 인류 공동의 유산이므로 세계시민교육 내용에 포함되어야 한다. 　– 지구환경은 인간에 의해 파괴되어 가고 있으며, 이러한 환경을 개선하고 보호하는 것은 세계시민으로서의 공통된 책임이다. ▶ 우리의 생활과 환경이 서로 밀접하게 연결되어 있음을 이해하고, 자연을 아끼고 사랑하는 마음을 가지며, 환경을 위해 실천할 수 있는 일에 직접 참여함으로써 지구 전체 환경에 대해 책임감을 갖도록 한다.	
		우리 생활과 환경	• 모든 생물은 소중하다. • 생명체(사람, 동물, 식물)는 서로에게 의존하여 살아간다. • 우리가 살아가는 데 있어 자연환경은 중요하다.
		자연의 보전과 보호	• 자연의 아름다움을 느끼고 소중히 여긴다. • 동물들이 사는 서식지를 보호해야 한다. • 자원은 무한한 것이 아니므로 바르게 사용해야 한다. • 환경을 보호하기 위해 내가 실천할 수 있는 일이 있다.
		지구를 살리기 위한 노력	• 지구의 환경은 인류 공동의 유산이다. • 지구의 환경은 모든 나라가 힘을 모아 보호해야 한다. • 세계시민으로서 환경에 대한 책임감을 가진다.

참고

세계시민교육의 현장 활용

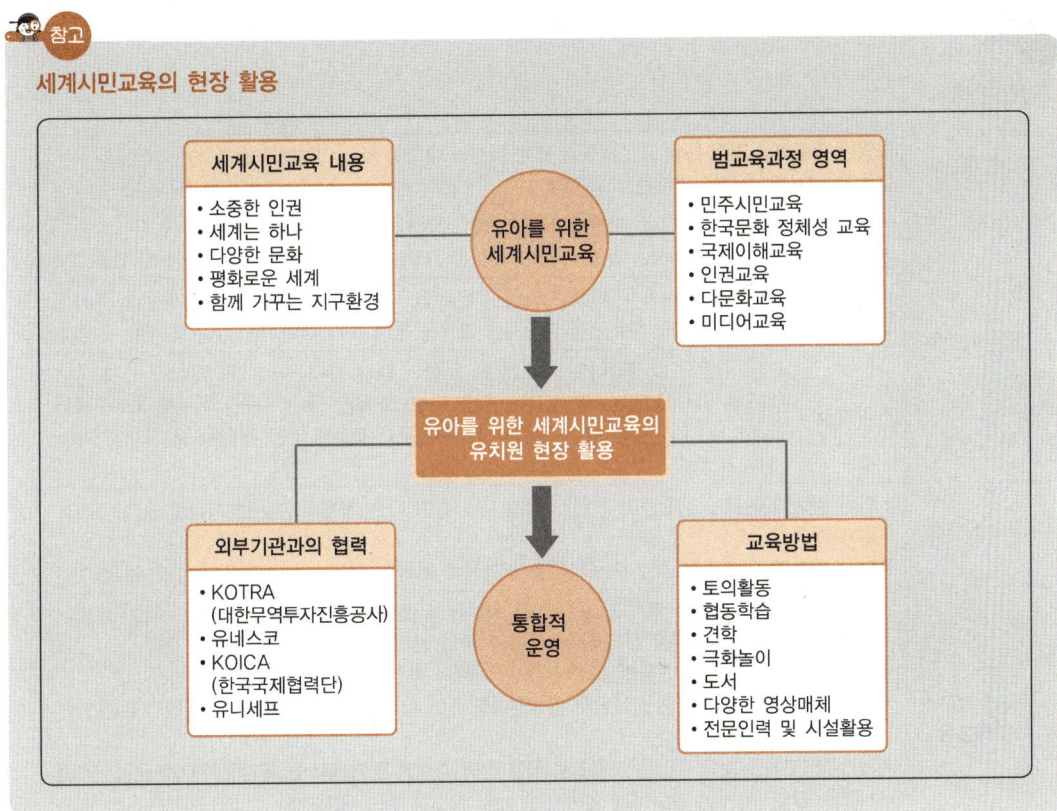

세계시민교육 내용
- 소중한 인권
- 세계는 하나
- 다양한 문화
- 평화로운 세계
- 함께 가꾸는 지구환경

유아를 위한 세계시민교육

범교육과정 영역
- 민주시민교육
- 한국문화 정체성 교육
- 국제이해교육
- 인권교육
- 다문화교육
- 미디어교육

유아를 위한 세계시민교육의 유치원 현장 활용

외부기관과의 협력
- KOTRA
 (대한무역투자진흥공사)
- 유네스코
- KOICA
 (한국국제협력단)
- 유니세프

통합적 운영

교육방법
- 토의활동
- 협동학습
- 견학
- 극화놀이
- 도서
- 다양한 영상매체
- 전문인력 및 시설활용

관련 용어

다민족교육	다양한 종족이나 민족 등의 고유한 문화 또는 특성에 대하여 서로 이해하고 존중하는 과정을 배우는 민족적 내용에 초점을 맞추는 교육이다.		
다문화교육	• 문화적 다양성을 가치 있는 자원으로서 지원하고 확장하려는 교육이다. • 다른 문화를 단순히 인정하는 것이 아니라 다양성이야말로 가장 중요한 요소라는 인식의 변화이다.		
	목적	한 국가 내에서 존재하는 다양한 문화적 차이나 갈등에서 오는 어려움을 줄이기 위하여 다양한 문화권을 존중하는 교육을 통해 국가 내에서 더불어 잘 사는 것이다.	
	한계점	세계시민으로 자라나는 세대가 타 문화에 대해 보다 적극적인 인식과 세계 이해 태도를 가져야 한다는 점을 고려한다면 다문화교육만으로는 지구촌의 세계 여러 곳에서 일어나는 다양성에 대한 인정과 지구촌 문제해결에 대한 관심을 증가시키기에는 한계가 있다.	
반편견교육	• 다른 문화에 대한 고정관념이나 편견, 차별적 행동이 다른 사람에게 깊은 상처를 준다는 것을 알게 한다. • 다른 문화에 대한 긍정적인 수용과정에서 자신의 문화적 정체성을 스스로 구성할 수 있다.		
국제이해교육, 국제교육	• 자기 민족 중심주의를 극복하고, 보다 넓은 시야에서 세계를 포용할 수 있도록 교육하는 것이다. ─ 주로 국가 간의 경계를 유지한 채 국가와 국가 간의 문제와 이해에 초점을 둔다. • 타 지역의 사람들이나 그들의 문화에 대한 이해의 증진을 목표로 하는 교육이다. • '국가 간'의 경계를 인정한 상태에서 인류평화를 위해 서로 간의 오해와 갈등을 줄이기 위한 방법으로 '이해'를 중요시한다. • 세계시민교육은 보다 확장된 개념으로 국가 간의 경계를 넘어서서 전 세계인에 대해 공동체적인 시각을 갖고, 세계인으로 함께 살아가는 삶을 살도록 돕는 교육이다. • 국제이해교육은 세계시민교육으로 용어의 변화가 요구된다.		
평화교육	전쟁과 폭력에 의해 인간의 존엄성이 위협받는 상태를 극복하고자 하는 교육, 갈등과 폭력에 대한 대안으로서 평화와 협력을 이끌어 내는 태도와 행동, 사고방식, 가치관을 길러주는 교육이다.		
세계이해교육	• 세계를 하나의 시스템으로 파악하고 이러한 인식을 기초로 상호 의존적인 세계에서 효과적으로 살아가기 위한 지식, 기술, 태도를 기르는 교육이다. • 다양한 인종과 문화적 다양성, 그리고 증가하는 국가 간 상호 의존성의 특징과 유한한 자연 자원을 가지고 있는 지구에서 효율적으로 생활하기에 필요한 지식, 기술, 태도를 기르는 교육이다. • 반편견교육, 국제이해교육, 평화교육, 다문화교육을 포함하는 세계시민적 자질을 기르기 위한 교육이다.		

목표 영역	주제	교육내용
지식	타국 이해	역사, 지리, 인물, 문화
	세계 문제 인식	환경, 전쟁, 인권, 기아
	세계 체제 인식	무역, 교류, 국제기구
기술	정보처리 기술	관찰, 비교, 해석
	의사소통능력	의사소통 기술, 의사결정 기술
	고등 사고력	문제해결력, 창의력
태도	타 문화 수용	다양성 인식, 친밀감, 타 국민·타 문화에 대한 존중
	세계 문제에 대한 관심	환경보호 의식, 인권 존중, 평화·기아·난민 등에 대한 감수성
	세계 문제에의 참여 의식	협력, 참여

UNIT 88   한국문화 정체성 교육

필요성		• 유아기는 개인과 집단생활 경험을 통해 자아개념과 정체성을 형성하고, 사회와 문화에 대해 이해하기 시작하는 시기로, 한국문화 정체성 교육을 하기에 적절한 시점이라 할 수 있다. • 우리 전통문화에 대한 올바른 이해를 바탕으로 한국인으로서의 자긍심을 갖게 된다. • 세계화·국제화 시대에 살고 있는 유아들에게 다른 나라의 문화를 이해하는 능력과 존중하는 태도를 길러줄 수 있다.
정체성 교육의 방향	생활과의 접근성	• 생활 속에서 직접 체험을 통해 전통문화와 접할 수 있는 기회를 많이 부여함으로써 전통문화와의 친밀감을 만들어 주어야 한다. • 유아교육에서 전통의 일상화는 유아교육기관의 건축양식에서부터 우리말과 글, 우리의 음악과 미술, 예절, 음식, 놀이, 의복 등을 교육과정 전반에 반영함으로써 이루어질 수 있다.
	접근 기회의 확대	• 유아교육현장에 있어서 전통문화는 일회성 주제로 다루어지는 경우가 많다. 　– 교육과정에서 일관성을 가지지 못하고 전시적인 운영을 하는 것은 문제점이 될 수 있다. • 따라서 전통문화교육은 부모 참여수업 및 행사를 위한 주제가 아닌 일반적인 유치원 교육과정 내에서 다루어져야 한다.
	판단기준의 설정	• 국제 간의 문화이동에 의해 외국문화가 무차별 도입될 경우 외국에서 마련된 준거에 따라 우리 문화를 평가하거나 저울질하게 되어 우리 문화에 대한 정당한 이해를 가로막게 될 수 있다. • 유아기는 자신의 판단기준의 기초를 형성해 가는 시기이므로, 이 시기의 교육은 우리 문화에 대한 미적 기준 혹은 가치기준을 마련하여 적절한 판단기준을 제시해야 한다.
정체성 교육의 목표		• 우리나라 전통문화에 관심과 친밀감을 갖는다. • 우리나라 전통문화를 존중하는 태도를 기른다. • 우리나라 전통문화의 훌륭한 점을 알고 자긍심을 갖는다.
전문가를 활용한 문화 정체성 교육의 필요성		• 유아 한국문화 정체성 교육 프로그램은 전통문화에서 우리의 본래 모습을 되찾아 미래지향적인 한국문화 정체성을 유아들에게 길러주는 데 의의가 있다. • 유아 한국문화 정체성 교육의 여러 내용 영역 중 우리 유산, 우리 놀이, 우리 음식은 전문가를 활용함으로써 더욱 효과적인 활동이 이루어질 수 있는 분야이다. • 전문가와 함께 하는 유아 한국문화 정체성 교육 프로그램의 의미는 다음과 같다. 　– 생활 속 우리 유산을 직접 체험하며 그 의미를 알게 된다. 　– 우리 놀이를 함께 해봄으로써 우리 고유의 놀이 문화를 경험할 수 있다. 　– 전문가와 함께 우리의 음식을 전통적인 방법대로 만들어 봄으로써 우리의 맛을 자연스럽게 알게 된다.
세대 간 지혜 나눔		교육부는 유치원 현장에서 특성화·전문화된 교육과정 운영을 목표로 전문인력 풀을 구축·활용하는 '세대 간 지혜나눔' 사업을 추진한 바 있다.

SESSION

05

UNIT 89 통일교육

KEYWORD# 통일교육의 내용

개념	• 통일교육은 유아로 하여금 북한과 남한이 같은 민족임을 인식하고, 통일 국가에 대한 기대감과 긍정적 태도를 형성하기 위한 것이다.
	   − 따라서 통일을 대비하는 마음으로 북한에 대한 올바른 이해와 통일에 대한 합리적인 인식을 함양하고, 평화적인 방법으로 통일을 실현시킬 수 있는 의식과 태도를 기르는 것이 필요하다.
	• 「통일교육지원법」 제2조 : 통일교육이란 자유민주주의에 대한 신념과 민족공동체 의식 및 건전한 안보관을 바탕으로 통일을 이룩하는 데 필요한 가치관과 태도를 기르기 위한 교육을 말한다.
	   − 남한과 북한이 60년 이상 서로 다른 문화 배경에서 살아왔으므로 이를 통합하여 새로운 삶을 꾸려나갈 수 있도록 하는 것으로, 통일에 대한 도덕적 가치 판단이나 자아개념, 타인에 대한 인식 및 이해를 통해 통일에 대한 긍정적인 관심을 가져야 한다.

목적 및 목표	목적	유아기에 남북한 사회의 동질성과 이질성을 편견 없이 받아들이는 태도를 가지고 미래의 통일된 나라를 준비하는 것이 통일교육의 목적이다.
	목표	• 평화통일의 의지와 역량을 함양하여야 한다. • 자유민주주의적 가치와 민족공동체 의식을 토대로 한 통일관을 확보한다. • 통일 환경 및 북한에 대한 객관적 이해와 건전한 안보관을 확립한다. • 통일의 당위성의 인식과 통일 의지를 확립시켜야 한다. • 통일 이후 통일시대 대비 역량을 학생들에게 강화시켜 주어야 한다.

유아기 통일교육의 필요성	• 유아기는 편견 없이 세상을 받아들이고 고정관념 없이 자신의 생각과 느낌을 표현하는 시기로 통일교육의 최적기라 할 수 있다.
	   − 어렸을 때부터 통일에 대한 개념을 접해야 성장해서도 생활의 일부로 자리 잡게 되기 때문이다.
	   − 세계화 시대를 살아갈 유아가 자연스럽게 통일에 대한 의지를 갖고 통일의 주역이 될 때 세계적 경쟁력을 갖추게 될 것이다.

통일교육의 내용		• 통일교육에 있어 먼저 대한민국 국민으로서의 정체성을 갖는 것이 필요하다. • 정치적 이데올로기는 교육내용에서 배제함으로써 통일에 대한 부정적인 시각을 극복하도록 해야 한다. • 언어를 포함한 이질적인 문화에 대해 이해하고, 북한에서 온 새터민이나 이산가족에 대한 아픔, 그들을 이해하는 마음을 바탕으로 평화통일에 대한 교육이 이루어지도록 한다.
	① 대한민국 국민으로서의 정체성 갖기 / 역사적 정체성	• 유아가 한민족의 자랑스러운 역사를 이어가야 할 주체임을 인식하고 우리나라의 역사 및 영토에 관심을 갖도록 한다. • 역사적으로 우리나라를 빛낸 위대한 인물들에 대해 알고, 그들의 후예임을 자랑스럽게 생각한다. • 우리나라를 상징하는 태극기, 애국가, 무궁화를 소중히 여긴다. • 남북 분단의 과정과 현실을 이해하고 통일의 필요성을 인식한다.

		문화적 정체성	• 우리나라 문화의 우수성을 인식한다. • 우리나라의 전통놀이에 관심을 가지고 친밀감을 느끼며 놀이를 즐긴다. • 우리나라 고유 음식에 대해 관심을 가지고 만들어 보는 기회를 갖도록 한다.
		세계 속의 한국인 으로서의 정체성	• 세계화 시대에 우리나라를 빛낸 자랑스러운 스포츠인, 예술인, 정치인, 과학자 등에 대해 관심을 가지고 알아봄으로써 국민으로서의 자긍심을 갖도록 한다. • 우리나라가 다양한 세계 대회를 개최할 수 있는 선진국 대열의 나라임을 인식한다. • 성장하면서 우리나라를 빛낼 수 있는 어린이가 되어야 한다는 것을 인식한다.
	② 북한에 대한 이해		• 서로 다른 체제 속에서 생활해 온 우리나라와 북한에 대한 올바른 이해가 필요하며, 북한에 대한 이해는 북한에 대한 부정적인 인식을 바꾸는 것이다. • 다양한 자료(문화, 언어, 음식, 생활, 자연)를 통해 대한민국의 분단현실에 대해 관심을 가지도록 한다. • 남한과 북한은 분단되기 전 같은 민족이었다는 것을 이해하기 위해 북한과 남한에서 하는 같은 놀이, 음식, 전래동요 등에 대해 알아볼 수 있도록 내용을 구성한다.
		북한 문화 이해	• 북한에서 즐겨 부르는 노래와 춤을 따라 하며 북한의 문화를 이해하도록 한다. • 남북한의 다양한 문화재를 알아봄으로써 북한의 문화재에 대해 관심을 갖도록 한다.
		북한 언어 이해	• 남북한에는 서로 다르게 사용하지만 같은 뜻을 가진 낱말이 있음을 알고 다양한 낱말을 말해보는 기회를 갖도록 한다. • 남한과 북한은 같은 말을 사용하는 한 민족임을 인식하고 민족 공동체 의식을 가지도록 한다.
		북한 음식 이해	북한의 음식을 만들어보는 활동을 경험함으로써 북한 음식에 관심을 가지도록 한다.
		북한 생활 이해	• 북한사람들과 북한이탈주민, 이산가족 상봉, 남북정상회담, 금강산 관광, 개성공단 등에 관심을 갖도록 한다. • 북한의 생활 모습에 유아들이 이질감을 느끼지 않도록 한다.
		북한 자연 이해	북한의 아름다운 자연환경을 알고 보호할 수 있는 자세와 마음을 가지도록 한다.

SESSION

05

통일교육의 내용	③ 남북한 간의 화해		• 상대를 배려하고 이해하는 과정에서 적극적이고 온화한 방법의 문제해결력을 습득함으로써 화해를 통한 평화의 진정한 의미를 익히도록 한다. 　－ 무력을 통한 극단적이고 폭력적인 방법의 폐해를 일깨워줄 수 있는 게임 활용 　－ 화해와 평화의 의미를 느낄 수 있는 심미적 활동 및 역할놀이 　🄰 음악과 동시를 활용한 심미적 활동, 남북한 정상회담을 재연하는 역할놀이
		개인 간의 화해	남북한 간의 의견에 차이가 있음을 알고 남북한 간의 평화적인 화해와 협력에 대해 관심을 갖도록 한다.
		집단 간의 화해	• 또래집단에서 발생하는 크고 작은 문제들을 화해를 통해 평화롭게 해결해 나가는 과정을 습득하도록 지도한다. • 남과 북이 서로 협력해야 함을 이해하고 남북한이 서로의 풍족한 자원을 나눌 수 있음을 인식한다.
		국가 간의 화해	• 남북한의 상호 협력적 공존에 기반을 두고 대화와 화합을 통한 화해로 평화적 통일을 이루어내는 것의 중요성을 인지할 수 있도록 돕는다. • 핵의 위험성에 대해 이야기 나누는 활동을 진행한다. 　－ 국가적 차원의 문제해결에 직면했을 때 대화와 협력을 기반으로 사이좋게 화해해 나가는 방법을 모색할 수 있도록 한다.
	④ 평화통일		• 한반도가 분단되기 전에는 한 민족이었다는 사실을 잊지 않아야 한다. • 북한 친구들을 편견 없이 수용하고 통일을 평화적으로 이루어야 함을 인식하도록 해야 한다.
		평화	• 남한과 북한은 원래 한 나라였음에 관심을 가지고 긍정적인 방법으로 갈등을 해결하는 평화통일의 의미를 이해하도록 한다. • 통일이 된 후 북한 친구들에 대해서 적대감을 갖지 않고 함께 해야 한다는 인식을 길러주는 것이 중요하다. • 서로의 가치관 및 생활풍습을 이해하고, 함께 할 수 있는 공통된 노래, 놀이 등은 어떤 것이 있을까에 대해 생각해 볼 수 있는 기회를 가지도록 한다.
		통일	• 통일의 필요성을 바르게 익혀 통일을 기대하는 마음을 갖도록 한다. • 분단된 나라보다는 통일된 나라의 가치에 대해 생각할 수 있는 기회를 가진다. 　▶ 세계 속에서 위상이 높아질 수 있음을 강조한다. • 통일 이후의 모습과 역사에 관심을 가지도록 한다.

UNIT 90 진로교육(근로정신 함양교육)

개념	• 진로교육은 넓은 의미의 직업교육으로, 개인의 잠재 가능성을 토대로 흥미와 적성, 능력과 인성에 맞는 직업을 탐색·계획·선택·준비하는 과정을 통해 자신의 진로를 합리적으로 의식하고 선택하도록 돕는 교육이다. – 이를 위해서는 우선 건전한 근로정신을 형성해야 한다. 건전한 근로정신은 자신에 대한 올바른 이해를 통해 유능감과 만족감을 갖고, 자신의 능력이나 흥미에 적합한 목표를 설정하며, 설정한 목표를 달성하기 위해 개인적·사회적으로 노력하고, 사회 발전에도 공헌하는 것으로 이 모든 과정에서 성취감과 행복감을 느끼는 것이다(교육과학기술부, 2012). 이는 직업을 통해 자아실현을 하며 행복하고 생산적인 삶을 사는 데 기초가 되는 것이므로 유아기부터 형성되어야 한다.
목표	자신에 대한 자신감과 책임감을 형성하고, 자신이 하고 싶은 일과 할 수 있는 일을 탐색해 보고, 스스로 적합한 목표를 설정해 이를 달성하기 위해 노력하게 하며, 공동체 활동에 대한 긍정적인 태도를 길러 다른 사람과 함께 나눌 수 있는 사람으로 자랄 수 있도록 돕는다(교육과학기술부, 2012).
필요성	• 직업은 행복한 삶을 사는 데 필수적인 요소로 인간은 직업을 통해 자아실현을 하고, 소득을 창출하며, 사회의 발전에 기여한다. 과거에는 직업의 종류가 지금보다 다양하지 않았고, 한 직업에 평생 동안 종사하는 경우가 많아 성공적인 삶을 위한 진로 선택의 폭이 한정적이었다. 그러나 최근에는 직업이 다양화·세분화되고, 생성·소멸되는 속도도 빨라지고 있어 자신의 적성에 맞는 직업을 선택하기가 쉽지 않다. 따라서 어려서부터 자신의 적성과 흥미, 잠재능력을 탐색하고 파악해 적합한 진로를 찾고 그에 필요한 지식·기술·태도를 형성하는 진로교육이 이루어져야 한다. • 유아기는 자아를 발달시키고, 다양한 사회적 기술을 습득하며, 도덕적 가치와 성역할 인식 등을 내면화하는 시기이다. 따라서 자신에 대한 이해를 바탕으로 자신감을 형성하고 흥미와 소질을 인식하며, 다양한 직업에 대해 탐색하고, 일과 직업에 대한 올바른 태도와 가치관을 형성하는 근로정신 함양교육이 이루어져야 한다. 이는 유아가 직업을 통해 자아실현을 하며 행복하고 생산적인 삶을 사는 미래의 유능한 민주시민으로 성장하는 데 기초가 된다.

내용 및 연령별 지도 방안		
	3세	'자아인식'과 관련하여 많이 경험할 수 있도록 지도한다.
	4세	'일과 직업의 세계 이해'와 '일의 개인적 가치 인식'과 관련하여 상대적으로 비중을 많이 두어 지도한다.
	5세	'일의 사회적 가치 인식'과 관련하여 높은 비중을 두어 지도한다.

교육내용		
	📋 유아 근로정신 함양교육 프로그램의 교육내용 구성	
	자아인식	• 일과 직업에 대한 자신의 흥미 인식하기 • 근로와 직업생활에 필요한 능력의 인식 및 유능감 갖기
	일과 직업의 세계 이해	• 다양한 일과 직업에 대해 경험하기 • 근로와 직업의 역할 인식하기
	일의 개인적 가치 인식	근로와 직업생활의 개인적 의미와 긍정적 정서 인식하기
	일의 사회적 가치 인식	근로와 직업생활의 사회적 의미와 협력의 가치 인식하기

	직접 체험의 제공	• 유아가 직업에 대해 직접적 체험을 할 수 있는 활동을 제공해야 한다. 　- 유아는 주변과 지역사회에서 다양한 직업에 종사하고 있는 사람들을 만나 직접 그들의 삶의 모습을 생생하게 경험하고 체험해 보는 활동을 함으로써 직업에 대한 이해를 넓힐 수 있다. • **장점** 　- 유아가 생활 주변에서 경험할 수 있는 일과 직업을 인식하고, 실제 유아가 직업의 역할 및 관련 근로정신을 자신의 생활공간에서 직접 실천해 봄으로써 근로정신 함양의 효과를 얻을 수 있다.
교수·학습 방법	간접 체험의 제공 (스마트러닝)	• 직업 체험을 할 수 없는 직업들은 다양한 매체를 사용해 살펴봄으로써 유아가 자신의 흥미·장점과 연결시켜 진로를 탐색해 볼 수 있는 간접적 체험의 기회를 충분히 제공해야 한다. • 스마트러닝 : 직접 만나기 어려운 직업인의 생활 모습을 실시간으로 보며 상호 소통하는 것이다. • **장점** 　- 직업인의 삶을 생생하게 경험하고, 관련된 근로정신을 이해하며, 유아들이 궁금해하는 내용을 추출하여 직접 메시지를 전하고 소통하는 방식으로 운영함으로써 스마트 기기를 활용한 교육방식의 효용성을 극대화할 수 있다. 　⑩ '김밥가게'나 '놀이공원' 운영하기와 같은 흥미로운 근로 관련 애플리케이션을 활용하는 것도 하나의 방법이다.
	토의	• 유아의 의사소통능력과 의사결정능력을 증진시키고, 건전한 근로의식과 가치관을 정립하도록 하기 위해 발생 가능한 문제 상황을 활동자료로 제시하고, 유아 간 서로 의견을 나누며, 문제를 해결해 볼 수 있도록 하는 방법이다. • 이를 통해 건전한 근로의식과 가치관을 정립하도록 하며, 5세 중심으로 실시하도록 한다.
	탐구	• 유아의 관심사를 반영하여 문제해결 방안을 계획하고 조사하는 탐구중심 방법으로 구성한다. 　- 이는 유아 스스로 일상생활에서 근로와 관련하여 흥밋거리나 궁금한 것을 발견하는 접근으로서 이 과정에서 다양한 직업과 근로정신에 대한 개념 및 가치를 발견하고 탐구하는 태도를 형성할 수 있다.

UNIT 91 · 녹색성장교육

개념		• 녹색성장교육은 환경과 경제의 조화로운 발전을 목표로 범지구적 차원에서 녹색생활의 가치를 인식하고 실천할 수 있는 세계시민을 양성하기 위한 교육이다. – 경제와 환경이 조화를 이루는 국가와 지역사회의 진취적 성장을 목표로, 미래 녹색성장을 주도할 녹색인재 양성 및 범지구적 차원에서 녹색생활의 가치를 인식·실천할 수 있는 글로벌 녹색시민 양성교육이다.
목표		창의적이고 장인·개척자 정신을 갖춘 글로벌 녹색시민 양성을 통해 세계 녹색성장을 선도하는 것이다.
	지식·정보적 영역	• 주변 자연의 특성, 생태계 구성원 간 관계 등 지구환경에 대한 기초 지식을 알고 이해한다. • 환경오염으로 인해 나타나는 환경문제의 심각성을 인지한다. • 녹색성장을 위해서는 건강한 생활, 절약하는 생활을 해야 하며, 녹색기술을 개발하기 위해 노력해야 함을 이해한다. • 녹색성장을 위해 가정과 교육기관, 지역사회, 나라, 더 나아가 세계 모든 사람이 함께 노력할 일이 무엇인지 안다.
	정서·감성적 영역	• 자연의 질서와 조화를 느낀다. • 자신을 포함하여 생태계 구성원은 모두 각각 고유하고 귀한 존재라는 것을 느낀다. • 다른 사람이나 자연물을 사랑하고 감사하는 마음을 가진다. • 가정, 교육기관, 지역사회, 나라, 세계의 일원으로서 역할을 한다는 긍지를 가진다. • 경제적·환경적 문제로 어려움을 겪는 이웃을 돕고자 하는 마음을 갖는다.
	태도·실천적 영역	• 주변 환경을 각 특성에 맞게 돌본다. • 에너지나 물건을 소중히 생각하고 아껴 쓴다. • 녹색성장과 지속가능한 삶을 위해 가정, 유치원, 지역사회에서 나의 책임과 역할을 실천한다. • 녹색성장과 지속가능한 삶을 위해 국가 및 세계적으로 함께 노력해야 할 것을 실천한다. • 녹색성장과 지속가능한 삶에 대해 학습한 것을 부모, 지역사회 주민 등 다른 사람들에게 널리 알린다.
중요성		• 상충적 관계에 머물기 쉬운 '경제발전'과 '환경보전'이 동반자적 관계가 되어 함께 발전적으로 나아갈 수 있다. • 경제와 환경이 조화를 이루는 성장이라는 목표를 위해 글로벌 시민으로서의 품행을 갖춘 창의적이며 전문적인 녹색인재를 육성하고자 하는 것으로, 현실적이고 시대에 걸맞는 국가 교육전략이다.

유아 녹색성장교육의 내용 영역 및 관련 요소

대영역	소영역	관련 요소
지구환경 이해	1. 생물	동식물의 이해
	2. 무생물	자원의 이해
	3. 생태계 관계	동식물이 살아가는 세계 이해
환경문제 인식	4. 기후변화 및 지구온난화	기후변화와 영향
		지구온난화와 영향
	5. 자원고갈 및 생태계 파괴	환경오염문제와 영향
		자원고갈과 영향
		동식물이 살아가는 세계의 파괴
녹색성장과 지속가능한 삶 실천	6. 바른 식생활	건강한 식생활
		음식물 쓰레기 최소화
	7. 에너지 절약과 재활용	에너지 절약 생활화
		자원 재사용과 재활용
		오염물질 배출 최소화
	8. 신재생에너지 이해 및 이용	신재생에너지 이용
글로벌 녹색시민의식 증진 및 실천	9. 지역사회 주민으로서의 역할 알기 및 실천	지역사회 주민으로서의 역할 알기 및 실천
	10. 지구시민으로서의 역할 알기 및 실천	지구시민으로서의 역할 알기 및 실천

(교육내용)

지도 방안

환경·사회·경제 문제의 연결성 경험

• 각급 학교 교육과정에 비추어 볼 때 지속가능발전은 환경, 사회, 경제를 포괄하는 문제이고, 그 실천적 방안으로서의 녹색성장은 '환경과 경제의 조화로운 발달'에 강조점을 두고 있다.
 − 유아 녹색성장교육에서도 환경·사회·경제 문제의 연결성을 유아들이 직·간접적으로 경험해 보도록 할 필요가 있다.
 예 '환경보호' 차원에서 재활용품을 이용한 미술활동을 한 후 이를 판매하는 '경제활동'을 해보고, 이후 그 수익금을 자선단체에 기부하는 '사회참여활동'으로 연계한다. 이때 경제활동은 물건 판매와 같은 직접적인 경제활동뿐만 아니라 녹색 커튼을 만들어 실내 온도를 낮춤으로써 전기 비용을 절약하는 것과 같은 간접적인 경제활동까지 다양하게 경험해 보도록 하는 것이 바람직하다.

깊이 있는 탐구활동

녹색성장에 관한 단편적인 정보나 사실 습득으로 그치는 것이 아닌, 깊이 있는 탐구활동이 이루어지도록 할 필요가 있다.
예 녹색성장의 주요 소재로 볼 수 있는 '태양에너지'의 경우 태양의 따뜻함을 느껴보는 것에서부터 시작하여 태양 빛이 식물에 미치는 영향, 태양 집열판을 이용한 장난감 탐구에 이르기까지 깊이 있는 탐구활동이 이루어질 수 있다.

글로벌 녹색시민으로서의 역할 경험

유아들이 유치원과 가정생활 속에서 녹색생활을 실천해 나가도록 돕는 동시에 지역사회, 나라, 그리고 세계 안에서 글로벌 녹색시민으로서의 역할을 경험해 보도록 할 필요가 있다.
예 가정과 유치원에서의 물 절약을 실천하면서 모은 돈을 '물 때문에 고통받는 아프리카 사람들에게 우물 파주기'를 지원하는 단체에 기부해 보는 것과 같은 활동을 통해 자신들의 사회 참여가 다른 사람들의 삶에 구체적으로 어떤 영향을 미치는지 직접 경험하고 느껴보도록 하는 것이 바람직하다.

UNIT 92 환경교육

개념	• 환경교육은 자신과 주변 환경과의 관계를 바르게 인식하여, 환경을 보전할 수 있는 태도 및 지식과 기능을 학습하고, 환경문제에 능동적으로 대처해 나가는 실천력을 길러주는 교육이다. 환경교육의 바탕은 자연에 대한 풍부한 감수성과 인간에 대한 애정이라고 할 수 있으며, 한마디로 환경교육은 경이감에 대한 교육이다. 　－ 즉, 환경교육은 자연과 인간에 대한 풍부한 감성과 그것으로부터 생긴 풍부한 감상력을 통해 환경문제에 대한 지식과 해결을 위한 방법을 모색하고, 자신의 행동이 세상에 미치는 것을 생각한 후에 행동을 취하도록 하는 교육이다. 　－ 환경에 관련된 문제점을 인식하고 발견하여 이를 해결하기 위해 환경에 관한 지식·기술·태도를 증진시킴으로써 환경 보전을 위한 바람직한 가치관과 태도의 측면으로 강조점이 전환되고 있다. • 유아기부터 유아를 둘러싸고 있는 환경과의 관계에 대한 올바른 가치관과 태도를 기르고, 환경적으로 책임 있는 의사결정과 행동을 실천할 수 있는 인간을 육성하기 위한 교육이다. • 환경교육은 현재 인류의 소비와 생산에 맞추어 훼손된 환경이 다른 지역의 사람들에게도 영향을 미치고, 후손들에게도 영향을 준다는 문제의식에서 지속가능발전 교육의 개념으로 확대되고 있다. • 유아 환경교육은 유아교육기관에서 통합적인 교육과정을 통해 실시되어야 하며, 유아의 일상 생활에서 매일의 경험과 연결되도록 지속적으로 실시되어야 한다. 유아의 발달에 적합한 유아 환경교육은 환경의 소중함과 환경보호를 위한 지식과 기술, 태도 및 가치관을 형성하게 된다.
목적	• 생활 주변의 자연환경에 대해 올바른 지식과 관심을 가짐으로써 인간과의 관계의 의미를 발견하고, 환경에 대한 소중함을 느끼며, 환경 자원을 올바르게 이용하고 보존하는 것을 경험하도록 하는 것이다(교육과학기술부, 2013). • 유아들이 자신과 주변 환경과의 관계를 바르게 인식하여 환경을 보전할 수 있는 태도를 형성하고, 지식과 기능을 습득하여 환경 보전에 힘쓸 수 있는 성인으로 자라도록 하는 것이다.
목표	• 주변 환경에 관심을 갖고, 환경을 아끼고 보호하는 인식을 형성한다. • 지구 전체 환경의 중요성을 깨닫고, 환경을 보호하고 개선하고자 하는 동기와 태도를 형성한다. • 주변 환경에 대한 지식을 습득한다. • 환경 보전과 개선을 위한 기능을 습득한다. 　－ 유아 수준에서 할 수 있는 환경 보전과 개선을 위한 방법에 대해 토론한다. • 지구 환경에 대한 책임감을 가지고 능동적으로 환경 보전과 개선을 위한 행동을 실천한다.
	• 환경에 대한 기본적인 이해를 도우며 올바른 가치관을 형성한다. • 환경을 소중히 여기는 마음과 태도와 환경에 관심을 가지며 일상생활에서 환경을 보전하고 환경문제를 해결하고자 하는 태도를 형성한다. • 자연, 인간 및 문화와 환경의 상호 의존성을 이해하고 존중한다. • 환경의 아름다움을 인식하고 감상할 수 있다.

		• 환경에 대한 예민한 관찰자로서의 유아의 성향을 계발한다. • 환경의 변화 개념을 탐색할 수 있는 태도와 기술을 익힌다. • 환경문제와 환경보호에 대한 지식과 정보를 획득한다. • 환경의 아름다움에 대한 심미적 감상에 근거한 보호의 필요성을 인식한다.

필요성		① 인간행동에 의해 야기된 환경문제 해결을 위해 주변 환경을 개선하고 보호하는 것은 전 인류의 우선과제이므로 필요하다.
		   - 오늘날 인류는 과학기술의 발달로 경제가 성장하며 편리한 생활을 누리고 있지만, 생태계 위협과 자연의 고갈, 이상 기후, 미세먼지 등 환경재해로 인해 심각한 환경문제에 직면하고 있으며 이는 우리의 생존이 위협당할 정도로 심각한 상태이다.
		② 지구촌 사회의 책임감 있는 시민으로서 환경의 중요성에 대한 인식 발달, 인간행동이 환경에 미치는 영향에 대한 이해 육성, 환경을 보호하려는 태도와 행동 증진을 위해 필요하다.
		   - 지속가능발전에 근거한 환경교육은 인간의 환경적 태도가 단기간에 단편적으로 형성되는 것이 아님을 전제로 유아기부터 장기간에 걸쳐 지속적으로 이루어져야 한다고 강조한다. 유아기부터 시작되어 지속되는 환경교육은 지구촌 환경에 관하여 책임감 있는 태도를 갖춘 시민으로 성장하도록 지원하는 방향을 제시한다. 유아기에 환경교육을 통해 형성된 환경에 관한 긍정적인 가치관과 태도는 이후 실천적인 행동으로 나타날 수 있으므로 유아의 발달에 적합한 환경교육이 이루어져야 한다
		③ 유아기에 환경에 대한 올바른 인식을 갖게 하고, 환경 보전을 위한 지식과 태도를 습득하게 하는 것이 미래의 환경문제에 대해 대처하는 가장 효과적인 교육방법이다. 자연친화 및 환경 보전에 대한 올바른 가치관 및 태도는 유아기부터 교육과 일상생활을 통하여 이루어지는 것이 바람직하다.
		   - 유아기에 체계적인 환경교육을 접하고 성장하는 유아들은 주변 환경에 대해 올바르게 이해하고 환경을 보전하고 환경문제에 관하여 능동적으로 대처할 수 있는 능력을 갖추게 된다. 또한 자연의 심미적인 아름다움과 가치를 느끼게 되며, 환경에 함께 존재하는 인간과 동식물이 상호 의존하는 관계임을 알 수 있게 된다. 그러므로 인생 초기인 유아기에 효과적인 환경교육을 경험하는 것은 중요하다.

교육내용	환경
	감수성과
	배려
		• 유아는 자연의 아름다움을 경험하면서 인간과 자연이 서로 의존하며 살아가는 공동체임을 인식하게 된다. 자연의 아름다움을 경험하는 것은 소중한 자연을 보존하고, 있는 그대로 유지하는 것이 중요하다는 것을 깨닫게 하며, 환경을 보존하는 것에 많은 관심을 갖도록 한다.
		   - 교사는 유아가 주변 환경의 아름다움을 깊이 경험할 수 있도록 자연을 지속적으로 만날 수 있고 체험할 수 있도록 지원해 주는 것이 필요하다.
		① **자연환경의 아름다움과 소중함 느끼기**
		   ㉠ 자연에서 볼 수 있는 물, 돌, 흙 등을 관찰하여 놀이해 보기
		   ㉡ 물, 돌, 흙 등이 생활에 어떻게 사용되는지 찾아보고 실제로 사용해 보기
		   ㉢ 주변 동식물의 특성과 아름다움을 경험해 보기
		   ㉣ 계절에 따른 환경의 변화 경험해 보기
		② **환경을 소중히 하는 마음 가지기**
		   ㉠ 아름다운 자연을 보존하는 방법 알아보기(식물 가꾸기, 주변 잡초뽑기 등)
		   ㉡ 동식물을 배려하는 마음 가지기

상호 의존성	• 유아는 인간과 자연, 동식물이 서로 의존하며 공존하는 공동체라는 것을 인식해야 한다. 우리가 아끼지 않고 함부로 사용하는 자원으로 인한 환경문제는 동식물과 인간 모두가 건강한 생명을 유지하며 살아가는 것을 어렵게 한다. 자연 파괴에 따른 생태계의 교란과 훼손으로 인한 폐해가 동식물은 물론 사람들의 일상 곳곳에 영향을 미침으로써 행복한 삶에 위협이 되고 있는 것이다. 　－ 유아 환경교육에는 자연환경과 사람들 모두 건강하고 아름다운 삶을 누리기 위해서 지구상의 모든 생명체가 상호 의존함을 이해하고 보호해야 한다는 내용이 포함되어야 한다. ① 동식물과 상호 의존관계 알아보기 ② 지역사회에 살고 있는 동물 서식처 보호하기(나무－새집, 연못－개구리 등) ③ 곤충(나비, 장수풍뎅이 등), 동물(올챙이, 거북이 등)을 돌보기 ④ 채소를 심고 열매를 맺어 수확하는 과정 경험하기 ⑤ 애완동물 보호하기 ⑥ 멸종위기 동식물 보호하기
환경문제 인식 및 대처	• 오늘날 지구상의 환경문제는 심각하다. 이는 우리에게 주어진 소중한 자원을 방만하게 사용하고 훼손했기 때문에 나타나는 현상이다. 심각한 환경문제는 전 세계의 문제이며 우리 생활 가운데서도 나타나고 있다. 　－ 이미 우리의 일상에 깊이 들어와 있는 환경문제의 심각성을 알아보고, 환경문제의 발생 원인과 대처 방안에 초점을 맞추는 교육이 이루어져야 한다. ① 환경오염에 관심 가지기 　㉠ 수질오염이 발생되는 원인(생활하수, 공장 사업장, 축산, 도로, 음식 찌꺼기 등)에 관심 가지기 　㉡ 수질오염이 인간생활과 생태계에 미치는 영향에 관심 가지기(생태계 파괴, 경제적 피해, 인간과 자연에 미치는 피해 등) 　㉢ 에너지가 사용되는 곳을 알아보고 에너지의 과용으로 인한 문제점에 관심 가지기 　㉣ 쓰레기의 종류 및 이로 인한 오염 실태와 원인에 관심 가지기 　㉤ 먹을거리의 오염과 그로 인한 폐해, 관련된 환경문제에 관심 가지기 (몸에 해로운 음식, 유통과정의 문제, 음식물 쓰레기 등) ② 기후변화 및 지구온난화 현상에 관심 가지기 　㉠ 지구온난화가 발생되는 원인(자동차 배기가스, 공장의 굴뚝, 쓰레기 소각장 등) 알아보기 　㉡ 지구온난화가 인간생활과 생태계에 미치는 영향에 관심 가지기(오존층 파괴, 산성비, 온난화 현상, 경제적인 피해, 인간과 생물에 피해 등) 　㉢ 예방대책 알아보기(일반, 가정, 유아교육기관에서 할 수 있는 일) ③ 환경문제에 대처하는 방법 알아보기 　㉠ 쓰레기(가정과 어린이집, 식당의 쓰레기 줄이기, 주변 환경 깨끗이 하기 등) 　㉡ 음식(먹을거리의 소중함을 깨닫고 음식을 대하는 바른 태도를 가질 수 있도록 하기) 　㉢ 환경오염 및 재해에 대처하는 방법 알아보기

SESSION
05

	환경보존	• 유아를 대상으로 하는 환경교육은 오염과 훼손 등에 초점을 맞추어 진행하기보다 자연환경과 인간이 서로 영향을 주고받으며 존재한다는 공존의 관계를 이해하는 데 관심을 갖도록 하는 것이 적절하다. 이를 통하여 지구에 있는 자연 자원이 제한되어 있으므로 아끼고 보존해야 한다는 자연보호에 대한 책임의식을 기를 수 있도록 하는 것이 좋다. 　- 일상생활에서 소중함을 깨닫지 못하고 아낌없이 사용하는 물, 보이지 않아 고마움을 깨닫지 못하고 사는 공기, 유아들이 교실에서 사용하는 종이와 에너지 등 다양한 종류의 자원을 아끼고 보존해야 함을 알 수 있는 내용이 포함되어야 한다. ① **환경보존의 방법을 알아보고 실천해 보기** 　㉠ 사람이나 동식물이 살아가기 위해 공기, 물, 흙, 에너지 등이 필요함을 인식하기 　㉡ 깨끗한 생활환경 유지를 위한 생활 실천하기 　㉢ 아름다운 자연환경 유지를 위한 생활 실천하기 ② **자원·에너지 절약 및 재활용 알아보기** 　㉠ 재활용품과 재사용의 의미를 알고 실천해 보기 　㉡ 물, 종이 등의 자원 및 에너지를 아끼는 방법을 알아보고 실천하기 　㉢ 쓰레기 분리수거하기 　㉣ 친환경 제품이 무엇인지 찾아보기, 친환경 제품에 붙이는 마크 알아보기, 친환경 단체에서 하는 일 알아보기 ③ **신재생 에너지를 이해하고 사용해 보기** 　신재생 에너지(햇빛, 물, 지열, 바람)에 관심 가지고 사용하기
환경교육의 전략	자연 감상	• 유아는 자연을 오감으로 느끼며, 놀이하면서 자연의 아름다움을 감상하고, 자연친화적인 생활을 할 수 있는 사람으로 성장한다. 　- 자연환경의 변화를 몸으로 직접 체험할 수 있도록 가까운 공원이나 동네로 자주 산책을 나가는 것이 좋다. 유아는 쉽게 자연을 접할 수 있는 산책을 하면서 자연을 사랑하는 마음을 갖게 된다.
	환경 지식	• 교사는 유아의 경험에 기초하여 환경의 중요성과 환경보존에 관한 지식을 학습하도록 지원해야 한다. 　- 주변 환경에 대한 의미 있는 경험을 통해 자연환경에 관한 지식을 획득할 수 있도록 도와야 한다. 　- 유아들이 항상 접하며 살고 있는 공기, 물, 음식, 땅, 지구 등과 같은 주제는 유아의 환경에 대한 지식 학습에 도움이 된다.
	실천 지식	• 유아 환경교육은 지속적으로 실천할 수 있을 때 의미가 있다. 　- 유아가 자신이 살아가고 있는 일상에서 환경을 보호하기 위한 다양한 방법을 찾고, 작은 것부터 실천할 수 있는 습관을 기를 수 있도록 지원해야 한다. 　- 환경보호를 실천하는 것은 가정과 지역사회와의 협력을 통해 이루어질 때 효과적이므로 가정 및 지역사회 연계를 통한 실천 방안을 찾아볼 수 있는 교육이 필요하다.

교수 · 학습 방법	야외에서의 직접 관찰	유아를 위한 환경교육에서 교사는 유아의 경험에 기초한 환경 개념을 제시할 필요가 있으며, 환경에 대한 지식은 현장을 통해 가장 잘 발달된다.
	환경에 대한 시사문제 활용	게시판에 환경보호에 대한 기사를 붙여두는 것과 같이 시사문제를 활용하는 것은 유아를 환경교육에 참여시키는 가장 효과적인 방법이다.
	실행 강조	환경교육이 추상적으로 되지 않기 위해서는 생활 속에서 자신의 행동이 미치는 영향을 바로 볼 수 있도록 하고 실행을 강조한다.
교사 역할		• 교사는 관찰자와 격려자가 되어야 한다. 　ㅡ 교사는 유아가 호기심을 가지고 자연환경을 탐색하거나 환경문제를 인식할 때 주의 깊은 관찰을 통해 적절한 상호작용을 할 수 있어야 한다. 　ㅡ 교사의 격려와 지원은 유아가 환경과 관련된 놀이와 활동에 보다 적극적으로 참여하도록 함으로써 환경교육의 효과를 높이는 데 도움이 된다. • 교사는 유아가 적절하고 효율적으로 상호작용할 수 있는 환경을 조성해 주어야 한다. 　ㅡ 환경교육은 유아와 환경과의 직접적이고 깊이 있는 상호작용을 통해 의미 있는 교육적 경험이 될 수 있다. 　ㅡ 환경은 놀이가 활성화되는 원천이며, 유아들이 호기심을 가지고 주변을 탐색하며 관찰하도록 하는 자발적인 동기를 유발시키는 요소이다. 그러므로 자연친화적으로 환경을 조성하여 유아들이 자유롭게 일상에서 쉽게 만날 수 있는 자연환경을 탐색할 수 있도록 해야 한다. 이러한 환경 조성은 다음과 같은 활동으로 이어질 수 있다. 　① 곤충과 동물 키워보기 　② 작은 텃밭을 조성하여 다양한 식물 가꾸어 수확해 보기 　③ 사계절 숲속 관찰하기 　④ 자연친화적인 놀이하기

SESSION

05

환경교육의 내용(「교사를 위한 유아사회교육 지침서」, 교육부)

❶ 주변환경 깨끗이 하기

오염·훼손된 환경을 보호하는 방법을 알고 지키기

예 자신이 사용한 물건을 제자리에 정돈하고 청소하는 습관 기르기, 교실에서 공동으로 사용하는 물건을 함께 청소하기

❷ 상호 의존성

생명체(사람, 동물, 식물)는 서로 의존하며 살아감을 알고 동식물 보호하기, 우리가 살아가는 데 자연환경(물, 공기, 흙)이 매우 중요함을 알기

❸ 재활용과 재사용

재활용의 의미와 재사용의 의미를 알고 실천하기

❹ 심미감

주변 자연의 아름다움을 감상함으로써 생명체의 연결고리와 환경보호에 관심 가지기

예 잡초 뽑기, 나무 심기, 단풍잎의 잎맥 관찰하기 등

❺ 지구의 자원 보호

줄어드는 자원에 관심을 가지며, 지구 자원을 보호하는 방법을 알고 지키기

환경교육 역량(권영락 외, 2015)

환경교육 역량이란, 일상적인 삶과 직업 분야에서 환경문제 및 쟁점을 해결하고 지속 가능성을 지향하는 데 있어서 학습자의 지식, 기능, 동기, 태도 등이 결합하여 행위로 나타나는 총체적 능력을 의미한다.

환경 공동체 의식	• 지구 공동체 구성원으로서 요구되는 환경적 가치와 태도를 수용·실천하고 지구 공동체 구성원들과의 원만한 관계를 형성·유지하며, 자신의 역할과 책임을 다하는 능력 – 하위요소: 환경의식, 환경관, 참여와 책임의식, 환경윤리, 배려, 협동
성찰·통찰 능력	• 다양한 지식과 가치에 대한 반성적·통합적 사고를 통해 자신의 가치관과 행위가 자신, 타인, 자연의 원칙과 맞는지 지속적·의도적으로 생각하는 능력 – 하위요소: 자율성, 자기성찰, 환경(자연 및 타자)에 대한 성찰, 반성적 사고력, 통합적 사고력
창의적 문제해결력	• 다양한 지식과 정보를 바탕으로 환경 및 환경문제에 대해 다양한 효과적 대안을 제시하고, 최선의 대안을 선택·적용할 수 있는 능력 – 하위요소: 창의력, 비판적 사고력, 실천적 추론, 해결방안의 실행 및 평가
의사소통 및 갈등해결 능력	• 언어, 상징, 텍스트, 매체를 활용하여 자신과 타인의 생각과 감정을 효율적으로 소통하고, 갈등 상황을 둘러싼 이해관계자들의 요구를 고려하여 의견을 조정하는 능력 – 하위요소: 언어 및 비언어적 표현 능력, 의사결정력
환경정보 활용 능력	• 환경문제 해결을 위해 다양한 정보와 자료를 효과적으로 활용하는 능력 – 하위요소: '문제 인식·정보와 자료 수집·분석·평가·선택'하는 능력, 도구(매체) 활용 능력
환경 감수성	• 환경의 아름다움이나 고통에 대해 공감하면서 감정을 이입하거나, 이들의 변화에 민감하게 반응하는 능력 – 하위요소: 자연에 대한 심미적 감상능력, 타자에 대한 정서적 유대감, 자연 및 타자에 대한 공감능력

UNIT 93	**민주시민교육**

정의	• 한 사회의 구성원인 시민들이 정부의 일, 그리고 시민의 책임과 권리를 알고 민주적 가치와 태도를 함양하여 유능한 시민이 되도록 준비시키는 교육이다. • 민주시민으로서 지식, 기능, 태도를 가진 사회적 책임감이 있는 유능한 시민이 되도록 하기 위해 의사결정에 참여할 기회를 제공하는 교육이다.

목적 및 목표	**목적**	민주주의 국가에서 사회의 일원으로 살아가는 데 필요한 자질과 소양을 길러 주는 것이다.
	목표	• 유아가 민주주의 국가에서 시민의 책무를 감당할 수 있도록 그에 필요한 지식, 기술, 태도를 증진시킨다. • 사회적으로 책임감 있는 유능한 시민으로 키우기 위해 다양한 일상생활 속의 문제 상황에서 의사결정에 참여할 기회를 제공한다.

필요성	• 자신의 권리와 책임을 실행할 수 있도록 하기 위해 필요하다. • 훌륭한 시민을 길러냄으로써 정치 공동체의 존속과 성장·번영을 꾀하고, 바람직한 시민 문화를 정착시키기 위해 필요하다. • 민주적 제도뿐만 아니라 사회 구성원의 민주적 의식과 행동까지 포함하므로, 유아기 때부터 민주시민 의식을 함양하면 한 사회의 민주주의에 큰 역할을 한다. • 민주주의 사회를 유지·발전시키기 위한 복잡하고 다양한 문제들을 해결할 수 있는 능력을 구비하기 위해 필요하다.

교육내용		• 유아들에게 민주시민의 권리와 책임을 인식하고 민주적인 태도와 가치를 함양할 수 있도록 하려면, 공동체 속에서 상호 배려하는 가운데 책임감을 발달시킬 수 있는 기회와 지침을 유아에게 제공해야 한다. – Melendez, Beck & Flectcher(2000)는 민주시민교육의 내용으로 규칙(수립/준수), 기본 권리와 책임, 의무와 역할, 참여, 선택, 법, 정부 등을 제시하였으며, Mattorella(1985)는 기본적인 시민의 자질로서 합리적 의사결정능력을 제시하였다.

	규칙 수립과 준수 (규칙)	**모두 함께 안정적으로 살기 위해서는 규칙이 필요함을 알고 지키기**
		• 사회 구성원 모두가 안정된 생활을 하기 위해서 규칙이 필요하다는 것과 이를 지켜야 한다는 것을 인식하고 이해해야 한다.
		  – 구성원이 규칙을 준수하지 않았을 때는 무질서와 혼란에 빠지게 되기 때문에 교사는 유아에게 규칙에 대한 이해와 규칙을 준수해야 하는 근본적인 이유를 적절한 방법으로 교육해야 한다.
		    예 교실 내 규칙 수립 및 준수, 상징에 기초한 규칙(교통신호, 병원차 사이렌 소리 등)
		• 교사는 공동체의 규칙을 만드는 과정에 유아를 참여시켜 자율성을 증진시킨다(DeVries & Zan, 1995).
		  – 유아 스스로 만든 규칙은 교사나 다른 권위자에 의하여 그냥 주어지는 규칙보다 훨씬 강력한 힘을 가진다.
		  – 규칙을 만드는 과정에 참여하여 함께 규칙을 만들 기회를 경험한 유아들은 규칙의 필요성을 훨씬 절실하게 인식하고 스스로 규칙을 준수하고자 한다.
		지도방법
		유아교육기관의 일상생활과 놀이시간에, 그리고 갈등 상황이 발생했을 때 유아들이 필요한 규칙을 만드는 과정에 함께 참여하여 규칙을 수립하고 준수하는 경험을 해볼 수 있도록 한다.

교육내용		

(🔔) 유아교육기관에서 유아들과 함께 만들어 볼 수 있는 규칙
- 자유놀이 영역 안에서 규칙 정해보기
- 손 씻기, 식사할 때 지켜야 할 예절에 관한 규칙 정해보기
- 바깥놀이에서 조심해야 할 영역에 대한 규칙 정해보기
- 현장학습(견학)에서 지켜야 할 규칙 정해보기
- 게임에서 필요한 규칙 정해보기
- 갈등 상황을 해결하기 위한 약속 정해보기

유의점
• 규칙은 확실하고 일관성이 있어야 하며, 위협 등에 의해 좌우되지 않아야 한다.
  - 누군가의 힘에 의해서 강압적으로 규칙을 지키도록 한다면 유아는 스스로 자율성을 가지고 규칙을 만들어 자발적으로 준수할 수 있는 역량을 기르지 못할 것이다.

기본권리와 책임

모든 사람은 권리를 가지며 기본권리는 존중되어야 함을 인식하고, 사람이 함께 살아가려면 자신의 행동에 책임을 져야 함을 알기

• 모든 사람은 권리(존중받을 권리, 의견을 표현할 권리, 의사결정 권리, 일할 권리 등)를 가지고 있으며, 모든 사람의 기본권리는 동등하게 존중되어야 한다는 것을 이해해야 한다.

지도방법
• 유아교육기관에서 교사는 유아들이 기본권리를 누릴 수 있도록 유아의 의견을 존중해주며, 자신이 하고 싶어하는 활동을 스스로 선택하고 표현할 수 있도록 자율성을 부여할 필요가 있다. 존중과 자율성이 주어질 때 유아는 스스로 소중한 존재라고 인식하게 되며 다른 사람과 더불어 살아가는 데 필요한 역량을 기르게 된다.
• 자신과 타인의 기본권리에 관한 개념의 인식과 적용을 위해서 교사는 다음과 같은 경험을 지원할 수 있다.
  ㉠ 나를 존중하며 자유롭게 느끼고 표현하기
  ㉡ 다른 사람의 의견을 존중하면서 배려하기
  ㉢ 나와 다름에 대해 이해하고 수용하기
  ㉣ 다른 사람과 도우며 살아가기
• 권리와 함께 자신의 행동에 대한 책임도 당연히 감당할 수 있어야 한다(스스로의 행동으로 인한 결과에 대하여 책임을 질 수 있도록 한다).
  - 우리 사회의 모든 사람은 자유와 권리를 누리지만 동시에 공동체 안에서 지켜야 할 책임이 있다. 유아는 책임을 수행하면서 자신의 존재가치를 느끼고 공동체 안에서 책임감 있는 시민으로 성장할 수 있게 된다.

지도방법
• 유아교육기관에서 유아들이 스스로를 존중받고 자율성을 부여받은 존재로 여기도록 교육하는 것과 동시에 스스로의 행동으로 인한 결과에 대하여 책임을 질 수 있도록 하는 것은 중요하다.
• 유아교육기관에서 책임을 감당하는 것과 관련해서 경험해 볼 수 있는 것은 다음과 같다.
  ㉠ 자신의 물건이나 놀잇감을 스스로 정리하기
  ㉡ 동물 먹이주기, 식물 먹이주기

	의무와 역할	**집단 속에서 개인이 해야 할 일이 있음을 알고 자신이 할 일 실천하기**
		
		모든 사람들은 각자 집단 속에서 해야 할 일이 있음을 알고 실천해야 한다.
		
		지도방법 ▶
		• 유아는 가정이나 기관에서 각 구성원의 역할이 있음을 인식하고, 일상생활에서 자신이 스스로 해야 하는 일들을 수행할 수 있어야 한다.
		• 유아교육기관에서 역할과 의무와 관련해서 경험해 볼 수 있는 것은 다음과 같다.
		  ㉠ 놀이와 활동을 할 때 역할 분담하기
		  ㉡ 식사와 간식 시간에 당번 정해서 역할 수행하기

	민주적 의사결정	• 사회 구성원들은 각자 서로 다른 가치관과 신념을 가지고 있기 때문에 함께 살아가려면 많은 갈등이 발생한다. 이러한 갈등을 해결하기 위해서는 대화와 타협의 민주적인 절차를 통해서 모든 구성원들이 수긍할 수 있는 공동의 합의를 도출할 수 있어야 한다.
		  − 민주사회의 구성원으로 살아갈 유아들에게 일상생활에서 다양한 의사 결정에 참여할 기회를 줌으로써 합리적인 의사결정 능력을 기르도록 지원하는 것은 중요하다.
		  − 민주적인 범위 내에서 다른 사람들과 상호작용하는 경험을 통해 유아들이 민주적인 참여의 의미와 방법을 배우는 것이 중요하다.
		
		지도방법 ▶
		• 갈등 상황을 해결해야 할 때, 놀이 주제를 선정할 때, 교실 내에서 의논을 해서 결정해야 할 때 서로의 입장을 이야기하고 상대방을 이해시키며 가장 합리적인 방법으로 의사결정을 할 수 있는 경험을 기를 수 있다.
		• 민주적인 의사결정을 할 수 있기 위해서는 유아교육기관에서 다음과 같은 내용의 교육적 경험을 할 필요가 있다.
		  ㉠ 다른 사람의 의견을 존중하기
		  ㉡ 공동체의 의견을 존중하여 선택하기
		  ㉢ 협동학습을 통한 의사결정 경험해 보기
		  ㉣ 토론을 통해 갈등 상황을 해결해 보기
		  ㉤ 선거일에 투표해 보기

교수 · 학습 방법		① 민주적인 학급 분위기, 의사결정 과정에의 참여가 환영받는 교실 분위기를 제공한다.
		② 민주시민교육은 비형식적인 방법과 형식적인 방법을 통해 이루어진다.
		  ㉠ 비형식적인 방법: 민주적인 학급을 세우기 위해 교사가 사용하는 모든 전략
		    − 규칙 수립(게임규칙, 놀이기구의 질서, 실내에서의 규칙 등)
		    − 학급 토의(견학, 소풍, 역할극과 같이 주제나 안건이 생겼을 때 활동방법, 규칙, 주의사항 등에 대해 토의하기)
		    − 학급 상징 정하기(우리 반의 노래, 응원, 깃발, 자랑거리, 색깔 등)
		    − 학급 기념일(동그라미의 날, 모자의 날, 학급을 상징하는 색깔의 옷을 입는 날 등)
		  ㉡ 형식적인 방법
		    − 국가의 상징 알기(태극기 모양, 태극기 관리하는 법, 국경일에 태극기 달기, 애국가 부르기 등)
		    − 선거와 투표(다시 해보고 싶은 활동 정하기, 간식 도우미, 놀이 진행 도우미 등 선출과정 경험하기)
		    − 역할 담당(간식 컵 정리, 옷걸이 정리, 놀이장 정리 등 적합한 일을 부여하여 책임감과 소속감을 경험하도록 하기)
		    − 자원봉사 활동

SESSION
05

③ 시민적 소양 및 덕목을 학습시키기 위해 문학을 활용한다.

　⑩ 『구름다리가 된 수현』, 『동박꽃과 동박새』, 『거짓말을 먹고 사는 아이』, 『까막나라에서 온 삽사리』,
　　『숲속마을 작은 기차』, 『고양이 놀이 할래?』, 『장갑』, 『새둥지를 이고 다니는 사자 임금님』 등

④ 비판적 사고 함양을 위한 활동들을 계획한다.

　－ 인쇄물에 반응하기(유아작품, 신문기사, 백과사전과 같은 인쇄물에 담긴 글을 내 관점
　　에서 다시 생각해 보기)
　－ 의사결정과정(몇 가지 대안을 주고 팀을 나누어 협동학습을 하게 함 / 각 대안에 대한
　　긍정적 결과와 부정적 결과를 생각해 보게 함) ➡ 다시 전체가 모여 각 방법에 대한
　　결과를 들어본 후 최종 결론 내리기

⑤ 가정과의 연계를 도모한다.

　－ 가족 회의하기(유아가 참석해도 될 주제라면 합석해서 회의에 참여하기)
　－ 가정에서도 유아에게 적합한 일을 부여하여 수행하도록 하기

교사의 역할	• 민주시민교육은 지식전달보다는 실천적으로 이루어져야 한다. 　－ 민주시민교육은 지식전달에 머무는 것이 아니라 민주시민교육의 내용을 유아들이 직접 실천해 보는 경험을 통해 실시되어야 한다. 이때 교사는 유아를 존중하고, 유아에게 자율권을 주며, 모든 유아가 공정하게 자신의 권리를 누릴 수 있도록 교실 환경과 문화를 조성해야 한다. 　－ 또한 공동체 의사결정에 유아를 주체적으로 참여시켜 유아와 교사가 함께 민주시민교육의 장을 만들어 갈 수 있어야 한다. • 민주시민교육은 미시적으로 접근해야 한다. 　－ 민주시민교육은 일상생활의 작은 부분에서부터 경험할 수 있도록 하는 것이 좋다. 　－ 유아교육기관에서 동식물 먹이를 주는 일, 자신의 옷과 가방을 정리하는 일, 놀이를 스스로 선택하는 일 등을 통해서 유아들은 책임감을 경험한다. 이런 경험으로 형성된 역량은 지역사회로 확장될 수 있다. • 민주시민교육은 민주적인 방식의 체험을 통해 이루어져야 한다. 　－ 교사는 권위주의적 방법을 최소화하고 유아들이 민주적인 절차를 직접 체험을 통해 학습할 수 있는 방법으로 교육해야 한다. 　⑩ 유아들은 팀을 나누어 갈등 상황이나 주제에 대해 협동학습을 한다. 그 후 전체가 다시 모여서 각 방법에 대한 이야기를 들어 보고, 최종적으로 어떤 방법을 사용해야 할지 결론을 내리는 과정을 경험할 수 있다.
환경 구성	• 시민교육 관련 다양한 동화책 제공하기 • 다양한 규칙이 포함된 놀이 및 게임자료 제공하기 • 공공규칙 관련 상징 사진 및 그림 제공하기 　－ 교통신호, 어린이 보호구역, 장애인 배려 표시, 재활용 표시 등 • 교사와 유아가 함께 만든 규칙판 제공하기

교사 지원	유아의 가치 존중하기	• 유아가 일상적인 학급에서의 경험을 통해 자신이 가치 있고 존중받고 있다는 것을 알게 한다. ● 규칙을 준수할 때는 칭찬하고, 자신뿐만 아니라 다른 유아의 가치와 권리를 존중하는 기회를 제공한다. • 유아가 민주사회의 구성원으로 공유하기를 배우고 공공의 이익과 개인의 욕구 간에 균형을 이루는 것이 필요함을 경험하게 한다.
	학급 의사결정 기회 제공하기	• 교사는 유아가 무조건적으로 지시를 따를 것을 기대하기보다는 유아와 규칙을 공유하는 것이 바람직하다. • 유아가 스스로 선거나 투표에 참여하는 등 현명하게 의사결정을 할 수 있는 기회를 제공한다. ● 유아가 학급에서 해야 할 일들의 목록을 만들거나 학급 도우미를 선택할 기회를 제공한다. 이때 유아의 자발적인 참여를 격려해 준다.
	책임지는 경험 제공하기	• 교사는 유아 스스로 책임을 지고 학급의 이익을 위해 참여하는 경험을 제공한다. ● 자기책임에 해당되는 스스로 옷 입기, 화장실 가기 및 손 씻기 등을 자발적으로 실행했을 때 칭찬과 격려를 해 준다. ● 정리·정돈하기, 식물이나 동물 돌보기를 통해 책임을 경험하고 권리와 의무를 이해하게 하는 민주적인 참여 경험을 제공한다.

UNIT 94 · 사회적 시사교육

정의	• '시사문제'란 유아들이 관심을 갖는 '새소식(news)'에 관련된 내용들로 구성된 것으로, 사회적 시사교육이란 유아가 주변 사건들을 인식하는 교육이다. 　－ 유아를 위한 사회적 시사교육은 시사문제의 시작이 유아로부터 시작될 수 있도록 뉴스를 만들어보거나 이해하는 활동을 유아들의 직접적 경험에서부터 이끌어 내어 자신의 주변에서 일어나는 일들의 의미를 파악할 수 있게 하고, 그로 인해 유능감을 느끼게 하며 나아가 자신의 생활도 조절할 수 있도록 가르치는 교육이다.
필요성	• 현대사회에서의 발달한 미디어를 통해 유아들도 매일 다양한 사회적 시사문제들에 대해 여과 없이 노출되어 있어 이러한 문제들에 대해 바르게 인식할 수 있도록 해야 한다. • 유아들은 현재 주변에서 일어나는 사건을 다양하게 경험하기 때문에 자연스럽게 여러 가지 사회적 문제를 인식하여 현실 감각을 얻을 수 있으며 사회 내에서 자신의 정체성도 강화시킬 수 있다. • 유아가 주변에서 일어나는 일들을 인식하도록 하는 '새소식(news)'은 궁금한 것을 알아가는 과정을 통하여 성취감과 문제해결력을 획득하도록 돕는다. • 유아는 현재 사건을 기초로 하여 점차 과거나 미래를 포함한 전 세계적인 사건을 인식할 뿐만 아니라 사회의 전체적 맥락에 참여하는 시민으로서의 과정을 시작하게 된다.

교육내용		유아들은 주변으로부터 얻은 정보를 통하여 현재의 사건을 인식하고 자기 주변의 세상에서 일어나고 있는 것에 대하여 지식을 확장한다. 때로는 다양한 직업과 경력을 가지고 일하는 사람을 관찰함으로써 자신의 환경을 인식하기도 한다. 이처럼 유아들은 주변에서 일어나는 현재 사건을 다양하게 경험하기 때문에 교사는 관련된 내용을 사회교육과정에 포함시킬 수 있다.
	유아에게 흥미 있는 시사문제와 주제	위인 일대기, 자연에서 일어나는 사건(지역 날씨, 동식물에 관한 뉴스, 자연재해 등), 과학적 발견과 사건(우주 로켓 발사, 화석 발견 등), 스포츠(경기, 스포츠 팀, 운동선수 등), 예술과 관련된 뉴스(어린이 뮤지컬, 전시회 등), 유치원 및 지역사회, 자연에서 일어나는 사건 등
	최근 사회적 시사문제와 주제	• 안전 관련 문제 : 교통사고, 유괴, 학대 및 방임, 성폭력, 실내외 놀이기구, 환경오염, 화재 등을 통하여 안전에 관한 지식, 태도, 습관을 익힘으로써 유아 스스로 사고로부터 자신을 지킬 수 있도록 한다. • 통일 관련 문제 : 유아가 북한에 대해 관심을 가지고 남한과 북한의 유사점과 차이점에 대해 이해하며, 동질성 회복을 위한 통일 지향적 인간으로 성장할 수 있도록 한다.
교수·학습 방법		• 다양한 매체 활용하기 　- 신문, 사진, 잡지, 전단지, 방송 등 다양한 미디어를 활용하여 뉴스를 정기적으로 공유하고 만들어보며 뉴스 내용 이해하기 　　⑩ TV뉴스 제공하는 방법 : 다음 날 유아들에게 보여주기 위해 녹화하기(대통령 취임식, 인공위성 발사, 해외 사건 등), 특정 뉴스를 보기 위해 방영되는 TV를 이용하기, 유아가 들을 수 있는 사건에 대해 간단히 녹음하기(운동선수, 가수 등의 인터뷰 내용) • 게시판 활용하기 　- 흥미 있는 사건을 유아들의 눈에 잘 띄는 게시판에 붙여놓아 유아들이 보고 토론할 수 있는 기회 제공하기 　　⑩ 사건 관련 사진, 잡지, 기사 등을 기존 게시판에 부착 또는 교실의 한 영역에 뉴스 게시판을 별도로 운영한다. 이때 뉴스는 정기적으로 바꿔줘야 한다.
접근 방법		• 유아에게 현재 사건에 대한 학습은 유아 자신으로부터 시작하며, 유아 스스로 먼저 사건을 만듦으로써 흥미를 가지게 된다. 교사는 이것을 기초로 유아들에게 직접적인 경험 외에 새로운 사건에 접근하도록 함으로써 유아들의 생활문제점, 논쟁점, 그리고 성취감에 대한 인식을 발달시켜 간다. ① 뉴스 만들기 : 유아교육기관에서의 뉴스 만들기 시간은 교사와 유아들이 자신의 개인적인 뉴스와 더불어 신문이나 잡지에서 발견한 뉴스거리를 서로 공유하도록 격려받는다. 뉴스를 공유하는 이러한 경험을 통해 유아들은 뉴스에 대한 자신의 사고를 명료화할 수 있다. ② 뉴스 이해하기 : 유아가 뉴스를 만드는 것에 익숙해졌을 때 교사는 유아에게 의미 있는 이야기나 내용을 가르치기 위하여 신문이나 잡지의 기사를 제시할 수 있다. 신문에 난 폭풍 피해, 새로운 쇼핑센터, 건설·도로공사 또는 동물원에 온 새 식구의 사건과 얘깃거리는 유아의 흥미를 충분히 자극할 수 있다. 이때 교사는 유아에게 흥미 있으면서도 가장 마음에 와닿을 수 있는 동네의 사건을 활용할 수 있다. 뉴스를 이해시키기 위한 자료로 신문 이외에도 TV와 라디오 및 기타 자원을 활용할 수 있다.

시사문제의 자원들	환경에 대한 관심	• 우리 가까이에 소멸되어 가는 천연자원은 생명의 연계성, 곤충, 풀, 나무, 새의 환경 그리고 공기, 물, 땅의 상태에 대해서도 뉴스를 만들 수 있는 쉽고도 적절한 자원이다. • 주변 세계에 대한 학습은 유아의 인지적 이해에 적절할 뿐만 아니라 매일의 경험과 관련되고 태도와 가치, 정보의 개념도 포함되어 있어 다분히 다학문적인 접근이 이루어진다. • 유아 주변의 세계에서 얻을 수 있는 현안 문제들은 관찰기술, 상호 의존성, 미적 인식, 그리고 사회적 인식력을 증진시키게 된다. 　① **관찰기술 증진**과 관련된 활동 　　－ 유아가 스스로 자연의 경이로움에 대해 경험하고 탐색하도록 허용하는 데 관심을 둘 필요가 있다. 유아가 환경에 익숙하게 되도록 격려하는 것은 자신의 문제를 느끼고 파악하도록 돕는다. 　　▶지도방법◀ 　　교사는 유아가 사물의 색, 모양, 그리고 크기에 유의하도록 격려하면서 교실 안과 밖에서 볼 수 있는 사물을 인식하도록 도와주고 유아들이 관찰할 때 다양한 감각을 이용하도록 동기화할 수 있다. 　② **상호 의존성에 대한 개념 증진**과 관련된 활동 　　－ 한 생명이 다른 생물에 의존하는 형태에 대한 관찰은 유아로 하여금 주변에서 생명의 연계성과 영향력을 인식하게 한다. 　　－ 또한 교실에서 다양한 생명체를 보호하고 기르는 것은 상호 의존성에 대한 개념을 강화시키도록 돕는다. 　　▶지도방법◀ 　　수족관이나 새집 등은 유아들에게 생명을 유지하는 데 필요한 조건에 대해 가르칠 수 있고, 살아 있는 생명체와 인간의 상호 의존성에도 접근할 수 있다. 　③ **미적 인식 증진**과 관련된 활동 　　－ 유아가 아름다운 주변 환경을 감상하는 것을 배워감에 따라 생명의 연계성을 더욱 더 인식하게 되고, 주변 환경 보호에 더 많은 관심을 가지게 된다. 　　▶지도방법◀ 　　교사는 유아들이 환경의 아름다움을 관찰하는 데 모든 감각을 이용하도록 하고 주변 환경에서 발견한 흥미 있는 사건들을 공유하도록 격려해야 한다.
	사람에 대한 관심 : 일과 직업	• 시사에 대한 자원 중 사람에 대한 관심을 통해 자신이 중요하고도 유용한 구성원임을 인식하는 것이 필요하다. 이것이 일과 직업에 대한 관심의 시작이다. 유아교육기관 교실은 직업교육의 기초개념을 형성할 수 있는 이상적인 장소이다. 일과 직업에서 다룰 수 있는 교육적 내용을 구체적으로 살펴보면 다음과 같다. 　① **자아에 대한 관념** 　　－ 유아는 그들 자신의 위상을 형성시키는 데 자신감을 줄 수 있는 긍정적 자아감을 가지고 성장해야만 한다. 자신감은 유아에게 성취할 만한 일이 주어졌을 때 획득된다. 자료를 준비하고, 청소하고, 애완동물이나 식물 그리고 장비를 돌보는 실제 책임감은 유아 자신이 집단을 위해 공헌할 수 있는 능력을 확인시키고 성공감을 느끼도록 도와준다.

SESSION **05**

② **사람들이 하는 일**
　- 미래의 일에 대한 태도는 직업에 대한 유아의 인식력을 증가시킨다.
　- 유아들은 일에 대한 태도를 결정짓기 위해 학교 건물이나 이웃 또는 지역사회에서의 근로자와 인터뷰를 할 수 있다. 이런 경험을 통해 유아들은 다른 직업을 탐색할 뿐만 아니라 그들이 직업에 대해 어떻게 느끼는지 발견함으로써 인터뷰한 반응을 비교해 볼 수 있다.
　- 또한 교사가 "네가 컸을 때 너는 어떤 일을 하고 있을 것 같니?"와 같은 질문으로 유아가 자신의 미래에 관해 생각하도록 함으로써 일에 대한 관심과 인식력을 증가시켜 줄 수 있다.

③ **다양한 성역할**
　- 일과 직업에서 성역할에 대한 인식력을 심어 주기 위해 교사는 유아들의 현장학습을 계획할 수 있다.
　- 현장학습에서의 초점은 유아들이 다양한 일을 하는 사람들을 관찰하며 특이한 것을 찾아보고, 현재 존재하는 성역할 고정관념에 도전해 볼 수 있는 기회를 만들어 주는 것이다.
　- 현장학습 후에는 토의를 할 수 있으며, 현장학습 시 보았던 직업이나 부모님의 직업 또는 특정한 직업에 대해 뉴스를 만들고 이를 그림이나 책자로 만들어 볼 수 있다.

교사의 역할	• 유아에게 현재 사회에서 일어나고 있는 사건들을 알도록 돕기 위해서는 교사가 현재의 사건에 대한 지식이 있어야 한다. 　- **사회적 시사 지식을 갖추기 위한 방법**: 신문과 정기적 정보 잡지 읽기, 뉴스 보기, 사람들과 대화 나누기 　- 지역사회와 세계에서 일어나는 일들을 알기 위해 얼마나 자주 미디어를 이용하는지를 생각해 보는 것이 필요하다.

V 2019 누리과정－사회관계

1 목표 및 내용

거름이 Tip

사회관계 영역은 3개의 내용 범주와 12개의 내용으로 구성되어 있다. 유아가 자신을 존중하고 친구와 가족뿐 아니라 공동체에서 더불어 살아가는 데 필요한 사회적 기술을 익히며, 유아가 속한 지역사회에서 나아가 우리나라를 포함한 세계 여러 나라에 관심을 갖는 내용으로 구성하였다.

(1) 목표

3~5세 연령별 누리과정(2015) ≫	2019 개정 누리과정
자신을 존중하고 다른 사람과 더불어 생활하는 능력과 태도를 기른다. 1. 자신을 소중히 여기며 자율성을 기른다. 2. 자신과 타인의 감정을 알고, 자신의 감정을 적절하게 표현하고 조절한다. 3. 가족과 화목하게 지내며 서로 협력한다. 4. 친구, 공동체 구성원들과 서로 돕고, 예의·규칙 등 사회적 가치를 알고 지킨다. 5. 우리 동네, 우리나라, 다른 나라에 관심을 가진다.	자신을 존중하고 더불어 생활하는 태도를 가진다. 1) 자신을 이해하고 존중한다. 2) 다른 사람과 사이좋게 지낸다. 3) 우리가 사는 사회와 다양한 문화에 관심을 가진다.

(2) 내용범주와 내용

3~5세 연령별 누리과정(2015) ≫	2019 개정 누리과정
나를 알고 존중하기	나를 알고 존중하기
나와 다른 사람의 감정 알고 조절하기	
가족을 소중히 여기기	더불어 생활하기
다른 사람과 더불어 생활하기	
사회에 관심 갖기	사회에 관심 가지기

나를 알고 존중하기	• 나를 알고 소중히 여긴다. • 나의 감정을 알고 상황에 맞게 표현한다. • 내가 할 수 있는 것을 스스로 한다.
더불어 생활하기	• 가족의 의미를 알고 화목하게 지낸다. • 친구와 서로 도우며 사이좋게 지낸다. • 친구와의 갈등을 긍정적인 방법으로 해결한다. • 서로 다른 감정, 생각, 행동을 존중한다. • 친구와 어른께 예의 바르게 행동한다. • 약속과 규칙의 필요성을 알고 지킨다.
사회에 관심 가지기	• 내가 살고 있는 곳에 대해 궁금한 것을 알아본다. • 우리나라에 대해 자부심을 가진다. • 다양한 문화에 관심을 가진다.

거름이 Tip

'나'와 관련된 세부내용은 '나를 알고 존중하기'로 통합하여 제시하였고, 가족을 비롯한 다른 사람과의 관계는 '더불어 생활하기'로 합하여 기술하였는데, 포용이라는 세계적 동향과 국정 방향을 반영하여 '더불어 생활하기'의 내용이 상대적으로 많이 제시되었다. 자연을 소중히 여기는 내용을 자연탐구 영역으로 편성하였고 '사회에 관심 가지기'는 그대로 유지하며 이와 함께 인성교육 내용을 강화하고, 문화의 다양성을 강조했다.

(3) 목표 및 내용범주 이해하기

사회관계 영역의 목표와 내용범주는 유아가 자신을 이해하고 존중하며, 친구와 가족 또는 다른 사람들과 사이좋게 지내며, 유아가 속한 지역사회와 우리나라, 다양한 문화에 관심을 갖는 내용으로 구성된다.

3~5세 연령별 누리과정(2015)	2019 개정 누리과정
'나'와 관련된 세부 내용	'나를 알고 존중하기'로 통합하여 제시하였다.
자신과 가장 가까운 가족 및 친구를 중심으로 다른 사람과의 관계에서 경험하는 사회적 가치나 태도	'더불어 생활하기'로 통합하여 제시: 예(禮), 존중, 배려, 협력 등의 인성 덕목을 반영하였다.
'사회에 관심 갖기' 유지 : 자연을 소중히 여기는 내용은 자연탐구로 이동하였다.	'사회에 관심 가지기': 문화 다양성을 이해하고 존중하는 내용이 포함되었다.

나를 알고 존중하기	유아가 자신을 나타낼 수 있는 것과 자신의 감정을 알고 상황에 맞게 적절하게 표현하며, 자신이 할 수 있는 것을 스스로 해봄으로써, 긍정적인 자아존중감과 자율성을 경험하는 내용이다.
더불어 생활하기	• 유아가 가족의 의미와 소중함을 알며, 친구와 서로 돕고, 양보·배려·협력하며 사이좋게 지내고, 사람들마다 감정, 생각, 행동이 각기 다름을 알고 존중하여, 친구와의 갈등을 여러 가지 긍정적인 방법으로 해결하는 내용이다. • 또한 친구와 어른께 예의 바른 태도로 말하고 행동하며, 사회 공동체의 일원으로서 약속과 규칙의 필요성을 알고 지키는 내용이다.
사회에 관심 가지기	• 유아가 사회 구성원으로서 자신이 사는 지역에 관심을 가지고 탐구하며, 우리나라의 상징, 언어, 문화를 알아가면서 대한민국 국민으로서 긍지와 자부심을 가지는 내용이다. • 다른 나라의 다양한 문화에 관심을 가지고 존중하는 경험을 담았다.

❷ 내용범주의 이해 및 실제

⑴ 나를 알고 존중하기

목표	자신을 이해하고 존중한다.

내용	• 나를 알고 소중히 여긴다.
	   – 유아가 자신을 나타내는 나이, 성별, 모습 등에 대해 알고, 자신을 소중히 여기며 가치 있는 존재로 느끼는 내용이다.
	• 나의 감정을 알고 상황에 맞게 표현한다.
	   – 유아가 자신의 감정에 대해 알고 다양한 상황에서 자신의 감정을 적절하게 표현하는 내용이다.
	• 내가 할 수 있는 것을 스스로 한다.
	   – 유아가 자신이 할 수 있는 일을 알고 자신감을 가지며 자율적으로 실천해 가는 내용이다.

유아 경험의 실제	① 5세 반 유아들이 숨바꼭질을 하려고 모여든다. 유아가 "나는 진짜 잘 숨을 수 있어."라고 말하자, 다른 유아들이 "나도 잘하거든. 나는 몸이 작아서 아무 데나 숨을 수 있어.", "나도 잘 숨거든!"이라고 말한다. 이때 다른 유아가 "나도 할래."라며 다가온다. 먼저 숨바꼭질을 하던 유아가 "너는 늦게 왔으니까 먼저 술래 해!"라고 말한다. 늦게 온 다른 유아는 "그런 게 어딨어! 네가 하기 싫어서 그런 거잖아. 가위바위보로 정해. 나도 술래하기 싫다고!"라고 말한다. ② 유아가 등원하자마자 선생님에게 오늘 자신이 도우미인 것을 확인하며 말한다. "저는 도우미 하는 날이 좋아요. 저는 화분에 물 주는 것도 잘하고, 친구들에게 간식을 나눠 주는 것도 잘할 수 있어요."라고 말한다. 선생님이 "그럼 오늘의 도우미는 제일 먼저 무엇을 할 생각이야?"라고 웃으며 묻자, "화분에 물 주러 가야지."라고 말하며 물을 뜨러 화장실 쪽으로 간다.

SESSION
05

(2) 더불어 생활하기

목표	다른 사람과 사이좋게 지낸다.

내용	• 가족의 의미를 알고 화목하게 지낸다.
	   – 유아가 자신의 가족 구성원을 알고, 가족과 함께 생활하며, 가족은 서로 돕고 살아간다는 것을 경험하는 내용이다.
	   – 가족의 구성원이 다양함을 이해하고 존중하는 내용이다.
	 • 친구와 서로 도우며 사이좋게 지낸다.
	   – 유아가 친구들과 함께 놀이하는 즐거움을 느끼고 친구와 서로 도우며 배려하고 협력하며 더불어 살아가는 내용이다.
	 • 친구와의 갈등을 긍정적인 방법으로 해결한다.
	   – 유아가 친구와 갈등이 생겼을 때 자신의 감정과 생각을 제대로 표현하고, 배려, 양보, 타협 등을 통해 해결하는 내용이다.
	 • 서로 다른 감정, 생각, 행동을 존중한다.
	   – 유아가 다른 사람들의 감정, 생각, 행동에 관심을 갖고 감정, 생각, 행동이 서로 다를 수 있음을 이해하고 존중하는 내용이다.
	 • 친구와 어른께 예의 바르게 행동한다.
	   – 유아가 친구와 어른께 배려, 존중, 공경하는 마음을 담아 예절을 실천하는 내용이다.
	 • 약속과 규칙의 필요성을 알고 지킨다.
	   – 유아가 다른 사람과 더불어 살아가기 위해 필요한 약속과 규칙이 있음을 이해하는 내용이다.
	   – 상황에 따라 필요한 약속과 규칙을 의논하여 정하고 지키는 내용이다.

유아 경험의 실제	① 4세 유아는 가족과 지냈던 일에 대해 그림을 그리며 웃으면서 말한다. "엄마, 아빠랑 캠핑 갔는데 정말 재미있었어요. 아빠가 밥하고 고기를 구웠고, 엄마는 식탁을 차렸어요. 저는 물컵을 꺼냈어요. 밥을 다 먹고 나서, 같이 공놀이도 하면서 놀았어요." ② 유아들이 도화지에 물감을 흘리면서 무늬를 만들고 있다. 4세 수연이가 높은 위치에서 물감을 흘러내리게 하다가 물감이 현우의 팔에 튄다. 현우가 얼굴을 붉히며 "야! 내 팔에 물감이 튀었잖아!"라고 말하자 수연이는 "미안해, 이제 작게 뿌릴게."라고 말하며 아까보다 낮은 위치에서 물감을 흘러내리게 한다. ③ 유아들이 고무줄뛰기를 하고 있다. 고무줄뛰기를 하고 싶은 유아들이 많아지자 서로 먼저 뛰겠다고 큰 소리로 이야기한다. 5세 유아들이 누가 먼저 할지 순서를 정해야 한다고 말한다. 이때, 우재가 "우리 먼저 온 순서대로 여기 이름을 적으면 되잖아."라고 말하더니 3세 도하 손을 잡아 이끈다. "도하야, 아까 네가 제일 먼저 왔지? 여기에 네 이름 적어 봐. 못 적으면 형아가 적어 줄까?"라고 말한다. ④ 5세 유아가 '가위바위보'하여 이긴 사람이 한 계단씩 올라가는 놀이를 한다. 먼저 계단을 올라간 두 유아가 계단을 다 오르지 못한 유아를 남겨 두고 미끄럼틀로 뛰어간다. 혼자 남은 유아가 "나 혼자만 여기 있잖아."라며 울먹이자, 미끄럼틀로 뛰어가던 유아가 되돌아와 친구의 어깨를 두어 번 토닥이며 "같이 가자."라고 말한다. 그리고 손을 잡고 함께 계단을 올라 미끄럼틀 쪽으로 달려간다. ⑤ 실내 놀이를 마친 뒤 5세 반의 몇몇 유아들이 놀이할 때 불편한 점이 있었다고 말한다. 하선이가 "우리끼리 약속 좀 만들어야겠다."라고 말하자 유아들이 매트 위에 모여 앉았고, 진지하게 이야기를 나누며 놀이 약속을 정한다. 다음날, 유아들끼리 정한 약속을 교사는 색종이에 적어 칠판에 붙여준다. 한 유아는 놀이 약속 옆에 손가락 도장을 찍으며 "내가 지킬 수 있는 약속이 이거야."라고 말한다.

(3) 사회에 관심 가지기

목표	우리가 사는 사회와 다양한 문화에 관심을 가진다.
내용	• 내가 살고 있는 곳에 대해 궁금한 것을 알아본다. 　－ 유아가 자주 접하는 가까운 주변 지역과 이웃에 대해 관심을 가지고, 궁금한 것을 알아보며, 지역 구성원으로서 유대감과 소속감을 느끼는 내용이다. • 우리나라에 대해 자부심을 가진다. 　－ 유아가 우리나라의 전통에 친숙해지고, 우리나라의 상징, 언어, 문화 등을 경험하면서, 우리나라에 대해 자랑스러운 마음을 가지는 내용이다. • 다양한 문화에 관심을 가진다. 　－ 유아가 다른 나라의 다양한 문화와 생활양식에 대해 관심을 가지고, 문화의 다양성을 이해하며 존중하는 내용이다.
유아 경험의 실제	① 유아들이 함께 블록으로 동네를 만든다. 유아들은 도서관을 만들면서 이야기를 나눈다. "여기는 도서관! 우리 도서관 가봤지? 우리 동네에 도서관이 있으니까 좋다. 그치?", "응, 선생님한테 내일 또 도서관 가자고 말씀드리자." ② 바깥 놀이터에서 유아들과 선생님이 이야기를 나눈다. 우　재 : 너희들은 우리나라에서 누가 제일 좋아? 유아들 : 이순신 장군! 세종대왕! 교　사 : 왜 좋아하는데? 시　연 : 한글을 만들었잖아요. 나는 한글을 진짜 잘 쓰는데, 한번 보세요(모래 바닥에 나뭇가지로 자신의 이름을 쓴다.). 유아들 : 나도 내 이름 써야지, 아! 맞다. 내일 한글날이라 했지.

3 사회관계 영역의 통합적 이해

(1) 사례

> (🔔) **알겠어. 미안해!**
>
> 하원 시간, 우주는 놀이를 계속하고 있는 서연이에게 블록 정리를 하자고 말한다.
>
> 우주 : (서연이의 귀 뒤쪽에 대고) 이제 블록 정리하는 시간이야!
>
> 서연이가 듣기에 우주의 큰 목소리는 자신의 귀에 대고 크게 소리를 지르는 것처럼 들린다.
>
> 서연 : 귀에 대고 하지 마! 귀 아파!
> 우주 : 아니야. 나는 머리카락에 대고 말했거든. (서연이의 귀 뒷면 머리를 만진다.)
> 서연 : 너가 내 귀에 대고 크게 말했잖아. 귀 아팠거든.
> 우주 : (매우 큰 목소리로) 아니야. 나는 여기에 대고 말했어.
>
> 우주와 서연이의 모습을 지켜보던 은성이가 다가와 무슨 일인지 묻는다.
>
> 우주 : (울먹이는 듯한 목소리로) 있잖아. 내가 귀에 말 안 하고 여기 머리카락에 말했는데, 서연이가
>   자꾸 내가 귀에 대고 말했다고 하잖아. 나 기분 진짜 안 좋아. 힝!
> 은성 : 알겠어. 서연이가 어떤 말 했는데?
> 서연 : 얘가 내 귀에 대고 말했다구! 여기가 귀야. (서연이는 자신의 귀를 만지며 소리가 들렸던 위
>   치를 가리킨다.)
>
> 은성이는 두 유아의 말을 듣고 팔짱을 끼고 잠시 말없이 생각하더니, 서연이에게 "귀를 막아 봐."라고
> 말한다. 서연이가 두 손가락으로 귀를 막는다. 은성이는 서연이의 등 뒤로 돌아가 서연이의 귀 옆에서
> 소리를 낸다.
>
> 은성 : 아 아... (서연이에게) 어때? 소리 들려?
> 서연 : 응. 귀에 대고 하는 것처럼 들려.
> 은성 : 이제 됐지?
> 우주 : 봐 봐, 맞지? 나 여기 뒤에다 대고 말했지?
> 서연 : 알겠어. 미안해.

> **거름이 Tip**
>
> '미안해' 사례 속 유아들은 나를 알고 소중히 여기는 내용과 친구와의 갈등을 긍정적인 방법으로 해결하고 서로
> 다른 감정, 생각, 행동을 존중하는 내용 등과 같이 사회관계 영역의 내용을 두드러지게 경험하고 있다. 유아들이
> 일상적 놀이에서 많이 배우고 성장하고 있음을 알 수 있다.

⑵ **5개 영역의 통합적 이해**

① **의사소통**

듣기와 말하기	• 말이나 이야기를 관심 있게 듣는다. – 은성이는 갈등 상황에 있는 유아들의 말을 관심 있게 듣는다. • 자신의 경험, 느낌, 생각을 말한다. – 우주와 서연이는 자신의 입장을 적극적으로 주장한다. • 상황에 적절한 단어를 사용하여 말한다. – 유아들은 상황에 적절한 단어와 문장을 사용하여 말한다. • 상대방이 하는 이야기를 듣고 관련해서 말한다. – 갈등 중에 있는 유아들이나 갈등을 해결하려는 유아 모두 서로의 이야기를 듣고 상대방의 생각, 의도, 감정을 이해하여 관련지어 말하고자 노력한다.

② **사회관계**

나를 알고
존중하기
	• 나를 알고 소중히 여긴다.
	 – 서연이는 자신의 귀가 아프다는 것을 알고 보호하려고 하며, 우주는 자신의
	  행동에 대한 오해를 풀기 위해 적극적인 태도를 취한다.
	• 나의 감정을 알고 상황에 맞게 표현한다.
	 – 갈등 중에 있는 두 유아는 서로 자신의 속상한 감정을 알고 상황에 맞게
	  말한다.

더불어 생활하기	• 친구와의 갈등을 긍정적인 방법으로 해결한다. – 은성이는 두 친구의 갈등을 긍정적인 방법으로 해결한다. • 친구와 서로 도우며 사이좋게 지낸다. – 은성이는 두 유아의 문제해결을 위해 적극적으로 돕는다. • 서로 다른 감정, 생각, 행동을 존중한다. – 은성이는 두 유아가 느끼는 감정, 생각, 행동을 존중하여 갈등의 원인이 된 상황을 재연하기를 제안한다.

③ **자연탐구**

생활 속에서 탐구하기	• 물체의 특성과 변화를 여러 가지 방법으로 탐색한다. – 유아들은 갈등을 해결하는 과정에서 귀 옆에서 크게 말하는 소리는 귀에 대고 하는 소리로 들릴 수 있음을 알게 된다. • 물체의 위치와 방향, 모양을 알고 구별한다. – 유아들은 귀의 위치, 말소리가 들린 귀 옆 등 방향을 짚어가며 서로 말한다.

SESSION

05

4 비교 – 2015 누리과정

(1) 내용범주의 이해 및 실제 – 나를 알고 존중하기

연령별 특성		• 유아기는 긍정적인 자아인식을 바탕으로 자신을 소중하게 생각하고 존중하며 자신의 삶을 스스로 판단하여 실천하는 자율성을 갖추어가는 시기이다. • 유아는 자신의 외모, 가족 관계와 가족 구조의 특성, 성별, 연령, 사회·경제적 여건 등 자신을 구성하고 있는 여러 특성을 인식하고 긍정적으로 수용함으로써 다른 사람도 이해하고 존중하며 배려하게 된다. • 유아는 스스로 할 수 있는 일에 대하여 알아보고 실천하며 자신이 원하는 일을 계획하고 실행해 보는 경험을 통해 자율성과 주도성을 가지게 된다.
	3세	실제와 상상을 구별하기 힘든 시기로 역할놀이를 통한 지도가 필요하다.
	4세	유아 자신의 노력이 들어간 물건에 대한 애착이 강한 시기이다.
	5세	자기중심성에서 서서히 벗어나 타인의 입장에서 생각하는 것이 가능해진다.
지도 원리		• 나와 다른 사람에 대해 긍정적으로 생각하고 존중하는 마음과 태도를 갖도록 하는 데 중점을 둔다. • 내가 할 수 있는 일과 하고 싶은 일을 알아보고 스스로 선택하고 계획해서 실행해 보는 데 주안점을 둔다.
환경 구성	공통	유아에게 하고 싶은 일을 선택해 볼 수 있도록 민주적이고 개방적인 학급 분위기를 조성한다.
	3세	역할영역에 실물사진과 실물자료뿐만 아니라 집이나 병원, 주유소, 목욕탕 등 유아의 일상생활에서 자주 접하는 기관이나 장소를 나타낼 수 있는 소품과 장치를 준비하여 역할놀이를 활성화하고 참여의 수준을 높이도록 한다.
	4세	• 역할영역에서 소품을 유아들이 직접 만들어서 놀이에 활용하도록 한다. • 유아들이 여러 종류의 옷을 입고 자신의 변화를 관찰할 수 있도록 유아용 전신거울을 설치하도록 한다.
	4세 / 5세	시간의 흐름에 따라 자신의 성장을 확인할 수 있도록 환경을 구성한다.
	5세	역할영역에 가정생활을 나타내는 것은 물론, 주제 활동의 전개와 유아들의 계획에 따라 병원, 미장원, 음식점, 세탁소, 서점 등의 사회극놀이를 통해 다양한 사회 구성원의 역할을 해볼 수 있도록 한다.

① 나를 알고 존중하기 - 나를 알고, 소중히 여기기

구분		지도 중점
3세	나에 대해 관심을 갖는다.	• 자신의 신체를 활용해서 자신의 겉모습에 관심을 가지도록 하여 나에 대한 충분한 탐색이 이뤄지게 한다. • 자신이 좋아하는 것, 하고 싶은 것 등에 대한 이야기 나누기를 통해 자신의 생각과 마음에도 관심을 가지도록 한다. • 집단 활동 시 유아들의 외형적 특징이나 특정 대상에 대한 선호도 별로 모둠을 구성한다. • 유아의 발달 수준을 고려하여 성공과 성취, 기쁨을 느낄 수 있는 기회를 자주 제공하고, 칭찬과 격려를 통해 자존감과 자신감을 기르도록 한다.
	나와 다른 사람의 차이에 관심을 갖는다.	
	나를 소중하게 여긴다.	
4세 / 5세	나에 대해 알아본다.	**4·5세 공통** • 과거와 현재를 통해 자신의 존재와 몸과 마음의 성장과 변화를 이해하도록 한다. • 현재의 모습과 다양한 욕구와 필요, 유아의 행동이 인정받고 존중받고 있음을 느끼도록 한다. **4세** • 자신의 신체뿐만 아니라 자신의 생각도 다른 사람과 차이가 있음을 알게 한다. • 유아의 개별적 특성을 존중하고 활동 결과물과 여러 가지 표현을 칭찬하여 자기 자신이 소중한 존재임을 느끼게 함으로써 긍정적 마음을 가지도록 한다. **5세** • 자기중심성에서 벗어나 타인의 입장을 생각해 보는 기회를 제공하고, 자신뿐만 아니라 다른 사람도 소중한 존재임을 알 수 있도록 한다. • 나와 다른 사람에 대한 체험활동, 역할놀이 등을 통해 반편견교육을 실시한다. • 다른 사람의 범위를 지역사회의 다양한 사람(장애인, 외국인 등)으로 넓혀 차이점을 알고 존중하는 태도를 기르도록 한다. **[초등학교 교육과정 연계]** • 나를 알아보는 과정에서 내가 좋아하고 잘하는 것에 대해 알아보도록 충분한 기회를 준다. • 친구들의 다양한 특성에 관심을 갖고 사이좋게 지내는 방법에 대해 생각해 보는 경험을 제공한다.
	나와 다른 사람의 차이점을 알아본다.	
	나에 대해 긍정적으로 생각하고 나를 소중하게 여긴다.	

② 나를 알고 존중하기 – 나의 일 스스로 하기

구분		지도 중점
3세	내가 할 수 있는 일을 알아본다.	• 기본생활습관 등 자신이 할 수 있는 일은 스스로 할 수 있도록 도와준다. • 할 수 있는 일을 알아보고 도움을 받아 해보도록 한다.
3세	내가 하고 싶은 일을 선택해 본다.	• 하고 싶은 일을 자유롭게 선택할 수 있도록 허용적인 분위기를 조성한다.
4세	내가 할 수 있는 일을 해본다.	• 할 수 있는 일을 경험하고 생활화하도록 하여 자율성과 독립성을 발달시킨다. • 자유선택활동 등을 스스로 계획하고 실천해 보도록 하여 주도성을 기르고, 그에 대한 실천 여부를 평가하여 성취감을 느끼도록 한다.
4세	하고 싶은 일을 계획하고 해본다.	• 하고 싶은 일을 선택해 볼 수 있는 민주적이고 개방적인 학급 분위기를 조성한다.
5세	내가 할 수 있는 일을 스스로 한다.	• 자신이 할 수 있는 일은 스스로 하도록 하고 끝까지 마무리하는 기회를 제공하여 성취감을 느끼도록 한다. • 자신이 해야 할 일은 스스로 해야 하는 것임을 알게 하여 자신의 역할을 인지시켜 주고 그 역할을 수행해야 하는 책임도 있음을 알도록 한다. • 여러 가지 선택의 순간에서 예상되는 결과를 고려하여 선택의 우선순위를 정하고 그에 따라 스스로 선택하게 하여 주도성을 신장시킨다. • 가정통신문, 대화수첩 등을 통해 스스로 하는 일을 가정과 연계할 수 있도록 한다.
5세	하고 싶은 일을 계획하고 해본다.	**[초등학교 교육과정 연계]** 2~3일 이상의 단기간의 계획을 세워보게 하는 등 하고 싶은 일을 계획해서 실천할 수 있는 경험을 제공한다.

⑵ 내용범주의 이해 및 실제 – 나와 다른 사람의 감정 알고 조절하기

연령별 특성	• 유아기는 감정이 분화하며 표현능력이 발달하는 시기이다. • 유아기는 자신을 포함하여 다른 사람들이 다양한 감정을 가질 수 있음을 인식하고 이해하여 자신 및 타인의 감정에 대한 조망능력과 공감능력의 기초를 키워나가는 시기이다. • 유아가 원만한 대인관계를 형성하는 데 필요한 사회적 기술을 기르기 위해서는 자신이나 타인의 감정을 알고 적절하게 표현하며 조절할 수 있는 능력이 필요하다. • 4세부터는 자기중심성에서 서서히 벗어나 타인의 입장에서 생각하는 것이 가능해진다.
지도 원리	• 자신과 다른 사람의 감정에 대해 이해하고 긍정적인 방법으로 표현할 줄 알며, 유아의 공감능력을 신장하는 데 초점을 둔다. • 사회적으로 수용 가능한 방법으로 나의 감정을 조정할 수 있는 능력을 기르는 데 주안점을 둔다.

환경 구성	3세	거울이나 사진 등을 통해 자신에게 여러 가지 감정이 있음을 확인할 수 있도록 환경을 구성한다.
	4세 / 5세	여러 가지 표정 사진과 그에 맞는 전후 상황 사진을 함께 제시하여 나와 다른 사람에게 여러 가지 감정이 있음을 알 수 있도록 환경을 구성한다.

① 나와 다른 사람의 감정 알고 조절하기 – 나와 다른 사람의 감정 알고 표현하기

구분		지도 중점
3세	자신에게 여러 가지 감정이 있음을 안다.	• 자신에게 여러 가지 감정이 있음을 알 수 있도록 다양한 감정을 표현해 볼 수 있는 활동을 구성한다. • 여러 가지 감정이 함께 있을 수 있다는 것도 알게 한다. • 교사는 여러 가지 감정 표현을 말과 함께 보여주고 유아도 말과 함께 감정을 표현해 볼 수 있도록 한다.
	다른 사람의 감정에 관심을 갖는다.	• 교사는 자신의 감정뿐 아니라 유아의 감정 표현을 말로 설명하고 다른 유아들에게도 알려주어 다른 사람의 감정에 관심을 갖도록 한다.
4세	자신의 감정을 알고 표현한다.	• 주어진 상황에 따라 자신의 감정이 달라질 수 있음을 알게 한다. • 자신이 느끼는 감정을 적절하게 표현하도록 한다. • 다른 사람이 행동으로 표현한 감정이 실제 감정과 다를 수 있다는 것을 알도록 한다. 예 화날 때 우는 것
	다른 사람의 감정을 안다.	
5세	자신의 감정을 알고 표현한다.	• 긍정적인 감정 표현뿐만 아니라 부정적인 감정을 표현할 수 있도록 하고, 부정적 감정은 사회적으로 수용 가능한 방법으로 표현해야 함을 알도록 한다. • 복합적인 감정에 대해서 이해할 수 있도록 한다. 예 슬프기도 하면서 화가 나는 것 • 유아들이 관심 있어 하는 주제를 가지고 다른 사람의 감정을 예상해 보도록 하여 공감하는 기회를 가질 수 있도록 한다.
	다른 사람의 감정을 알고 공감한다.	• 모둠활동, 역할놀이 등을 통해 친구들과 같거나 다른 감정을 느껴보고 공감능력을 키울 수 있도록 한다. **[초등학교 교육과정 연계]** 다른 사람과 사이좋게 지내기 위해서 다른 사람의 감정을 알고 적절하게 표현하는 경험을 가지도록 한다.

② 나와 다른 사람의 감정 알고 조절하기 – 나의 감정 조절하기

구분		지도 중점
3세 / 4세	자신의 감정을 조절해 본다.	• 자신과 타인의 감정 이해를 바탕으로 부정적인 감정을 조절해 볼 수 있도록 한다. • 자신의 감정 표현을 긍정적으로 했을 때와 부정적으로 했을 때의 차이를 느껴볼 수 있도록 한다. • 교사의 도움을 받아 자신의 부정적 감정을 긍정적 감정으로 표현해 보도록 한다.
5세	자신의 감정을 상황에 맞게 조절한다.	• 자신의 감정 표현이 상대방에게 어떤 영향을 미칠 수 있을지 생각해 보고, 때와 상황에 맞게 감정을 조절해 보도록 한다. • 자신이 속한 사회 및 문화에서 수용 가능한 방식으로 감정을 조절하고 표현하도록 한다. • 갈등이 발생하는 경우 자신의 감정을 조절하여 문제를 해결해 볼 수 있도록 하여 감정 조절 능력이 발달되도록 한다. **[초등학교 교육과정 연계]** 자신의 감정을 표현할 때 전후 상황을 파악한 후 적절한 방법으로 감정을 조절하여 표현하는 경험을 가지도록 한다.

(3) 내용범주의 이해 및 실제 – 가족을 소중히 여기기

연령별 특성		• 유아기는 가족과 밀접한 관계를 갖는 시기로 가족에 대한 이해와 소중함을 알도록 하는 데 적절한 시기이다. • 유아기부터 가족의 소중함에 대한 태도를 강조하고 부모와 조부모, 형제에게 애정과 친밀감을 느끼며 가족의 소중함을 알도록 하는 것이 중요하다.
	3세 / 4세	가족을 위해 자신이 할 수 있는 일을 알아보거나 실천하는 과정에서 가족 구성원 으로서 자부심과 긍정적 자존감 형성이 이루어진다.
	5세	긍정적 가족 관계의 형성을 통해 성격과 인성 발달이 이루어진다.
지도 원리		• 가족에 대한 의미와 소중함을 알게 함으로써 가족에 대한 자부심을 갖도록 하는 데 주안점을 둔다. • 가족 구성원과 역할, 친구들의 가족에 대하여 알아봄으로써 다양한 가족에 대해 편견 없는 태도를 형성하는 데 초점을 둔다.
환경 구성	공통	• 가정과 연계하여 집에서 가지고 온 사진, 가족들이 사용하는 물건 등으로 환경구성을 하여 가족의 의미와 소중함을 느낄 수 있는 기회를 제공한다. • 역할놀이 영역에 가족 또는 가정생활과 관련한 소품을 다양하게 제공한다.

① 가족을 소중히 여기기 – 가족과 화목하게 지내기

구분		지도 중점
3세 / 4세	가족의 소중함을 안다.	**3 · 4세 공통** 가족과의 경험을 소재로 가족에 대한 소중함과 고마움을 느끼도록 한다. **4세** 가족과 관련된 활동을 통해 가족에 대해 알아보고, 소중하고 고마운 존재임을 인식하도록 한다.
5세	가족의 의미와 소중함을 안다.	• 가족의 의미와 중요한 이유, 가족 구성원의 다양한 역할과 관계 등을 5세 수준에서 이해하도록 한다. • 가족에게 소중하고 감사한 마음을 표현하는 기회를 통해 가족의 소중함을 알 수 있도록 한다.
	가족과 화목하게 지낸다.	• 가족 간 예의, 애정 표현, 갈등 해결 등 가족과 화목하게 지내는 방법을 알 수 있도록 한다. • 가정과 연계 지도를 통해 가족과 화목하게 지낼 수 있도록 한다. **[초등학교 교육과정 연계]** 가족뿐만 아니라 친척에 대해 알아볼 수 있는 기회를 제공한다.

② 가족을 소중히 여기기 – 가족과 협력하기

구분		지도 중점
3세	가족 구성원을 알아본다.	• 같이 살고 있는 가족은 물론 같이 살고 있지 않은 가족에 대해서도 관심을 가질 수 있도록 한다. • 자신의 가족과 친구의 가족 구성원의 차이를 인식할 수 있도록 한다.
	가족을 위하여 내가 할 수 있는 일을 알아본다.	• 자신의 수준에서 가족에게 도움이 될 수 있는 일을 알아보고 친구들과 경험을 공유하여 가족 구성원으로서 자부심과 긍정적 자존감이 형성되도록 한다.
4세	가족 구성원의 역할에 대해 알아본다.	• 가족 구성원 각자의 역할을 인식하도록 하여 자신에 대한 긍정적 인식과 가족 구성원으로서의 소속감과 자랑스러움을 가질 수 있도록 한다. • 가족 구성원의 역할에 대해 성 고정적 선입견을 가지지 않고 양성 평등 의식을 가지도록 한다.
	가족을 위하여 내가 할 수 있는 일을 알아보고 실천한다.	• 가족공동체 의미와 목표에 대해 이해하고 가족을 위해 내가 할 수 있는 일을 알고 실천할 수 있도록 한다.
5세	다양한 가족구조에 대해 알아본다.	• 한부모, 조손, 입양, 다문화 가족 등 다양한 가족이 있음을 인식하도록 한다. • 다양한 가족 형태에서 각 가족 구성원의 역할 대체를 통해 일반적인 다른 가족 형태와 유사할 수 있음을 인식하도록 한다. • 다양한 가족의 가족 구조 · 생활방식 · 가치관의 차이를 이해하고 존중하도록 하여 반편견적 관점을 가질 수 있도록 한다. • 가족과 함께 경험한 일, 협력한 일, 형제간의 갈등해결 방법 등을 알아보도록 하여 가족 구성원의 감정에 공감하고 긍정적인 갈등 해결 방법에 대해 생각해 보도록 한다.

	가족은 서로 도와야 함을 알고 실천한다.	• 가족 간에 도움을 주고받은 경험을 통해 서로 도와야 함을 알고 실천하도록 하며, 이는 공동체에서 가져야 할 바람직한 행동의 표본임을 인식하도록 한다. **[초등학교 교육과정 연계]** • 다양한 놀이를 통해 친척의 호칭에 관심을 가질 수 있도록 한다. • 다양한 가족 형태에서 각 구성원의 역할에 대해 관심을 가지도록 한다.

(4) **내용범주의 이해 및 실제 – 다른 사람과 더불어 생활하기**

연령별 특성		• 유아기는 가족 외에 친구와 교사, 이웃 등 타인과 사회적 관계가 확장되면서 상호작용이 빈번해지는 시기이므로, 다른 사람과 원만한 관계를 형성하고 협력할 수 있는 사회적 능력과 기술을 습득하기에 적합하다. • 사회적 관계를 형성하는 데 필요한 질서, 배려, 협력 등 바른 인성을 기르는 것이 중요하며 전인 발달이 고루 이루어지는 것이 필요하다.
	4세	서로 다름을 인정하고 존중하는 과정에서 편견이나 고정관념을 가질 수도 있다.
	5세	입장을 바꿔 생각해 보는 관점의 전환이 가능해지고, 공감능력이 길러지는 시기이다.
지도 원리		• 서로 협동하여 놀이하고, 친구와의 갈등을 긍정적으로 해결하는 방법을 익히는 데 초점을 둔다. • 다른 사람과 도움을 주고받고 화목하게 지내며 더불어 살아갈 수 있는 능력을 기르는 데 초점을 둔다. • 다양한 능력과 특성을 가진 사람들을 수용하고 존중, 배려하며 원만한 인간관계를 유지하는 데 초점을 둔다. • 사회와 자연환경에 관심을 갖게 하여 사회 적응력을 높이고, 도덕성의 기초를 형성하는 데 주안점을 둔다.
환경 구성	공통	• 친구와 다양한 형태의 놀이(모래, 쌓기, 역할놀이 등)를 해볼 수 있도록 환경을 구성한다. • 약속과 규칙을 지키기 위한 붙임자료를 게시해 둔다.
	4세 / 5세	• 물건을 아껴 쓰고 재활용할 수 있도록 관련 소품과 도구함을 마련해 준다. • 자연과 자원을 보호하기 위한 팻말이나 그림을 게시하거나 유아들이 스스로 만들게 하여 붙여준다.

① 다른 사람과 더불어 생활하기 – 친구와 사이좋게 지내기

구분		지도 중점
3세	친구와 함께 놀이한다.	• 친구와 함께 놀이하며 기쁨과 친밀감을 느끼고 표현하도록 한다. • 나와 친구의 의견이 다를 때 나의 의견뿐만 아니라 친구의 의견도 존중해야 함을 인식하도록 한다. • 친구와 활동 중 갈등이 발생할 수 있다는 사실을 수용하도록 한다.
	나와 친구의 의견에 차이가 있음을 안다.	
4세 / 5세	친구와 협동하며 놀이한다.	• 친구들과 협력하여 놀이하는 기쁨과 공동체 의식을 체험하도록 한다. • 친구들과 함께 생각하고 행동하는 경험을 통해 협동의 효과와 즐거움을 느끼도록 한다. • 물건 나누어 쓰기, 순서 정하기, 번갈아 가며 하기, 양보하기 등 다양한 협력 방법을 적용해 보는 과정을 통해 자발적으로 협력하는 자세를 배우도록 한다. • 갈등이 반드시 나쁜 것만은 아니라는 것을 알고 상대방 관점을 고려하여 긍정적인 방법으로 해결할 수 있도록 한다. • 배려, 양보, 타협 등 갈등을 해결할 수 있는 사회적 기술을 습득하도록 한다. **[초등학교 교육과정 연계]** • 친구들의 다양한 특성을 알아보고 잘 지낼 수 있는 방법에 관심을 가지도록 한다. • 친구와의 갈등 시 친구와 대화하면서 스스로 해결해 보는 경험을 가지도록 한다.
	친구와의 갈등을 긍정적인 방법으로 해결한다.	

② 다른 사람과 더불어 생활하기 - 공동체에서 화목하게 지내기

구분		지도 중점
공통	교사 및 주변 사람과 화목하게 지낸다.	교사와 학부모 등 주변 사람들이 서로 화목하게 지내는 모습을 보여주며 화목한 분위기를 조성하여 공동체의 기쁨과 친밀감을 느낄 수 있도록 한다.
4세	도움이 필요할 때 다른 사람과 도움을 주고받는다.	혼자 힘으로 해결할 수 없을 때 다른 사람에게 도움을 요청하거나 도움을 받는 것이 바람직한 관계를 형성할 수 있으며, 혼자 문제를 해결할 때 보다 더 나은 결과를 가져올 수 있다는 것을 인식하고 실천할 수 있도록 한다.
5세	다른 사람과 도움을 주고받고, 서로 협력한다.	• 도움이 필요하거나 도움을 줘야 하는 상황에서 서로 도움을 청하고 받는 경험을 통해 서로 돕고 협력하는 것이 공동체 사회의 중요한 덕목임을 알게 하도록 한다. • 타인에 대한 공감능력을 통해 도움을 청하기 전 미리 묻고 도움을 줄 수 있는 사회성이 신장되도록 한다. **[초등학교 교육과정 연계]** • 다른 사람을 도와주고 배려하는 직접적인 활동을 통해 즐거움을 느낄 수 있도록 한다. • 친구 및 주변 사람들의 다양한 특성을 알아보고 잘 지낼 수 있는 방법에 관심을 가지도록 한다. • 5~6명의 소집단 활동, 15~20명의 대집단 활동을 자주 접하며 사회적 기술을 연습해 보도록 한다.

③ 다른 사람과 더불어 생활하기 – 사회적 가치를 알고 지키기

구분		지도 중점
3세	다른 사람의 소유물을 존중한다.	• 자신과 타인의 소유물을 구분하여 타인의 것을 함부로 만지거나 가져가면 안 된다는 것을 알도록 한다. • 자신의 것이 소중한 것처럼 다른 사람 소유물도 소중한 것임을 인식하도록 한다. • 다른 사람의 소유물을 쓸 때 허락을 구한 후 사용하고 내 것처럼 소중하게 다루며 사용 후 돌려주어야 함을 인식하게 하여 타인과의 관계에서 신뢰 형성에 도움이 되도록 한다.
	약속과 규칙을 지켜야 함을 안다.	• 약속을 지키거나 지키지 않았을 때의 경험 등을 통해 약속과 규칙의 의미와 중요성에 대해 알아보도록 한다.
4세 / 5세	정직하게 말하고 행동한다.	• 정직과 솔직함의 긍정적 효과, 거짓말의 부정적 효과와 우리에게 미치는 영향과 피해를 알아보고 정직해야 하는 이유를 생각하도록 하여 어떤 경우라도 정직하게 말하고 행동하도록 한다.
	친구와 어른께 예의 바르게 행동한다.	• 상황에 맞는 예의 바른 말과 행동의 중요성을 알고 생활 속에서 실천하도록 한다. • 유아가 스스로 규칙을 정하고 약속을 지키며 책임지도록 하여 도덕적 가치 규범이 내재화되도록 한다.
	다른 사람과 한 약속이나 공공규칙을 지킨다.	• 약속과 규칙이 반드시 필요한 도덕적 규범임을 알고 실천하고 습관화하여 공동체 구성원이 되는 기본 소양을 기르도록 한다.
4세	다른 사람의 생각, 행동을 존중한다.	• 다른 사람의 말과 행동, 생각이 자신과 차이가 있음을 이해하고 인정하며 수용할 수 있도록 한다. • 다른 사람의 의견을 경청하고 존중하는 경험을 통해 민주 시민의 역량과 자질을 키우도록 한다.
5세	다른 사람을 배려하여 행동한다.	• 상대방 마음을 이해하기 위해 입장을 바꿔 생각하는 관점의 전환과 공감능력을 통해 타인에 대한 배려가 구체적인 말과 행동으로 나타나도록 한다. • 다른 사람을 배려하는 것은 자신의 생각과 감정보다 타인의 관점에서 생각하고 행동하는 것임을 인식하도록 한다. • 배려와 도움의 필요성을 이해하고 직접 실천해 보는 경험을 가지도록 한다. • 배려는 상대방을 도와주는 것뿐만 아니라 다른 사람을 불편하지 않게 하는 것임을 인식하도록 한다. **[초등학교 교육과정 연계]** • 유치원에서의 약속은 함께 정해서 지키고 공공장소나 다른 장소에서의 지켜야 할 약속과 규칙은 함께 알아보고 지킬 수 있도록 한다. • 유치원과 지역사회 내에서 유아 수준에 적합한 봉사활동이나 '아나바다' 관련 활동을 경험해 보도록 한다.

SESSION **05**

(5) 내용범주의 이해 및 실제 – 사회에 관심 갖기

연령별 특성		• 유아기는 다름에 대한 편견 없이 다양한 문화를 경험하기에 적당한 시기이다. • 매체의 발달로 인하여 유아가 자신이 속한 지역사회와 우리나라를 대표하는 것들 이외에도 여러 나라에 대해 접할 수 있는 기회가 증가하며, 이러한 경험을 즐긴다. • 유아기에 사는 동네, 지역사회, 우리나라에 대한 이해를 바탕으로 세계 다양한 나라와 문화에 대하여도 관심을 갖도록 하여 다양성을 수용하는 것을 도울 수 있다. • 3세는 일상생활 속에서 만나는 동네 사람들 모습을 통하여 사람과 사람 사이 관계 속에서 자신을 인식하기 시작한다.
지도 원리		• 자신이 속한 지역사회의 다양한 모습과 함께 어울려 지내는 사람들의 하는 일과 관계 등에 관심을 가지며, 사회 구성원으로서의 소속감과 자긍심을 느끼도록 하는 데 초점을 둔다. • 우리나라를 상징하는 것과 전통, 역사, 문화에 관심을 갖도록 하고, 자랑스러운 우리나라 역사와 문화에 대한 자부심을 갖게 하는 데 주안점을 둔다. • 세계 여러 나라에 대해 관심을 가지고, 다양한 인종과 문화를 존중하고 서로 협력해야 함을 알도록 하는 데 주안점을 둔다.
환경 구성	공통	• 역사나 전통 등의 시간의 흐름은 가시화되기 쉽지 않으므로 이를 구체화하여 보여줄 수 있도록 환경을 구성한다. • 세계 여러 나라의 다양한 인종과 문화에 대한 정보를 접할 수 있도록 여행지에서 찍은 사진 및 기념품, 특산품, 공예품과 같은 실물자료의 제시와 더불어 현재의 달라진 생활모습이 담긴 사진 등을 게시한다.
	3세	역할놀이 영역에 실물사진과 실물자료뿐만 아니라 집이나 병원, 주유소, 목욕탕 등 유아의 일상생활에서 자주 접하는 기관이나 장소를 나타낼 수 있는 소품과 장치를 준비하여 역할놀이를 활성화하고 참여의 수준을 높이도록 한다.
	4세	• 역할놀이 영역에서 유아들이 직접 소품을 만들어서 놀이에 활용하도록 한다. • 유아들이 여러 종류의 옷을 입고 자신의 변화를 관찰할 수 있도록 유아용 전신거울을 설치한다.
	5세	역할놀이 영역에 가정생활을 나타내는 것은 물론 주제 활동의 전개와 유아들의 계획에 따라 병원, 미장원, 음식점, 세탁소, 서점 등의 사회극놀이를 통해 다양한 사회 구성원의 역할을 해볼 수 있도록 한다.

MEMO

① 사회에 관심 갖기 – 지역사회에 관심 갖고 이해하기

구분		지도 중점
3세	우리 동네 이름을 안다.	• 유아가 가정을 벗어나 일상생활에서 자주 접하는 가까운 주변 지역이 동네임을 알 수 있도록 한다. • 동네 이름, 특징, 건물 등에 대해 관심을 가지도록 한다.
	우리 동네 사람들에 관심을 갖는다.	• 동네 사람들의 다양한 모습에 관심을 갖고 역할놀이로 표현해 볼 수 있도록 한다. • 다른 사람을 대할 때 웃는 얼굴로 인사하고 말하는 것의 중요성을 알 수 있도록 한다.
4세 / 5세	우리 동네에 대해 알아본다.	우리 동네의 자연과 사회 환경, 역사, 자랑거리, 지역축제 등에 대한 경험을 통해 지역사회 공동체 일원으로 유대감과 소속감을 느낄 수 있도록 한다.
4세	우리 동네 사람들이 하는 일에 관심을 갖는다.	• 우리 동네 사람들의 다양한 모습을 탐색하고, 우리 동네 사람들의 일에 관심을 가진다. • 우리 동네의 다양한 사람들이 고유한 역할과 기능이 있음을 이해할 수 있도록 한다. • 다양한 동네 사람들에게 대상과 상황에 따른 적절한 언행을 할 수 있도록 예의범절을 알려준다.
	물건을 살 때 돈이 필요함을 안다.	• 물건에 해당하는 가치의 돈을 주고받아야 함을 알 수 있게 한다. • 무엇이든 돈으로 살 수 있는 것은 아니라는 것과 물건의 가치에 따라 값이 달라지는 것을 알게 한다.
5세	다양한 직업에 관심을 갖는다.	• 동네 사람들의 다양한 직업에 대해 관심을 갖고, 직업과 우리 생활의 연관성에 대해 생각하도록 하여 직업의 소중함을 알도록 한다. • 직업을 갖는 이유를 알아보고 직업의 종류와 하는 일 등에 대한 경험을 놀이로 표현해 보도록 하여 직업을 통한 사회경제적 활동의 의미와 장래희망에 대해 생각해 보는 경험을 가져보도록 한다. • 다양한 직업 세계를 체험하도록 하여 성역할 고정관념이 형성되지 않도록 한다. • 돈을 사용하는 직·간접적인 경험을 제공하여 돈의 기능과 사용법을 이해하고 바람직한 소비습관과 절약하는 태도를 함양하도록 한다.
	일상생활에서 돈의 쓰임에 대해 안다.	**[초등학교 교육과정 연계]** • 이웃과 함께 하는 활동, 함께 쓰는 시설물 등을 알아보고 더불어 사는 모습에 대해 관심을 가질 수 있도록 한다. • 동네 사람들의 직업을 비롯하여 다양한 직업에 대해 관심을 가질 수 있도록 한다.

SESSION
05

② 사회에 관심 갖기 - 우리나라에 관심 갖고 이해하기

구분		지도 중점
3세	우리나라를 상징하는 것에 관심을 갖는다.	우리나라와 다른 나라를 구별하기 위해 우리나라를 여러 상황에서 쉽고 편하게 알리기 위한 방법으로서의 상징(올림픽, 월드컵 등 국제 스포츠행사 등)에 대해 인식하고 관심을 가질 수 있도록 한다.
4세	우리나라를 상징하는 것을 안다.	• 우리나라를 대표하는 것이 주변에서 다양하게 사용되고 있음을 인식하도록 한다. • 우리나라의 전통 중 우리 주변에서 활용되고 있는 모습을 찾아보거나 다양한 상황에서 직접 사용해 보도록 하여 구체적 지식이 형성될 수 있도록 한다.
3세 / 4세	우리나라의 전통놀이와 풍습에 관심을 갖는다.	자신의 일상생활에서 혹은 다양한 놀이를 통해 우리나라의 전통놀이와 풍습에 친숙해지도록 한다.
5세	우리나라를 상징하는 것을 알고 예절을 지킨다.	• 우리나라를 상징하는 것에 대한 지식을 바탕으로 국민으로서 지켜야 할 예절이 있음을 알고 존중하는 마음을 갖도록 한다. • 우리나라를 나타내는 상징물을 대하는 태도와 예절을 알고 지키도록 하여 우리나라 국민으로서의 정체성이 형성되도록 한다. • 우리나라의 전통놀이와 풍습, 과거의 역사와 다양한 고유문화에 대해 관심을 갖도록 한다. 이러한 내용이 특정 주제나 명절에만 다루어지지 않도록 유의한다.
	우리나라의 전통, 역사, 문화에 관심을 갖는다.	• 우리나라의 분단 상황을 알고, 통일에 대해 관심을 갖고 생각해 볼 수 있는 기회를 제공한다. • 우리나라 과거와 현재의 전통·역사·문화모습을 시간의 흐름에 따라 알아보고 우리나라에 대한 자긍심을 형성하도록 한다. **[초등학교 교육과정 연계]** • 남북이 분단된 상황을 알려주고 통일에 대해 관심을 가질 수 있도록 한다. • 여러 가지 민속놀이에 관심을 갖고 경험해 보도록 한다.
4세 / 5세	우리나라에 대해 자부심을 갖는다.	• 우리나라의 전통·역사·문화에 관한 직접적인 경험이나 자랑스러운 인물에 대해 알아보는 활동을 통해 우리나라에 대한 자긍심을 느낄 수 있도록 한다. • 유아 자신도 우리나라를 알리는 사람이 될 수 있다는 것을 알게 하고, 스스로 할 수 있는 나라사랑 방법을 찾아보고 실천하는 경험을 제공해 준다.

③ 사회에 관심 갖기 - 세계와 여러 문화에 관심 가지기

구분		지도 중점
4세	세계 여러 나라에 대해 관심을 갖는다.	• 세계에 우리나라뿐만 아니라 여러 나라가 있음을 알게 하고, 서로 다른 자연환경 속에서 각기 다른 문화(의식주, 미술·음악·건축물 등 고유문화)를 형성해 살아가고 있음에 관심가질 수 있도록 한다. • 우리나라를 상징하는 것이 있는 것처럼 다른 나라도 상징이 있음을 알고 이에 관심을 갖도록 한다.
	다양한 인종과 문화에 관심을 갖는다.	• 다른 나라 사람과 문화를 접하는 경험을 해보거나 대중매체를 통해 다양한 정보를 습득하는 과정에서 우리나라와 다른 나라의 비슷한 점과 다른 점을 알아볼 수 있도록 한다.
5세	세계 여러 나라에 대해 관심을 갖고, 서로 협력해야 함을 안다.	• 우리나라 문화의 정체성에 기초하여 여러 나라의 인종과 문화의 다양성을 수용할 수 있도록 한다. • 여러 가지 매체를 통해 다른 나라의 여러 가지 사건에 관심을 갖도록 한다. • 우리나라와 다른 나라 사람들이 함께 지구에 살고 있는 공동체임을 알게 하고 서로 협력해야 한다는 것을 인식할 수 있도록 한다. • 세계 여러 나라의 다양한 문화에 관심을 갖고 알아보는 과정에서 각 문화의 차이를 인정하고 존중하는 마음을 갖고 함께 지켜나가야 할 소명임을 깨달을 수 있도록 한다. • 세계 여러 나라의 유명한 문화유산을 탐색하는 활동만 반복하기 쉬우므로 특정 생활 주제에 국한되지 않도록 유의한다. **[초등학교 교육과정 연계]** 다른 나라의 놀이, 노래, 춤 등을 체험하도록 하여 다른 나라 문화에 관심을 갖고 가치 있는 것임을 알 수 있도록 한다.
	다양한 인종과 문화를 알아보고 존중한다.	

< 2027 >

하수혜 거름이

누리과정 ❸ 사회관계

초판인쇄 | 2026. 4. 15.　**초판발행** | 2026. 4. 20.　**편저자** | 하수혜

발행인 | 박 용　**발행처** | (주)박문각출판　**표지디자인** | 박문각 디자인팀

등록 | 2015년 4월 29일 제2019-000137호　**주소** | 06654 서울특별시 서초구 효령로 283 서경 B/D

팩스 | (02) 584-2927　**전화** | 교재 문의 (02) 6466-7202, 동영상 문의 (02) 6466-7201

저자와의
협의하에
인지생략

ISBN 979-11-7519-835-7 | 979-11-7519-832-6(SET)

정가 25,000원